P.x
6

Ⓒ

VOYAGES
DANS
L'INTÉRIEUR DU BRÉSIL.
SECONDE PARTIE.

On trouve à la même Librairie:

La première partie des VOYAGES DE M. DE S. HILAIRE DANS L'INTÉRIEUR DU BRÉSIL, contenant les *provinces* de RIO DE JANEIRO et de MINAS GERAES ; 2 vol. in-8°, 15 fr.

A. PIHAN DE LA FOREST,
IMPRIMEUR DE LA COUR DE CASSATION,
rue des Noyers, n° 37.

VOYAGE

DANS

LE DISTRICT DES DIAMANS

ET SUR LE LITTORAL

DU BRÉSIL,

Suivi de notes sur quelques plantes caractéristiques

ET D'UN PRÉCIS DE L'HISTOIRE DES RÉVOLUTIONS DE L'EMPIRE
BRÉSILIEN, DEPUIS LE COMMENCEMENT DU RÈGNE DE JEAN VI
JUSQU'A L'ABDICATION DE D. PEDRO.

Par AUGUSTE DE SAINT-HILAIRE,

Chevalier de la Légion-d'Honneur, membre de l'Académie royale des Sciences de l'Institut de France, des Sociétés philomatique de Paris, et Linnéenne de Londres, des Académies de Lisbonne, Genève, Rio de Janeiro, etc.

TOME SECOND.

PARIS,

LIBRAIRIE - GIDE,

RUE SAINT-MARC, N° 23.

1833.

SECOND VOYAGE

DANS

L'INTÉRIEUR DU BRÉSIL.

CHAPITRE PREMIER.

HISTOIRE ABRÉGÉE DE LA CIVILISATION DES INDIENS DU BRÉSIL. — L'ALDEA DE S. PEDRO DOS INDIOS. — MANIÈRE DE VOYAGER.

Histoire abrégée de la civilisation des Indiens du Brésil. — Fondation de l'aldea de *S. Pedro dos Indios*. Description de cet aldea. Gouvernement que les jésuites y avaient établi. Note sur la *lingoa geral*. De quelle manière l'aldea de S. Pedro est administré aujourd'hui. Inaliénabilité des terres des Indiens; restrictions qui tendent à les dépouiller de leurs propriétés. Physionomie des Indiens de S. Pedro. Leurs occupations. Leur caractère. De la prochaine destruction des Indiens du Brésil. *Mamalucos.* — Le *capitão mór* EUGENIO. — Un charpentier espagnol. — De quelle manière l'auteur voyageait sur la côte.

Dans la suite de mon voyage sur le littoral, je parlerai souvent des tristes restes d'une civilisation qui bientôt aura disparu avec la race infortunée à qui elle fut départie. Mais sans doute on me comprendrait mal, si je ne commençais par faire connaître en peu de mots l'origine de cette civilisation, les misères auxquelles elle apporta des remèdes si efficaces, et les déplorables résultats qu'eut sa destruction. Des ruines intéressent davantage, lorsque l'on sait à quel édifice elles appartenaient, et quelles mains barbares sont venues le renverser.

Les Portugais, en découvrant le Brésil, y trouvèrent des hommes qui leur parurent à peine mériter ce nom. Ces hommes différaient des Européens par la couleur de leur peau, par leur chevelure et l'ensemble de leurs traits. Ils étaient nus; ils vivaient dans les bois sans lois et sans culte, et se livraient à des cruautés auxquelles on aurait peine à ajouter foi, si elles n'étaient attestées par des voyageurs de toutes les nations et toutes les croyances.

Les Européens ne tardèrent pas à s'apercevoir de l'infériorité des indigènes du Brésil, et cherchèrent à la faire tourner à leur avantage. En vain l'on rendait à Lisbonne des édits favorables aux Indiens; on avait établi en principe que dans certains cas, les Indiens pouvaient être réduits en esclavage; les planteurs trouvaient facilement des prétextes pour multiplier le nombre des esclaves.

D'ailleurs les colons portugais qui, les premiers, s'établirent au Brésil, n'étaient guère moins barbares que les sauvages eux-mêmes. La plupart exilés de leur patrie pour des crimes atroces, n'apportaient dans le Nouveau-Monde que des vices. Ces hommes s'accoutumèrent sans peine à voir d'un œil indifférent les cruautés que les indigènes exerçaient envers leurs ennemis, et les indigènes ne tardèrent pas à prendre part à toute la corruption des Européens. Un peuple affreux se forma de ce mélange d'opprimés et d'oppresseurs.

Pendant long-temps le gouvernement portugais avait fait peu d'attention à ses colonies du Brésil. Tandis que les planteurs torturaient les Indiens, les gouverneurs, indépendans les uns des autres, s'étaient rendus absolus dans leurs capitaineries et s'y jouaient de l'honneur et de la vie de leurs administrés. Averti par les plaintes de ses sujets, le roi Jean III résolut de remédier à tant de maux. Voulant rattacher à un centre commun, les différentes parties du Brésil et rendre plus aisées les communications de cette colonie avec le gouvernement de la métropole, il créa un capitaine général et ôta aux gouverneurs particuliers l'autorité sans bornes dont ils avaient joui jusqu'alors. Un homme ferme, juste et prudent, Thomé de Souza, fut nommé capitaine général de l'Amérique portugaise, et arriva à Bahia en 1549, accompagné de Manoel de Nobrega et de cinq autres religieux qui comme lui se dévouèrent sans réserve au bonheur des Indiens, et furent bientôt suivis du célèbre José de Anchieta.

Nobrega appartenait à une famille noble, il connaissait le monde, et réunissait à une prodigieuse activité de grandes vues et le talent de conduire les affaires. Plus jeune et, s'il est possible, plus actif encore, Anchieta fut tout à la fois poëte, guerrier, naturaliste[1]; pour se rendre utile, il pouvait prendre toutes les formes; il faisait l'école aux petits enfans, commandait des troupes, composait des cantiques, une grammaire et un dictionnaire dans la langue des Indiens, soignait les malades et ne dédaignait même pas le travail mécanique le plus vulgaire. Anchieta fut certainement un des hommes les plus extraordinaires de son temps.

Ces religieux étaient à peine arrivés au Brésil qu'ils reprochèrent à leurs compatriotes les cruautés dont ils se rendaient coupables envers les Indiens, et banirent de la communion chrétienne ceux qui réduisaient les indigènes en esclavage. Dieu et la liberté, telles étaient les paroles puissantes qu'ils faisaient sans cesse entendre aux Indiens et par lesquelles ils les attiraient à eux. En écoutant leurs harmonieux cantiques, les enfans ravis et comme fascinés, se réunissaient autour d'une humble chapelle et apprenaient à lire, à compter, à écrire, à aimer Dieu et leurs semblables. Peu à peu les indigènes renoncèrent à leurs barbares coutumes; ils se réunirent en villages, et furent civilisés, autant du moins qu'ils sont susceptibles de l'être.

---

[1] Je n'ai pu lire sans admiration des morceaux écrits par le P. Anchieta sur l'histoire naturelle du Brésil et qui se trouvent dans le précieux recueil intitulé: *Noticias Ultramarinas*. Anchieta parle de la sarigue à peu près comme les modernes, peu d'années après que Pietro Martire et Grynæus la décrivaient comme ayant la partie antérieure d'un renard, la partie postérieure du singe, les mains d'un homme et les oreilles d'une chauve-souris.

Pendant deux siècles, les jésuites gouvernèrent les Indiens du Brésil, et ils en firent des hommes utiles et heureux. Mais si leur administration obtint de si beaux succès et mérite tant d'éloges, c'est parce qu'elle s'adaptait parfaitement au caractère des indigènes; qu'elle suppléait à leur infériorité, et était pour ces hommes-enfans une bienfaisante tutelle [1]. Appliqué à un peuple de notre race, le gouvernement que les disciples de Loyola avaient adopté pour les Indiens, aurait été absurde et se fût bientôt écroulé.

Cependant un violent orage s'était peu à peu formé en Europe contre la puissance des jésuites. Pombal connut leurs torts, et ne vit point les services qu'ils rendaient à l'Amérique. Il leur avait juré une haine implacable, et il les chassa du Brésil ; mais en prononçant l'arrêt de leur expulsion, il en prononçait un bien plus funeste, celui de la destruction des Indiens.

Lorsqu'il priva ces infortunés de leurs protecteurs, Pombal ne les abandonna cependant point à eux-

---

[1] Qu'il me soit permis de répéter ici ce que j'ai dit ailleurs sur l'infériorité des Indiens. « Les Indiens, hommes comme
« nous, ayant avec nous une origine commune, sont égale-
« ment animés d'un soufle divin ; mais il me paraît incontes-
« table que l'imprévoyance est attachée aux différences de
« forme que présente leur race, comme le même défaut a été
« attaché à l'organisation encore imparfaite de l'enfance , ou
« l'idiotisme aux difformités des cretins de la Suisse et de la
« Savoie. »

mêmes. Avec le caractère le plus despotique, ce ministre avait de grandes vues, des idées nobles et le desir d'être utile à son pays. Il fit pour les Indiens une foule de réglemens; il les soumit à des *directeurs* qui devaient être, disait-il, des hommes intègres, zélés, prudens et vertueux ; ces directeurs ne devaient avoir qu'une autorité paternelle; c'est à des magistrats de leur race que les Indiens devaient obéir; des écoles devaient être fondées dans tous les villages, l'ivrognerie bannie avec soin, la religion respectée, la langue portugaise substituée au tupi, les mariages mixtes encouragés etc.; enfin une émancipation graduelle devait être accordée aux Indiens, jusqu'à ce que, devenus les égaux des Portugais, ils ne fissent plus avec eux qu'une seule famille. L'Européen qui lira l'ensemble de ces réglemens, pourra y applaudir; la plupart paraîtront absurdes, contradictoires et inexécutables à celui qui connaît l'Amérique et les Indiens. Pombal partait d'une idée fausse; il croyait les Indiens susceptibles de la même civilisation que nous, et, par une étrange méprise, il accusait de l'infériorité des indigènes du Brésil, le régime jésuitique qui tendait principalement à suppléer à cette inferiorité elle-même. Des directeurs tels que les voulait Pombal, étaient des êtres de raison. Ceux qui furent donnés aux Indiens, hommes immoraux, cupides, souvent même repris de justice, devinrent d'affreux despotes; les Portugais qui se mêlèrent aux Indiens les tyrannisèrent et les corrompirent; bientôt les aldeas tombèrent en ruines, et les indigènes du Brésil rétrogradèrent vers la barbarie [1]. Depuis Pombal, le gouvernement portugais, c'est une justice qu'il faut lui rendre, chercha souvent à faire le bonheur des Indiens; mais ses mesures n'étaient point fondées sur une véritable connaissance de la race américaine et elles manquèrent toujours le but que l'on s'était proposé.

Quand je parlerai des Missions de l'Uruguay, on verra combien je suis éloigné d'exagérer la triste situation des Indiens soumis aux descendans des Portugais. Il faut le dire cependant; les indigènes n'éprouvent point les mêmes misères dans toute l'étendue du Brésil. Quoique exposés à des vexations continuelles, les Indiens civilisés de la province d'Espirito Santo, sont pourtant moins tyrannisés que ceux des Missions de l'Uruguay, parce qu'on ne les a point, comme les premiers, soumis à des *directeurs*; et si l'inexécution des lois dans l'aldea de S. Pedro dos Indios, village dont je vais parler tout à l'heure, doit nécessairement

---

[1] M. Southey, n'ayant point visité l'Amérique, n'a pu avoir sur le caractère des Indiens et leur infériorité, les mêmes idées que moi; mais d'ailleurs le tableau que je viens de tracer est littéralement conforme aux récits de ce laborieux et savant historien (Voy. *History of Brazil*, I, 24, 212, 252; III, 512, 523, 697) qui certes ne saurait être suspect, puisqu'il ne laisse pas échapper une occasion de montrer combien il est opposé au catholicisme. Quant à moi, je ne saurais être non plus soupçonné de partialité en faveur des jésuites; car toutes les impressions que j'ai reçues dans ma jeunesse étaient bien loin de leur être favorables, et je ne cesserai jamais de vénérer et de chérir la mémoire de quelques-uns des hommes qui, en France, ont contribué à leur première expulsion.

finir par amener la destruction des indigènes qui l'habitent, je ne puis dire qu'à l'époque de mon voyage, ces hommes fussent véritablement malheureux.

L'aldea de *S. Pedro dos Indios* fondé en 1630 [1],

[1] Un ecclésiastique de ma connaissance, l'abbé Manoel de Almeida Barreto, qui avait été curé de S. Pedro en 1789, croyait que les habitans de ce village avaient appartenu à une horde appelée *Sarussú* (peut-être *Sacarú*); qu'originairement ils habitaient la capitainerie d'Espirito Santo, et qu'ils avaient été amenés près du lac d'Araruáma, par les jésuites, à une époque où les Portugais du Cap Frio, attaqués par quelque ennemi, avaient eu besoin de secours. Selon Pizarro qui a traité ce point d'histoire d'une manière très succincte (*Mem.*, V, 91), le *capitão mór* Martim de Sá qui avait été gouverneur de Rio de Janeiro fonda, en 1630, l'aldea de S. Pedro; il y réunit des Indiens goitacazes et d'autres indigènes tirés de *Sipitiba* ou *Ytinga* dans le *termo* d'*Ilha Grande*, et enfin il confia aux jésuites l'administration spirituelle et temporelle du nouveau village. Entrant dans quelques détails de plus, Cazal dit (*Corog.*, II, 44) que pendant de longues années, les habitans des campagnes qui portent le nom de Goitacazes avaient resisté aux Portugais; mais qu'enfin des hommes puissans parmi ces derniers formèrent contre les sauvages une ligue redoutable; que l'attaque commença en 1629; que les indigènes furent vaincus, et que l'on fonda pour ceux qui se rendirent, l'aldea de S. Pedro. Je suis loin de vouloir contester la vérité de ce récit; cependant je crois qu'il doit être soumis à un nouvel examen, beaucoup moins parce qu'il contredit les traditions probablement fort incertaines de l'abbé Manoel de Almeida Barreto, que parce qu'il semble ne pas coïncider exactement avec les faits racontés par Southey (*Hist. of Braz.* II, 666), et avant lui par les pères Vasconcellos et Jaboatão. L'historien anglais

avait été originairement dirigé par les pères de la compagnie de Jésus. Après l'expulsion de ces religieux, on chargea d'abord les capucins de l'administration de ce village. Mais, par un décret du 8 de mai 1788, il fut érigé en paroisse comme tous les aldeas qui avaient appartenu aux jésuites, et placé sous la juridiction immédiate de l'ordinaire [1].

La côte où a été bâti l'aldea de S. Pedro, sans être fort élevée, domine cependant toute l'anse demi-circulaire qui la baigne, et qui fait partie de la vaste lagune d'Araruáma. Il est facile de voir que les fondateurs de ce village avaient voulu lui donner une

---

ne dit rien de la fondation de l'aldea de S. Pedro; mais, suivant lui, les Indiens goitacazes furent presque détruits en 1630 pour une cause très différente de celle indiquée par Cazal. Un vaisseau portugais avait échoué, dit Southey, sur la côte de ces indigènes; mais l'équipage s'était sauvé dans la chaloupe. Les Indiens du Cap Frio et ceux de Reritygba, ayant entendu parler du naufrage, se hâtèrent de venir au secours des blancs. Ils ne virent que les débris du vaisseau, ne trouvèrent personne de l'équipage, et concluant que les Portugais avaient été dévorés par les Goitacazes, ils exterminèrent une partie de cette peuplade. C'est ainsi que Southey raconte la destruction des Goitacazes; mais peut-être pourrait-on concilier son récit avec celui de Cazal, en supposant que la ligue formée par les Portugais contre les Goitacazes et dont on ne peut nier l'existence, saisit le premier prétexte qui se présenta pour exterminer ces sauvages, et que ce fut à son instigation que les Indiens du Cap Frio et de Reritygba prirent les armes. (V. plus bas le chap. sur les Campos Goitacazes).

[1] Piz. *Mém. hist.*, V, 91.

forme symétrique, ce qu'ils ne manquaient jamais de faire pour tous leurs aldeas. On entre à S. Pedro par une large rue qui aboutit à une demi-lune bornée par l'église et par l'ancien couvent. La demi-lune, couverte de gazon, forme une place assez large, et elle est dessinée par l'un des côtés de deux rues qui, communiquant avec l'extrémité de la rue principale, s'arrondissent en demi-cercle. Partout on a tracé la voie publique en creusant un peu le sol, de manière que le terrain où les maisons sont construites est plus élevé que la rue elle-même. Des poteaux plantés çà et là et que le temps a blanchis montrent qu'on avait d'abord eu l'idée de faire deux rues de la principale, mais qu'ensuite ce projet a été abandonné. D'ailleurs, depuis le temps des jésuites, on a laissé bâtir çà et là hors des anciens alignemens, et l'on a ainsi troublé la régularité de l'aldea. Les maisons, toutes en bois et en terre, ont été construites avec peu d'art; elles sont couvertes en chaume, et la plupart n'ont point de fenêtres. L'église et l'ancien couvent qui y est annexé, présentent un corps de logis avec deux ailes; l'une de ces dernières forme l'église; l'autre jointe au corps de logis composait le couvent. C'est du côté opposé à la place que s'avancent les deux ailes; l'église a son entrée sur la place même, et cette entrée est de niveau avec le corps de logis. Une inscription qu'on lit dans le monastère apprend qu'il a été achevé il y a quatre-vingts ans (écrit en 1818).

Les Indiens de S. Pedro n'ont conservé aucune tradition des temps où ils étaient encore sauvages, et ils ignorent même à quelle nation appartenaient leurs ancêtres. Mais s'ils ne savent rien des commencemens de leur histoire, ils n'ont point perdu le souvenir du gouvernement des jésuites. Tous les habitans de S. Pedro savent, par exemple, que ces religieux interdisaient aux blancs l'entrée de l'aldea [1], et qu'ils ne permettaient point aux Indiens de sortir de chez eux. Les jésuites avaient une connaissance profonde de l'idiome des Indiens, et, pour empêcher des communications qui auraient pu corrompre ceux-ci et amener leur oppression, ils ne permettaient point qu'ils apprissent la langue portugaise [2]. Ils les instruisaient

[1] En cela les jésuites ne faisaient que se conformer aux lois de D. Pedro II (South. *Hist of Braz.*, III, 371).

[2] Des hommes qui ne connaissaient point la race américaine ont fait aux jésuites un grand reproche de cette sage précaution ; mais sur ce point la compagnie de Jésus a été suffisamment justifiée par le protestant Southey, qu'on ne peut raisonnablement accuser de partialité. D'ailleurs le langage des Indiens de la côte méritait, comme on va le voir, d'être conservé. — Dans ses caractères généraux, la prononciation des langues indiennes est fort différente sans doute de celle des divers idiômes en usage parmi les nations d'origine caucasique (Voy. ma *première Relation*, I, 427); mais il n'en est pas moins vrai que la *lingoa geral* et son dialecte le guarani, sont bien loin d'être des langues barbares. Ils ont de la douceur et offrent l'extrême avantage d'admettre des mots composés souvent très pittoresques. Une foule de ces mots se sont introduits au Brésil dans la langue portugaise, et je ne crois pas qu'ils lui ôtent rien de ses charmes et de son harmonie. Les pères Anchieta, Vasconcellos et Figueira vantent la délicatesse, l'élégance, la suavité et la

dans la doctrine chrétienne, les captivaient par un grand nombre de pratiques extérieures, et leur enseignaient l'agriculture et différens métiers. Trois jours dans la semaine, les Indiens travaillaient pour l'entretien de l'église, pour celui du couvent et tout ce qui avait rapport au bien commun de l'aldea; pendant les trois autres jours, chacun travaillait pour lui-même. Le gouvernement des disciples de Loyola était absolu, mais comme celui du père de famille qui supplée par son expérience et par sa raison, à l'intelligence trop faible de ses enfans. Les *pères de la compagnie*, seul nom que la plupart des Brésiliens donnent aux jésuites, étaient extrêmement aimés des Indiens, et une vieille femme, presque centenaire, qui les avait connus, me racontait que, lorsqu'on les avait forcés de quitter l'aldea, tous

richesse de la *lingoa geral*, et n'ont pas craint de comparer ses beautés à celles de la langue grecque. Ce qu'il y a de fort remarquable, c'est qu'ayant à représenter des idées souvent fort abstraites et écrivant dans un idiôme parlé par des sauvages, les pères Araujo et Bettendorf ne furent pas obligés d'emprunter pour leurs catéchismes une seule expression à des langues étrangères (Voy. *Prologo do Diccionario Portuguez e Brasiliano*); et je ne trouve non plus aucun terme étranger dans les nombreux exemples tirés de la doctrine chrétienne que le père Antonio Ruiz de Montoya cite sans cesse dans le *Tesoro de la lengua guarani*. Bientôt cependant il ne restera plus au Brésil aucune trace de la langue des Indiens, si ce n'est les mots qui ont passé dans le portugais et dont personne ne connaît aujourd'hui la véritable origine. Cette considération m'a engagé à faire sur l'étymologie des noms portugais-brésiliens de la langue indienne les recherches dont j'ai successivement consignées les résultats dans cet ouvrage.

les habitans versaient des larmes. La piété des plus anciens et leur attachement à leurs devoirs sont, me disait le curé de l'aldea[1], qui cependant n'était point ami des jésuites, le meilleur témoignage en faveur de ces religieux. Que l'on compare la conduite qu'ils tenaient avec la manière dont on agit aujourd'hui envers les indigènes de la province des Mines[2]; et l'on ne pourra s'empêcher d'avouer que, pour les Américains indigènes, l'expulsion des religieux de la compagnie de Jésus fut un véritable malheur[3]. Ils rendaient les Indiens chrétiens et vertueux, aujourd'hui on les pervertit; ils les réunissaient en villages, on les disperse et on les opprime; ils donnaient des bras à l'agriculture et à l'industrie, et l'on prend tous les moyens pour détruire, soit sourdement, soit les armes à la main, les peuplades qu'ils n'avaient pas encore eu le temps de civiliser, ou parmi lesquelles ils n'avaient pu s'introduire.

Lorsqu'on ôta aux jésuites l'administration des In-

[1] Un compilateur, qui se reporte à l'époque de mon voyage, dit qu'alors le curé de S. Pedro était un Indien. Non-seulement il n'y avait point d'ecclésiastique indigène dans ce pays, mais encore je crois pouvoir assurer qu'il n'en existait absolument aucun dans les diverses parties du Brésil que j'ai visitées.

[2] Voy. ma *première Relation*, vol. II, p. 57 et suiv.; 218 et suiv. Voyez aussi ce qu'a écrit sur le même sujet le baron d'Eschwege, *Journ. von Braz.*, I, 79-83.

[3] Cette idée a été exprimée dans un journal philosophique très remarquable, l'ancien *Globe*. Je me plais à citer ici une autorité qui ne doit pas être plus suspecte que celle de Southey et la mienne.

diens, on ne se porta cependant point à cette mesure, sans y mettre quelque prudence. On sentit très bien que, pour tirer parti des indigènes déja civilisés, il était nécessaire de les traiter avec douceur ; on sentit qu'en les aliénant, on courait les risques de les rendre à l'état sauvage, et l'on accorda aux habitans de S. Pedro de très grands privilèges. Comme leur civilisation datait de longues années, on ne leur donna point de directeur, et ils échappèrent à la plus affreuse des tyrannies, celle d'un subalterne ignorant et intéressé. Les Indiens de S. Pedro ne sont point soumis à la juridiction portugaise, mais à un *capitão mór*, pris parmi eux, et qui exerce l'autorité la plus étendue. Ce magistrat juge les différens de quelque nature qu'ils soient ; il veille au maintien de la police et du bon ordre ; enfin, il peut, suivant la nature des délits, faire mettre les coupables au *tronco*[1], ou même les condamner aux travaux publics pour un temps plus ou moins long, et les envoyer, à cet effet, à Rio de Janeiro. Les habitans de S. Pedro ne font point partie de la garde nationale portugaise (*milicia*) ; ils sont divisés en compagnies commandées par des capitaines choisis parmi eux, et ceux-ci obéissent au *capitão mór*.

Une étendue de terre très considérable, dont une partie est encore en bois vierge, a été attachée à la communauté de l'aldea, et le territoire concédé a été déclaré inaliénable. Cette mesure éminemment pro-

[1] J'ai fait connaître ce genre de châtiment dans ma *première Relation* (vol. II, p. 42).

tectrice pouvait seule obvier, du moins sous quelques rapports, à l'inconvénient de mêler les Indiens avec les blancs, et empêcher ceux-là d'être bientôt dépouillés. Fondée sur la connaissance de l'infériorité des Indiens et sur celle de leur imprévoyance, elle rétablissait en leur faveur une véritable tutelle, et était un hommage rendu à l'administration jésuitique, si parfaitement adaptée au caractère défectueux de la race américaine. Mais une restriction mise à l'inaliénabilité du territoire des Indiens de S. Pedro détruira peu à peu, comme on va le voir, les effets de cette mesure, et finira par la rendre entièrement illusoire. Lorsqu'un Indien veut cultiver un terrain vierge qui dépend de la communauté, il adresse sa demande au *capitão mór*, qui la rejette ou y fait droit. Dans ce dernier cas, le *capitão mór* mesure le terrain; l'Indien entre en jouissance, et n'a aucune rente à acquitter. Il est également permis d'accorder des terres aux hommes blancs; mais ceux-ci n'en sont que les censitaires, et paient pour la communauté de l'aldea une redevance d'un *tostão* par brasse [1]. Tout Indien peut céder ses champs à un homme de race blanche; mais les terres de l'aldea étant considérées comme inaliénables, le blanc ne paie point le fond à l'indigène; il lui rembourse seulement la valeur des plantations qui se trouvent sur le sol, ainsi que celle des maisons

---

[1] La *braça quadrada* (brasse carrée terrestre) vaut, selon le savant Freycinet, 484,000 mètres carrés (*Voyage Ur. hist.*, 266).

ou usines qui y ont été construites (*bemfeitoria*), et le Portugais acquitte la même redevance que si le terrain lui avait été concédé directement par le magistrat. C'est entre les mains de l'*ouvidor* de Rio de Janeiro, qui a le titre de *conservateur des biens de l'aldea*, que se fait le paiement de cette espèce de cens. La loi veut que l'on prenne sur les sommes produites par le cens, ce qui est nécessaire pour les réparations de l'église et celles du couvent devenu le presbytère, et que l'excédant de cette dépense soit distribué aux Indiens, à l'époque de leur mariage, dans une proportion relative au rang que chacun d'eux occupe dans le village. Il n'en est cependant pas ainsi. On a soin de faire payer le cens avec une grande exactitude; mais les Indiens ne touchent point l'argent que la loi leur a accordé ; le presbytère tombe entièrement en ruine ; l'église n'est guère en meilleur état ; elle manque d'ornemens, et ce n'était qu'à force de sollicitations que, jusqu'à l'époque de mon voyage, le curé de l'aldea avait obtenu de légères sommes qui suffisaient à peine aux réparations les plus urgentes. Il ne m'appartient pas de rechercher ce que devenaient les revenus du village de S. Pedro; je ferai observer seulement qu'il est bien clair que, si l'on ne modifie point le règlement aujourd'hui en vigueur, et qu'on laisse subsister les odieux abus qui se sont introduits, le territoire des Indiens, tout inaliénable qu'il est, passera peu à peu entre les mains des blancs [1]. Ceux-

---

[1] C'est, comme on le verra par la suite, ce qui est déja ar-

ci sans doute seront uniquement tenanciers; mais l'État ou ses agens deviendront les véritables suzerains, et il ne restera aux indigènes dépouillés qu'une propriété nominale.

Il serait cependant d'autant plus essentiel d'assurer l'existence des Indiens de S. Pedro, qu'ils forment une population assez considérable. Comme le pays qu'ils habitent, sans cesse balayé par les vents, est d'une grande salubrité, ils vivent très long-temps, et presque tous ont une postérité nombreuse.

Les Indiens de S. Pedro présentent, dans leur physionomie, tous les traits généraux de la race américaine; ils ont les cheveux noirs et très droits, l'os des joues proéminent, le nez épaté, les yeux divergens. Leur couleur n'est pas celle du cuivre; elle se rapproche plus ou moins de la teinte du bistre. Ils n'ont point de barbe, ou ils en ont fort peu. Ils sont d'une taille moyenne; ils ont les épaules et la poitrine larges, le cou peu alongé et paraissent très robustes. Si je ne me trompe, il existe cependant une différence assez notable entre les Indiens de S. Pedro et ceux des peuplades que j'avais vues à Minas Geraes. La tête des premiers me parut non-seulement plus longue, mais aussi plus grosse, plus large que celle des seconds et d'une forme plus voisine de l'ovale-aigu. Dans la figure des enfans, j'observai un caractère qui leur donne une ressemblance singulière avec les qua-

---

rivé à l'ancien aldea de *Reritygba*, aujourd'hui *Villa de Benevente;* dans la province d'Espirito Santo.

drumanes. Ils ont les narines très élargies ; leur nez est long, mais fort peu saillant, et depuis le bas du front jusqu'à la lèvre, il forme une portion de cercle rentrante.

Beaucoup de blancs, attirés par la fécondité des terres de l'aldea et le cens modéré auquel on les obtient, sont venus s'établir à S. Pedro, et de là il est résulté non-seulement des unions passagères, mais encore des mariages qui ont altéré la race indienne. Les enfans qui proviennent de ces mélanges, ont la tête plus arrondie que les Indiens et les Portugais, et le teint plus clair que celui des véritables indigènes. Leurs joues et leur nez sont encore ceux de la race américaine ; mais ce qu'il y a de remarquable, c'est que leurs yeux ne sont plus divergens. Ces métis, auxquels on donne le nom de *mamalucos*, ont un air de douceur très agréable, surtout chez les femmes, dont quelques-unes sont fort jolies. Les mamalucos jouissent, dans l'aldea, de tous les privilèges accordés aux Indiens eux-mêmes, et, bien différens des mulâtres, non-seulement ils ne rougissent point de ne pas appartenir entièrement à la race européenne, mais encore ils se montrent fiers d'être issus de la nation qui est ici favorisée, du moins en apparence [1].

[1] Marcgraff dit (*Hist. nat. Braz.*, 268) que de son temps l'on distinguait les Brésiliens, autres que les Indiens de race pure, en *Mozambos* nés d'un père et d'une mère européens, *criolos* (pour *crioulos*) nés au Brésil d'un père et d'une mère africains, *mulatos* ou mulâtres, *caribocas* et *cabocles* issus d'un Indien et d'une négresse, enfin *mamelucos* nés d'un Européen

En 1789, un Indien seul, dans S. Pedro, savait le portugais. Mais, depuis cette époque, les communications se sont multipliées entre les indigènes, les blancs et les mulâtres. Aujourd'hui il n'y a plus que les Indiens d'un certain âge qui entre eux emploient quelquefois le langage de leurs pères, et encore en rougissent-ils. Ce n'est guère que lorsqu'ils sont animés par l'eau-de-vie de sucre qu'ils s'expriment sans honte dans leur idiome, et les plus habiles ont ou-

et d'une Indienne. Dans les parties du Brésil que j'ai parcourues les noms de *crioulos*, de *mulatos* et celui de *mamalucos* légèrement altéré de mamelucos, sont toujours en usage ; je n'ai jamais entendu prononcer le nom de *mozambos* ; *caboco* ou *caboclo*, quand il est employé, n'est plus qu'un sobriquet injurieux pour désigner les Indiens ; enfin *caribocas* est presque hors d'usage. On sait que les mamalucos jouèrent un très grand rôle dans l'histoire des Paulistes. Ces hommes qui formèrent jadis une grande partie de la population de S. Paul, méconnaissaient tout à la fois les devoirs de la religion et ceux de la société civile, et, élevés dans la haine de leur race maternelle, ils se livraient à la chasse aux Indiens avec plus de cruauté peut-être que les blancs eux-mêmes (South. *Hist. of Braz.*, II, 304, 306, 307). Les choses ont dû naturellement changer, depuis que l'esclavage légal des Indiens a été aboli, et que le gouvernement leur accorde quelque protection. Ce n'est pas, à ce qu'il paraît à S. Pedro seulement que les mamalucos ou leur postérité ne rougissent plus aujourd'hui d'appartenir à la race indienne ; des Paulistes fort distingués se glorifient de descendre d'un cacique fameux, et Koster dit expressément que les mamalucos du nord du Brésil ont quelque indépendance dans le caractère, et montrent pour les blancs moins de respect que les mulâtres (*Voyages dans le Nord*, etc., trad. Jay, II, 320).

blié beaucoup de termes usuels. En donnant un peu d'argent à quelques-uns de ces hommes, je me fis répéter par eux différens mots de leur langue qui, à de légères altérations près, n'est autre chose que celle appelée *tupi* ou *lingoa geral*, simple dialecte du guarani, jadis en usage parmi les nombreux indigènes de tout le littoral, ou du moins la plupart d'entre eux [1]. Les Indiens de S. Pedro parlent de la gorge et du nez; ils ont beaucoup d'aspirations, ouvrent peu la bouche, donnent peu de mouvement aux organes de la voix, et, le plus souvent, ils appuient sur la dernière syllabe. Cette manière de prononcer est, dans son ensemble, celle des Coroados du Rio Bonito et des autres peuplades que j'avais rencontrées à Minas Geraes; et, puisque ces peuplades parlent des idiomes bien différens entre eux et bien différens de la *lingoa geral*, on doit conclure de tout ceci qu'il y a, comme je l'ai

---

[1] Cazal, ainsi que je l'ai déja fait observer plus haut, dit que l'aldea de S. Pedro dos Indios fut fondé pour des Goitacazes. Mais, comme ceux-ci ne parlaient point la *lingoa geral*, et que cet idiome est celui des Indiens de S. Pedro, on sera tenté de conclure de là que ces derniers n'ont pas l'origine que leur attribue l'auteur de la *Corografia Brazilica*. Cependant il n'est point invraisemblable que les jésuites qui avaient fait une étude approfondie de la *lingoa geral* et composé un catéchisme dans cette langue, cherchassent à la faire adopter par tous les Indiens qui leur étaient soumis. Ils durent surtout se conduire ainsi envers les Goitacazes de S. Pedro dos Indios, si, comme le croit Pizarro, on les mélangea avec des Indiens de Sepitiba qui sans doute étaient de ceux qui parlaient le tupí.

dit ailleurs dans la prononciation des langues indiennes, des caractères qui appartiennent à toute la race indigène, et qui peuvent contribuer à la faire distinguer [1].

Les Indiens de S. Pedro vivent de la culture de leurs terres; ils passent la semaine à la campagne avec leur famille, et ne viennent au village que les jours de fête et les dimanches. Ces hommes sont renommés dans le pays pour leur habileté à scier les planches, et exercent quelques petits genres d'industrie qui leur sont particuliers. Leurs femmes principalement font avec le *taquarassú*[2], des chapeaux très artistement tressés, et des corbeilles qu'elles savent teindre de couleurs fort vives, mais peu durables; elles fabriquent aussi, avec le coton du pays, des hamacs très élégans, et elles ne vendent leurs chapeaux de paille qu'une pataque à une pataque et demie (2 à 3 fr.), et les hamacs une ou deux cruzades. La pêche est encore une des occupations favorites des Indiens : ils se servent pour prendre le poisson, de filets qu'ils font eux-mêmes, et plus souvent encore de hameçons et de lignes. Quant aux métiers proprement dits, ceux de tailleurs, cordonniers, etc., ils n'aiment point à les apprendre, et la plupart des ouvriers qui habitent l'aldea sont des blancs ou des mulâtres.

La langue primitive des Indiens de S. Pedro s'est,

---

[1] Voy. ma *première Relation*, vol. I, p. 47, 427.
[2] Espèce de bambou décrite dans ma *première Relation*, vol. I, p. 20.

comme on l'a vu, presque effacée de leur mémoire ; ils sont vêtus à la manière des Portugais, et ils ont renoncé à leurs anciennes coutumes ; mais en même temps on trouve chez eux les bonnes qualités et surtout les défauts qu'ont, au sein des forêts, leurs frères encore sauvages. Ils sont gais, d'une humeur douce, adroits et spirituels ; mais leur paresse est extrême ; ils aiment passionnément l'eau-de-vie, et ne songent jamais à l'avenir. Ils ne cultivent qu'autant qu'il leur est nécessaire pour vivre ; presque jamais ils n'ont d'excédant à vendre ; et, s'il prend à l'un d'eux la fantaisie d'aller à Rio de Janeiro, il la satisfera dans l'instant même, en abandonnant à moitié prix le fruit d'un long travail. Deux cents ans de civilisation, sous deux régimes entièrement différens, ont donc aussi peu modifié le caractère des Indiens de S. Pedro, que leur organisation et les traits de leur physionomie. Ils sont toujours restés mobiles et imprévoyans, comme ils l'étaient jadis au fond des bois et dans les marais, ou, si l'on aime mieux, ils sont restés enfans, malgré toute la peine qu'on a prise pour en faire des hommes. Ceci confirme encore ce que j'ai dit ailleurs ; les Indiens ne sont point susceptibles des mêmes progrès que nous, leur civilisation restera toujours imparfaite ; ils ont besoin de vivre sous une tutelle protectrice, et si, comme cela est vraisemblable, on ne peut les faire jouir d'un tel bienfait, ils auront bientôt disparu de la surface du Brésil et probablement des autres parties de l'Amérique.

D'après tout ce qui précède, il est évident que je

devais m'attendre à ne trouver dans les maisons des Indiens de S. Pedro, aucun signe de richesse. Celles où j'entrai étaient malpropres et dépourvues de toute espèce de commodités. Les femmes y étaient accroupies sur la terre, et je n'y vis d'autres meubles qu'un hamac et quelques poteries.

J'allai rendre ma visite au *capitão mór* de l'aldea, et ne trouvai pas sa demeure beaucoup plus magnifique que celles de ses administrés. On y voyait à la vérité un banc et une couple de tabourets; mais le digne magistrat était assis par terre avec sa femme, chacun sur une natte séparée. EUGENIO le *capitão mór* des Indiens, tirait évidemment son origine d'un sang mélangé, et, ce qui me parut fort remarquable, ses yeux divergeaient en sens contraire de ceux des Indiens de race pure. Lorsque j'entrai chez lui, il était occupé à faire un filet pour prendre les crevettes. Il me parut avoir du bon sens; mais je m'aperçus qu'il évitait de répondre aux questions que je lui adressais. Les Indiens en général donnent souvent des marques d'une défiance trop bien justifiée par la violence et l'astuce qu'emploient à leur égard les hommes de notre race [1].

[1] Si, comme on l'a dit à propos des habitans de S. Pedro, les Indiens civilisés ont fait preuve quelquefois de finesse et de dissimulation, il faut, je crois, rejetter ce tort sur la juste défiance dont je parle ici. Le voyageur qui fait aux Indiens ce reproche de fausseté dit aussi que le trait le plus frappant de leur caractère est un orgueil indomptable; j'avouerai bien franchement que c'est le dernier défaut que j'aurais été tenté d'attribuer à ces pauvres gens.

J'ai dit que les Indiens de S. Pedro ne cultivaient qu'autant qu'il leur était nécessaire pour avoir de quoi subsister; mais les blancs, tenanciers de l'aldea, ont presque toujours quelques denrées à vendre. Lors de mon voyage, le café valait dans le canton 7 à 8 *patacas* (14 à 16 f.) l'arrobe, le riz se vendait également 7 à 8 *patacas* le sac de 4 *alqueires*, mais on considérait ces prix comme fort élevés; le sucre blanc valait de 6 à 7 *p*. l'arrobe, et le maïs 3 1/2 *p*. l'*alqueire*.

Pendant mon séjour à l'aldea de S. Pedro dos Indios, j'eus beaucoup à me louer de l'obligeance d'un vieux charpentier espagnol établi dans le pays depuis quarante ans. Cet homme, aussitôt qu'il m'aperçut, m'appela son compatriote, et témoigna la plus grande joie de me voir. Il y a un peu loin sans doute d'Orléans à la ville de Valence; mais, dans un pays si différent de l'Europe, tous les Européens deviennent, pour ainsi dire, des frères. Le bon charpentier me rendit les petits services qui dépendaient de lui; et, lorsque je quittai l'aldea, il m'indiqua le chemin de la ville du Cap Frio avec beaucoup de complaisance.

Il est temps de dire, je crois, de quelle manière je voyageais depuis que j'avais quitté Rio de Janeiro. Je partais le matin sur les 8 ou 9 heures. Toutes les fois que, dans le chemin, j'apercevais une plante qui m'était inconnue, je descendais de cheval; je recueillais quelques échantillons, je les mettais sous presse, et je regagnais en trottant ma caravane qui marchait au petit pas. Après avoir fait de deux à quatre lieues, je m'arrêtais; on déchargeait mes malles, et j'en tirais tout ce qui m'était nécessaire pour faire l'analyse des espèces que j'avais récoltées. Pendant que je me livrais à ce travail, l'Indien Firmiano allait chercher du bois, allumait du feu, faisait bouillir l'eau nécessaire pour le thé, et ensuite pour les haricots. Au lieu de farine de maïs, je mangeais de la farine de manioc; d'ailleurs ma nourriture était à peu près la même que dans les Mines[1]. Si, après avoir pris le thé, il me restait encore assez de temps, je faisais une petite herborisation, puis, pendant que mon domestique Prégent préparait les oiseaux qu'il avait tués, je commençais à changer les plantes de papier; on servait les éternels haricots, et j'écrivais mon journal. Quelquefois mon travail se prolongeait fort avant dans la nuit; cependant je me levais avec le soleil, j'achevais ce qui n'avait pu être terminé la veille, et, avant de partir, j'aidais Prégent à changer les plantes.

Le caractère de ce pauvre garçon s'altérait de plus en plus; j'avais singulièrement à souffrir de ses bizarreries, et j'achetais bien chèrement les oiseaux qu'il me procurait, et qui, dispersés depuis mon retour, auront été probablement bien peu utiles. Quant à Firmiano, il continuait à être ce qu'on appelle un bon enfant, mais sa paresse et sa lenteur étaient extrêmes. Comme mon nouveau muletier, Manoel da Costa, joignait à un caractère doux, beaucoup d'activité, l'Indien se reposait sur lui de tout le travail;

---

[1] Voy. ma *première Relation*, vol. I, p. 129 et 261.

il restait toujours fort loin de la caravane, ne tuait aucun oiseau, et ne faisait pas même, sans aide, sa facile cuisine. Accoutumé à vivre à l'ombre des forêts primitives, il souffrait beaucoup de l'extrême chaleur du pays découvert et sablonneux que nous parcourions alors, et il attrappait des coups de soleil sur les jambes et les bras. Quant au muletier, j'en étais fort content, il montrait de la bonne humeur et de l'intelligence, il aimait le travail, et souvent il aidait mes autres domestiques.

CHAPITRE II.

LA VILLE DU CABO FRIO ET LE PROMONTOIRE DU MÊME NOM.

Pays situé entre S. Pedro dos Indios et la ville de *Cabo Frio.* — Vue dont on jouit en arrivant auprès de cette ville. — Embarras que l'auteur éprouve pour y trouver un gîte. — Vue que l'on découvre du haut de la montagne appelée *Morro de Nossa Senhora da Guia.* — Histoire du district du Cap Frio. — Distinction qu'il faut faire entre le *Cap* et la ville du *Cabo Frio.* — Administration de cette ville. Etendue et population de la paroisse dont elle fait partie. Description de la ville. Ses places; ses rues; ses églises; le couvent des Franciscains. — Le goulet de l'Araruáma. — Végétation de la langue de terre qui sépare ce lac de l'Océan. — Eau que l'on boit à la ville du Cabo Frio. Insalubrité de cette ville: on n'y trouve ni médecins ni apothicaires. Vents qui y règnent. Occupations de ses habitans; leur pauvreté; leur caractère; le peu de goût qu'ils ont pour l'instruction et les arts mécaniques. — Commerce. Culture. — Excursion au Cap Frio proprement dit. *Praia do Pontal, Prainha.* Description des terres et îles qui forment l'ensemble du Cap. Hameau de la *Praia do Anjo*; occupations de ses habitans; séchoirs sur lesquels ils exposent le poisson; toilette des femmes du hameau. La *Pointe de l'Est.*

Après être parti de l'aldea de S. Pedro, je traversai des taillis (*capoeiras*) et plus rarement des terrains en culture. Le pays est montueux et boisé ; de temps en temps, l'on aperçoit, dans la campagne, des chaumières éparses, et, approchant de la ville du Cap Frio, on voit quelques maisons plus importantes. Je m'étais éloigné du lac d'Araruáma; mais, à peu de distance de la ville, je me retrouvai sur le rivage. Dans cet endroit, la largeur du lac n'est plus aussi considérable; mais, si la vue dont on jouit n'a pas la même pompe et la même étendue que celle qu'on admire à S. Pedro ou à Guába Grande, elle est plus agréable et plus riante. On découvre les deux rives du lac qui présentent un terrain inégal et orné de la plus belle verdure; quelques petites îles s'élèvent à la surface de l'eau, et une prodigieuse quantité d'oiseaux aquatiques tantôt s'y réunissent par troupes, et tantôt, après avoir plané dans l'air, fondent sur leur proie avec rapidité [1]. Plus près de la ville du Cap Frio, la vue s'embellit encore. Le lac semble borné par une montagne couverte d'un gazon ras, et le vert tendre de cette herbe contraste avec les teintes plus foncées des arbres et des arbrisseaux d'alentour. La montagne qui se trouve placée, comme on le verra, dans l'enclos du couvent des Franciscains, et qui porte le nom de *Morro de Nossa Senhora da Guia* [2], est couronnée par un petit oratoire; celui-ci, lors de mon voyage, venait d'être blanchi, et produisait, dans le voisinage, l'effet le plus agréable.

[1] Un des ornithologistes les plus habiles de notre temps, M. le prince de Nieuwied, a indiqué les oiseaux qui vivent sur les bords du lac d'Araruáma.

[2] On trouve dans Cazal et dans une compilation très récente, *Nossa Senhora da Cuia*; mais ce nom est inexact. Le mot *cuia* désigne ces vases que l'on fait en coupant par la moitié des gourdes ou le fruit du *Crecentia cujete*, Lin.

Si le lac paraît finir au pied de la hauteur dont je viens de parler, c'est qu'à cet endroit, il forme un coude. Plus loin, il n'offre plus qu'un large canal, et, sur le bord oriental de ce dernier, bord qui continue le rivage jusqu'alors méridional de l'Araruáma, est située la ville du Cap Frio. Sur le bord opposé, celui où je me trouvais, s'élèvent des montagnes, et l'on ne voit d'autre maison que la *venda* à laquelle on s'arrête, pour passer l'eau et se rendre à la ville. Au lieu même où se dessine le coude dont j'ai parlé, est bâti le couvent des Franciscains; vis-à-vis, vers le nord-est, le lac forme un autre coude pour aller se réunir à la mer; et, de ce côté, il semble borné par une place verdoyante. L'espace compris entre les deux coudes porte le nom de *Rio d'Itajurú* [1], et représente une immense pièce d'eau fermée de tous côtés.

On traverse ce canal dans des pirogues très étroites, et l'on paie à cet effet 20 reis par personne. Les chevaux et les mulets passent à la nage; mais les hommes qui sont dans la pirogue tiennent ces animaux à la bride, et l'on paie pour ceux-ci également 20 reis.

On m'avait dit que je pourrais obtenir un gîte dans le couvent des Franciscains. Ayant donc passé le Rio d'Itajurú, je laissai mes gens sur le rivage, et j'allai demander au gardien la permission de rester une cou-

---

[1] J'ai déja fait voir ailleurs que, dans la *lingoa geral*, *Itajurú* signifiait bouche de pierre. Peut-être dit-on aussi *Tajurú*, sans doute par corruption. Quant au mot *rio*, il n'est pas très rare qu'au Brésil on l'applique à d'autres eaux qu'à des fleuves ou des rivières.

ple de jours dans un coin de son couvent, ainsi que celle de laisser paître mes mulets sur sa montagne. Ma demande fut rejetée très durement ; j'insistai, j'offris de l'argent ; tout fut inutile ; on ne cessa de m'objecter des ordres supérieurs. Accoutumé à être l'objet d'une hospitalité touchante, même chez les hommes les plus pauvres, je finis, je l'avoue, par perdre patience ; j'accablai le vieux moine de reproches, et je retournai sur le rivage, sans savoir ce que j'allais devenir. La curiosité avait attiré autour de mes effets un grand nombre d'enfans ; je m'adressai à eux pour savoir si je ne pourrais pas trouver quelque maison à louer ; ils m'en indiquèrent une ; je m'y installai moyennant la somme très modique de 320 reis (2 f.) pour quatre jours, et, ne sachant que faire de mes mulets, je les renvoyai chez les moines, avec lesquels mon muletier Manoel da Costa eut le talent de me réconcilier.

Le lendemain, je me rendis au couvent des Franciscains, et je montai sur cette montagne qui se trouve comprise dans leur enclos, et dont j'ai déja dit quelque chose. Là, s'offrit à mes regards le panorama le plus beau peut-être que j'aie jamais admiré dans le cours de mes voyages. Je vais tâcher de l'esquisser ; mais ce sera uniquement pour donner une idée juste de la position respective des lieux : on essayerait en vain de peindre par des mots tant de magnificence. En face de la chapelle qui a été bâtie au sommet de la montagne, je découvrais la haute mer, au-delà de cette presqu'île (*restinga*) qui la sépare du lac d'Araruáma. Une anse se dessine entre la pointe de *Costão* (côte élevée), située vers l'est de la ville, et le cap dont les montagnes s'avancent au loin dans l'océan. La langue de terre qui borne le lac, étroite et très aplatie, est parsemée, comme celle de Saquaréma, d'arbrisseaux entre lesquels des intervalles d'un sable blanc ressemblent de loin à de petites lagunes. Derrière la chapelle, la vue s'égare sur l'Araruáma, dont les sinuosités sans nombre ne sauraient se décrire, et dont les bords, revêtus de grands bois, de taillis, de pâturages, étalent la plus belle verdure. Avant de dessiner le coude d'où résulte le canal appelé Itajurú, le lac se rétrécit en un bassin d'une figure oblongue. A l'entrée du Rio d'Itajurú, il se rétrécit bien davantage encore ; puis s'étant courbé, il s'élargit de nouveau, et forme le canal qui offre un carré long et irrégulier. Sur la rive orientale de l'Itajurú, et vers l'extrémité de la langue de terre de l'Araruáma, s'élève la petite ville du Cabo Frio, qui représente à peu près une navette, et qui n'est dominée par aucun édifice remarquable. Bientôt le Rio d'Itajurú, décrivant un angle d'environ soixante degrés, se courbe pour communiquer avec la mer. Au-delà de ce nouveau coude, le lac redevient très étroit, et c'est alors que, changeant encore de nom, il prend celui de *Camboa* [1]. Au bord de ce dernier canal,

[1] Je trouve aussi *Cambúi* dans mes notes. Suivant un auteur cité par Pizarro, *Camboa* signifie dans la langue des Indiens un lac où le poisson entre avec les eaux de la mer et reste à sec par la marée descendante.

est bâtie, du côté du sud, une espèce de hameau appelé *Passagem*, qui, quoique éloigné environ d'un demi-quart de lieue de la ville du Cabo Frio, est considérée pourtant comme en faisant partie. Vis-à-vis de Passagem, sur la rive septentrionale du Camboa, sont de petites montagnes qui s'avancent dans l'Océan pour former la pointe de Costâo, dont j'ai déja parlé; et enfin, au-delà des terres qui bornent le Rio d'Itajurú, la mer s'aperçoit encore dans le lointain. Telle est la vue que l'on découvre sur la montagne de l'enclos des Franciscains. La petite chapelle qui a été bâtie sur son sommet, doit être de tous côtés aperçue de très loin, et c'est une idée heureuse de l'avoir consacrée à la Vierge, guide des voyageurs (*Nossa Senhora da Guia*).

L'intérieur du district du Cap Frio a été jusqu'à ce jour, mal connu des géographes [1]; cependant, peu d'années après la découverte du Brésil, ce point était déja célèbre parmi les armateurs français qui y faisaient, avec les indigènes, un commerce d'échange [2]. VILLEGAGNON y aborda, et fut reçu avec amitié par les *Tupinambas* et par d'autres sauvages. Ce fut encore du Cap Frio que partirent les Français en 1568,

---

[1] On a même été jusqu'à confondre la ville du Cabo Frio avec le Cap lui-même. De précieux documens sont dus à l'exact et laborieux Pizarro; mais son livre n'est point connu en Europe et les recherches y sont très difficiles. Quant aux sinuosités de la côte, elles ont été tracées par le savant amiral Roussin; c'est dire assez que, sous ce rapport, les géographes ne doivent plus rien avoir à désirer.

[2] Alph. Beauchamp, *Hist. Brés.*, I, 304. 305.

lorsque, sollicités par leurs alliés, les *Tamoyos*, ils firent des efforts, pour la dernière fois, afin de s'emparer du territoire de Rio de Janeiro. Repoussés par Salvador Correia, gouverneur de cette ville, ces Français se replièrent vers le Cap. Un nouveau navire de leur nation y était arrivé avec des canons et un excellent équipage. Le capitaine se défendit sur le pont, couvert de son armure, une épée dans chaque main; mais il finit par succomber; le vaisseau se rendit, et les canons dont il était chargé furent placés par les Portugais à l'entrée du goulet de l'Araruáma [1]. Malgré ces précautions, les Français ne cessèrent point de trafiquer avec les Tamoyos; mais, en 1572, Antonio Saléma, gouverneur de Rio de Janeiro, se porta au Cap Frio avec 400 Portugais et 700 Indiens; il força les Français à rendre les armes; il fit un grand carnage des Tamoyos, et les restes de cette tribu indienne se retirèrent dans les montagnes. La victoire nouvelle qu'avaient remportée les Portugais ne découragea cependant point encore les négocians de notre nation; ils continuèrent à venir au Cap Frio, où ils achetaient du bois de Brésil aux Indiens indigènes [2], et les Hollandais suivirent leur exemple. Ceux-ci bâtirent même un petit fort au nord de la passe, et les premiers construisirent une maison en pierre du côté du midi. Instruit des insultes que ces deux nations fesaient aux navires portugais, le

---

[1] Southey, *Hist. of Braz.*, I, 304, 305.
[2] Southey, l. c. 312. — Piz., *Mém. hist.*, II, 52.

roi PHILIPPE II ordonna à GASPAR DE SOUZA, gouverneur du Brésil, d'établir au Cap Frio une colonie portugaise, et de fortifier ce point autant qu'il lui serait possible. CONSTANTINO DE MENELAO, alors *capitão mór* de Rio de Janeiro, se rendit sur les lieux avec quelques Portugais, et décida des Indiens de Sepitiba et de la province d'Espirito Santo à se réunir à lui. Les Hollandais, qui étaient alors au Cap avec cinq navires chargés de bois de Brésil, furent chassés du pays; Menelao détruisit leur fort ainsi que la maison des Français, et, sans s'inquiéter du tort qui, par la suite résulterait pour le pays de l'encombrement du goulet de l'Araruáma, il y fit jeter les matériaux des édifices démolis[1]. Le territoire du Cap Frio devint alors une petite province[2], et, en 1615, on y fonda une ville à laquelle on donna le titre pompeux de *cidade*, titre si peu mérité, qu'en 1648, la prétendue ville ne se composait encore que de quelques douzaines de Portugais, d'un aldea d'Indiens et d'un fort sans soldats[3]. ESTAVAO GOMES, qui avait fait beaucoup de sacrifices pour repousser les corsaires étrangers, fut nommé gouverneur de la province avec le titre de *capitão mór*. Pendant plus d'un siècle, le Cap Frio continua à avoir des gouverneurs particuliers; mais cette place fut enfin supprimée par un décret du 30 octobre 1730[4].

[1] Piz., *Mém. hist.*, II, 132.—Freyc. *Voyage Ur. hist.*, I, 50.
[2] Piz. *Mém. hist.*, II, p. 138-142.
[3] South. *Hist. of Braz.*, II, 668.
[4] Piz. *Mém. hist.*, II, p. 138-142.

Le promontoire appelé Cap Frio doit son nom aux vents qui y règnent sans cesse, et qui, pendant les mois de juin et de juillet, sont très froids pour la zône torride. Quoique la ville soit éloignée du Cap de deux lieues et demie à trois lieues, il lui a cependant communiqué son nom. Dans les actes publics, on donne encore à la ville du Cap Frio le titre de *cidade* qu'elle a reçu, comme je l'ai dit, lors de sa fondation, et qu'on n'accorde ordinairement qu'aux chefs-lieux des diocèses. Mais, lorsque les habitans du pays parlent de la cité (*cidade*), ils ne prétendent jamais désigner par ce nom que Rio de Janeiro; quant à la cité du Cap Frio, ils l'appellent toujours *Cabo Frio*, mots auxquels ils ne joignent aucune sorte de qualification, et ils donnent simplement le nom de *Cabo*, le Cap, au Cap Frio lui-même [1].

La cité du Cap Frio est tout à la fois le chef-lieu d'un district de milice ou garde nationale, d'une justice et d'une paroisse.

Vers le milieu du dix-septième siècle, on créa au Cabo Frio un sénat municipal (*camara*). On avait d'abord étendu la juridiction de ce sénat jusqu'à la province d'Espirito Santo; mais la création de plusieurs villes nouvelles, mit peu à peu des bornes plus étroites à cet immense ressort, et il ne s'étend pas aujourd'hui au delà d'un petit nombre de lieues [2].

[1] On voit, d'après ceci, que, dans tous les cas, il n'est pas exact de donner à la cité du Cap Frio le nom de *Villa-do-CaboFrio*, que lui attribue un voyageur moderne.
[2] Piz. *Mém. hist.*, II, 142.

La cité du Cabo Frio dépend de la *comarca* de la capitale. Avant l'arrivée du roi Jean VI au Brésil, il n'y avait au Cabo Frio d'autres magistrats de première instance que des juges ordinaires (*juizes ordinarios*); mais plus récemment on les a remplacés par un *juiz de fóra*, et c'est celui-ci qui perçoit actuellement la dîme des maisons que l'*ouvidor* de Rio de Janeiro venait auparavant recevoir chaque année [1].

La paroisse de Cabo Frio, après avoir eu autrefois vingt lieues de longueur, est réduite aujourd'hui à trois ou quatre lieues, et renferme environ deux mille ames, y compris les gens de couleur [2]. La ville seule embrasse un peu plus de la moitié de cette population, et se compose d'environ deux cents feux.

---

[1] J'ai expliqué dans ma *première Relation* (vol. I, p. 359 et suiv.) ce que sont les *ouvidores*, les *camaras*, les *juizes de fóra* et les *juizes ordinarios*.

[2] Pizarro dit qu'autrefois, c'est-à-dire sans doute lorsqu'elle avait 20 lieues de longueur, la paroisse de Cabo Frio comprenait 11,600 ames; mais qu'aujourd'hui elle ne contient probablement pas plus de 7,000 adultes. Cette population, indiquée d'une manière fort vague, serait immense, si je ne me trompe, pour les limites aujourd'hui fort resserrées de la paroisse; il est très vraisemblable que l'auteur des *Memorias* ne tient pas compte, dans son calcul, de tous les morcellemens qui ont eu lieu depuis quelques années, et peut-être même fait-il entrer dans le nombre qu'il indique, la population de S. Pedro dos Indios et celle de *S. João da Barra*. C'est au curé même du Cabo Frio que je dois les renseignemens statistiques que je donne ici, et par conséquent je ne puis m'empêcher de croire qu'ils méritent quelque confiance.

Sur les deux mille individus dont je viens de parler, il en est à peu près mille qui sont esclaves ; mais la majeure partie de ces derniers se trouve disséminée sur les propriétés rurales du voisinage. La plupart des habitans du Cabo Frio sont des blancs, et l'on voit, parmi eux, très peu de nègres et encore moins de mulâtres.

J'ai déja tracé la topographie de tout le pays voisin du Cabo Frio ; j'ai dit que cette ville était située sur le bord oriental d'un grand canal presque carré appelé Rio d'Itajurú qui n'est que le prolongement du lac d'Araruáma ; enfin j'ai ajouté qu'elle terminait la langue de terre ou *restinga* qui sépare le lac de la mer et qu'elle présentait la forme d'une navette. Cette ville ne mérite pas mieux aujourd'hui qu'en 1648, le titre pompeux dont on l'a décorée. A l'exception de cinq à six maisons qui sont à un étage, toutes les autres n'ont que le rez-de-chaussée ; elles sont couvertes en tuiles, mais petites, basses, percées de fenêtres étroites ; et les larges morceaux de crépi qui se sont détachés de la plupart d'entre elles, laissent voir la terre rouge dont on s'est servi pour les construire, ainsi que les petits brins de bois transversaux, à peine gros comme le doigt et souvent rompus, qui composent leur carcasse. L'intérieur de ces demeures chétives correspond au dehors et n'annonce que la pauvreté.

A l'entrée de la ville, du côté du couvent, est une petite place qui forme un triangle dont la pointe regarde le monastère, et à la base duquel commencent trois rues arquées à peu près parallèles au Rio d'Itajurú. Ces trois rues, traversées par quelques autres fort étroites, vont aboutir à une seconde place, triangulaire comme la première, mais beaucoup plus grande, sur laquelle est située l'église paroissiale, et qui se termine par une seule rue assez large. Il est facile de concevoir que, de toute cette disposition, il doit nécessairement résulter une forme qui, comme je l'ai dit, se rapproche de celle d'une navette. Outre les rues dont je viens de parler, il en est encore une mieux bâtie que toutes les autres, celle dite *da Praia* (de la plage) qui est formée d'un seul rang de maisons situées sur le bord du lac. Rien n'est plus joli que la vue dont jouissent ces maisons. Devant elles s'étend le canal d'Itajurú où naviguent presque toujours quelques bateaux; au-delà du lac sont les montagnes qui le bordent et la *venda* près de laquelle on s'embarque pour passer à la ville; enfin d'un côté on voit le couvent des franciscains et le morne de Nossa Senhora da Guia, qui, ainsi qu'on l'a vu, semble borner le canal, tandis que de l'autre côté, il paraît avoir pour limite un terrain inégal orné d'une belle verdure. Les places et les rues du Cabo Frio ne sont point pavées, et comme, pour ainsi dire, aucun mouvement ne règne dans cette ville, il naît partout un gazon très fin et d'un effet assez joli.

A l'extrémité de cette large rue qui termine la plus grande des deux places triangulaires du Cabo Frio, est un espace de quelques portées de fusil en friche et sans maisons où croît en très grande abondance une salicorne que j'avais déja recueillie près de Rio de Janeiro [1]. Au-delà de cet espace, se trouve le hameau de Passagem, que l'on regarde comme faisant partie de la ville, et qui est bâti sur le bord du canal de Camboa, nom que prend, comme on l'a vu, le Rio d'Itajurú lorsqu'après avoir fait un coude, il se dirige vers la mer.

Outre l'église du couvent, il y en a encore trois dans la cité du Cabo Frio; l'église paroissiale dédiée à Notre-Dame de l'Assomption (*Nossa Senhora da Assumpção*), et autrefois à S.te Hélène; *S. Benedicto*, qui dépend de Passagem, et enfin *S. Bento* (S. Benoît). Ces deux dernières ne sont que de petites chapelles qui, à l'extérieur, m'ont paru en assez mauvais état. L'église paroissiale est plus grande; mais elle est irrégulière, peu ornée, sans plafond, et s'accorde assez bien avec la pauvreté des maisons qui l'entourent.

Le couvent des franciscains, bâti en 1686 [2], me parut très bien entretenu, et, lors de mon voyage, il avait été récemment reblanchi. Ce monastère n'est pas fort grand; mais il l'est beaucoup trop encore pour le nombre de ceux qui l'habitent; car il avait été fondé pour seize religieux [3], et aujourd'hui il n'en renferme que trois. A l'un des côtés de l'église, est un petit cloître carré, extrêmement propre et entouré de bâtimens, mais qui n'est pas encore achevé.

[1] Voy. la note U à la fin du volume.
[2] Piz. *Mém. hist.*, vol. II, p. 137.
[3] L. c.

Du hameau de Passagem au goulet de l'Araruáma (*barra*), il peut y avoir un demi-quart de lieue de France. Dans cet espace, le canal de Camboa ressemble à une rivière; à son extrémité, il décrit une courbe, et enfin il s'unit à l'Océan par une étroite ouverture qui, ayant été, comme on l'a vu, encombrée par les ordres du gouverneur Menelao, n'a pas aujourd'hui plus de 8 à 9 palmes (1,76 à 1,98 mètres, Freycinet) de profondeur, et où il ne peut passer que de petites *lanchas*[1]. Le goulet présente un point de vue fort agréable; il est partagé inégalement par un îlot pour ainsi dire coupé dans son milieu, et, à l'endroit de l'interruption, l'on ne voit que des rochers noirâtres presqu'à fleur d'eau. Au-delà de ceux-ci, l'îlot s'élève brusquement pour former un monticule arrondi, où a été construite la chétive maisonnette à laquelle on donne orgueilleusement le nom de forteresse[2]. Devant ce petit bâtiment, sur le penchant du monticule, s'étend une pelouse d'un beau vert, et, sur le côté, sont des bouquets d'arbrisseaux à tête presque sphérique, au milieu desquels s'élève des *Cactus*. Dans le lointain, l'on découvre le Cabo Frio et la haute mer. Le prétendu fort est gardé par six soldats de la milice ou garde nationale

---

[1] Pizarro dit (*Mém. hist.*, II, 178) que les *sumacas*, embarcations un peu plus grandes, entrent aussi dans le goulet du Cabo Frio, mais qu'elles sont obligées d'attendre le retour de la marée pour pouvoir éviter les écueils.

[2] Suivant Cazal et Pizarro, ce petit fort porte le nom de *Forte de S. Matheus*.

que l'on renouvelle tous les quinze jours, et qui sont commandés par un simple caporal. Celui-ci est obligé de donner avis au colonel du district de l'entrée et de la sortie des embarcations qui passent par le goulet [1].

A l'exception de la Serra da Caraça et du voisinage de Penha dans la province des Mines, je ne crois pas que j'eusse trouvé, depuis le commencement de mon voyage, un point plus intéressant pour la botanique que cette presqu'île ou *restinga* qui sépare l'Océan de l'Araruáma. Pendant le temps que je passai au Cabo Frio, j'herborisai tous les jours sur cette presqu'île, et, tous les jours, j'y trouvai un grand nombre de plantes curieuses. Partout le terrain, plat et égal, n'offre qu'un sable presque pur. Des arbrisseaux de quatre à six pieds, rameux dès la base, y croissent çà et là; ils se présentent en général sous la forme de buissons isolés; mais les nombreuses espèces auxquelles ils appartiennent ont chacune un port et un feuillage qui leur sont propres; de petites lianes grimpent entre leurs branches; un *Loranthus* [2]

[1] Tout ce que j'ai écrit jusqu'ici sur la topographie des terres du Cap Frio prouve qu'on en a donné une idée bien peu exacte, quand on a dit que le Cap Frio était un promontoire rocailleux devant lequel se trouvaient quelques îlots de même nature; que, sur un de ces îlots voisin de la côte, s'élevait une petite forteresse qui défendait un port; qu'une lagune se prolongeait en demi-cercle dans l'intérieur des terres, et que sur ses bords était située la ville de Cabo Frio.

[2] Loranthus rotundifolius Aug. S. Hil. (*Introd. à l'Hist. des plantes les plus remarquables*, p. XXI). L'illustre de Candole en rappelant cette espèce dans son utile *Prodromus*

s'épanche en quelque sorte sur les *Eugenia*; et des *Cactus* à rameaux nus et dressés contrastent avec les masses de feuillage qui les entourent. On dirait un jardin anglais dans lequel l'art aurait disposé les arbustes qui se marient le mieux, ou qui produisent les oppositions les plus heureuses [1]. Là domine la famille des Myrtées non moins abondante en espèces qu'en individus, et, parmi les plantes de ce groupe, je puis citer les *pitangueiras* (*Eugenia Michelii* Lam.) qui montrent tout à la fois, entre leurs feuilles luisantes, les fleurs blanches et les jolis fruits rouges

(IV, 292), l'indique comme croissant autour de Rio de Janeiro. Il aura sans doute été conduit à cette assertion par l'introduction très succincte qu'il veut bien citer ; mais la langue de terre où j'ai trouvé le *Loranthus rotundifolius* est éloignée de 30 lieues par terre et 18 par mer de la capitale du Brésil, et je n'ai observé autour de cette capitale, aucun genre de végétation qui ressemblât à celle des *restingas*. — En général je crois que les naturalistes feraient bien d'attacher quelque importance à l'exactitude des localités qu'ils indiquent. Que doit dire un Brésilien, par exemple, lorsque, dans un ouvrage d'histoire naturelle très estimable et encore fort récent, il trouve *la province de la Mina* et celle *du Cantagallo*. En consultant quelques livres de géographie un peu modernes, on aurait vu qu'il existe au Brésil une province de *Minas* ou *Minas Geraes*, c'est-à-dire des *Mines générales* ou *des Mines*, mais qu'il ne s'y trouve aucune *province de la Mina*; on aurait vu encore que Cantagallo n'est qu'une fort petite ville de la province de Rio de Janeiro et aussi peu une province particulière que Longjumeau ou S. Denis.

[1] Voyez mon introduction à l'*Histoire des plantes les plus remarquables du Brésil et du Paraguay*.

dont ils sont chargés [1]. Au milieu de tous ces arbrisseaux, on aperçoit à peine, sur le sable blanchâtre, quelques herbes éparses. L'*Ionidium ipecacuanha* est une des plus communes [2].

On est privé sur la partie du littoral que j'avais parcourue jusqu'alors, d'un avantage dont on jouit dans les Mines, celui de boire de l'eau excellente. A peu près depuis Rio de Janeiro, l'eau cesse d'être bonne, et, à Guába Grande ainsi qu'à S. Pedro, elle devient trouble, épaisse, blanchâtre, vraiment détestable. Celle que l'on boit à la ville du Cabo Frio présente une particularité assez singulière. Parfaitement limpide et sans aucun goût, elle offre en même temps une couleur de rouille assez intense, et, quoique plusieurs fontaines la fournissent, elle est partout de la même nature. Cependant, lorsque je descendais la montagne de Nossa Senhora da Guia, j'allai voir une source qui diffère peu des autres. Ses eaux ont aussi une couleur de rouille ou d'ambre; mais je leur trouvai un goût ferrugineux très prononcé; néanmoins l'on m'assura

[1] Je ne puis m'empêcher de signaler encore, parmi les plantes intéressantes du Cabo Frio, deux Ericacées, l'une à fleurs rouges (*Gaylussacia pseudo-vaccinium*), l'autre à fleurs verdâtres (*Andromeda revoluta*) et un *Cuphea* (*C. flava*) remarquable par ses corrolles jaunes (Voy. à la fin du volume les notes V, X, Y).

[2] On a dit, dans le pays, à M. Luccock, que les bestiaux ne craignaient point de brouter la plante dont il s'agit ici ; (*Notes on Braz.*, 315), et si je ne me trompe, cette assertion est prouvée par mes échantillons.

qu'elles perdaient bientôt cette saveur, lorsque l'on avait soin de les laisser reposer.

C'est à la mauvaise qualité des eaux que l'on attribue, dit l'auteur des *Memorias historicas* (II, 153), les fièvres qui, chaque année, exercent leurs ravages sur le territoire du Cap Frio. Ces maladies périodiques exigeraient les soins de quelques hommes de l'art, et malheureusement il n'existe, dans le pays, ni médecins, ni chirurgiens, ni apothicaires [1]. Les malades s'adressent à des femmes qui ont, il est vrai, quelques légères idées des propriétés des plantes, mais qui d'ailleurs sont d'une ignorance profonde. Beaucoup de gens se mêlent aussi de saigner, et ils n'ont pas même l'adresse nécessaire pour le faire avec sûreté [2].

Au reste, si le Cabo Frio n'est pas un pays très sain, il est à croire qu'il le serait bien moins encore sans les vents qui, comme je l'ai dit, y règnent sans cesse [3]. J'en essuyai de très violens pendant mon sé-

---

[1] A la vérité M. le prince de Neuwied fait mention (*Reis.* I, 88) d'un apothicaire du Cabo Frio dont il eut, dit-il, à se plaindre. Mais ce savant ne fit, à ce qu'il paraît, qu'entrevoir cette partie de la côte, et il est assez vraisemblable que l'homme dont il parle était un de ces marchands, comme il s'en trouve dans les Mines, qui, avec quelques remèdes, vendent beaucoup d'autres choses ; Pizarro, écrivain très exact, dit expressément qu'il n'y eut jamais dans la cité du Cabo Frio de *pharmacien établi avec boutique ouverte.*

[2] Piz. *Mém. hist.*, II, 152.

[3] « Les habitans du Cabo Frio prétendent, dit M. de
« Neuwied (*Reis.* I, 84 ou *Voyage Brés. trad. Eyr.*, I,

jour dans ce pays, et l'on m'assura que l'air n'y était jamais tranquille. Les vents qui s'y font sentir le plus ordinairement sont celui du nord-est pendant la saison chaude, et celui du nord-ouest durant la saison froide. Le temps des chaleurs commence au mois d'août; il dure jusqu'en mars ou avril, et les froids viennent ensuite.

Autour de la cité du Cabo Frio, le sol n'offre guère qu'un sable pur, et ne saurait être cultivé. Tous les habitans de cette ville sont donc des ouvriers et des pêcheurs. Parmi ces derniers, il y en a quelques-uns qui ont neuf à dix nègres, et qui possèdent une de ces petites embarcations appelées *lanchas*, dont la valeur s'élève, lorsqu'elles sont neuves, à 700,000 reis (3,750 f.). Ces hommes, dont il m'est difficile d'évaluer le capital au-delà de 25 à 30 mille francs, sont néanmoins les plus riches de la ville. On peut dire qu'en général il règne, au Cabo Frio, une très grande pauvreté; l'on n'y compte pas plus de trois ou quatre boutiques de mercerie, et les *vendas* sont non-seulement peu nombreuses, mais encore mal fournies. Comme les esclaves sont rares, les blancs, qui forment presque toute la population, se livrent sans rougir à des occupations qu'un Mineiro regarderait comme déshonorantes : des blancs vont chercher de l'eau et du bois, portent des fardeaux, marchent les pieds nus, et enfin, j'en ai connu un qui servait de commis à un mulâtre.

« 124) que les brises de mer nettoient et purifient l'atmos-
« phère. »

On a vu plus haut qu'en 1618 il n'y avait encore, a la cité du Cap Frio, que quelques douzaines de blancs et un village d'Indiens; alors des mélanges ont sans doute, dans ce pays, altéré notre race, et ce ne sont pas les renforts qu'elle a reçus depuis qui pouvaient la rendre à sa véritable dignité. Les hommes qui, vers le commencement du dix-septième siècle, s'enfoncèrent dans l'intérieur du Brésil étaient des aventuriers, sans doute; mais quelques-uns d'entre eux n'étaient point sans éducation, et tous possédaient une grande force d'ame et de la persévérance. Ceux au contraire qui ont peuplé des côtes aussi stériles que le territoire du Cabo Frio, ne pouvaient être que des déserteurs ou des criminels que leur patrie rejetait de son sein, et qui n'avaient pas assez de courage pour aller au-delà du premier asile qui se présentait à eux. Ces hommes auront encore été énervés par la chaleur du climat, par un air marécageux; et une partie de leurs défauts a dû nécessairement passer à leur postérité. Je retrouvai, dans les habitans du Cabo Frio, cette froideur, cette tristesse, cette indolence, cette stupidité que j'avais observées depuis Rio de Janeiro chez tous les colons du littoral. Les hommes mêmes qui sont au-dessus des autres par leur éducation, ne montrent pas beaucoup plus de politesse que le reste de leurs compatriotes. Dans la province de Minas Geraes, les principaux habitans des villes vont voir l'étranger aussitôt qu'il arrive; je me présentai chez deux des personnages les plus notables du Cabo Frio, et ils ne daignèrent pas même me rendre ma visite. Chaque jour j'étais obsédé par une foule d'enfans et de jeunes gens, qui entraient dans ma chambre ou se pressaient devant ma fenêtre; mais ce n'était point en faisant du bruit qu'ils se rendaient importuns, car ils passaient des heures entières sans proférer une parole, stupidement occupés à me regarder écrire.

Il y a au Cabo Frio un maître d'école et un professeur de langue latine [1], qui doivent être payés par l'administration. Mais l'extrême apathie des habitans de cette contrée les éloigne de l'étude; personne ne s'applique au latin, si ce n'est ceux qui veulent se consacrer à l'état ecclésiastique, et, lors de mon voyage, le professeur n'avait que deux élèves. Il est vrai de dire aussi que, depuis sept années, ce maître, oublié par le gouvernement, ne touchait rien du salaire qui lui était attribué, et, forcé pour vivre de faire un petit commerce, il avait intérêt à ne point attirer un grand nombre de disciples.

La passion que les habitans du pays ont pour la pêche leur inspire non-seulement du dégoût pour l'étude, mais encore de l'éloignement pour les arts mécaniques [2]. Cependant on se livre, près de Passagem, sur les bords du canal de Camboa, à une industrie qui n'est pas sans importance : on y construit un assez grand nombre de ces petites embarcations qu'on appelle *lanchas*, et, lors de mon voyage, il y en avait

---

[1] Un compilateur moderne, qui a mal compris Cazal, a dit qu'il y avait au Cabo Frio plusieurs maîtres de latin. C'est tout-à-fait une erreur.

[2] Piz. *Mém. hist.*, II, 145.

trois sur le chantier. Les bois qu'emploient les constructeurs viennent par le lac de l'intérieur des terres; *le sucupira* [1], *l'oleo preto* et *l'oleo vermelho* sont ceux auxquels généralement on donne la préférence.

Ce n'est pas seulement à la pêche du poisson que se livrent les habitans du Cabo Frio; leur pays est encore renommé pour celle des crevettes (*camarões*), abondantes surtout dans le canal appelé Rio d'Itajurú. On a, pour prendre ces crustacées, des filets très longs qui ont la forme d'une chausse, et que l'on attache entre deux grands bâtons liés ensemble par une de leurs extrémités. On va de nuit avec des barques au milieu du canal ; on retient le filet près de la barque, et l'on allume un flambeau. Attirés par la lumière, les crevettes entrent dans le filet, et l'on en prend un très grand nombre. Pour la somme modique de 80 reis (50 c.), j'eus de quoi en régaler tous mes domestiques. Quant au poisson sec, il se vend 4 *patacas* (8 f.) l'arrobe.

Si les habitans du Cabo Frio sont, comme je l'ai dit, des pêcheurs et des ouvriers, il y a pourtant dans le voisinage de cette ville, au-delà de ses tristes sables, un assez grand nombre de cultivateurs, et parmi eux l'on compte deux propriétaires de sucreries. Ceux-ci envoient pour leur compte à Rio de Janeiro le pro-

---

[1] Le savant Freycinet dit, d'après des renseignemens qui lui ont été donnés à Rio de Janeiro, que le mot *sucupira* s'écrit de plusieurs manières. Je ne me rappelle pas d'avoir entendu prononcer ce mot autrement que je l'écris ici, et mon orthographe est celle de Cazal et de Pizarro.

duit de leurs terres; mais la plupart des autres planteurs moins riches vendent leurs denrées à des marchands de la capitale, qui viennent les chercher dans le pays, et qu'on appelle *travessadores*[1]. Il vient aussi aux environs du Cabo Frio des marchands de Bahia; mais ces derniers se bornent à acheter de la farine de manioc. Les *travessadores* donnent des arrhes aux cultivateurs, et retiennent d'avance une certaine quantité de denrées. Il est facile de sentir que ce genre de commerce doit avoir pour le pays des inconvéniens graves. Comme les cultivateurs font aux étrangers des promesses dont l'exécution peut absorber toute leur récolte, il est arrivé que plus d'une fois les habitans de la ville du Cap Frio ont été aux expédiens pour se procurer les alimens les plus indispensables; et, ainsi que cela a lieu sur tout le littoral, ils ont en outre le malheur d'avoir à supporter un droit considérable sur les comestibles qui leur viennent de Rio de Janeiro, tels, par exemple, que la viande sèche.

Je n'ai pas besoin de dire qu'il ne saurait y avoir aucune différence entre les prix des denrées coloniales aux environs du Cap Frio et ceux auxquels elles se vendent à l'Aldea, si voisin de S. Pedro dos Indios[2]. Le transport du Cap Frio à la capitale se paie à raison de 12 *vintens* (1 f. 44 c.) le sac de 2 *alqueires*[3];

[1] Par corruption pour *atravessadores*.

[2] J'ai indiqué plus haut ceux qui avaient cours à l'époque de mon voyage.

[3] Deux *alqueires* de Rio équivalent, suivant Freycinet, à 80 litres.

et, avec une petite embarcation et un bon vent, on peut faire en un jour le voyage qui, par mer, est de 18 lieues portugaises. Pour faire les sacs dans lesquels s'expédient le café, le riz, etc., on trouve au Cabo Frio de la toile de coton qui vient ou des Mines par Rio de Janeiro, ou de la province du Saint-Esprit. On cultive aussi un peu de coton dans les environs du Cabo Frio; mais il n'est pas d'une qualité supérieure, et les colons le réservent généralement pour l'usage de leurs familles, et en particulier pour l'habillement de leurs nègres. J'en payai une petite quantité dont j'avais besoin pour l'emballage de mes collections, sur le pied de 4 *patacas* l'arrobe [1].

Je n'aurais pas voulu passer par la ville du Cabo Frio, sans aller voir le Cap lui-même, la première terre que j'avais aperçue en arrivant au Brésil.

Après être sorti de la ville, je côtoyai toute cette anse qui s'était offerte à ma vue, lorsque j'étais sur le morne de Nossa Senhora da Guia, et qui s'étend au sud de la pointe de Costão, à l'extrémité orientale de cette espèce de carré élargi, par lequel se termine la langue de terre de l'Araruáma. La plage qui borde l'anse se prolonge du nord au sud; elle s'appelle *Praia do Pontal* (plage du promontoire), et se compose

---

[1] Pizarro dit (*Mém.*, II, 149) que, pendant quelque temps, on s'est occupé avec assez de succès sur le territoire du Cap Frio de l'éducation de la cochenille; mais que les falsifications des cultivateurs ont fait tomber ce genre d'industrie, comme la même cause a fait tomber aussi la culture de l'indigotier.

d'un sable pur, parfaitement blanc et sans végétation. Au-delà de cette grève, on voit d'abord des Graminées; une espèce d'Amaranthacée dont les longues tiges rampent sur le sable [1]; et enfin, dans quelques endroits, un petit palmier appelé *guriri* dont la tige est souterraine et les feuilles radicales, dont les fruits très petits sont disposés en épis serrés comme des grains de maïs, et qui, vivant en société, couvre de très grands espaces [2]. En s'éloignant davantage de la mer, on retrouve bientôt cette végétation des *restingas* que j'ai déja fait connaître, et qui se compose d'arbrisseaux écartés les uns des autres, à peu près semblables à nos buissons.

Là où finit la plage appelée Praia do Pontal, ou, si l'on veut, à l'extrémité sud-est de la presqu'île de l'Araruáma, commence l'ensemble des terres qui, se projetant dans l'Océan vers le sud-est, forment le Cabo Frio. Parvenu vers cette extrémité qui porte le nom de *Canto do Pontal* (le coin du promontoire), j'aperçus près du rivage, une île inhabitée qu'on appelle, *Ile des perroquets (Ilha dos Papagaios)*, parce qu'elle sert de retraite à un grand nombre de ces oiseaux. [3]

---

[1] Voy. la note Z à la fin du volume.

[2] M. le prince de Neuwied a fait mention de ce palmier, et dit qu'il s'appelle aussi *pissando* (*Reis.*, I, 67 ou *Voyage Bres.* trad. *Eyr.*, vol. I, p. 95). Les échantillons de *guriri* rapportés par M. de Neuwied ont été décrits en Allemagne sous le nom d'*Allagoptera pumila*.

[3] Je crois devoir émettre ici quelques doutes qui m'ont été

Au Canto do Pontal, se trouvent, au milieu des sables, quelques cabanes de pêcheurs. Là je cessai de côtoyer le rivage, et, passant derrière une pointe de terre qui appartient à l'ensemble du Cap Frio et dont quelques parties sont cultivées par les pêcheurs du Canto do Pontal, j'arrivai à une nouvelle anse. Cette dernière est beaucoup plus petite que celle de Praia do Pontal et porte le nom de *Prainha* (petite plage [1].)

Les hauteurs qui bordent l'anse de Prainha présentent une végétation assez maigre. On distingue sur ces mornes un *Cactus* épineux dont les nombreux rameaux s'élèvent comme des candelabres, disposés en verticille. Une Myrsinée qui dépasse ordinairement la hauteur d'un homme et vit en société, occupe à elle seule de très grands espaces. Les différens pieds

inspirés par l'inspection de la belle carte de la province de Rio de Janeiro publiée par M. de Freycinet. J'y vois l'Ilha dos Papagaios placée près du goulet de l'Araruáma et une île appelée *do Pontal* située vis-à-vis l'extrémité sud de la Praia do Pontal. Il est bien clair que ce n'est pas l'Ilha dos Papagaios de Freycinet que je dus apercevoir quand je parvins à cette extrémité. Y aurait-il quelque erreur dans les indications qui m'ont été données sur les lieux mêmes? Serait-il glissé quelque faute dans la carte citée plus haut? Les habitans du Cap Frio appliqueraient-ils indifféremment le nom de Papagaios à deux îlots de peu d'importance? De nouvelles recherches topographiques faites dans le pays pourront seules résoudre ces questions.

[1] Elle est appelée, je pense, *Ponta de S. Pedro* sur la carte de M. de Freycinet.

de cette dernière plante sont très rapprochés; ils confondent leurs branches nombreuses, et ne forment qu'une seule masse de leurs feuilles ovales, luisantes, d'un verd obscur, un peu moins grandes que celles de l'oranger.

Après avoir côtoyé le fond de l'anse de Prainha, je me trouvai encore dans l'intérieur des terres. Je passais alors derrière un promontoire qui se projette dans la mer vers le sud-sud-est; au-delà de celui-ci, je me trouvai sur le rivage d'une troisième anse bornée de droite et de gauche par des montagnes. Cette anse assez profonde qui s'étend à peu près du nord au sud, est divisée, par une avance de terre, en deux parties inégales dont la plus septentrionale qui est aussi la plus petite, s'appelle, du nom de sa plage, *Praia do Forno*, et la plus méridionale *Praia do Anjo* (plage de l'ange). L'anse toute entière est bornée d'un côté par l'avance dite *Ponta do Porco* (pointe du pourceau), et de l'autre par celle appelée *Ponta de Leste* (pointe de l'est). Devant la pointe qu'on nomme Ponta do Porco, est, à peu de distance, une petite île appelée *Ilha dos Porcos* (île des porcs) et, au delà de la pointe de l'Est, est une autre île qui se projette vers l'orient.

C'est cette dernière qui forme la partie la plus avancée des terres du Cap Frio; c'est elle surtout qu'aperçoit le navigateur charmé, lorsqu'il se rend d'Europe à Rio de Janeiro. Aussi, quoique toutes les terres qui se projettent dans l'Océan, depuis la limite méridionale de l'anse de la Praia do Pontal appartiennent réellement au Cap Frio, on donne plus particulièrement, dans le pays, le nom de *Cabo* (Cap) à la pointe de l'Est et à l'île qui est vis-à-vis. Quelquefois aussi on désigne simplement cette dernière par celui d'*Ilha*, qui, dans ce cas, signifie, pour ainsi dire, l'île principale, l'île par excellence [1].

Puisqu'il existe deux îles en face de la terre ferme, l'Ilha dos Porcos et l'île du Cap Frio proprement dite, il doit nécessairement y avoir trois canaux ou détroits pour arriver de la haute mer aux anses do Forno et do Anjo creusées dans cette terre ferme; le premier entre la pointe do Porco et l'île du même nom; le second entre les deux îles, et le troisième entre l'Ile proprement dite ou Ilha et la pointe de l'Est. Le canal étroit qui sépare la pointe do Porco de l'île du même nom s'appelle *Boqueirão do Nordeste* (détroit du nord-est). Celui qui se trouve entre la pointe de l'Est et l'Ilha ou l'île proprement dite du Cap Frio, s'appelle *Boqueirão de Leste*; mais, se dirigeant de l'est au sud, il prend à son extrémité méridionale, le nom de *Boqueirão do Sul*. L'anse de la Praia do Anjo est extrêmement utile aux petits batimens caboteurs qui, selon les vents, peuvent y entrer par diverses ouvertures, et qui y trouvent une retraite assurée.

On ne voit point d'habitans sur la plage dite Praia

---

[1] Cette île est désignée sous le nom d'*Ilha da Tromba* sur la carte et dans le bel ouvrage de M. de Freycinet; mais je n'ai point entendu les habitans du pays se servir de ce nom, et ce n'est pas celui qui se trouve dans Pizarro.

AU BRÉSIL.

do Forno; mais, à la Praia do Anjo où je fis halte, se trouve un hameau. Il se compose d'une petite chapelle bien entretenue dédiée à Notre Dame du Secours (*Nossa Senhora dos Remedios*), et d'une vingtaine de cabanes bâties sans ordre sur le rivage et entremêlées d'arbrisseaux [1]. Ces cabanes sont petites, basses, mal éclairées, couvertes en chaume, construites en terre et en bois et en général dans le plus mauvais état. Quelques-unes même, sans doute par l'effet des vents, ont pris une position tellement oblique que l'on croirait qu'elles vont tomber. Les poteaux placés aux quatre angles de ces maisons ne sont presque jamais équarris, et se terminent par de petites fourches entre les branches desquelles reposent les filières. En un mot, je ne saurais mieux comparer ces cabanes qu'à celles de l'aldea dos Macunís [2], et cependant ce sont des blancs qui y demeurent.

Tous les habitans de la Praia do Anjo se livrent à la pêche, et, à chaque pas, on retrouve, dans le hameau, l'indice de leurs occupations habituelles. Sur le bord de la mer, on voit un grand nombre de bâtons

---

[1] On voit, d'après ce que je dis ici, qu'on s'est entièrement trompé lorsqu'on a fait de N. Sra. dos Remedios une paroisse ou un aldea bâti au nord de la petite île *dos Francezes*. Pizarro, en général si scrupuleusement exact, dit expressément : « Dans les limites de la paroisse de Nossa Senhora da Assumpção do Cabo Frio, se trouve la chapelle de Nossa Senhora dos Remedios située sur la plage do Anjo, où l'on se livre beaucoup à la pêche. Cette chapelle a été bâtie par Antonio Luiz Pereira et d'autres pêcheurs (*Mém.*, II, 136). »

[2] Voy. ma *première Relation*, vol. II, p. 41.

fourchus qui soutiennent des perches horizontales sur lesquelles on suspend les filets mouillés; et, auprès des maisons, est ordinairement le séchoir que l'on a coutume de construire pour y étaler le poisson destiné à être conservé. Chaque séchoir est le plus souvent composé de trois rangs de poteaux fourchus qui reçoivent des perches transversales; celles-ci servent d'appui à des bâtons qui les croisent, et c'est sur cette espèce de plancher à jour qu'on expose le poisson pour le faire sécher.

Non-seulement la pêche est extrêmement abondante dans le voisinage du Cap Frio; mais encore on y prend une très grande quantité d'espèces différentes de poisson. Les plus communes sont celles connues dans le pays sous les noms d'*enxova*, *cavalla*, *framinguette*, *grassuma*, *sarda* et principalement le *tainha* dont l'abondance tient du prodige, et qui fournit un manger délicat. Comme les pêcheurs du Cap Frio ne peuvent consommer et vendre frais qu'une très petite partie du poisson qu'ils prennent, ils écaillent et vident les autres, les fendent par la moitié de la tête à la queue, les salent et les exposent sur les séchoirs que j'ai décrits. Ils envoient à Rio de Janeiro une partie de leur poisson sec, et ils vendent le reste aux cultivateurs du voisinage qui en nourrissent leurs nègres.

Le jour où je couchai à la Praia do Anjo était un dimanche. Les femmes devaient naturellement être mises avec quelque propreté; mais j'étais loin de m'attendre au singulier contraste que m'offrirent les misérables chaumières du hameau avec la toilette de celles qui les habitaient. Elles portaient des robes d'indienne ou de mousseline brodée, des châles de mousseline ou de soie, des colliers et des pendans d'oreilles, et, suivant l'usage généralement établi parmi les Brésiliennes, elles avaient leurs longs cheveux relevés avec un peigne. Ainsi vêtues, ces femmes étaient assises sur le seuil de leur porte ou accroupies par terre dans l'intérieur de leurs maisous, qui ne contiennent d'autres meubles qu'une ou deux malles, des nattes, une couche et quelques poteries. La boutique de la *venda* où je passai la nuit se composait à peine d'un peu de maïs, de deux ou trois bouteilles d'eau de vie, de quelques livres de lard; mais j'y vis une corbeille toute pleine de bâtons de pommade, que le cabaretier était bien sûr, disait-il, de vendre aux jeunes filles du hameau. Convenons que nous ne pouvons guère nous plaindre de l'amour que les femmes de nos villes ont pour la parure, quand celles des déserts montrent tant de coquetterie. Ces femmes, lorsqu'elles aperçoivent un homme, ne prennent point la fuite comme les dames des Mines; elles n'ont rien non plus qui rappelle les manières de nos paysanes d'Europe; mais je préfère mille fois la rusticité de ces dernières à l'air froid, dédaigneux, nonchalant et impoli des habitantes de cette partie du Brésil. Je ne parle pas seulement ici de celles de la Praia do Anjo; toutes les femmes que j'avais vues depuis Rio de Janeiro avaient des manières absolument semblables.

Aussitôt après être arrivé à la Praia do Anjo, j'aurais voulu passer à l'île du Cap; mais comme le vent était beaucoup trop fort pour que je pusse traverser le canal dans une pirogue, le seul genre d'embarcation qu'on trouve habituellement ici, je pris le parti de n'aller qu'à la pointe de l'Est. Ce fut en vain que, pour m'y conduire, j'offris de l'argent à des enfans couverts de haillons; un vieux nègre consentit seul à me servir de guide.

Après avoir suivi la plage, nous arrivâmes à la montagne qui borne l'anse do Anjo du côté du midi, et fait partie du promontoire vers lequel je m'étais dirigé. Parvenu au point qui domine toute la baie, je découvris d'un coup-d'œil l'ensemble des lieux que j'ai décrits; la pointe qui sépare l'anse do Anjo de celle do Forno, l'île dos Porcos, le canal qui la sépare de la terre ferme, le Cap proprement dit et l'entrée du canal de l'Est. Je m'enfonçai dans un bois vierge d'une végétation fort maigre qui couvre le sommet de la montagne; je passai ensuite sur des terrains couverts de ce *Cactus* et de cette Myrsinée que j'avais déja vus sur les hauteurs de l'anse de Prainha; je traversai des pâturages naturels d'une très bonne qualité, et, après être descendu sur des rochers noirs, je me trouvai au bas du revers de la montagne sur le bord de l'Océan. De là je découvris l'entrée du Boqueirão do Sul, partie méridionale du canal qui sépare l'île du Cap de la terre ferme. Au-delà du canal, je voyais l'île et quelques cabanes de pêcheurs que l'on y a construites près de la plage appelée *Praia da Ilha* (plage de l'île).

La pêche est plus abondante encore autour de l'île

du Cap que sur la côte de la terre ferme. Après avoir été long-temps libre, elle fut récemment affermée par la *camara*, ou sénat municipal de la ville du Cabo Frio; mais comme ensuite elle est devenue moins bonne, on a cessé de la mettre à l'enchère.

En retournant de la pointe de l'Est au hameau do Anjo, je fis observer à mon guide que les pâturages de la montagne étaient excellens, et je témoignai mon étonnement de n'y pas voir une seule bête à cornes. Les habitans du hameau ont quelques vaches: dans le temps froid, me dit mon guide, elles vont paître sur la pointe de l'Est; mais elles en sont chassées par les moustiques dans la saison des chaleurs où nous commencions à entrer alors.

De retour à la Praia do Anjo, j'allai voir un four à chaux qui a été construit à l'extrémité du village. A Rio de Janeiro et sur toute la côte jusqu'au Cap Frio, on fait de la chaux avec des cames que l'on ramasse sur le bord de la mer; mais, près de la ville du Cabo Frio, à la Praia do Anjo, enfin, m'a-t-on assuré, à S. Pedro dos Indios, on trouve de la pierre calcaire qu'on préfère aux coquillages, et, dans chacun de ces trois endroits, il existe un four où on la brûle exclusivement. L'endroit d'où se tire la pierre à Praia do Anjo est plat et marécageux; on la trouve sous une couche de terre d'environ une palme et demie, et on la détache par morceaux avec des pics. Le four où on la brûle est circulaire et ouvert d'un côté dans toute sa hauteur. On y met des couches alternatives de pierres et de bois, et l'on arrange au centre une pile de bois à laquelle on met le feu par en haut. On se sert, à cet effet, du *tingoassuiba* (*Zanthoxylum ? tingoassuiba*, Aug. S. Hil., *Flor. Bras.*, I, p. 78)[1], espèce d'arbre de la famille des Rutacées, qui brûle avec une facilité extrême, et qu'on emploie aussi pour la construction.

Avant la fin du jour, je fis encore une course à la plage dite *Praia Grande*, qui est voisine du hameau do Anjo, et où se trouvent encore quelques cabanes de pêcheurs, mais qui ne m'offrit guère que la répétition de la plage de l'Ange. Cette journée avait été bien remplie, et m'avait procuré quelques plantes intéressantes [2]. La nuit cependant me dédommagea bien mal de mes fatigues. Le maître de la *venda* du hameau do Anjo ne me donna pour lit qu'une simple natte, sur laquelle je m'étendis tout habillé; le vent fut affreux, j'eus froid, et je ne pus dormir [3].

[1] *Tingoassuiba* me paraît venir des mots tupís *tagoa* jaune et *y'ba* arbre avec l'augmentatif *çu* (l'arbre très jaune). Ce nom prouve que les Indiens avaient reconnu la présence d'une couleur jaune dans l'arbre dont il s'agit ; et, ce qu'il y a de remarquable, c'est qu'aux Antilles, on appelle *épineux jaune* une autre espèce de *Zanthoxylum* (Z. *caribœum*) dont le bois, effectivement jaune, peut être employé dans la teinture.

[2] Voy. la note AA à la fin du volume.

[3] Je crois que, que pour compléter ce chapitre, je ne saurais mieux faire que de donner la traduction de ce qu'a dit Pizarro sur la côte que je viens de décrire et qui se prolonge depuis la ville du Cabo Frio jusqu'au Boqueirão do Sul. « Dans une étendue de deux lieues qu'a la plage entre le « goulet du Cabo Frio et le promontoire dit *Pontal*, il ne

« peut mouiller aucune embarcation, parce que là il n'existe
« aucun abri, et que le fond étant d'un sable fin et battu,
« ne permet pas qu'on y jette l'ancre. A une demi-lieue au-
« delà du Pontal se trouve l'anse *da Prainha*, dans laquelle
« vingt embarcations de toute grandeur auraient un abri sûr
« et un bon mouillage. Delà, à la plage dite *Praia do Anjo*,
« éloignée d'une demi-lieue par terre, est une côte formée
« par un rocher inaccessible, laquelle se continue jusqu'au
« détroit nommé *Boqueirão do Cabo*, et au milieu de celui-
« ci s'élève l'île dos Porcos qui divise les détroits du *Nord* et
« de l'*Est* (*Boqueirões do Norte* et *de Leste*). Par ce der-
« nier, qui a plus de 200 brasses de large, peuvent entrer
« des embarcations plus considérables que celles qui passent
« par le second, large seulement de 40 à 50 brasses. L'un et
« l'autre détroit conduisent également aux anses *do Anjo* et
« *do Forno*. Dans cette dernière, les navires trouvent le meil-
« leur abri; mais il n'en est pas de même de l'anse do Anjo
« où le mouillage est mauvais et où cependant on débarque
« avec facilité. Dans cette même anse est une ligne de sable
« qui, commençant à la pointe de l'Est, va directement à l'île
« du Cap (*Ilha do Cabo*); et le canal qu'on voit entre l'île et
« la ligne de sable et qui a de 20 à 15 palmes de profondeur,
« se continue jusqu'au détroit du Sud (*Boqueirão do Sul*) où
« il y a 8 brasses de fond (*Mém. hist.*, II, 179). » Les renseignemens donnés ici par M. Pizarro suppléeront en quelques
parties à ce qui manque à mes descriptions; mais, sur certains points, ils exigent des explications. 1° J'ai fait voir que
la présence des deux îles placées devant l'extrémité de la terre
ferme du Cap Frio doit nécessairement former trois détroits
ou canaux; mais je n'ai pu indiquer le nom de celui qui
existe entre l'île dos Porcos et l'île du Cap. M. Pizarro dit
que ce canal s'appelle *Boqueirão de Leste*; il donne le nom
de *Boqueirão do Norte* au canal que je désigne sous celui de
Boqueirão do Nordeste; mais il ne nomme point l'extrémité
orientale du détroit qui sépare la pointe de l'Est de l'île du

Cap. Les noms que Pizarro donne aux deux premiers détroits me paraissent bien convenir, je l'avoue, à leur position géographique ; mais si le détroit qui sépare l'île dos Porcos de celle du Cap se nomme Boqueirão de Leste, comment s'appellera l'entrée du canal compris entre cette même île et la pointe de l'Est ? 2° L'auteur des *Memorias historicas* assure que la Praia do Anjo n'offre pas un bon mouillage, et l'on m'a dit le contraire sur les lieux mêmes. Il est possible que l'on m'ait trompé ; mais, si cela est, pourquoi a-t-on bâti un hameau sur la Praia do Anjo, tandis qu'il n'y a pas une cabane à la plage de l'anse do Forno que Pizarro dit préférable à celle do Anjo ? 3° Suivant cet auteur, il y a dans l'anse do Anjo un cordon de sable qui commence à la pointe de l'Est et s'étend jusqu'à l'île du Cap. Si ce cordon commence à la pointe qui borne l'anse, il est bien clair qu'il ne se trouve pas dans l'anse elle-même, et c'est effectivement en dehors de celle-ci que M. de Freycinet la représente sur sa belle carte.

CHAPITRE III.

VOYAGE DU CABO FRIO A LA VILLE DE MACAHÉ. — LE VILLAGE DE S. JOÃO DA BARRA.

Description du pays situé entre la ville du Cabo Frio et l'habitation de *S. Jacinto*. — Remarques sur les destructions causées par les naturalistes. — *Fazenda* de S. Jacinto — *Fazenda* de *Campos Novos* — Observations sur les ordres religieux. — Forêts voisines de Campos Novos. — Le village de *S. João da Barra*. Péage exhorbitant. Mauvais gîte. Commerce. Culture. — Pays situé entre S. João da Barra et le *Rio das Ostras*. Portrait d'une jeune femme.— Le Rio das Ostras. Manière de manger les huîtres.— Les cabaretiers. — Pays situé entre le Rio das Ostras et la *Venda da Sica*. — Séjour à la Venda da Sica. Plantes marines.

Dans l'espace d'environ un degré entre Rio de Janeiro et le Cap Frio, la côte du Brésil se dirige, comme je l'ai dit, d'occident en orient. Plus loin, elle s'étend vers le nord-est; bientôt elle se courbe pour former la baie appelée *Bahia Formosa*, et ensuite elle reprend la direction du nord-ouest, qu'elle conserve dans l'espace d'environ un degré jusqu'au cap S. Thomé. A peu près dans tout cet espace, je m'écartai peu de la côte, qui souvent est bordée de lagunes, et partout je trouvai un terrain égal et plus ou moins sablonneux.

En quittant la ville du Cabo Frio pour me rendre aux limites du *termo* de *Macahé*, et de là au district de Goitacazes, il fallait nécessairement repasser le Rio d'Itajurú [1]. J'entrai dans les terres pour éviter de suivre les contours de l'espèce de presqu'île terminée par la pointe de *João Fernandes* et ceux de la baie Formosa ; je passai d'abord par des *capoeiras*, et ensuite je traversai des bois vierges qui, croissant sur une terre sablonneuse, acquièrent fort peu de vigueur. Au milieu de la forêt, se trouvent de grands espaces marécageux ; là on ne voit aucun arbre ; il y croît seulement une herbe fort rare. Une multitude de *ferradores*, appelés ici *arapongas* [2], font retentir ces solitudes de leur voix éclatante, qui tour à tour imite le bruit de la lime et celui du marteau frappant sur une enclume [3]. Autrefois les *arapongas* étaient pro-

---

[1] Itinéraire approximatif de la ville du Cabo Frio au district de Goitacazes.

De la ville du Cabo Frio à S. Jacinto, fazenda,	3	l.
—— S. João da Barra, village,	4 1/2	
—— Embouchure du Rio das Ostras,	2	
—— Venda da Boassica,	4 1/2	
—— Macahé, ville,	1/2	
—— Cabiunas, petite fazenda,	2	
—— Sitio do Paulista, chaumière,	4	
—— Sitio do Pires, chaumière,	2 1/2	
—— Sitio d'Andrade, petite maison,	4 1/2	
	27 1/2 l.	

[2] *Araponga* vient des mots guaranis *ara* jour et *pông* son d'une chose creuse.

[3] Voy. ma *première Relation*, vol. I, p. 17.

bablement aussi très communs auprès de Rio de Janeiro ; mais comme la chair de ces oiseaux remarquables est assez bonne à manger, ils auront été détruits par les chasseurs. Ceux-ci du moins ont souvent une excuse bien légitime, il faut qu'ils nourrissent leur famille ; mais certains naturalistes détruisent peut-être plus qu'eux, et quelle est leur excuse?... Pour augmenter des collections qui bientôt sont la proie des vers, et qu'eux-mêmes n'aiment point, ils anéantiraient toutes les harmonies de la nature, ils feraient disparaître jusqu'à la dernière des espèces qui embellissent le plus nos prés et nos bocages ; ils sacrifieraient tout au monde, afin d'attacher les lettres initiales de leur nom à des descriptions d'oiseaux, de plantes ou d'insectes, à peu près aussi faciles à tracer aujourd'hui qu'il l'est de remplir les blancs d'un passeport ; c'est là ce qu'ils appellent leur gloire [1] !

[1] Une fougère consacrée à Pétrarque (*Asplenium Petrarchæ*) croissait autrefois parmi les rochers de Vaucluse. Les ravages des botanistes, a dit M. Arnott en 1826 (*Jam. Edimb. New phil. journ.*), l'ont rendue excessivement rare, et bientôt elle aura entièrement disparu. J'ai visité Vaucluse peu d'années après M. Arnott, et si je ne ne me trompe, la prédiction de ce savant était déja accomplie.—Tout le monde connaît l'anecdote suivante : Un jeune homme qui herborisait avec Jean-Jacques Rousseau lui rapporta, triomphant, une plante fort rare que le philosophe de Genève cherchait en vain depuis longtemps. «Ah! monsieur, s'écrie Rousseau avec chagrin, pourquoi l'avez-vous cueillie?» N'y a-t-il rien de vrai au milieu des phrases un peu déclamatoires que cet illustre misantrope a écrites sur la botanique dans une de ses délicieuses *Rêveries ?* (Voy. VII° promenade, *OEuv. compl.*, vol. XX, p. 368. éd. Gen., 1782).

Après avoir fait trois lieues depuis le Rio d'Itajurú, j'allai demander l'hospitalité à *S. Jacinto*, *fazenda* presque détruite. Le propriétaire n'y était pas lorsque j'y arrivai ; je fus fort mal reçu par le nègre auquel je m'étais adressé ; j'insistai, je me fâchai, et je finis par faire décharger mes mulets sans aucune cérémonie. Peu de temps après, le maître de la maison arriva. C'était un homme fort riche qui avait beaucoup d'autres propriétés et qui négligeait celle-là, où il avait coutume de ne s'arrêter qu'en passant. Il ne parut point mécontent de me trouver installé chez lui ; il causa long-temps avec moi, montra de la gaîté, et répondit avec complaisance à toutes mes questions. A sa place, un Mineiro se serait cru obligé de m'inviter à souper ; ici c'était déja beaucoup qu'on ne me reçut point avec impolitesse.

Les terres des environs de S. Jacinto sont propres à tous les genres de culture ; cependant il faut en excepter le riz. On ne peut même planter cette Graminée dans les endroits marécageux, parce que l'humidité n'y est pas assez permanente, et que la sécheresse qui lui succède rend le terrain d'une dureté excessive.

En partant de S. Jacinto, je passai par des *capoeiras*, et bientôt j'arrivai à la *fazenda* de *Campos Novos* qui appartenait jadis aux jésuites. Autour d'une cour immense qui forme un carré long ouvert par l'un des petits côtés, sont des cases construites pour les nègres et des maisonnettes sans doute destinées jadis pour les ouvriers libres qui travaillaient dans l'établissement. A l'extrémité de l'un des grands côtés de la cour, on voit, sur une petite éminence, l'église avec le couvent, et, à l'extrémité du grand côté opposé, est le moulin à sucre. Les cases qui environnent une partie de la cour sont grossièrement bâties en bois et en terre, petites et couvertes en chaume ; quelques-unes sont isolées dans leur rang, d'autres réunies sous un même toit ; j'en comptai 28 du côté où se trouve le couvent. Celui-ci et l'église qui l'accompagne ne paraissent point en proportion avec la grandeur du reste de l'établissement ; mais cette *fazenda* ne pouvait être qu'une maison de rapport, et par conséquent on ne devait y envoyer que les religieux chargés de l'administrer. Après l'expulsion des jésuites, l'établissement passa d'abord entre les mains d'hommes riches ; ils sont morts, les esclaves ont été partagés par leurs héritiers, le moulin à sucre a cessé de travailler, et, dans quelques années, la *fazenda* de Campos Novos n'existera probablement plus [1].

[1] Un voyageur anglais dit qu'en se rendant de S. Pedro dos Indios à S. João da Barra, il trouva, dans une forêt, un carré irrégulier formé de huttes de terre, et tout auprès une chapelle un peu mieux bâtie ; il ajoute qu'il vit en cet endroit un grand nombre de négrillons sales, maigres, entièrement nus, enfin dans un état pire que tous les esclaves qu'il avait rencontrés jusqu'alors ; il demanda, dit-il encore, quels étaient les maîtres de ces infortunés ; on lui répondit qu'ils appartenaient aux bénédictins de Rio de Janeiro, et il s'étonne de ce qu'un corps aussi riche et obligé par devoir de s'occuper du bien-être physique et du perfectionnement moral des habitans de la contrée, négligeât autant une de ses propriétés les plus belles. Il me paraît impossible que l'habi-

Quand un pays commence, il faut, pour y faire de grandes choses, une réunion intime de moyens et de forces, et c'est ainsi que les bénédictins accélérèrent jadis le défrichement de la France. Chez nous, les principales difficultés sont vaincues depuis long-temps; l'agriculteur isolé peut, en quelque sorte, se suffire à lui-même, et les corporations religieuses même les plus zélées ne rempliraient pas le même but qu'autrefois, parce que les lumières ont cessé d'être le partage d'une seule classe, et que la civilisation moins inégalement répandue, permet à tous de former des associations, quand elles sont encore nécessaires. Mais il n'en est pas de même dans l'empire brésilien. La nature y a conservé presque toute sa puissance; l'homme isolé, en luttant contre elle, montre combien il est faible, et, après bien des efforts, il ne laisse de ses travaux qu'une trace fugitive. D'un autre côté de grandes associations telles qu'il s'en établit parmi nous, soit dans des vues philantropiques, soit dans un but d'intérêt commun ne sauraient surgir au sein d'un pays corrompu par un long despotisme et seulement à demi-civilisé comme le Brésil; j'en atteste celles qu'on a voulu créer afin de rendre le Rio Doce navigable, d'exploiter l'or et le fer de Minas Geraes ou les mines d'*Anicuns*. Pour une telle contrée, des corporations religieuses douées

---

tation dont il s'agit fût autre que Campos Novos, et par conséquent les reproches adressés ici aux bénédictins tombent d'eux-mêmes. — Le lieu désigné sur la belle carte de M. de Freycinet, sous le nom de *Collegio*, ne peut être aussi que Campos Novos.

de leur ancien esprit sont donc à regretter. A l'époque de mon voyage, il y avait encore au Brésil des ordres monastiques; mais leurs mœurs étaient celles du reste de la nation; et dégénérés, ces ordres n'offraient plus qu'une réunion d'hommes vivant sous le même toit, sans esprit de corps, sans enthousiasme et avec tous les torts de l'individualité [1].

Après avoir quitté Campos Novos, je traversai un bois vierge qui se prolonge jusqu'au village de *S. João da Barra*. Dans cette forêt, le terrain est sablonneux; on n'y voit aucun de ces arbres immenses qui inspirent une sorte de respect; mais la végétation, sans avoir la magnificence qu'elle étale dans les meilleures terres, n'est cependant point dépourvue de beauté. Les arbres n'ont qu'une grandeur moyenne, mais ils sont fort rapprochés les uns des autres et extrêmement variés; de nombreux palmiers produisent souvent les plus heureux contrastes; de tous côtés, le *Bugainvillea brasiliensis* mêle (11 septembre 1818) ses longues grapes de fleurs purpurines au feuillage des plantes qui l'environnent; et des *Bromelia* des *Tillandsia* aux feuilles raides et uniformes couvrent, au milieu des grands végétaux, de vastes intervalles. Dans ce bois, je ne fus point saisi de cette espèce de terreur religieuse que fait naître ordinairement la vue des forêts vierges; j'y goûtai plus doucement le plaisir d'admirer.

[1] On sent que je ne parle ici qu'en général et que je ne puis prétendre qu'il n'y ait pas d'exception. Il en est de même pour ce que je dis de la demi-civilisation du Brésil.

Le chemin est sablonneux, mais parfaitement uni; l'on n'y voit pas le plus petit brin d'herbe, et il ressemble aux allées de ces jardins anglais où l'on a voulu, sans forcer la nature, procurer quelques jouissances de plus à celui qui se plaît à la contempler.

Cependant les mugissemens des eaux de la mer m'annoncèrent le voisinage du village de *S. João da Barra* (S. Jean de l'embouchure)[1], et bientôt, sortant de la forêt, j'arrivai sur le bord du *Rio de S. João*, rivière qui sert de limite aux *termos* du Cabo Frio et de *Macahé*. De la rive droite où j'étais alors, je découvrais le village bâti sur le bord opposé, et je

---

[1] S. João da Barra n'a point le titre de *villa* que lui donne un voyageur, et ne doit pas être confondu avec un autre *S. João* qui est bien réellement une ville, et qui se trouve situé beaucoup plus au nord, à l'embouchure du Parahyba. Ce dernier *S. João* s'appelle, suivant Cazal, *S. João da Parahyba*, et, selon Freycinet, *S. João da Praya*. Il s'est glissé à ce sujet une erreur assez grave dans le précieux ouvrage de l'abbé Pizarro; car cet écrivain appelle la ville dont il s'agit (*Mém.*, III, 84) *S. João da Barra do Rio de S. João* (S. Jean de l'embouchure de la rivière de S. Jean), et il est bien clair que ce nom ne saurait appartenir à un lieu situé à l'embouchure du Parahyba. A la vérité il est possible que la ville du Parahyba porte, avec plusieurs autres noms, celui de *Villa de S. João da Barra*, car c'est ainsi qu'elle a été désignée par M. le prince de Neuwied qui y a séjourné; mais aux mots *S. João da Barra*, n'auraient pas dû être ajoutés ceux-ci: *do Rio de S. João*. Au reste, le nom de S. João da Praia n'a point été inconnu à M. Pizarro lui-même; car il dit (*Mém.*, II, 22) que l'ancienne capitainerie du *Parahyba do Sul* se composait des *villas* de *S. Salvador*, de *S. João da Praia*, etc.

pus prendre une idée exacte de sa position. Il est situé vers l'extrémité de la rivière; mais celle-ci semble vouloir retarder l'instant où elle doit réunir ses eaux à l'Océan; car, presque à son embouchure, elle décrit encore des sinuosités qui contribuent à embellir le paysage. Du côté d'où vient la rivière, l'horison est borné d'assez près par un haute montagne qu'on appelle *Serra de S. João* (montagne de S. Jean)[1]. A l'extrémité du village la plus voisine de la mer, la rivière et le terrain qu'elle baigne décrivent une courbe. Dans un endroit assez bas, on voit, après la dernière maison, une pelouse étroite; le terrain s'élève ensuite, et il présente une petite plateforme sur laquelle on a bâti l'église, à peu près également rapprochée de la rivière et de l'Océan. A la suite de l'église, est un fond où l'on n'aperçoit que du sable, et vient enfin un monticule arrondi auprès duquel le Rio de S. João se jette dans la mer. Il est facile de concevoir combien cet ensemble doit paraître charmant, surtout lorsqu'on vient de traverser pendant quelques heures un bois où, de tous les côtés, la vue est bornée par des arbres.

A peine étions-nous sur le bord de la rivière qu'un nègre vint nous chercher avec une pirogue. Nous nous y embarquâmes, et les mulets traversèrent l'eau à la nage, tenus par la bride. On exige 160 reis (1 f.)

---

[1] C'est incontestablement cette montagne que Luccock dit avoir vue sur le bord du Rio de S. João. Il la croit haute de 6 à 700 pieds, et il ajoute que ses guides lui dirent qu'elle présentait à son sommet un lac arrondi (*Notes on Braz.*, p. 327).

pour le passage de chaque personne et 80 reis pour celui des mulets. Il faut bien sans doute que l'on paie des impôts, et il n'est pas plus injuste d'en mettre sur le passage des rivières que sur tant d'autres choses. Mais il est évident que, pour n'être pas décidément nuisibles, les droits de péage doivent être modérés; si vous les rendez exorbitans, vous forcerez une foule de gens à rester chez eux, et le commerce ainsi que le trésor public en souffrira bientôt. C'est là ce qui arrive au Rio de S. João. Dans une contrée aussi pauvre, combien de personnes doivent se priver de passer la rivière pour ne point payer 160 reis, et l'on sentira sans peine qu'il est extrêmement impolitique d'empêcher des communications de s'établir entre les habitans d'un pays encore nouveau, à demi-civilisé et où règne tant d'indolence.

Je demandai au nègre qui passe les voyageurs où je pourrais trouver un gîte, et il me répondit que le commandant m'en procurerait un. Je crus qu'il s'agissait du commandant du village, et que j'allais avoir affaire à l'homme le plus distingué du lieu; mais je fus un peu surpris de me voir présenté à un mulâtre mal vêtu, dédaigneux, impoli, et qui sans doute ne savait pas même lire, puisqu'il remit mon passeport à une autre personne, pour qu'on lui en fît la lecture. J'obtins la permission de passer la nuit dans la maison qu'occupait ce personnage, et bientôt je fus détrompé sur l'emploi qu'il occupait. Ce n'était pas, comme je me l'étais imaginé, le magistrat du village, mais un chétif caporal de milice qui commandait un détachement de six hommes chargés de surveiller le paiement du péage et d'arrêter les voyageurs suspects. Ce détachement devrait être changé tous les quinze jours; mais les gens un peu aisés paient des remplaçans, et ce sont presque toujours les mêmes hommes qui occupent le poste [1]. Je fus installé dans le corps de garde parmi des soldats qui assurément ne ressemblaient guères à ceux du régiment des Mines [2], et je me mis à travailler, aveuglé par une fumée épaisse, craignant d'être volé et pouvant à peine remuer les bras, au milieu des curieux qui, de tous les côtés, se pressaient autour de moi.

S. João da Barra où je fus si mal hébergé est, soit définitivement, soit d'une manière temporaire, le chef-lieu d'une paroisse [3]. J'ai donné une idée de sa

[1] Un voyageur anglais qui donne à S. João da Barra le nom de S. João de Macahé, ville plus septentrionale, attribue les titres de *surintendant* et d'*excellence* au commandant du poste dont je parle ici, et il s'étonne de ce qu'une telle dignité ait été conférée à l'ancien commis d'un usurier, commis qu'il avait connu à Rio de Janeiro, et qui, dit-il, était capable de toutes les vilenies. L'étonnement du voyageur eut été moindre si, se donnant la peine de prendre des informations exactes, il avait su que le prétendu *surintendant* n'était autre chose qu'un chétif caporal de miliciens remplaçans

[2] Voy. ma *première Relation*, vol. I, p. 15.

[3] Le village de S. João da Barra dépendait de la paroisse de *Sagrada Familia d'Ipúca* (la sainte famille d'Ipúca) qui avait pour chef-lieu *Ipúca* situé dans l'intérieur des terres. L'église paroissiale étant tombée, les habitans de S. João da Barra offrirent pour la remplacer leur chapelle dédiée à

situation; quelques nouveaux détails achèveront de la faire connaître. Ce village a été bâti à l'embouchure du Rio de S. João, sur une pointe ou langue de terre qui prolonge la rive gauche ou septentrionale de la rivière, et qui se trouve comprise entre elle et l'Océan. Il se compose uniquement de deux rues parallèles au fleuve; mais, s'il est fort peu considérable aujourd'hui, il se trouve placé dans la position la plus favorable pour avoir de l'importance, lorsque les bords du Rio de S. João, moins déserts et mis en culture, fourniront de nombreux articles d'exportation. L'embouchure de la rivière est très sûre, et non-seulement les *lanchas* les plus grandes, mais encore les *sumacas* peuvent, sans aucune difficulté, venir prendre des marchandises dans le port de S. João da Barra. Déja, lors de mon voyage, ce lieu était l'entrepôt d'un commerce de bois assez considérable. De grandes forêts vierges bordent la rivière, qui a environ dix-huit lieues de cours [1]; les propriétaires riverains font scier

---

S. João, et l'on transporta dans cette dernière le tabernacle et les fonds baptismaux. Le curé prétendit alors donner à la chapelle de S. João le titre de paroisse, et substituer au nom de *Sagrada Familia* celui de *S. João Baptista da Barra do Rio de S. João*, mais il y eut, en 1818, des réclamations contre ce projet, et Pizarro qui rapporte les faits que je viens de citer (*Mém. hist.*, V, 122), ne dit point quelle décision prit le gouvernement.

[1] Pizarro lui donne un cours de 25 lieues plus ou moins. Cette rivière prend sa source dans les montagnes de *Macacú*, partie de la cordillère maritime, et coule d'occident en orient. Elle a 15 à 20 brasses dans sa plus grande largeur et 12 à

les plus beaux arbres, et ils vendent leurs planches à des marchands de S. João, qui les expédient pour Rio de Janeiro.

Comme les colons emploient ordinairement leurs esclaves à abattre des arbres, ils ne cultivent en général que pour la consommation de leurs familles; aussi les *travessadores* [1] ne se montrent-ils point dans ce canton; il y a cependant quelques sucreries aux environs de S. João, mais les propriétaires sont pour la plupart des hommes riches, qui ne vendent point dans le pays le produit de leurs établissemens. Ils ont à Rio de Janeiro des correspondans ou des associés auxquels ils expédient leur sucre, et quelques-uns même font ces envois sur des embarcations qui leur appartiennent. Le frêt de S. João da Barra à la capitale du Brésil est de deux *testões* ou 200 reis par sac de deux *alqueires*, et, lorsque le vent est favorable, on ne met que quarante-huit heures pour faire ce voyage. Les cultivateurs qui ne possèdent point de sucreries, mais qui quelquefois cependant ont des denrées à ven-

20 palmes de profondeur. Du côté du nord, elle reçoit successivement en allant de l'est à l'ouest, les eaux du ruisseau de *S. Lourenço*, des *Rios das Aguas Claras* (*Aguas Compridas* suivant Freycinet), *dos Crubixaes*, *das Bananeiras*, du ruisseau *Maratuán*, des *Rios da Aldea Velha de Ipúca*, *da Lontra*, *do Dourado*. Les principaux affluens de la rive méridionale sont les ruisseaux *dos Gaviões* et *do Ouro*, le lac *Féa*, enfin le lac *Inhutrunuaiba* formé surtout des *Rios Capivary* et *Bacachá* (Piz. *Mém.*, II, 175).

[1] Voyez ce qui a été dit dans le chapitre précédent sur le commerce du Cap Frio.

dre, font pour elles ce qui se pratique relativement au sucre; ils les envoient pour leur compte à Rio de Janeiro. Lors de mon voyage, on n'aurait pas trouvé, aux environs de S. João, de bon café au-dessous de 7 à 8 *patacas*, du riz pour moins de 12 *tostões* (9 f. 50 c.) le sac de 2 arrobes (29 kil. 49), enfin de la farine de manioc au-dessous de 2 *patacas* (4 f.) l'*alqueire* (40 litres).

Après avoir quitté S. João da Barra, je traversai pendant long-temps une plaine sablonneuse dont la végétation présente assez l'aspect de celle de nos landes. Ce sont également des arbrisseaux de deux à trois pieds, à tête arrondie, assez maigres, et qui souvent, parmi des rameaux chargés de verdure, en offrent d'autres desséchés et sans feuilles. Entre ces arbrisseaux naissent des gazons, et, de temps en temps, on rencontre des flaques d'eau sur lesquelles s'étale avec abondance une petite villarsie (*Villarsia communis* N.[1]). Une des espèces les plus communes dans ce lieu, est une Mélastomée à petites feuilles qui a la hauteur d'environ un pied, et qui ressemble à celles des lieux élevés de Minas Geraes (*Marcetia tenuifolia* DC.[2]). Dans les parties humides, je trouvai fréquemment aussi une utriculaire (*Utricularia tricolor* N.[3]) sans feuilles et sans utricules, à longues tiges grêles et à grandes fleurs bleues[4].

---

[1] Voy. la note BB à la fin du volume.
[2] Voy. la note CC   ibid.
[3] Voy. la note DD   ibid.
[4] Parmi les plantes des landes voisines de S. João da Barra,

AU BRÉSIL.

A peu de distance du *Rio das Ostras*, on se retrouve sur le bord de l'Océan, où sont de distance à autre quelques pauvres cabanes. Quoique je m'accoutumasse à voir dans les plus tristes réduits des femmes habillées comme les dames des villes [1], je ne pus me défendre de quelque surprise en apercevant à la fenêtre d'une misérable chaumière une jeune personne charmante qui portait une robe d'indienne à l'anglaise avec un châle de soie, et dont la chevelure était relevée avec quelque élégance. Sa beauté me surprit peut-être encore plus que sa toilette; car, depuis Rio de Janeiro, je n'avais pas vu une figure véritablement jolie. Un teint désagréable est surtout ce qui enlaidit les femmes de cette partie du littoral.

Je n'avais pas fait plus de deux lieues depuis le village de S. João, lorsque j'arrivai au Rio das Ostras. Alors il était déja tard; la marée était haute, et, pour pouvoir passer l'eau, il aurait fallu décharger mes mulets qu'on eût rechargés sur l'autre rive. Toute cette opération aurait pris beaucoup de temps, et, comme j'avais un grand nombre de plantes à étudier, je me décidai à remettre au lendemain le passage de la rivière.

Le *Rio das Ostras* (la rivière des huîtres) n'a pas plus de deux lieues de cours. De très petites embar-

---

je signalerai encore le *Perama hirsuta*, petite plante fort singulière de la Flore de Cayenne. — Voy. la note EE à la fin du vol.

[1] Voy. ce que j'ai dit dans le chapitre précédent sur la toilette des femmes du hameau de la Praia do Anjo.

cations peuvent néanmoins entrer à son embouchure, mais seulement en profitant de la marée haute. Je suivis cette rivière dans un espace de quelques centaines de pas, et je la trouvai bordée de mangliers [1]. Le nom de Rio das Ostras est dû à la grande quantité d'huîtres qui habitent son embouchure. On n'a pas la coutume de manger celles-ci crues; mais on les fait cuire en les jetant simplement dans le feu sans les ouvrir. Par cette grossière préparation, on leur fait contracter un goût de fumée assez désagréable; cependant je trouvai qu'elles conservaient encore quelque délicatesse.

Je couchai dans une *venda* bâtie sur la rive gauche de la rivière et dont le maître était un ancien calfat né en Portugal. En général la plupart des hommes qui, sur cette côte, tiennent des *vendas* sont les Portugais. Plus actifs, plus accoutumés au travail, plus prévoyans, plus économes que les gens du pays, ils sont plus capables qu'eux de ce genre de métier. Mais, dès la première génération, les enfans de ces Européens subissent déja l'influence de l'exemple et du climat, et l'on ne retrouve plus chez eux les qua-

---

[1] M. le prince de Neuwied dit que « les bords du Rio das « Ostras sont enchanteurs, que de grands arbres touffus les « couvrent de leurs branches pendantes, et que des co- « cotiers les ombragent (*Reis.*, I, 96 ou *Voyage Brés. trad.* « *Eyr.*, I, 444). » C'est vraisemblablement dans quelque partie plus élevée des bords de la rivière que le savant ornithologiste que je viens de citer a eu occasion d'admirer une végétation si belle.

lités auxquelles leurs pères ont dû quelque aisance [1].

Le lendemain au matin, la marée était basse, et je traversai à gué le Rio das Ostras, un peu au-dessus de la *venda*.

Dans un espace de quatre lieues et demie, depuis le Rio das Ostras jusqu'à la *fazenda da Boassica* près de laquelle je fis halte, je côtoyai presque toujours la mer. Le chemin n'est autre chose que la plage elle-même, et, en marchant, l'on enfonce continuellement dans le sable. Quand il n'y a point de nuages, et que la terre est sèche, la poussière et la réverbération du soleil sur le rivage doivent être insupportables; mais je n'eus heureusement point à souffrir des ces incommodités. Il avait plu depuis quelques jours, le temps était couvert; et j'en fus quitte pour un mortel ennui. Celui qui n'a pas vu la mer, s'imagine qu'elle présente l'image la plus parfaite de l'immensité, et peut-être en est-il réellement ainsi, lorsqu'on la découvre du haut de quelque éminence; mais, quand on la voit sur une plage très basse, comme celle où j'étais alors, on n'en aperçoit plus qu'une étroite portion; et l'on est fatigué du balancement périodique de ses vagues ainsi que de la monotonie de ses mugissemens. La plage d'un sable blanc et parfaitement pur sur laquelle je cheminais ne m'offrait pas non plus une vue bien récréative; je n'apercevais point de culture; jamais je

---

[1] Je reviendrai sur ces influences dans ma *troisième Relation*. J'ai déja eu occasion d'en dire quelque chose dans la première.

n'avais trouvé moins de plantes en fleurs; à peine apercevais-je quelques oiseaux de mer qui, posés sur la grève, s'envolaient à notre approche, et enfin, dans un espace de plus de quatre lieues, l'aspect des végétaux qui s'étendent au-delà du rivage, ne changea qu'une seule fois.

Dans la première partie du chemin, la grève nue et sablonneuse est plus haute de quelques pieds que les terres voisines. Celles-ci sont couvertes d'arbrisseaux serrés les uns contre les autres, et surtout de Myrsinées dont les branches, arrivant toutes à la même hauteur, présentent une masse d'un vert noir et triste, de niveau avec le rivage, et au milieu de laquelle se montrent çà et là quelques brins desséchés. Plus loin au contraire la partie de terrain couverte de végétaux qui avoisine la plage s'élève au-dessus de celle-ci, en formant un coteau. Là on retrouve encore une végétation triste et sombre; mais, comme les arbres et les arbrisseaux qui la composent n'aboutissent point au même niveau, ils ont un autre aspect que ceux dont j'ai parlé tout à l'heure. A leur pied croissent abondamment des Amaranthacées d'un vert obscur, un *Sophora* appelé *feijão da praia* (*Sophora littoralis* Neuw. et Schrad [1]), dont le feuillage a aussi une teinte sombre, enfin une quantité prodigieuse de *Cactus*, de *Tillandsia* et d'ananas sauvages, plantes

---

[1] Cette plante serait extrêmement précieuse si, comme on l'a dit, ses graines pouvaient détruire ou écarter les grandes fourmis, fléau de l'agriculture brésilienne (Voy. la note EE à la fin du volume).

épineuses qui forment un fourré impénétrable.

A environ un quart de lieue de l'endroit où je fis halte, j'arrivai à un grand lac d'eau salée appelé *Lagoa da Sica* ou *da Boassica* qui n'est séparé de l'Océan que par une langue de terre étroite et sablonneuse, et qui d'ailleurs est borné de toute part par de grandes forêts. Cette lagune a deux mille quatre cents *braças* [1] de longueur et soixante dans sa plus grande largeur; elle offre peu de fond, reçoit plusieurs ruisseaux, et l'on y pêche une grande quantité de poissons excellens qui y arrivent avec les eaux de la mer, quand on a soin d'ouvrir un passage à ces dernières [2].

Après avoir suivi pendant quelques minutes le bord occidental du lac, je passai devant une sucrerie dont l'importance était suffisamment attestée par de nombreuses cases à nègres, et à laquelle on donne le nom de *fazenda da Boassica* emprunté du lac qui l'avoisine. Je traversai ensuite un bouquet de bois vierge de peu d'étendue, et je me trouvai devant une *venda* très propre et nouvellement construite que l'on appelle *venda da Sica*. Comme le vent était très froid, et qu'il tombait de la pluie, je me décidai à ne pas aller plus loin. C'était encore un homme né en Portugal qui tenait la *venda* da Sica. Il me donna une petite chambre qui avait une fenêtre, et je ne fus point obligé de partager ce gîte avec mes gens qui

---

[1] La *Braça* équivaut, selon le savant Freycinet, à 2 mètres, 20.

[2] Caz. *Corog. Braz.*, II, 39. — Piz. *Mém. hist.*, II, 172.

eurent aussi leur chambre; depuis Rio de Janeiro, je n'avais pas encore été si bien logé [1].

Lorsqu'on voulut ouvrir mes malles, les clefs ne se trouvèrent point. J'étais fort affligé de leur perte; car on m'assura qu'il n'y avait à Macahé, la ville voisine, qu'un serrurier peu adroit, et même on me fit craindre que cet homme ne fût absent. Prégent partit aussitôt, et, à ma grande satisfaction, il revint le lendemain matin avec le paquet de clefs qu'il avait trouvé sur la plage.

Je passai la journée à la *venda* da Sica pour soigner mes collections qui n'avaient pu l'être la veille, et en même temps pour arranger une vingtaine d'espèces de *Fucus* que j'avais trouvés non loin de mon logis, sur des rochers à fleur d'eau. Cette récolte était précieuse pour moi; car j'avais eu beaucoup à me plaindre de la disette de plantes marines dans le voisinage de Rio de Janeiro, et l'on sait combien ces plantes sont rares sur des plages rases et sablonneuses comme celles que l'on parcourt entre S. João et le lac da Sica [2].

Après avoir quitté la *venda* voisine de ce lac, je traversai un bois d'environ une demi-lieue, et j'arrivai à la ville de S. João de Macahé qu'on appelle simplement Macahé dans l'usage ordinaire.

[1] J'ai de la peine, je l'avoue, à reconnaître le pays que j'ai parcouru entre S. João et Macahé, dans la description qu'en a faite M. le prince de Neuwied; mais il paraît que ce savant zoologiste n'a pas exactement suivi le même chemin que moi. La lagune dont il parle est sans doute celle da Sica.

[2] Voy. la note GG à la fin du volume.

CHAPITRE IV.

LA VILLE DE MACAHÉ,—VOYAGE DE CETTE VILLE AUX LIMITES DU DISTRICT DE CAMPOS DOS GOITACAZES.

Histoire de *Macahé*. Description de cette ville. Son commerce. Réflexions sur la manière d'exploiter les bois dans ce pays et dans tout le Brésil. Culture. — Les îles de *Santa Anna* ; leur utilité pour les contrebandiers.—Description succincte de la côte depuis les îles de Santa Anna jusqu'à Rio de Janeiro. — Quelques mots sur l'intérieur des terres. — Hameau de *Barreto*. — Habitation de *Cabiunas*. — L'auteur s'égare. — *Sitio do Paulista.* — Bestiaux. — Pays situé entre le Sitio do Paulista et le *Sitio do Andrade.*—*Sitio do Pires.* — Punaises du Brésil. — Sitio do Andrade.

Il est à croire que même avant l'arrivée des Portugais au Brésil, le nom de *Macahé* avait été donné par les indigènes à la contrée qui le porte aujourd'hui; car déja on trouve ce nom, avec une altération légère, dans le récit intéressant du naïf et véridique Jean de Lery [1]. Suivant cet écrivain qui, en 1547, visita la baie de Rio de Janeiro et ses alentours, un rocher inaccessible s'élevait comme une tour sur la côte voisine de Macahé, et répandait, aux rayons du soleil, un tel éclat qu'on pouvait le prendre pour une éme-

[1] *Voyage*, éd. 1578, p. 55.

raude. Je ne sais ce qu'est devenu ce rocher appelé jadis par les navigateurs l'*Emeraude de Maq-hé*; mais c'est certainement lui qui aura valu au pays le nom qu'on lui donne; car, de nos jours encore, les habitans du Paraguay appellent *macae*, en langue guarani, une espèce d'ara entièrement verte commune dans leurs campagnes [1].

Du temps de Jean de Lery, le territoire de Macahé était habité par des sauvages alliés des Goitacazes. Plus récemment les jésuites possédèrent une habitation vers l'embouchure du Rio Macahé, et y bâtirent une chapelle sous l'invocation de Ste. Anne. Un village se forma dans le voisinage de cette chapelle, et, par un décret (*alvará*) du 29 juillet 1813, on le mit au rang des villes sous le nom de *S. João de Macahé*[2]. Pour limite méridionale on donna au *termo* de la nou-

[1] Je ne trouve point à la vérité le mot *macae* dans l'ouvrage de D. Felix d'Azzara sur les oiseaux du Paraguay. Cependant je ne puis avoir le plus léger doute sur l'étymologie que je rapporte ici; car elle m'a été indiquée dans les missions de l'Uruguay par un homme éclairé qui avait long-temps habité le Paraguay proprement dit et qui connaissait parfaitement la langue guarani.

[2] Un savant navigateur ne donne que le titre de *bourg* à Macahé, au Cabo Frio, à Maricá, etc. Je crois que le mot *villa* doit être traduit en français par le mot *ville*; car, si on le traduisait par *bourg*, il faudrait ne plus appeler *villes* Sabará, S. João d'El Rey, etc. Dans tous les cas, si l'on doit donner aux *villas* le nom de *bourgs*, Saquaréma et S. João da Barra ne seraient pas des *bourgs*, comme l'a dit l'écrivain que je cite plus haut, puisque ces lieux n'ont point le titre de *villas*.

velle ville le Rio de S. João, et, pour limite septentrionale, l'embouchure du *Furado*; cependant on le soumit provisoirement à la juridiction du *juiz de fóra* du Cabo Frio, et l'on ne plaça à Macahé qu'un juge suppléant. Les habitans de cette ville désiraient aussi qu'elle devint le chef-lieu d'une paroisse; on céda à leurs vœux, et, en 1815, la chapelle Ste. Anne fut définitivement érigée en église paroissiale sous l'invocation de S. Jean-Baptiste.[1]

Macahé est situé dans une position charmante à l'embouchure de la rivière du même nom, et divisé par cette rivière en deux parties inégales. Celle qui borde la rive droite est la plus considérable; cependant elle ne se compose pas de plus de soixante à quatre-vingts maisons, petites, basses, écartées les unes des autres, pour ainsi dire éparses et dont la plupart sont couvertes en chaume. De ce même côté de la rivière, sur une grande place qui y aboutit, mais qui n'est encore qu'indiquée, on a élevé le poteau de justice destiné à faire connaître le rang de la ville dans l'ordre judiciaire et administratif. C'est encore sur la rive droite du Macahé que l'église a été construite; elle s'élève au sommet d'une petite montagne à quelque distance des maisons, et de loin, elle ressemble à un ancien château.

La partie septentrionale de la ville est située beaucoup plus loin de l'embouchure de la rivière que la partie méridionale, et, en face de celle-ci, il n'existe

---

[1] Piz. *Mém. hist.*, V, 304.

qu'une langue de terre nue, basse et sablonneuse qui s'avance entre l'Océan et la rivière.

Après avoir décrit, à son extrémité, différens détours, le Macahé se jette dans l'Océan entre la langue de terre dont j'ai parlé tout à l'heure et un monticule en partie cultivé et en partie couvert de bois qui termine le côté droit ou méridional de la ville. Tout le pays est assez plat; mais, vers l'ouest, l'horizon est borné par la *Serra de Macahé*, chaîne de montagnes qui se rattache à la Serra do mar, et au milieu de laquelle le pic appelé *Morro do Frade* (montagne du moine) se fait remarquer par son élévation et sa forme singulière. L'ensemble que je viens de décrire présente un paysage charmant, surtout lorsqu'on le contemple étant sur la rive gauche de la rivière, d'où l'on découvre bien mieux que sur la rive droite, les montagnes qui s'élèvent à l'horizon, le petit morne isolé où l'église est bâtie et toutes les sinuosités que décrit la rivière avant son embouchure.

Malgré les agrémens de sa position, Macahé, lors de mon voyage, ne pouvait guère être comparé qu'à un village de France des moins considérables, et si l'on a fait de ce lieu une ville et la capitale d'un *termo*, c'est sans doute parce qu'il semble destiné à acquérir un jour une très grande importance. La rivière qui y passe a environ dix-huit lieues de cours [1], et les terres

---

[1] Cazal et M. le prince de Neuwied lui en donnent 15, et Pizarro 16. Ce dernier dit (*Mém. hist.*, II, 175) qu'elle prend naissance dans les montagnes appelées aussi Macahé, et quelle reçoit les ruisseaux de *João Manoel* et d'*Atalaia*, le *Rio*

baignées par elle sont propres aux principaux genres de culture. Les grandes *lanchas* et les *sumacas* peuvent franchir l'embouchure du Macahé, lorsqu'elles n'ont qu'une demi-charge; hors de l'embouchure, les embarcations trouvent dans la petite rade *da Concha* (de la coquille) un excellent abri contre les vents du sud que l'on redoute le plus; enfin les îles de *Santa Anna* situées vers l'entrée de la rivière, offrent pour toute espèce de vaisseaux un assez bon mouillage [1]. Déja Macahé a un air de vie que l'on remarque rarement dans l'intérieur et même sur le littoral du Brésil; l'on y voit du côté du midi, un grand nombre de *vendas*, et plusieurs maisons annoncent l'aisance de leurs propriétaires par le soin avec lequel elles sont entretenues.

Le principal commerce de cette ville naissante est actuellement celui des bois. Comme les colons de S. João da Barra, ceux des environs du Rio de Macahé choisissent dans les forêts vierges les arbres les plus beaux et les font mettre en planches. Quelques-uns envoyent leurs bois directement à Rio de Janeiro; mais la plupart et principalement les moins riches les vendent à des marchands établis à Macahé même. Les arbres qu'on exploite le plus souvent dans ce pays

---

Morto, les eaux du lac appelé *Lagoinha*, celles du lac *Páo Ferro*, des rivières de *S. Pedro*, de *Crubixaes*, du ruisseau de *Serra Verde*, du *Rio do Ouro*, du *Rio das Aduellas*, du ruisseau de *Janipapo*, du lac de *Traira*, des ruisseaux de *Sabiá*, de *Jurumirim* et de *Boassica*.

[1] Freyc. *Voyage Ur. hist.*, I. 84.

sont le *jacarandá* dont le bois est employé dans l'ébénisterie et dans la menuiserie ; l'*araribá* ; le *canela* ; le *vinhatico* qui a un bois jaune et presque incorruptible, propre à la menuiserie et à la construction des navires ; le *caixeta* qui remplace comme je l'ai dit ailleurs, le sapin de nos climats ; l'*oleo* employé dans la charpente, etc[1]. Les planches se vendent à la douzaine ; celles de *vinhatico* de 30 palmes de longueur sur 2 de large valaient en particulier, lors de mon voyage, trente mille reis la douzaine (environ 187 f.).

Il est à craindre cependant que par l'imprévoyance du cultivateur, ce commerce ne diminue bientôt d'une manière sensible, et qu'il ne finisse par tomber entièrement. Ici et probablement dans tout le Brésil, on n'a point, comme en Europe, l'usage d'exploiter entièrement une certaine étendue de forêt ; on choisit çà et là les arbres qu'on veut faire scier, et le bûcheron les abat à sa hauteur, pour ne pas avoir la peine de courber son corps. Quand même on couperait les arbres au niveau de la terre, les souches privées d'air et bientôt recouvertes par les lianes et les parasites, ne pourraient probablement produire de rejettons ; et à plus forte raison encore des troncs de trois ou quatre

---

[1] Voyez la table des bois dont on se sert à Rio de Janeiro, faite par M. de Freycinet d'après les renseignemens qu'il a obtenus de MM. de Gestas et Francisco Maximiliano de Souza (*Voyage Ur. hist.*, I, 115 et suiv.). Feu M. Mawe avait déja donné une courte liste des bois de *Cantagallo* (*Travels*, etc., 132) ; mais les noms y sont tellement défigurés qu'elle doit être considérée comme non-avenue.

pieds de haut doivent-ils bientôt périr pour jamais. Lors de mon passage à Macahé, les beaux arbres commençaient déja à y devenir fort rares, et souvent l'on était obligé de les aller chercher dans des forêts très éloignées de l'embouchure de la rivière. Ainsi, tandis que d'un côté les Brésiliens livrent à l'incendie d'immenses forêts, sans en retirer autre chose qu'un engrais passager, ailleurs, quand ils exploitent quelques arbres précieux, c'est de manière à courir le risque d'en détruire l'espèce. J'ai vu les ouvriers brésiliens rechercher des planches d'un bois commun sciées en France ou en Angleterre, et si le gouvernement du Brésil continue à s'inquiéter aussi peu qu'il l'a fait jusqu'à aujourd'hui de l'aménagement de ses forêts, on peut prédire avec assurance qu'un temps n'est pas éloigné où des navires se rendront d'Europe au Brésil, chargés de planches et de bois de construction. Sous l'administration bienfaisante du marquis de Lavradio, il s'était formé dans la capitale une académie philosophique qui s'occupa avec utilité de l'agriculture du pays, et à laquelle on dut les plus heureux essais sur l'introduction de la cochenille et la culture de l'indigo. Comment aujourd'hui où le Brésil s'est débarrassé des lourdes entraves du système colonial, ne se forme-t-il pas dans la capitale de cet empire une société d'agriculture qui ait pour but d'éclairer les propriétaires sur leurs véritables intérêts, de les arracher à leur imprévoyance et d'ouvrir des sources nouvelles de prospérité? Cela ne vaudrait-il pas mieux que de consumer son temps et son intelligence à discuter des questions vagues de droit absolu, ou les vaines théories d'une économie politique surannée et inapplicable surtout à l'Amérique?

L'exploitation des bois n'est pas au reste la seule occupation des cultivateurs des environs de Macahé. Entre le *Sitio do Paulista* situé à quatre lieues nord de cette petite ville et le port de S. João da Barra, on comptait naguère une vingtaine de sucreries plus ou moins éloignées du rivage de la mer; mais on a reconnu que la canne à sucre n'était pas la plante qui convenait le mieux à ce pays, et qu'elle n'y rendait presque rien si, pour la couper, on ne saisissait pas l'instant même de sa maturité. Plusieurs colons ont donc renoncé à leurs sucreries, et s'appliquent aujourd'hui à la culture des cafeyers qui donne beaucoup moins de peine que celle de la canne, qui n'exige ni autant de bâtimens ni autant d'esclaves, et qui réussit très bien sur le penchant des hauteurs voisines de Macahé. La plupart des propriétaires envoyent pour leur propre compte à Rio de Janeiro le café qu'ils recueillent; mais le besoin de numéraire oblige souvent les moins riches à vendre dans le pays même, une partie de leurs récoltes. Le fret de Macahé à la capitale du Brésil est de deux *patacas* le sac de deux *alqueires*, et, avec un bon vent, on peut faire le voyage en quarante-huit heures et même en moins de temps. Les colons des alentours de Macahé cultivent le coton, mais seulement pour la consommation de leur famille, et il en est à peu près de même du maïs, du riz et du manioc.

Parmi les avantages dont jouit la ville de Macahé, il en est un que je ne dois point passer sous silence; car, dans un pays aussi chaud, il peut être considéré comme inappréciable. Depuis long-temps je trouvais partout de l'eau extrêmement mauvaise; mais celle qu'on boit à Macahé est excellente et parfaitement limpide.

J'ai deja parlé plus haut des îles de S. Anna voisines de cette ville. J'en dirai encore quelque chose pour rendre plus complette la description que j'ai donnée de tout le pays. Ces îles, situées à une demi-lieue en mer, un peu au sud de l'embouchure du Rio de Macahé [1], sont au nombre de trois. La plus grande qui porte proprement le nom d'*Ilha de Santa Anna* a du bois et de l'eau potable, et présente, comme on l'a vu, un mouillage assez bon, même pour les vaisseaux de haut bord. On y comptait autrefois quelques habitans; mais le gouvernement s'étant aperçu qu'ils profitaient des avantages de leur position pour favoriser la contrebande du bois de Brésil et celle des esclaves, leur donna ordre de quitter l'île, et, depuis cette époque, il n'a été accordé à personne la permission de s'y établir. On assure cependant que l'Ilha de Santa Anna est encore aujourd'hui d'une très grande utilité pour les étrangers aventureux qui font le commerce interlope du bois de Brésil. Ce bois que l'on ne peut couper sans une permission expresse du roi, est extrêmement abondant aux alentours du Cap Frio.

---

[1] Piz. *Mém. hist.*, II, p. 177.

Les contrebandiers étrangers s'arrangent, dit-on, avec les habitans du pays; ceux-ci profitent de la nuit pour abattre les arbres; ils chargent le bois sur de petites embarcations, et ils le conduisent à l'Ilha de Santa Anna où il est enlevé par les acheteurs [1].

Si, des îles Sainte Anne, on voulait naviguer vers le sud, en suivant la côte du Brésil on trouverait à quatre lieues du Macahé et de la rade da Concha, l'embouchure du Rio dos Ostras. A une demi-lieue de cette dernière est l'entrée du Rio de S. João, et à trois lieues plus loin, l'embouchure du *Rio d'Una*, rivière insignifiante qui doit avoir sa source près de Campos Novos. Au sud de l'Una, la côte s'arrondit pour former l'anse dite Bahia Formosa (la belle baie) où toute espèce de bâtiment peut trouver un abri. Le côté méridional de cette anse est borné par une petite presqu'île qui se termine au nord par la pointe *dos Buzios* (des coquilles de limaçon), et au midi par celle de João Fernandes; la première est éloignée d'une lieue du Rio d'Una, et, sur la seconde très rapprochée d'elle, on a placé un détachement de milice chargé d'empêcher la contrebande du bois de Brésil. Dans le voisinage de ces pointes sont l'île dite *da Anchora* (île de l'ancre) et d'autres plus insignifiantes encore. Au-delà des deux pointes dos Buzios et de João Fernandes, la côte reprend la direction du nord-ouest qu'elle avait eue depuis le Rio Macahé

---

[1] Je ne crois pas avoir besoin de répéter que je ne prétends parler ici que de l'époque de mon voyage.

jusqu'au fond de la rade Formosa ; et bientôt l'on passe devant la petite anse *da Ferradura* (du fer de cheval), éloignée d'une lieue de la pointe de João Fernandes, puis devant l'anse de *Pero* qui est à une lieue de la première; on peut débarquer également au fond de ces deux anses. Plus loin, on trouve les terres du Cap Frio que j'ai déja décrites, et, si l'on sort par le Boqueirão do Sul, on a en vue la petite île dos Francezes (des Français). C'est alors que la côte prend la direction de l'est à l'ouest qu'elle ne perd plus jusque vers la baie de Rio de Janeiro ; et, presque rectiligne dans tout cet espace, elle n'y offre que deux pointes du moins un peu sensible, celle formée par le Morro de Nazareth et la Ponta Negra, rocher qui s'avance dans la mer d'un peu moins d'un quart de lieue [1].

Il ne faut pas s'imaginer qu'entre le Cap Frio et la ville de Macahé, il n'y ait d'habitans que sur le littoral. Dans l'intérieur des terres, au milieu des immenses forêts voisines de la chaîne maritime, les missionnaires avaient formé divers aldeas qui depuis ont été érigés en paroisse. Il paraît que la population indienne y a singulièrement diminué; mais les indigènes auront sans doute été remplacés par quelques colons blancs ou mulâtres. Les détails qui ont été publiés sur ces contrées sont trop vagues ; ils présentent trop peu d'intérêt pour que je les cite ici, et je dois regretter de n'avoir pas visité moi-même des lieux sans doute

[1] Voy. *Memorias historicas*, II, 179 et les cartes de M. Roussin.

très intéressans pour le naturaliste et où j'aurais eu le plaisir de retrouver encore quelques faibles restes d'une civilisation dont il n'existera bientôt plus aucune trace.

En quittant Macahé, je passai la rivière sur une pirogue. Le péage est affermé pour le compte de l'administration, et l'on ne paie ici que 40 reis (25 c.) par personne. Grace à mon passeport royal ou *portaria*, je n'eus rien à débourser ni pour moi, ni pour mes domestiques, ni pour mes bêtes de somme.

Au-delà du Rio de Macahé, on traverse un pays agréable et riant [1]. C'est une plaine qui se prolonge entre des collines et le rivage de la mer et qui présente des bouquets de bois entremêlés de pâturages un peu marécageux où paissent beaucoup de bestiaux.

J'avais fait une lieue depuis Macahé, lorsque je passai par le hameau de *Barreto* qui se compose d'une chapelle et de quelques chaumières bâties autour d'une belle pelouse. Cet endroit dépend de la paroisse de S. João de Macahé; mais les habitans y entretiennent un chapelain à leurs frais, ce que l'on fait généralement ici dans les endroits un peu éloignés de l'église paroissiale et où quelques colons se trouvent réunis.

A environ une lieue de Barreto, je fis halte à la petite habitation de *Cabiunas* [2] bâtie sur une colline d'où l'on découvre un pays agréablement coupé de bois et de pâturages.

[1] Comme on le verra plus bas, on fait commencer au Macahé les Campos Goitacazes.

[2] Probablement des mots tupis *caba guépe* et *úna noire*.

Le juge suppléant de Macahé m'avait donné une lettre de recommandation pour le propriétaire de Cabiunas qui me reçut parfaitement bien. Sa maison fut la première où, depuis le commencement de mon voyage sur la côte, on m'offrit à souper; mais j'y excitai une curiosité qui ne laissait pas d'être importune. On se pressait autour de moi, et l'on m'accablait, il faut le dire, de questions toutes plus impertinentes et plus ridicules les unes que les autres. Au reste il y en avait deux ou trois que l'on n'avait jamais manqué de me faire partout où je m'étais arrêté depuis Rio de Janeiro. On me demandait d'abord quelles marchandises j'avais à vendre, et, quand je répondais que je ne vendais rien, mais que je voyageais dans l'unique but d'observer et de recueillir les plantes du pays, on voulait absolument savoir combien l'on me donnait pour faire ce métier. Accoutumés à la vénalité qu'avait introduite parmi eux un despotisme sans énergie, ces bonnes gens ne pouvaient concevoir que l'on entreprît quoique ce fût par un autre motif que celui de gagner quelque argent.

Mon hôte de Cabiunas me fit déjeûner avec lui; mais probablement il avait oublié que ma caravane ne devait pas s'arrêter avant cinq à six heures du soir; car il ne m'offrit qu'une tasse de café avec un petit gâteau de farine de manioc.

Peu de temps après avoir quitté la maison de cet homme, j'arrivai dans une grande plaine qui se prolonge entre la mer et des collines boisées. Là, au milieu d'un sable blanc et presque pur, je retrouvai une végétation à peu près semblable, du moins pour l'aspect, à celle de la presqu'île ou *restinga* du Cabo Frio; si ce n'est pourtant que, près de Cabiunas, les arbrisseaux sont en général plus écartés les uns des autres et moins vigoureux ; qu'ils ne forment pas aussi bien le buisson, et qu'à l'époque de mon voyage (16 septembre) il y en avait beaucoup moins en fleurs. Ici, comme au Cap Frio, les Myrtées se montrent en plus grand nombre que les plantes des autres familles. Dans les endroits secs, les intervalles qui se trouvent entre les arbrisseaux sont entièrement nus ; mais toutes les fois que le sol devient un peu humide, il y croît un gazon fin et assez maigre au milieu duquel on voit en grande abondance un *Xyris* et trois ou quatre espèces de petits *Eriocaulon* à tête solitaire, genres de plantes qui se plaisent ensemble sur des terrains analogues à ceux où chez nous croissent presque toujours réunis l'*Exacum filiforme* et le *Linum radiola*.

Je m'étais éloigné de ma caravane pour cueillir des plantes. Au bout de quelque temps, mon domestique qui m'accompagnait prétendit que nous n'étions plus dans le véritable chemin ; nous en cherchâmes un autre au milieu des sables, mais ce fut inutilement ; il fallut revenir à celui que nous venions de quitter. Cependant, comme je n'y apercevais aucune trace qui indiquât le passage de mes mules, je finis par me persuader que je m'étais véritablement égaré, et j'entrevoyais avec effroi la possibilité de passer la nuit dehors, sans avoir rien à manger. Cependant nous aperçûmes dans le lointain un toit qui me rendit quelque espérance; mais elle se dissipa bientôt, car ce toit n'était que celui d'une chapelle abandonnée.

En y arrivant, nous nous trouvâmes sur une langue de terre étroite et sans végétation qui sépare la mer d'un grand lac. Nous marchions sur un sable pur contre lequel les vagues venaient se briser. La couleur rousse des eaux de la mer contrastait tristement avec la teinte noirâtre de celles du lac; de l'autre côté de celui-ci, nous n'apercevions que des bois, et aucune habitation ne s'offrait à nos regards: tout le pays présentait l'aspect austère de l'aridité et de la solitude; le seul mouvement qui y régnât, celui des flots, était égal et monotone.

Enfin, à ma grande satisfaction, nous découvrîmes une maisonnette sur le bord du chemin. C'était une petite *venda* où j'appris que nous ne nous étions point égarés, comme je l'avais craint, et que mes mulets avaient passé par ce lieu même peu d'instans auparavant. Malgré la chétive apparence de la *venda* et son isolement, j'y trouvai de la liqueur, du biscuit, des figues sèches, des olives; et je pris avec grand plaisir un supplément au déjeûner frugal de mon hôte de Cabiunas. Je demandai au propriétaire et à sa femme s'ils ne s'ennuyaient pas beaucoup dans cette solitude; mais ils parurent très surpris de ma question. Le maître de la *venda* me répondit qu'il pêchait dans le lac, et que d'ailleurs il passait continuellement des voyageurs, ce qui signifie que chaque jour il en passait deux ou trois. L'habitude familiarise l'homme avec toutes les situations; il n'en est point où il ne finisse par être heureux, quand il s'est persuadé qu'il lui est impossible d'en changer, et lorsqu'en même temps il n'a pas sous les yeux des objets d'envie qui torturent son imagination.

Après le lac de *Carapiboi* [1], celui sur le bord duquel est bâtie la *venda* dont je viens de parler, on trouve une autre lagune; et, traversant toujours un terrain plat et aride, on arrive bientôt au *Sitio do Paulista* (la petite habitation du Pauliste), l'un des endroits où s'arrêtent les voyageurs qui parcourent cette route. Le Sitio do Paulista qui doit sans doute son nom à la patrie du premier qui s'y établit, n'est qu'une chaumière construite près de l'Océan dans une plaine stérile et sablonneuse [2]. Sur une côte aussi déserte, le voyageur est encore heureux de rencontrer cet asyle où il trouve du laitage et quelques autres alimens, du maïs pour ses mulets et un pâturage entouré de haies sèches. Il serait impossible de rien cultiver autour du Paulista; mais il existe dans cet endroit assez de terrains couverts d'une herbe fine et de bonne qualité pour que le propriétaire puisse élever des bestiaux.

Ici les bêtes à cornes ne me parurent point appartenir à une belle race. On leur donne aussi peu de soin que dans les Mines, et l'on n'est pas même obligé

---

[1] *Carapiboi* vient probablement des deux mots indiens *carapi'* chose courte et *boya* serpent.

[2] Comme je l'ai dit dans ma *première Relation*, les *sitios* sont des établissemens ruraux d'un ordre inférieur aux *fazendas*.

de leur faire prendre du sel, parce que la terre est imprégnée de cette substance, et que partout il existe des eaux plus ou moins salées. Comme à Minas, les vaches qui ont un veau fournissent seules du lait, et celles que l'on regarde comme les meilleures en donnent, outre la ration des veaux, quatre pintes par jour. Les bestiaux de ce canton sont sujets à des coliques que l'on attribue aux eaux croupies qu'ils boivent dans les lieux bas; on les guérit en les changeant de pâturages et en les rapprochant des lagunes d'eau salée.

En arrivant au Sitio do Paulista, j'y trouvai des marchands qui venaient de la ville de *Campos*, et se rendaient à S. João da Barra avec une troupe de mulets chargés de sucre. Ils me dirent qu'ils espéraient trouver dans ce village le débit de leur marchandise, parce que les propriétaires des sucreries de S. João ont coutume de ne rien vendre dans leur pays, et qu'ils envoyent, comme on l'a vu, à Rio de Janeiro, le produit de leur fabrication.

Depuis le Sitio do Paulista jusqu'au *Sitio d'Andrade*, dans un espace de sept lieues et demie, je continuai à parcourir un pays très égal, désert et sablonneux. A la droite du chemin qui cotoie la mer, s'étendent des dunes semblables à une longue chaussée, et, à la gauche, se succèdent des lacs d'une eau plus ou moins douce mais toujours ou presque toujours peu agréable à boire. Dans quelques-uns situés entre le Paulista et le *Sitio do Pires*, on voit une Cypéracée qui par son port ressemble beaucoup au *Scirpus la-*

custris [1], une grande sagittaire, un nénuphar blanc [2], une belle utriculaire [3]; sur leurs bords croît l'*Alisma ranunculoides* [4], et dans les lieux simplement marécageux le *Drosera intermedia* tel qu'on le recueille dans les environs de Paris à l'étang de S. Léger [5]. Il est à remarquer que c'est par les plantes aquatiques que la végétation de ce pays se rapproche le plus de celle de l'Europe; ce qui au reste n'est point étonnant, puisque, dans des contrées si peu analogues, ces plantes habitent un milieu qui est toujours à peu près le même. Le dernier lac devant lequel je passai, avant d'arriver au lieu appelé Sitio do Pires, était entièrement couvert d'un *Typha* qui me parut intermédiaire entre les *Typha latifolia* et *angustifolia*; on l'appelle dans le pays *tabóa*, et l'on s'en sert pour couvrir les maisons et pour faire des nattes et des paillassons de bâts. Dans des espaces souvent considérables, il n'existe aucun lac, et alors on ne voit plus qu'une vaste plaine bornée au loin par des bois et couverte d'un gazon assez fin parfaitement uniforme; cependant la terre crevassée de toute part indique assez que, lorsqu'il a plu long-temps, ces grandes plaines deviennent aussi des lacs.

Je ne parcourus pas en un seul jour l'espace d'en-

---

[1] Voy. la note HH à la fin du volume.
[2] Voy. la note II   ibid.
[3] Voy. la note JJ   ibid.
[4] Voy. la note KK   ibid.
[5] Voy. mon *Histoire des plantes les plus remarquables du Brésil et du Paragnay*, p. 255.

viron sept lieues dont je viens de décrire l'aspect. A deux lieues et demie du Sitio do Paulista, je fis halte au Sitio do Pires (nom d'homme), chaumière un peu écartée du chemin. Pour y arriver, je passai entre le lac couvert de *Typha* dont j'ai parlé tout à l'heure et une lagune remplie de *Sphagnum* qui, en partie putréfié, répand une odeur très désagréable. La chaumière de Pires dépend d'une habitation voisine, et était habitée par un esclave et par sa famille à qui leur maître avait confié la garde de deux ou trois cents bêtes à cornes répandues dans les pâturages d'alentour. Cet esclave élevait des volailles et pêchait dans les lacs. Il me dit que le pays était fort malsain, et je n'eus pas de peine à le croire, car les vapeurs qui s'exhalent des lagunes doivent nécessairement infecter l'atmosphère.

Depuis le commencement de ce voyage, moi et mes gens nous n'avions cessé d'être tourmentés par les puces pénétrantes, et assez souvent aussi nous avions eu à nous plaindre des moustiques. Pendant la nuit que je passai à Pires, une autre espèce d'insectes malfaisans me priva du sommeil; je fus dévoré par des punaises de lit. Ces animaux désagréables m'ont paru être au Brésil plus allongés qu'ils ne le sont en Europe; mais je pense que cette différence de forme n'est que le résultat d'un changement de climat. Ce qui en effet tend à prouver que la punaise n'est point naturelle à cette partie de l'Amérique, c'est qu'elle y est encore très peu répandue, et que l'on ne trouve pas même son nom dans le dictionnaire de la *lingoa geral*.

De Pires j'allai faire halte au Sitio d'Andrade, et, pendant toute la journée, je ne recueillis pas une seule plante. Rien n'est plus monotone que la végétation de ce pays. Les pelouses et le bord des lagunes n'offrent guère qu'une seule espèce de Graminée et des touffes fleuries d'un petit *Hedyotis*. Sur la dune ou chaussée qui s'étend, comme je l'ai dit, au bord de la mer et est formée par les sables qu'ont amoncelés les vagues, on ne voit presque toujours que des pieds rabougris du *Sophora littoralis* (vulg. *feijoës da praia*), et dans les endroits où il y a le plus de variété, s'élèvent uniquement des *pitangueiras* (*Eugenia Michelii*), quelques *Cactus* épineux, des Broméliées également chargées d'épines et des *aroeiras* (*Schinus therebintifolius* Radd.) qui, étalés sur la terre et à peine hauts d'un pied à un pied et demi, montrent assez combien le sol leur est peu favorable. Dans ce triste pays, je ne vis entre Pires et Andrade aucune métairie, aucune cabane, et, pendant toute la journée, je ne rencontrai que deux personnes. Les nombreux bestiaux qui paissent dans la campagne, et les oiseaux d'eau qui volent gravement au-dessus des lacs ou qui cherchent leur nourriture dans les terrains humides, répandent seuls dans le paysage un peu de mouvement et de vie.

Le Sitio d'Andrade où je fis halte, comme je l'ai dit, après avoir quitté Pires, est situé près de la mer à l'entrée de la plaine. Il dépend de la belle *fazenda* du *Collegio* voisine de la ville de Campos, et il appartenait, comme cette *fazenda*, à l'ordre des jésuites. La maison n'a qu'un seul étage, et se compose d'une chapelle, de deux chambres, une salle, une cuisine et une *varanda* ou galerie, ensemble qui, dans ces lieux déserts, forme un véritable palais. Le terrain où est bâti Andrade est marécageux et offre un mélange de sable et de terre noire. Autour de la maison, l'on voit de vastes pâturages formés par un gazon assez ras, et, plus loin, des bouquets de bois d'une végétation fort maigre. Un ruisseau d'eau saumâtre et bourbeuse serpente dans la plaine, et, au milieu de celle-ci, paissent des troupeaux nombreux. Il est à croire que les jésuites firent construire cette demeure pour avoir un abri, lorsqu'ils allaient de la ville de S. Salvador de Campos à leur sucrerie de Campos Novos ou à l'aldea de S. Pedro. Aujourd'hui le Sitio d'Andrade n'est habité que par deux esclaves de la *fazenda* du Collegio chargés du soin des bestiaux qui vivent dans la plaine, et bientôt sans doute on ne verra plus dans cet endroit que des ruines.

Après être sorti du Sitio d'Andrade, je traversai, pendant un peu plus d'un quart de lieue, de vastes pâturages qui s'étendent parallèlement à la mer et où paissent un grand nombre de bêtes à cornes. J'arrivai ensuite à l'embouchure de la rivière du Furado, et là je me trouvai sur la limite du *termo* de Macahé et du district de Campos dos Goitacazes, district que le chapitre suivant fera connaître.

CHAPITRE V.

TABLEAU GÉNÉRAL DU DISTRICT DES CAMPOS DOS GOITACAZES.

Administration du district des *Campos dos Goitacazes*; ses limites. — Le Parahyba; son cours; volume d'eau qu'il porte à la mer; son embouchure; inondations de ce fleuve; l'influence qu'elles ont sur la salubrité du pays. — Histoire des Campos dos Goitacazes. — Caractère des habitans de cette contrée. — Le territoire des Campos dos Goitacazes appartient presque tout entier à quatre propriétaires très puissans. — A quelles conditions ces propriétaires afferment leur terrain. — Fertilité des Campos Goitacazes. — Education du bétail et des chevaux. — Culture de la canne à sucre; augmentation progressive du nombre des sucreries; quantité du sucre exporté et mode d'exportation; des diverses qualités du sucre; bois que l'on emploie pour faire les caisses de sucre et les pipes de taffia; rareté du combustible propre à chauffer les chaudières des sucreries; comment se fait le commerce du sucre; désir qu'ont tous les habitans de Campos de devenir propriétaires de sucreries; résultat moral de cet ambition. — De quelle manière les esclaves sont traités dans les Campos dos Goitacazes. — Population du district.

Les Campos Goitacazes sont soumis à l'autorité d'un *juiz de fóra*, et forment une partie intégrante de la province de Rio de Janeiro. Cependant ce n'est point à l'*Ouvidor* de la capitale qu'on en appelle des décisions du tribunal de Campos, mais à celui de la province d'Espirito Santo; et, comme cette province est trop peu riche pour se suffire à elle-même, on a cru devoir appliquer à ses dépenses une grande partie du revenu des Goitacazes.

La juridiction du *juiz de fóra* chargé de l'administration de cette dernière contrée commence à l'embouchure du *Rio Furado* (la rivière percée); elle comprend le territoire de S. João da Praia ou da Barra, petite ville située à l'embouchure du Parahyba qui n'a que des *juges ordinaires* [1], et elle s'étend jusqu'au *Rio Cabapuana*, limite des provinces de Rio de Janeiro et Espirito Santo, par le 20° 16′ de lat. S. C'est ce territoire qui, à proprement parler, doit porter le nom de *District des Campos dos Goitacazes*; mais, dans l'usage ordinaire, on appelle, à ce qu'il paraît, *Campos Goitacazes* ou *dos Goitacazes* l'immense plaine qui s'étend de la mer vers les montagnes entre le Parahyba et le Rio Macahé ou même le Rio S. João [2]. Du Cap S. Thomé à son extrémité occidentale, cette plaine peut avoir une douzaine de lieues [3]. Dans la partie voisine de la mer, elle est marécageuse, sablonneuse et couverte d'une herbe rase [4]; mais plus près

---

[1] Piz. *Mém. hist.*, III, 85, 86.

[2] Ce que je dis ici des limites du territoire de *Campos* est le résultat de la comparaison de mes propres notes avec ce qu'ont écrit Cazal et Pizarro qui malheureusement avaient laissé ce point de géographie dans une très grande obscurité.

[3] Piz. *Mém. hist.*, III, 106.

[4] On voit, d'après ceci, qu'on a induit en erreur un voyageur célèbre, lorsqu'on lui a assuré qu'il n'y avait pas de savannes dans la province de Rio de Janeiro. Non-seulement il en existe dans le district de Campos, mais encore il

de la ville de Campos, elle devient d'une extrême fécondité; une population nombreuse la cultive, et le voyageur qui a eu trop long-temps sous les yeux des plages arides et désertes, jouit enfin du plaisir d'admirer un pays riant qui lui rappelle les alentours des grandes villes de l'Europe. Vis-à-vis de Campos, la rive gauche du Parahyba est également très fertile et très cultivée; mais plus loin, les montagnes se rapprochent de l'Océan, le sol devient plus inégal, la population diminue, de grands bois reparaissent, et l'on rencontre plus rarement des terrains en culture [1].

Les Campos Goitacazes parsemés de lacs d'eau douce, de lagunes et de marais, sont en outre arrosés par un assez grand nombre de rivières. Celles-ci ont toutes un cours de peu d'étendue, et n'offrent pas une grande importance. Cependant il faut excepter le Parahyba, fleuve dont j'ai déja parlé ailleurs [2], et sur lequel je donnerai encore ici quelques détails.

Le Parahyba [3] prend sa source à environ vingt-huit lieues de Rio de Janeiro, dans la *Serra da Bocaina* [4],

s'en trouve auprès de Santa Cruz, maison de campagne du roi Jean VI et de l'empereur D. Pedro.

[1] La suite de mon voyage fera connaître toute cette contrée avec détail.

[2] Voy. ma *première Relation*, vol. I, p. 60.

[3] Pour *Paraÿba* qui, en guarani, veut dire rivière qui va à la mer.

[4] Un savant a écrit que le Parahyba naissait des montagnes de *Matto Grosso*. Je ne me rappelle pas avoir jamais entendu citer ce nom, et je ne le trouve indiqué ni dans Cazal, ni dans Pizarro, ni dans Eschwege.

partie de la grande chaîne maritime. Il coule derrière cette chaîne à peu près parallèlement à la mer; mais en formant de nombreuses sinuosités, décrivant même une sorte de parabole, comme s'il cherchait partout à s'ouvrir un passage à travers les montagnes. D'abord il se dirige vers le sud-ouest; il avance dans la province de S. Paul, et perd bientôt le nom de *Paratinga*, *Puraitinga* ou *Piraitinga* qu'il avait porté d'abord. Après avoir coulé pendant environ trente lieues sans aucune déviation très sensible, il rencontre, vers la ville de Jacarehy, le prolongement de la Serra da Mantiqueira ou Serra do Espinhaço qui s'unit à la chaîne maritime; comme il ne peut aller plus loin, il décrit un contour, et revient pour ainsi dire sur lui-même, en suivant la direction du nord nord-est. Il arrose les petites villes de *Guaratingueta*, *Lorena*, *Pindamonhongaba*; embellit les campagnes qui les avoisinent par d'élégantes sinuosités [1], et passe dans la province de Rio de Janeiro. Ayant baigné la ville de *Rezende*, il incline vers le nord-est, puis vers l'est, et reçoit les eaux du *Parahy* ou Parahybuna [2] et du *Rio Pomba*. Vers *S. Fidelis*, aldea situé à huit lieues de Campos [3], il forme une cataracte [4]; plus bas, les

---

[1] J'ai parcouru ce pays charmant à mon quatrième voyage.

[2] Pour *Paraÿuñâ* qui, en guarani, veut dire rivière qui forme des ondes noires.

[3] On trouvera sur cet aldea des détails fort curieux dans les écrits de M. le prince de Neuwied.

[4] Je ne saurais dire si, en cet endroit, il existe une véritable cascade ou simplement des rapides.

eaux du *Muriahé* se réunissent aux siennes; il baigne ensuite la ville de Campos, et enfin il se jette dans la mer, un peu au-dessus de S. João da Praia, après un cours d'environ 90 à 100 lieues portugaises.

Comme le Parahyba parcourt une vaste étendue de pays, on pourrait croire qu'il porte à l'Océan un volume d'eau immense; mais il n'en est pas ainsi, parce que ses affluens qui descendent des deux chaînes de montagnes très rapprochées, entre lesquelles il coule (Serra do Mar et do Espinhaço) sont généralement peu considérables. Si on rendait ce fleuve navigable dans toute son étendue, ce qui peut-être ne serait point impossible, il donnerait une vie nouvelle aux belles contrées qu'il arrose, et où les transports sont aujourd'hui également difficiles et dispendieux. Dans l'état actuel des choses, le Parahyba, sans cesse interrompu par des rochers et parsemé d'un nombre prodigieux d'îlots n'offre à la navigation que des intervalles de peu d'étendue [1].

Des embarcations (*sumacas*) capables de porter 50 à 120 caisses de sucre d'environ 2000 livres chaque, peuvent entrer dans le Parahyba et en sortir; cependant l'embouchure de cette rivière est fort dangereuse, elle est embarrassée par des sables, et le chenal où passent les bâtimens change souvent de place, suivant que les sables sont portés d'un côté ou d'un autre [2]. C'est uniquement par les hautes marées

[1] Caz. *Corog.*, II, 6.—Piz. *Mém. hist.*, III, 130.—Eschw. *Braz. Neue Welt*, II, 43.

[2] Pizarro dit qu'outre le chenal par lequel passent les *su-*

que les *sumacas* peuvent entrer ou sortir; deux vents d'une direction différente leur sont successivement nécessaires dans cette circonstance, et elles ne sauraient remonter au-delà de l'endroit où le flux cesse de se faire sentir. Depuis la ville de Campos jusqu'à ce point, on transporte les marchandises dans des barques qui à l'époque des crues admettent 18 à 20 caisses de sucre, mais qui n'en reçoivent que 13 à 16 lorsque les eaux sont basses [1].

Dans le district de Campos, les pluies tombent surtout pendant les derniers mois de l'année ; et ordinairement en janvier, vers la fin de la saison des eaux, le Parahyba, sortant de son lit, se répand dans la campagne. L'inondation, commençant à l'embouchure du fleuve, ne s'arrête qu'à dix lieues de l'Océan ; elle s'étend sur l'une et l'autre rive, et, du côté du midi en particulier, les eaux parviennent jusqu'à dix lieues environ de leur lit ordinaire. Il ne faut pas croire pourtant qu'elles couvrent tout le pays; elles s'épanchent uniquement sur les parties basses, et il existe autour de Campos tout près même du Parahyba, beaucoup de terrains qui, sans doute tournés par les

---

macas, il y en a un autre plus septentrional qui donne entrée aux pirogues.

[1] Un savant, justement célèbre, mais qui n'a point été à Campos, a dit que les briks d'un assez fort tonnage arrivaient à cette ville. Je ne puis m'empêcher de regarder cette assertion comme erronnée ; cependant je dois ajouter que, selon Pizarro, les *sumacas*, à l'époque des crues, peuvent remonter jusqu'à la capitale des Goitacazes (Voy. *Mém.*, III; 132).

eaux, ne sont jamais inondés, tandis que d'autres plus éloignés le sont régulièrement lorsque l'année commence. Il est impossible que ces inondations ne contribuent pas à la fécondité de certains cantons des Campos Goitacazes; mais il en est d'autres où elles doivent entretenir un excès d'humidité peu favorable à la culture. On m'a même dit, que les terrains inondés n'étaient pas en général les plus fertiles, et il existe, m'a-t-on ajouté, dans les Goitacazes, des terres qui produisent tous les ans sans être jamais fumées ni arrosées par les eaux d'aucun fleuve. Au reste il est bien évident que, si ces terrains un peu élevés ne reçoivent plus aujourd'hui les eaux du Parahyba, ils ont dû autrefois en être couverts chaque année, et s'exhausser peu à peu, en se composant de couches superposées d'un limon bienfaisant, source de leur fécondité actuelle.

Il est impossible que les inondations du Parahyba ne contribuent pas à rendre insalubres quelques parties des Campos Goitacazes. Les cantons toujours marécageux, tels que le Sitio do Pires, doivent nécessairement être fort mal sains [1], et il paraît que sur les bords jusqu'à présent peu cultivés de certaines rivières, il règne tous les ans des fièvres malignes. Considérés dans leur ensemble, les Campos Goitacazes ne peuvent cependant point être regardés comme un pays dangereux pour la santé. Des vents continuels et très

---

[1] Voyez la description de cet endroit dans le chapitre précédent.

forts balaient les miasmes qui s'élèvent des terrains que l'eau a recouverts, et dans les alentours de la ville de Campos, les maladies ne sont pas très fréquentes [1]. Mais si les inondations du Parahyba n'exercent point une influence fâcheuse sur la santé de la plupart des habitans du district de Campos, elles ont des inconvéniens graves pour les bêtes à cornes. Celles-ci, il est vrai, se réfugient, au temps de l'inondation, sur les lieux élevés; cependant, lorsqu'après la retraite des eaux les pâturages ne sont point lavés par quelque pluie, le limon dont l'herbe reste couverte cause aux animaux qui la broutent des maladies souvent mortelles [2].

Après avoir fait connaître la constitution physique des campagnes comprises entre le Parahyba et le Macahé, je dirai quelque chose de leur histoire. Elles étaient habitées autrefois par la nation des *Ouetacas*, *Ouetacazes*, *Goaytacazes*, ou *Goitacazes*, et elles lui doivent le nom qu'elles portent aujourd'hui [3]. Cette

[1] Ce que j'écris ici est absolument conforme aux renseignemens donnés sur le même sujet par M. Pizarro. A la vérité un médecin très distingué de Rio de Janeiro, M. le docteur Tavares, cite une fièvre bilieuse qui, en 1808, exerça à S. Salvador les plus affreux ravages (*Cons. Hyg. Paris*, 1823). Mais on sait qu'un pays s'assainit à mesure qu'on le cultive davantage, et, dans un espace de dix années, il peut à cet égard s'opérer des changemens très notables.

[2] On sait que les bêtes à laine sont exposées à peu près au même danger, dans les cantons de la France sujets aux inondations.

[3] Cazal dit (*Corog. Braz.*, II, 44) qu'outre les Goitacazes,

nation appartenait, à ce qu'on prétend, à la sous-race des Tapuyas; elle ne parlait point la *lingoa geral*, et formait sur la côte du Brésil une sorte d'enclave au milieu des peuplades de la sous-race tupique. Elle se composait de trois tribus, *Goytacaguaçu*, *Goytaçamopi*, et les *Goytacajacorito*, qui non-seulement faisaient sans cesse la guerre à leurs voisins, mais qui vivaient entre elles dans un état horrible d'hostilités toujours renaissantes. Les Goitacazes étaient les plus sauvages et les plus cruels de tous les Indiens qui habitaient la côte. Ils réunissaient à une taille gigantesque une force extraordinaire, et savaient manier l'arc avec dextérité. Leurs habitudes différaient beaucoup de celles des autres Tapuyas; mais elles n'étaienten général que le résultat nécessaire des circonstances où ils se trouvaient placés. Ainsi, vivant loin des forêts, ils avaient appris à combattre bravement en rase cam-

la plaine qui porte leur nom avait encore pour habitans les *Purís* et les *Guarús* appelés par les Portugais d'aujourd'hui *Guarulhos*. Cela n'est point invraisemblable, car, selon d'Eschwege (*Journ.*, II, 125), les Purís avaient une origine commune avec les Coroados qui, comme on le verra, ne sont autre chose que les Goitacazes. Quant aux Guarús ou Guarulhos, ce qui tendrait à prouver qu'ils furent aussi du nombre des habitans primitifs des Campos Goïtacazes, c'est que peu d'années après la conquête de ces belles campagnes, un aldea chrétien de Guarulhos y fut fondé par des missionnaires français de l'ordre des capucins, aldea qui n'est autre chose que la paroisse actuelle de *S. Antonio dos Guarulhos*, située à peu de distance de la ville de Campos (Piz. *Mém.*, IV, 22).

pagne; au milieu des grands lacs qui couvraient leur pays, ils étaient devenus de très habiles nageurs, et, pour éviter sans doute l'inconvénient de dormir sur un terrain fangeux, ils construisaient des huttes soutenues par un poteau comme certains colombiers. N'ayant point la crainte de voir leur chevelure sans cesse embarrassée par des lianes et par des branches d'arbres, ils la laissaient croître en toute liberté; et c'est probablement aussi la difficulté de trouver du bois dans leur pays découvert, qui avait introduit parmi eux l'usage barbare de faire cuire à peine la chair des animaux dont ils se nourrissaient. Leurs flèches étaient armées des dents aigues du requin [1], et dans les combats qu'ils livraient sans cesse à ce monstre dangereux, ils déployaient autant de courage que de force et d'adresse [2]. Moins cruels cependant pour les animaux qu'implacables envers les hommes dont ils croyaient avoir reçu des injures, ils amoncelaient les ossemens de leurs ennemis vaincus et en formaient des trophées abominables [3].

[1] Incontestablement le *tubarão* des Brésiliens-Portugais, *Squallus tiburo* de Linné.
[2] Lery. *Voy.* éd. 1578, p. 52, 53. — Vasc. *Vid. Anch.* liv. 5, chap. 12. — P. José de Moraes da Fonseca Pinto *in* Eschw. *Bras.*, I 220.
[3] Southey avait dit dans le premier volume de son excellente histoire, p. 37, que les Goitacazes ménageaient leurs ennemis; mais, dans le second volume qui a été publié plus tard, et où il donne de nouveaux détails sur les Indiens dont il s'agit, il se conforme aux récits du P. Vasconcellos que j'ai fidèlement suivis.

Lorsque le roi Jean III partagea le Brésil entre de grands feudataires, le noble Portugais PEDRO DE GOES DA SILVA reçut en partage, sous le nom de capitainerie de *S. Thomé*, 20 à 30 lieues de côte situées entre les capitaineries de S. Vicente et d'Espirito Santo, dans les Campos des Goitacazes. Passionné pour le Brésil, Goes s'embarqua avec des colons, des armes, des vivres, tout ce qu'il possédait, et parvint, en 1553 [1], à l'embouchure du Parahyba. Pendant deux ans, il vécut en paix avec les Goitacazes; mais ensuite ces Indiens lui firent la guerre, et, après trois années d'hostilités continuelles, il se vit obligé de céder aux sollicitations de ses compagnons découragés, et d'abandonner l'établissement pour lequel il avait fait de si grands sacrifices.

Il paraît que jusqu'au temps de GIL DE GOES, le second successeur de Pedro Goes, les Européens ne firent aucun progrès sensible dans les Campos Goitacazes. Cependant comme on connaissait les avantages que présentaient ces belles campagnes, des hommes riches de Rio de Janeiro s'associèrent pour demander au fondé de pouvoir de Gil de Goes de vastes terrains où ils se proposaient d'élever des bestiaux. Ils obtinrent en 1623 ou 1627 les concessions qu'ils sollicitaient; mais ils laissèrent passer un temps assez considérable sans

---

[1] Cette date indiquée d'abord par le P. Gaspar da Madre de Deos a ensuite été rejetée par l'abbé Cazal; cependant j'ai cru devoir l'admettre, parce que c'est elle que l'on trouve dans l'ouvrage de Pizarro, écrivain dont l'exactitude ne peut être contestée.

les mettre à profit, retenus par la crainte qu'inspiraient les Indiens Goitacazes. L'ambition et la cupidité des Portugais ne leur permettaient cependant point d'abandonner pour jamais à une peuplade sauvage un des cantons les plus fertiles du vaste pays dont ils se disaient les seuls maîtres légitimes. A l'association qui s'était déja formée pour s'emparer des Campos Goitacazes se joignirent le provincial des jésuites, l'abbé des bénédictins et plusieurs personnages distingués de cette époque, entre autres Salvador Correa de Sa e Benavides. Les Goitacazes furent attaqués vers l'année 1630; on mit en fuite un grand nombre d'entre eux; on tua les plus intrépides, et l'on fonda pour ceux qui se rendirent l'aldea de S. Pedro où leurs descendans vivent encore aujourd'hui [1].

Ceux des Goitacazes qui échappèrent à la mort, et ne voulurent point se soumettre au vainqueur, se réfugièrent dans les forêts, vers la province de Minas Geraes. Là ils incorporèrent à leur peuplade la horde des *Coropós* qu'ils avaient subjuguée [2], et, ayant adopté l'usage de se couper les cheveux autour de leur tête et à son sommet, ils reçurent des Européens le surnom de *Coroados*, c'est-à-dire *couronnés* [3]. Les

[1] Voy. la note première du chap. I de ce volume.
[2] Il paraît que les Coropós ne se mêlèrent pas tous aux Goitacazes; car, vers 1818, il existait encore sur les bords du Rio Pomba, dans la province des Mines, quelques centaines de ces Indiens qui n'étaient nullement confondus avec les Coroados (Eschw. *Journ.*, I, 76 et 124).
[3] Le savant prince de Neuwied, réfutant l'auteur du *Co-*

Goitacazes ou Coroados ne persistèrent pas toujours dans leur haine pour les Portugais. Quelques mis-

rografia brazilica (*Voyage* , trad. Eyr., I, 197) dit qu'il n'est pas vraisemblable que les Coroados descendent des Goitacazes , parce que ceux-ci laissaient croître leurs cheveux, tandis que les Coroados coupent les leurs. Mais l'identité des deux peuples n'est pas seulement attestée par Cazal ; elle l'est encore par Jozé Joaquim de Azeredo Coutinho (*Ens. econ.*, 64) qui non seulement possédait des documens précieux relatifs aux Goitacazes , mais dont les ancêtres avaient été les bienfaiteurs de ces Indiens, et qui enfin avait eu pour aïeul ce Domingos Alvares Pessanha dont je parlerai bientôt, et pour oncle Angelo Pessanha dont je parlerai également. Au reste , il n'est pas bien étrange que , passant d'un pays découvert dans des forêts épaisses , les Goitacazes aient coupé de longs cheveux dont ils auraient été sans cesse embarrassés. Si les Indiens ne changent point de caractère , ils renoncent sans peine à des coutumes qui, pour la plupart, ne sont que le résultat d'une triste nécessité. Lorsque je vis les Botocudos du Jiquitinhonha, il y avait à peine neuf ans qu'ils communiquaient avec les fils des Européens (Voy. ma *première Relation* , II, 143), et déja ils se plaisaient à se vêtir, plusieurs d'entre eux ne portaient plus le *bodoque*, et le capitaine Joahima habitait une chaumière construite comme les nôtres ; les Macunís qui, dit-on , montrent un grand respect pour les coutumes de leurs ancêtres (l. c. 51) ont cependant pris des habillemens , se sont débarrassés de la barbotte et construisent des maisons à la manière des Portugais ; enfin les Coroados eux-mêmes , après avoir coupé leurs longs cheveux et adopté une sorte de tonsure, ont, suivant d'Eschwege, changé encore une fois de mode (*Journ. Braz.*, II, 125). On a paru nier aussi que les nations indiennes pussent se diviser ou se fondre les unes dans les autres. Mais on sait avec quelle facilité les jésuites et d'autres réunirent dans les mêmes vil-

sionnaires firent des efforts pour rendre moins sauvages [1] les anciens habitans des campagnes du Parahyba ; et, en comblant ces Indiens de bienfaits, en leur montrant la bonne foi la plus scrupuleuse, Domingos Alvares Pessanha qui gouvernait la ville de Campos en qualité de *capitão mór* triompha entièrement de leur animosité. Les Goitacazes reparurent comme amis dans les campagnes où ils avaient fait aux Portugais une guerre si acharnée ; Pessanha construisit pour eux dans son habitation de *Santa Cruz* non loin de la ville de Campos, un vaste hangar, et là ils venaient se reposer comme dans un caravansérail et faire des échanges avec leurs nouveaux alliés. Ce-

lages des Indiens de différentes tribus ; et, de notre temps, les Malalís, les Panhames, les Copoxós, les Macunís, les Monoxós se sont mêlés sans peine auprès de Passanha (Voy. ma *première Relation*, I, 414). D'un autre côté les Goitacazes s'étaient séparés, comme je l'ai dit, en trois hordes toujours en guerre les unes avec les autres ; les Purís ont jadis appartenu à la même nation que les Coroados (Esch. *Journ.*, II, 125); les Panhames, les Malalís, les Monoxós, etc., croient avoir une origine commune ; enfin les Botocudos sont partagés en plusieurs bandes continuellement en querelle les unes avec les autres. Les Indiens ne connaissent point la cité ; les élémens de la vie sociale ne se trouvent pas même chez eux ; ils sont plutôt rapprochés qu'ils ne sont unis, et par conséquent leurs diverses tribus ont dû nécessairement se diviser et se subdiviser sans cesse, s'amalgamer ensuite et se séparer encore. De là les difficultés insurmontables que l'on rencontre dans l'étude au reste assez oiseuse de l'histoire des Américains indigènes et surtout dans celle des origines de leurs nombreuses peuplades.

[1] Marlière *in litt.*

pendant, tandis que les Coroados vivaient en bonne intelligence avec la population portugaise des Campos Goitacazes, ils commettaient toute sorte d'hostilités envers les colons de Minas Geraes qui étaient venus s'établir dans leur voisinage. Fatigués d'une lutte dans laquelle ils avaient presque toujours le désavantage, les Mineiros demandèrent, en 1757, la paix aux Goitacazes ; mais ces Indiens qui avaient appris à se défier de leurs ennemis ne voulurent point traiter avec eux, à moins que ceux-ci n'eussent pour garant l'abbé ANGELO PESSANHA. Cet ecclésiastique était le fils du *capitão mór* Domingos Alvares, et, après la mort de son père, il était devenu comme lui le bienfaiteur des Goitacazes. S'abandonnant à la bonne foi de ses sauvages amis, Angelo se laissa conduire par eux à travers des forêts où aucun fils d'Européen n'avait encore pénétré. La paix fut conclue en 1758 entres les Mineiros et les Coroados ou Goitacazes ; elle a toujours continué depuis, et les Coroados, devenus moins barbares, ont été fort utiles aux Portugais dans leurs guerres contre les Botocudos [1].

---

[1] Des détails fort curieux sur les mœurs actuelles des Coroados et leurs rapports avec les Portugais ont été publiés dans le *Journal von Brasilien,* par MM. Marlière, Eschwege, Freyreiss, et dans le *Reise in Brasilien,* par MM. Spix et Martius. Ce sont de tels écrits que devraient consulter les romanciers et les compilateurs historiens ou géographes, qui veulent faire connaître les Indiens de la partie orientale de l'Amérique, tels qu'ils sont aujourd'hui. En se bornant toujours à recourir à quelques anciens auteurs ou aux extraits dont se com-

AU BRÉSIL.

Lorsque les Goitacazes se furent retirés dans les forêts, les Portugais ligués contre eux se partagèrent leurs belles campagnes. Les portions furent faites d'une manière égale, mais divers arrangemens rendirent en définitive Salvador Correa de Sá e Benavides, l'ordre des jésuites et celui des bénédictins possesseurs de terrains plus considérables que ceux de leurs co-associés [1].

Comme on avait besoin d'un temple pour y célébrer le service divin, Salvador Correa fit construire sur ses terres, en 1652, une chapelle qu'il consacra à son patron sous le nom de S. Salvador, et il en confia le soin aux religieux de S. Benoît. Telle fut la première origine de la ville de *S. Salvador dos Campos Goitacazes* ou simplement *Campos* [2].

Un grand nombre de colons vinrent bientôt de diverses parties du Brésil se fixer dans les campagnes des Goitacazes, attirés par la réputation de leur fécondité ; et, au milieu d'eux, se glissèrent une foule

---

pose l'ouvrage si peu recommandable, intitulé *Histoire du Brésil*, on peint un état de choses qui a pu exister autrefois, mais qui n'existe plus à présent.

[1] On a dit que l'évêque de Rio de Janeiro avait été admis en tiers, dans le partage avec les jésuites et les bénédictins. Cette assertion me paraît entièrement erronée.

[2] Tout ce que je viens de dire, d'après les autorités les plus graves, prouve combien l'on s'est trompé, en écrivant que, *lorsque vers 1580, Selema* (pour Salema) *gouverneur de Rio eut, par des mesures oppressives, chassé les indigènes, les jésuites prirent possession des terres situées au sud du Parahyba, afin de se rendre utiles aux Indiens.*

d'hommes coupables de différens crimes. Afin d'échapper plus sûrement aux poursuites de la justice, ceux-ci imaginèrent de se déclarer indépendans, et prétendirent fonder une république dans leur nouvelle patrie. Les cruautés de certains hommes puissans et les vexations répétées des gérans de plusieurs propriétaires établis à Rio de Janeiro contribuaient encore à exciter le peuple à la révolte. Sans recourir à l'autorité royale, les habitans des Goitacazes osèrent ériger en ville la bourgade qui s'était formée autour de l'église de S. Salvador, et ils nommèrent des officiers municipaux.

A cette époque, MARTIM CORREA DE SA VICOMTE DA SECA se trouvait à Lisbonne pour solliciter la donation des Campos Goitacazes ou capitainerie de S. Thomé qui, après la mort de Gil de Goes, étaient retournée à la couronne. Correa de Sá réussit dans ses démarches ; en 1674, la capitainerie de S. Thomé ou du *Parahyba do Sul* fut pour la seconde fois détachée des domaines de l'état, et le roi D. PEDRO II accorda au nouveau donataire la permission de former deux villes dans les Campos Goitacazes. La création illégale de celle de *S. Salvador dos Campos Goitacazes* ou simplement *Campos* fut régularisée en 1675 ou 1676; et, peu de temps après, on donna aussi le titre de ville à *S. João da Praia* ou *da Barra* située à l'embouchure du Parahyba.

La ville de Campos avait été fondée dans l'origine à quelque distance du Parahyba. Mécontens de cette position peu favorable, les habitans sollicitèrent la permission de transporter ailleurs leur domicile; et, en 1678, ils allèrent s'établir au bord même du fleuve sur un terrain qui appartenait aux moines de S. Benoît. Ceux-ci avaient obtenu une indemnité; mais, douze ans plus tard, des querelles s'élevèrent relativement au traité qui avait été fait. Le titre primordial ne se trouva plus; une excommunication fut lancée contre les membres du conseil municipal *(camara)*, et il paraît qu'en définitive la ville de Campos perdit une portion de son territoire.

Dans une période de trente ans, l'histoire du district des Goitacazes n'offre qu'une longue suite de disputes et de révoltes. Le peuple de ce pays au milieu duquel des malfaiteurs ne cessaient de se réfugier, était turbulent, inquiet et vivait grossièrement dans la licence, se livrant à l'éducation facile des bestiaux et cultivant à peine autant qu'il était nécessaire à ses besoins. Pour contenir des hommes aussi enclins au désordre et à la rebellion, la faible autorité des donataires ou de leurs fondés de pouvoir était insuffisante; mais, en 1752, les Campos Goitacazes furent réunis pour la seconde fois au domaine de la couronne, à la satisfaction générale des habitans eux-mêmes, et le gouvernement put enfin travailler avec efficacité à la civilisation de ces derniers.

D. Luiz de Almeida Portugal Soares marquis de Lavradio qui, en 1774, administrait avec honneur la province de Rio de Janeiro fut un de ceux qui s'efforcèrent le plus de modifier le caractère du peuple des Campos Goitacazes. Il distribua dans cette contrée beaucoup de terres qui étaient encore sans maître, et encouragea des citoyens de Rio de Janeiro à aller s'établir entre le Macahé et le Parahyba. D'un autre côté, il attirait auprès de lui les anciens habitans des Campos ; il les accoutumait à l'exemple de la soumission, et ne les laissait point retourner chez eux sans leur avoir accordé quelques faveurs ; il avait soin surtout d'écarter, autant qu'il lui était possible, du pays où il voulait établir l'ordre, les avocats qui, par de belles paroles, séduisaient sans peine un peuple remuant, sans instruction et facile à éblouir [1].

Mais les louables efforts des vice-rois de Rio de Janeiro contribuèrent moins peut-être à réformer les mœurs des habitans des Campos Goitacazes que le changement qui s'opéra bientôt dans leurs occupations habituelles. Pendant long-temps, comme je l'ai dit, ils s'étaient entièrement adonnés à l'éducation du bétail ; et, sous les tropiques, cette éducation n'exige aucune peine. Ils reconnurent que leurs terres étaient extrêmement favorables à la culture de la canne à sucre, et tous voulurent s'y appliquer. Des occupations plus assidues calmèrent leur imagination inquiète ; le desir d'améliorer leur sort en leur inspirant le goût du travail, leur fit sentir le besoin de la paix et du bon ordre ; de nouvelles jouissances corrigèrent peu à peu la grossièreté de leurs habitudes, et ils se policèrent [2].

---

[1] Voyez les curieuses instructions données par le marquis de Lavradio à son successeur et insérées dans les *Memorias historicas*, III, 119.

[2] Caz. *Corog. Braz.*, II, 42-47. — Piz. *Mém. hist.*, III, 86-148.

Les *Campistas* [1] ne doivent point être assimilés au peuple de Minas Geraes ; mais je les trouvai supérieurs à cette triste population au milieu de laquelle j'avais vécu entre le Furado et la capitale du Brésil.

Tout en renonçant à leurs anciennes mœurs, les Campistas ont cependant contracté des défauts qui jadis leur étaient inconnus. Un luxe effréné s'est introduit parmi eux [2] ; devenus dissipateurs, ils se sont mis à la discrétion des négocians dont ils reçoivent des avances ; ils manquent entièrement d'ordre, et passent leur vie dans tous les désagrémens d'une fortune embarrassée.

Au milieu des défauts qu'ils doivent à leurs nouvelles occupations, les Campistas ont aussi conservé quelque chose de leur ancien goût pour les querelles ; ils ne manifestent plus ce penchant par des révoltes ouvertes contre les magistrats, mais ils plaident sans cesse les uns avec les autres [3]. Les obscurités de la législation portugaise contribuent encore à entretenir chez eux cette habitude ruineuse, et l'incurie avec laquelle ont été concédées originairement les terres de leurs pays est devenue pour eux une source de procès toujours renaissante. On ne prenait point jadis la peine de mesurer les *sesmarias* [4], et souvent on a

---

[1] Nom que l'on donne aux habitans des Campos Goitacazes.
[2] Caz. *Corog. Braz.*, II, 53.
[3] Caz. *Corog.*, l. c. — Tav. *Cons hyg.*
[4] Une *sesmaria* est, comme je l'ai dit dans ma *première Relation*, le lot de terrain vierge que le gouvernement peut concéder à chaque particulier.

donné dans un canton plus de terres qu'il n'en contenait. Tant que la population a été peu considérable, et qu'on n'a point connu la véritable valeur du sol, les voisins ont vécu en bonne intelligence, ne faisant valoir qu'une faible partie de leurs domaines, et ne croyant pas que jamais leurs droits pussent être contestés. Mais, depuis que la culture a mis tous les colons en contact, chacun a voulu retrouver le terrain dont il avait le titre, et l'on a eu recours aux procureurs, aux avocats, aux juges [1].

S'il existe dans le district des Campos Goitacazes de petites propriétés, il n'en est pas moins vrai que la plus grande partie des terres de ce pays se trouve divisée en quatre *fazendas* d'une étendue immense, celle du *Collegio* (couvent) qui jadis appartenait aux jésuites, la *fazenda* de *S. Bento* dont les bénédictins sont les possesseurs, celle du *Visconde da Seca* et enfin celle du *Morgado* (majorat).

Les propriétaires de ces vastes domaines ne pouvant cultiver toutes leurs terres, en afferment une partie. Le locataire est soumis à une rétribution annuelle, et communément les baux se renouvellent tous les quatre ans. Il existe sur la *fazenda* de S. Bento des cultivateurs dont les familles ont affermé des portions de terrains, il y a déja un grand nombre d'années,

[1] Un auteur brésilien cité par le savant Freycinet, a tracé le portrait le plus affreux des habitans de Campos, et Luccock ne leur est pas non plus très favorable. J'ai cru devoir m'en tenir aux notes que j'ai prises dans le pays même, et à quelques souvenirs confirmés par Cazal et par Pizarro.

et qui ne paient toujours qu'une ou deux *patacas* par
cent brasses carrées [1] ; en général cependant on donne
aujourd'hui un double (80 f.) pour les fonds d'un bon
rapport; mais en définitive les fermages ont été, depuis l'origine, si peu augmentés, qu'on les estime
comme étant à peu près dans la proportion de 2 à 25
avec l'intérêt que devrait produire la valeur de la terre,
si on le calculait d'après le taux légal. Le fermier a le
droit de construire sur les terrains loués tous les bâtimens qui lui sont nécessaires ; ils deviennent sa propriété, et il lui est même permis de les vendre à un tiers
qui, dans ce cas, se charge du fermage. De son côté,
le propriétaire peut, à la fin de chaque bail, rentrer
dans son héritage; mais il faut qu'il paie les constructions et améliorations (*bemfeitoria*) faites par le locataire. On croira peut-être qu'il n'est guère de fermiers
assez imprudens pour faire bâtir sur des terrains
dont on pourrait si facilement les expulser; cependant
il n'en est point ainsi. Les propriétaires ont si peu la
coutume de retirer leurs terres à ceux qui en sont
nantis et de changer le prix de location, que les fermiers se sont accoutumés à vivre dans la sécurité la
plus entière. On a construit des maisons considérables
et des moulins à sucre, sur des terrains loués pour
quatre années seulement, et souvent ces terrains ont
été cédés à des tiers au même prix que si l'on eût
vendu le fond. Il résulte de tout ceci que les rapports

[1] M. de Freycinet estime, comme je l'ai dit, la *braça quadrada* à 4 mètres 84.

des fermiers et des maîtres sont beaucoup moins favorables à ceux-ci qu'aux premiers; mais il est clair que ces rapports fondés sur de simples coutumes ne sauraient subsister bien long-temps. Déja, lors de mon voyage, les propriétaires commençaient à trouver qu'ils tiraient de leurs terres données à bail un trop faible parti; et, d'un autre côté, il est fort vraisemblable que les fermiers ne renonceront point sans peine à des avantages que le temps a consacrés. Des dissensions dangereuses seraient donc à redouter, si l'état actuel des choses pouvait être durable; mais il est à croire que des partages de successions, le besoin d'argent et un désordre trop fréquent dans ce pays forceront peu à peu les grands propriétaires à aliéner entièrement leurs terrains affermés.

J'ai déja eu occasion de dire quelque chose de la fécondité du district des Campos Goitacazes. Elle est telle que les terres de certains cantons produisent depuis cent ans, sans jamais se reposer, sans recevoir d'engrais et sans être arrosées par les eaux d'aucun fleuve. Un simple changement de culture est le seul moyen que l'on prenne pour s'assurer toujours d'abondantes récoltes. Lorsque la canne à sucre commence à ne plus produire, on la remplace par le manioc qui d'abord récompense amplement le cultivateur de son travail; et, quand cette racine ne réussit plus aussi bien, on replante immédiatement dans la même terre la canne à sucre dont les tiges végètent alors avec une vigueur nouvelle.

On prétend que jadis il naissait dans les pâturages naturels du district des Campos une herbe remarquable par son élévation; mais, à force sans doute d'avoir été broutés, ils ne produisent plus aujourd'hui qu'un gazon presque ras. Lorsque l'éducation du bétail occupait exclusivement les habitans de cette contrée, ils envoyaient tous les ans à Rio de Janeiro environ 6 à 8 mille bêtes à cornes; mais actuellement Campos fournit à peine à la capitale la sixième partie de ce nombre de bestiaux. Non-seulement aussi les cultivateurs des Campos n'envoyent plus de fromages, comme autrefois, dans plusieurs parties du Brésil, mais ils en reçoivent eux-mêmes de Minas Geraes[1]. Les bestiaux des Campos Goitacazes sont en général d'une race chétive; ils sont sujets à plusieurs maladies, et l'on compte qu'excepté sur des terres récemment défrichées, un troupeau de 200 vaches ne produit pas actuellement plus de 50 veaux[2].

Il est facile de concevoir qu'un pays plat et marécageux comme celui des Goitacazes ne saurait être favorable à l'éducation des chèvres et des bêtes à laine. On élève aussi fort peu de cochons aux alentours de Campos; et, comme l'humidité influe sans doute sur la nature de leur chair, cette dernière a moins de goût et se conserve moins long-temps que celle des pourceaux nourris dans les contrées sèches et montagneuses.

Les chevaux des Campos Goitacazes m'ont paru

---

[1] Je pense que Pizarro s'est trompé, quand il a dit que Rio Grande de S. Pedro fournissait aujourd'hui des fromages à Campos.

[2] Piz. *Mém. hist.*, III, p. 107-110.

petits et mal faits, mais ils courent avec beaucoup de vitesse. Comme ils multiplient facilement, et qu'ils sont nombreux, personne dans ce pays ne se donne la peine d'aller à pied. Les nègres et les hommes d'une classe inférieure ont, pour conduire leurs chevaux, une méthode assez singulière; ils les frappent sur le cou avec un bâton court et d'une certaine grosseur.

Ainsi que je l'ai déja dit, c'est par mer que les marchandises se transportent de Rio de Janeiro sur toute la côte; on n'a donc point ici de troupes de mulets voyageant avec régularité comme dans la province des Mines, et ces animaux sont même fort rares dans les Campos Goitacazes. Les habitans de ce pays ne font par terre que de très petits voyages; pouvant bientôt laisser reposer leurs montures, ils vont toujours très vite, et peut-être ne sait-on nulle part moins bien estimer les distances.

On dit que plusieurs genres de culture ont réussi dans les Campos dos Goitacazes [1]; mais celle du

[1] Piz. *Mém. hist.*, III, 113. — M. Martius dit qu'il serait important que l'on introduisît la culture du riz dans certains cantons des Campos Goitacazes dont il donne la liste empruntée, je crois, à Pizarro. Cette idée fait honneur à la sagacité du célèbre voyageur bavarois; mais je suis persuadé qu'il l'aurait beaucoup modifiée, s'il avait lui-même visité les cantons dont il parle, et qui, si je ne me trompe, sont les plus voisins de la mer. La culture du riz est bien loin d'être inconnue sur le littoral qui s'étend depuis Rio de Janeiro jusqu'au Rio Doce, et elle fait même une des richesses de la province d'Espirito Santo limitrophe des Campos Goitacazes. Mais, comme je l'ai dit, il est sur la côte septentrionale de la

sucre donne aujourd'hui de si grands bénéfices qu'elle a fait à peu près renoncer à toutes les autres. Les terres neuves, m'a-t-on assuré, sont moins favorables à la canne que celles qui ont déja été mises en rapport; cependant je ne puis affirmer qu'il en soit ainsi dans toutes les parties du district. Souvent on replante la canne à sucre toutes les années; cependant il est des cantons où cette Graminée a produit pendant plus de dix ans des rejets dont on pouvait encore tirer un bon parti [1]. La canne qui est en terre depuis deux prin-

province de Rio de Janeiro des terrains imprégnés de sel, et, comme je l'ai dit encore, on a reconnu que ces terrains ne convenaient point au riz. Pour distinguer les portions de terres propres à cette céréale dans le voisinage de l'embouchure du Macahé et du Parahyba, il serait donc, je pense, absolument nécessaire de se transporter sur les lieux mêmes et d'examiner avec attention la nature du sol, ce que font au reste, dans des cas analogues, les agriculteurs européens. Mais en supposant même que le riz pût réussir dans les divers cantons cités par M. Martius, ce ne serait peut-être pas encore une raison pour l'y cultiver. Le colon en effet ne plante pas indifféremment tout ce qui peut venir dans son héritage; il choisit ce qui lui rapporte le plus. Les petits cantons indiqués dans l'écrit de M. Martius sont, si je ne me trompe, aujourd'hui en pâturages, et il est très important de ne pas abandonner l'éducation du bétail dans les Goitacazes, non-seulement afin d'avoir des bœufs qui fassent tourner les moulins, mais encore pour substanter une population nombreuse.

[1] J'ai parlé dans ma *première Relation* de la culture de la canne à sucre au Brésil. On peut aussi consulter sur le même sujet un morceau fort détaillé et extrêmement intéressant que M. Martius a joint à son *Agrostologie* (p. 562 et suiv.).

temps produit en général sur une surface de 40 palmes assez de rejets pour remplir un char, et lorsque la saison est favorable, un char de jets rend environ trois formes de sucre du poid de deux arrobes chacune [1].

Jusqu'en 1769, il n'y avait encore eu dans les Campos Goïtacazes que 56 sucreries; en 1778 on en comptait déjà 168; depuis 1778 jusqu'en 1801 ce nombre monta à 200; 15 années plus tard il s'élevait à 360, et enfin en 1820 il existait dans le district 400 moulins à sucre et environ 12 distilleries [2].

Sans parler de la consommation du pays lui-même, il était sorti des Campos les dernières années antérieures à 1818 environ 8 mille caisses de sucre avec 5 à 6 mille pipes de taffia *(cachaça)*, et, comme la récolte de 1818 avait été très bonne, on assurait que cette année-là, on ferait à peu près 11 mille caisses de sucre. Selon Pizarro [3], il y a peu de propriétaires qui fabriquent annuellement plus de 30 à 40 caisses. En-

---

[1] Piz. *Mém. hist.*, III, 123.

[2] J'extrais ces détails, sur le nombre des sucreries, de mes notes et des écrits de Cazal et de Pizarro. Je dois faire observer que le chiffre indiqué ici pour les époques antérieures à la création de la ville de Macahé et à sa séparation du district des Campos Goïtacazes, doit probablement comprendre quelques sucreries qui déjà, sans doute, existaient sur le territoire actuel de cette petite ville. Ainsi le chiffre proportionnel de l'augmentation du nombre des sucreries serait plus élevé que celui qui résulte de mes indications, puisque, pendant le cours de l'accroissement du nombre des moulins, l'étendue du territoire a diminué.

[3] Piz. *Mém. hist.*, III, 121.

viron 50 à 60 embarcations sont occupées à transporter hors du district des Campos Goitacazes les sucres et les eaux-de-vie que l'on y fabrique, et elles font annuellement quatre à cinq voyages; quelques-unes peuvent charger jusqu'à 120 caisses, cependant la plupart n'en portent que 50 à 60. Le fret d'une caisse de sucre de Campos à Rio de Janeiro se paie habituellement à raison de 4000 reis (25 f.); mais c'est le patron du bâtiment qui se charge du transport de la marchandise depuis la ville jusqu'à l'embouchure du fleuve.

On distingue dans les Campos Goitacazes cinq qualités de sucre blanc, le *fino*, le *redondo*, le *meio redondo*, le *batido* et le *meio batido*. A l'époque de mon voyage, la première de ces qualités se vendait 2100 reis l'arrobe de 32 livres brésiliennes. Quant à la moscovade ou sucre brun, on ne la distingue point en diverses sortes, et elle n'a qu'un seul prix, quoique son goût et sa couleur soient bien loin, ainsi qu'on le sait, de ne varier jamais [1].

Comme il n'existe point de forêts dans les alentours de la ville de Campos, on tire principalement de S. Fidelis les bois dont on se sert pour faire les caisses de sucre et les pipes d'eau-de-vie. Celui que l'on emploie pour les caisses s'appelle *jacatiba*. Peu de bois conviennent pour les pipes, parce que le plus grand nombre teindraient plus ou moins l'eau-de-vie de sucre et qu'on

---

[1] Les sucres des Campos Goitacazes sont, à ce que l'on assure, les meilleurs de tous ceux du Brésil (Voy. l'*Agrostologia* de M. Martius, p. 564 et 569).

veut au Brésil qu'elle reste sans couleur. La Laurinée appelée *canella*, quoique employée dans la tonnellerie, a pourtant le défaut de communiquer quelque nuance au liquide; aussi lui préfère-t-on le *louro* qui probablement appartient aussi au groupe des Laurinées et qui, tout en répandant une odeur assez agréable, ne donne pas à l'eau-de-vie la plus légère couleur. Le *tapinhuán* est encore un bois dont on se sert pour faire les futailles; à la vérité le gouvernement, voulant le réserver pour l'usage de la marine, en a prohibé l'exploitation; mais on ne tient nul compte d'une défense que sans doute l'administration n'aurait guère les moyens de faire respecter.

On croira peut-être que les habitans des Campos Goitacazes, sans cesse occupés à la fabrication du sucre, y ont introduit des perfectionnemens remarquables. Mais, pour cela, il leur eût fallu des connaissances qu'ils ne possèdent point, et qu'ils acquèreraient même fort difficilement sans quitter leur patrie. Les procédés de fabrication sont donc dans ce pays encore très imparfaits [1]. On devrait s'y appliquer surtout à

---

[1] Ce que je dis ici des planteurs de cannes des Campos Goitacazes convient non-seulement à eux, mais encore à tous ceux des diverses parties du Brésil que j'ai parcourues dans mes voyages. M. Martius, qui a visité les provinces septentrionales de ce vaste empire, s'exprime sur le même sujet de la manière suivante : « Quod vero ad saccharum ex succo ex-
« presso parandum attinet, ferè nusquam Brasiliæ tam subtili-
« ter et scientificè, ut herus certam sacchari messem securò
« sperare possit, id fieri solere mihi confitendum est. Omne

construire des fourneaux plus économiques et tâcher, comme l'ont essayé déja quelques cultivateurs, d'employer la bagasse pour chauffer les chaudières. En effet, la disette de bois se fait sentir tous les jours davantage, et il est à craindre qu'elle ne force bientôt plusieurs propriétaires de sucreries à cesser leurs travaux. Comme je l'ai déja dit, les premiers habitans des Campos Goitacazes ne songeaient qu'à élever du bétail ; pour former des pâturages, ils incendièrent leurs forêts, et, dans bien des cantons, les haies, des broussailles et quelques arbres épars peuvent seuls fournir du combustible. A la vérité il existe encore des bois assez près de la ville de Campos ; mais ils appartiennent à des hommes qui ne les vendent point, parce qu'eux-mêmes possèdent des sucreries, et veulent conserver leurs chaudières en activité le plus long-temps possible. Engager les Brésiliens à planter des bois, c'est à leurs yeux se donner un ridicule ; cependant ils en ont tant détruit, et, tous les jours, ils continuent l'incendie de leurs forêts avec une si étrange persévérance que s'ils ne veulent point laisser certains cantons entièrement déserts, ils seront tôt ou tard forcés d'y replanter des arbres. Pourquoi quelques propriétaires des Campos Goitacazes ne chercheraient-ils pas dès à présent à se dégager d'un préjugé absurde ? pourquoi, jetant un regard sur l'avenir, ne choisiraient-ils pas un coin de leur héritage peu propre à la cul-

« negotium non est nisi continuum periculum, quin operarii
« omninò inscii res sibi exponere possint. Itaque fructus
« maximè est iniquus atque incertus et in quintitate sacchari
« et qualitate (*Agrost.*, 568). »

ture pour y jeter les graines de quelques arbres d'une croissance rapide. Le premier qui plantera un bouquet de bois dans les Campos Goitacazes aura, nous l'osons dire, bien mérité de son pays. Et cependant celui qui, en Amérique, se donnerait la peine de confier à la terre des semences d'arbres forestiers, ne ferait point à l'avenir les mêmes sacrifices que le planteur européen; dans les heureuses contrées situées entre les tropiques, la végétation est tellement active que l'agriculteur trouverait bientôt un ombrage sous les arbres que ses mains auraient fait naître, et il pourrait même, pendant le cours de sa vie, les couper plusieurs fois [1].

Les propriétaires les plus riches des Campos envoient directement à Rio de Janeiro leurs eaux-de-vie et leurs sucres. Quant aux autres, ils vendent leurs produits sur les lieux même à des négocians du pays. Ces derniers ont coutume d'acheter le sucre avant même qu'il soit fabriqué, et en paient une partie d'avance. Le compte se fait toujours comme si la marchandise devait être de qualité première; la différence s'estime ensuite, lors de la livraison, et elle se déduit de la valeur réelle.

On dit qu'en général le commerce se fait dans la ville des Campos avec peu de bonne foi et une lenteur extrême.

[1] Dans un endroit de ses ouvrages, Pizarro semble ne pas craindre que les Campos Goitacazes aient à souffrir de la disette de bois; cependant lui-même avoue ailleurs que déjà, en 1801, neuf sucreries furent obligées d'interrompre leurs travaux, en partie faute de combustibles.

Les vendeurs, ajoute-t-on, sont assez dans l'usage de ne point faire de prix; mais ils demandent à l'acheteur ce qu'il prétend donner; ils se méfient de l'homme qui propose d'acheter; et, s'imaginant qu'il est mieux instruit qu'eux, ils refusent de lui vendre, surtout si c'est un étranger. Peu de temps avant mon arrivée à Campos, le commis d'une maison anglaise venait de quitter cette ville après un mois de séjour, sans avoir pu conclure aucune affaire.

Les négocians établis à Campos et auxquels les cultivateurs ont coutume de vendre leurs sucres sont pour la plupart, dit Pizarro, des Portugais européens. Ces hommes parcimonieux mettent les colons dans une véritable dépendance, en leur avançant du numéraire, des esclaves, des marchandises, et ils s'enrichissent en peu de temps, tandis que l'agriculteur imprévoyant ou prodigue vit toujours endetté et marche à sa ruine.

Une des causes de l'état de gêne [1] si commun parmi les habitans des Campos Goitacazes est la manie qu'ils ont tous d'être *Senhores d'Engenhos* (seigneurs de sucreries). A peine, dit encore Pizarro [2], un homme a-t-il quatre palmes de terre, fussent-elles affermées, qu'il prétend construire un moulin à sucre; et, quelque chétif que soit son établissement, il est obligé d'engager pour de longues années le produit de ses récoltes.

[1] Piz. *Mém. hist.*, III, 123.
[2] Piz. *Mém. hist.*, III, 120.

Ces petits établissemens fondés par une ambition mal entendue amèneront cependant un résultat moral utile au pays. Pour les soutenir, les propriétaires sont obligés de renoncer à une vie oisive; le père de famille, sa femme, ses enfans prennent part eux-mêmes à la culture de la terre ou à la fabrication du sucre; et le travail finira ainsi, il faut l'espérer, par s'ennoblir entièrement.

Quoique un grand nombre de petits propriétaires veuillent absolument posséder un moulin à sucre, il en est pourtant beaucoup d'autres qui se résignent à cultiver la canne sans avoir l'honneur d'être *seigneurs de sucreries*. Ceux-ci font moudre à quelque moulin de leur voisinage les tiges qu'ils ont recueillies, et ils abandonnent, comme rétribution, la moitié du produit de leur récolte.

On croira peut-être que, puisqu'il est dans les Campos Goitacazes des propriétaires qui ne rougissent point de se livrer aux occupations manuelles de l'agriculture, les esclaves, devenus en quelque sorte les compagnons de l'homme libre, sont traités avec douceur; mais il n'en est malheureusement pas ainsi. On veut faire du sucre, on en veut faire chaque année le plus qu'il est possible, et l'on accable les nègres de travail, sans s'inquiéter du tort que l'on se fait à soi-même, en abrégeant les jours de ces infortunés [1]. Il existe près de la ville

---

[1] Si l'on veut se donner la peine de consulter l'exact et consciencieux Pizarro (*Mém.*, III, 124), on verra que je suis loin de me permettre ici quelque exagération.

de Campos une foule de *fazendas* où l'on voit toute l'année des esclaves malades des coups qu'ils ont reçus, et où l'on est en même temps toujours à la recherche de quelques nègres qui ont essayé de se soustraire par la fuite à l'existence la plus insupportable. Lorsque l'on commença à s'occuper pour le Brésil de l'abolition de la traite, le gouvernement fit engager les propriétaires des Campos Goitacazes à marier leurs esclaves; il en est qui se rendirent à cette invitation, mais bientôt ils répétèrent qu'il était inutile de donner des maris aux négresses, puisque l'on ne pouvait conserver les enfans. A peine accouchées, ces pauvres femmes étaient contraintes de travailler dans les plantations de cannes à sucre sous un ciel brûlant, et, lorsque après avoir été éloignées de leurs enfans une grande partie du jour, il leur était permis enfin de retourner auprès d'eux, elles ne leur apportaient qu'un lait empoisonné; comment ces faibles créatures auraient-elles résisté aux cruelles misères dont l'avarice imprévoyante des blancs entourait leur berceau. Dans les habitations où l'on a quelque soin des nègres, on leur donne à manger trois fois par jour, et on les nourrit de farine de manioc et de viande sèche cuite avec des haricots noirs. Dans d'autres habitations, les esclaves ne reçoivent aucune nourriture; mais, outre le dimanche, on leur accorde encore un jour par semaine, afin qu'ils puissent travailler pour leur compte. Il est facile de comprendre que ce dernier arrangement doit avoir les inconvéniens les plus graves pour les nègres récemment arrivés de la côte d'Afrique, pour les paresseux, les débauchés, ceux enfin vraisemblablement très nombreux auxquels il n'est pas possible d'inspirer de la prévoyance. Il faut que certains Brésiliens soient aussi étrangers à l'idée de l'avenir que les Indiens eux-mêmes, pour ne pas concevoir que s'ils restent sourds à la voix de l'humanité, ils devraient du moins par intérêt ménager leurs esclaves.

Après avoir fait connaître dans tous ses détails, le district de Campos, je dois dire quelque chose de sa population. Ce district, tel qu'il a été limité pour l'organisation de la milice ou garde nationale, s'étend ainsi qu'on l'a vu, du Rio Cabapuana au Rio Macahé. Il a par conséquent 30 lieues portugaises de longueur sur une largeur moyenne très approximative de 8 lieues. Voici quel était le nombre d'individus que ce territoire comprenait en 1816.

Individus libres.	2,265 ménages.	4,530	14,560
	Enfans mâles non mariés vivant chez leurs parens.	3,233	
	— du sexe féminin, id.	3,722	
	Agrégés et individus à gages du sexe masculin.	731	
	Id. du sexe féminin.	999	
	Hommes non mariés vivant seuls.	607	
	Femmes id.	738	
Esclaves.	Esclaves du sexe masculin.	10,450	17,357
	Id. du sexe féminin.	6,907	
			31,917

D'après ce qui précède, il est clair qu'en 1816 l'on pouvait compter aux Campos Goitacazes 133 personnes par lieue carrée, c'est-à-dire 13 fois plus que dans tout l'ensemble de la province de Minas Geraes, environ 4 fois plus que dans la Comarca de S. João en particulier, et seulement environ 10 fois moins qu'en France. Si l'on excepte les districts du Brésil où se trouvent des villes d'une population de plus de 8 mille ames, je doute qu'il y en ait où, sur une surface égale, il existe une population plus considérable qu'aux Campos Goitacazes. Le petit tableau que je viens de tracer fournit encore des résultats importans : j'indiquerai les principaux. 1° Il prouve que, dans ce pays de grandes sucreries, le nombre des esclaves surpasse celui des hommes libres à peu près comme cela a lieu pour les parties spécialement aurifères de la province des Mines; et l'on sait que dans les contrées où l'on élève surtout du bétail, ce sont au contraire les hommes libres qui sont plus nombreux que les esclaves. 2° Le même tableau montre que le nombre des ménages est infiniment plus considérable dans les Campos que dans l'intérieur du Brésil, ce qui tient certainement à ce qu'ici les femmes ne se cachent point devant les hommes, et à ce que les blancs sont moins rares. 3° Il montre aussi que, par une conséquence nécessaire, les filles publiques sont bien moins nombreuses aux Campos Goitacazes que dans l'intérieur; car, du chiffre 738 qui comprent les femmes de mauvaise vie, il faudrait déduire, pour avoir le nombre exact de ces dernières, les femmes qui n'ont pas de mari et qui pourtant ne font point un métier de la prostitution. 4° Enfin, on voit par le tableau ci-desus, qu'ici les mariages sont beaucoup moins féconds que dans l'intérieur ; en effet, sans avoir de données précises sur le terme moyen de la fécondité des femmes à Minas, Goyaz etc., je ne serais pas étonné qu'on trouvât qu'il est au moins de 5 à 6 enfans par ménage.

CHAPITRE VI.

VOYAGE DANS LE DISTRICT DES CAMPOS GOITACAZES.

Barra do Furado. — Pays situé entre le Furado et le *Curral da Boa Vista.*—Anecdote sur le *Vanellus Cayennensis* ou queriqueri. —Curral da Boa Vista. — Hameau de *S. Amaro.*— Nasses appelées *juquiás*. Aspect du pays situé entre S. Amaro et la *fazenda* du *S. Bento.*—Description de cette *fazenda*. Les femmes de ce pays et leur costume. Chars à bœufs. — Pays situé entre S. Bento et la *fazenda* du *Collegio.* — De quelle manière l'auteur est reçu à cette *fazenda*; explication de l'accueil qu'on lui fait. Description de la *fazenda* du Collegio. — Chemin qui conduit de cette habitation à la ville de *Campos* ou *S. Salvador dos Campos dos Goitacazes.* — Situation de cette ville ; sa population. — De quelle manière le distillateur Baglioni dirigeait ses nègres.— Passage du Parahyba.— Vue que l'on découvre en face de Campos. — Bords du Parahyba. — Habitation de *Barra Seca*. Comment on y traitait les esclaves. Chapelle. Ce qu'on doit entendre par *Sertões.* — Pays situé entre Barra Seca et *Manguinhos.* — Quelques mots sur cette dernière *fazenda*. Conversation avec un Indien. — *Fazenda* du *Muribéca*. Son administration. Indiens sauvages. — Le *Rio Cabapuana.*

La rivière dont je trouvai l'embouchure à peu de distance du Sitio d'Andrade (plus haut, p. 103) porte dans le pays le nom de *Rio do Forno* (rivière du four), et est formée par les eaux d'un grand lac d'eau douce (*Lagoa Feia*, le vilain lac) situé à quelques lieues de la mer. Au moment où il va se jeter dans l'Océan, le Rio do Forno se réunit à une autre rivière, le *Rio de Bragança* ou de *Laranjeira* (rivière de Bragance ou de l'oranger) qui vient du côté diamètralement opposé. L'embouchure des deux rivières réunies, connue sous le nom de *Barra do Furado*, est trop étroite et a une profondeur trop peu considérable pour donner entrée aux embarcations les plus petites, et il paraît même qu'elle est entièrement fermée dans le temps des sécheresses. C'est la Barra do Furado qui, comme je l'ai dit, sert de limite au district de Macahé et à celui de Goitacazes [1].

Lorsqu'on se rend d'Andrade à la ville de Campos, on passe le Furado dans une étroite pirogue. Ici le péage n'a point été affermé par le fisc *(fazenda real)*; c'est le passeur qui profite entièrement de la rétribution que paient les voyageurs.

Après avoir traversé le Furado on peut suivre plusieurs chemins pour arriver au chef-lieu du district. Le plus sûr passe par le lieu appelé *Tapagem* (haie); là on s'embarque une seconde fois, et l'on évite des fondrières impraticables dans la saison des pluies.

Comme j'avais déja perdu beaucoup de temps pour

---

[1] Les détails que donne Pizarro sur le Furado sont peu clairs. Il ne fait aucune mention du nom de Rio do Forno, et il paraît que c'est sous celui de *Canzora* ou *Conzoura* qu'il désigne le Rio de Bragança. Je ne suis pas le seul au reste qui indique ce dernier; on le trouve également dans la relation de M. le prince de Neuwied où une faute de typographie a sans doute introduit *Barganza* pour Bragança, comme *Farado* pour *Furado*.

passer le Furado, et que la sécheresse me rassurait sur le danger des endroits fangeux, je me déterminai à prendre le chemin qui va toujours par terre [1]. Un nègre me servait de guide. Je commençai d'abord à marcher parallèlement à la mer; mais bientôt j'entrai dans la plaine, et, peu d'instans après, je trouvai les fondrières dont on m'avait parlé. Elles sont formées par une boue noire et profonde; malgré les indications de mon guide, deux de mes mulets enfoncèrent dans cette vase jusqu'au poitrail, et il fallut les débarrasser de leur charge, pour les retirer d'un pas aussi dangereux.

Depuis cet endroit jusqu'au *Curral da Boa Vista* où je fis halte, le chemin fut toujours beau. Aussi loin que ma vue pouvait s'étendre, je ne découvrais qu'un terrain parfaitement égal couvert d'une herbe rase; et seulement à l'horizon, j'apercevais quelques bouquets de bois d'une végétation maigre. Dans cette immense plaine paissent un grand nombre de chevaux et de bêtes à cornes; mais tous sont à la fois petits et d'une très grande maigreur; ce qu'il faut attribuer sans doute à la mauvaise qualité des pâturages, et peut-être

---

[1] Itinéraire approximatif de la frontière méridionale du district des Campos Goitacazes à la ville de S. Salvador dos Campos Goitacazes.

De la Barra do Furado au Curral da Boa Vista,	2 3/4	l.
—	Fazenda de S. Bento,	2 1/2
—	Fazenda do Collegio,	3
—	Campos, ville,	3
		11 1/4 l.

aux vents secs et continuels qui règnent dans ce pays.

Comme le terrain est marécageux, on rencontre une foule d'oiseaux aquatiques, principalement ceux de l'espèce que l'on appelle dans le Brésil intermédiaire *queriqueri* [1], parce que continuellement ils font entendre ces syllabes d'une voix forte et aiguë (le vanneau de Cayenne, *Vanellus Cayennensis* Neuw., *Tringa Cayennensis* Lath.). Ces oiseaux fort remarquables vont par paires, et cherchent leur nourriture dans les endroits humides. Ils se laissent approcher de très près, s'élèvent peu et volent en tournant. Ils pondent quatre œufs sur le sol, pour ainsi dire sans faire de nid, et en se contentant de rapprocher quelques petits morceaux de terre et de bois desséché. Leurs œufs olivâtres et marbrés de noir sont un peu plus gros que ceux d'un pigeon, et beaucoup plus large à une extrémité qu'à l'autre. Dans la guerre de ruses et d'embuscades qu'Artigas fit si long-temps dans les provinces du sud, les divers partis furent trahis souvent par les *queriqueri* qui, à l'approche de l'homme, font retentir les airs de leurs cris perçans.

Le Curral da Boa Vista où je fis halte, comme je l'ai dit, le jour que je quittai Andrade, en est éloigné de trois lieues. C'est une pauvre chaumière qui dépend de la *fazenda do Visconde da Seca*, et qui sert d'abri aux vachers de cette riche habitation. Auprès de la chaumière est un bouquet de bois que j'avais vu de

---

[1] Cazal écrit *queroquero* et M. le prince de Neuwied *querquer*. A Rio Grande do Sul on dit *queroquero*.

loin, en entrant dans la plaine. Les arbres qui composent ce bois, nés dans un terrain sec et très sablonneux, ne ressemblent en rien, du moins pour le port, à ceux des forêts vierges; ils sont chétifs, rabougris, écartés les uns des autres et forment le buisson.

Au-delà de Boa Vista, la plaine, toujours égale, présente encore jusqu'à *S. Amaro* un terrain marécageux, noirâtre et couvert d'une herbe rase broutée par un grand nombre de chevaux et de bêtes à cornes. Un peu avant S. Amaro, le sol devient extrêmement fangeux, et l'on voit de tous côtés une quantité immense d'oiseaux aquatiques, surtout de hérons blancs et de *queriqueri*. Comme le chemin est à peine indiqué dans cette partie de la plaine, j'avais la crainte de voir mes bêtes de somme s'engloutir au milieu de la vase. Je m'adressai à un nègre créole pour savoir par où je devais passer; mais cet homme ne voulut pas répondre, sans être payé d'une si grande peine. C'était la seconde fois que, dans ce pays, on me demandait de l'argent pour m'indiquer un chemin: jamais rien de semblable ne m'était arrivé parmi les Mineiros.

Depuis plusieurs jours, j'apercevais auprès de toutes les maisons de grands paniers faits avec beaucoup de soin; on m'avait dit qu'ils étaient destinés à prendre le poisson et qu'ils portaient le nom de *juquiá*; enfin je vis moi-même de quelle manière on a coutume d'en faire usage. Les *juquiás* qui probablement sont d'invention indienne, comme leur nom l'indique, ont trois à quatre pieds de longueur et la forme d'une cloche; leur extrémité la plus large est entièrement ouverte; liés ensemble, leurs brins verticaux qui se prolongent beaucoup au-delà du tissu forment une sorte de poignée, et sur le côté de cette dernière, est une ouverture par laquelle on peut passer le bras et l'enfoncer dans l'intérieur du panier. C'est dans les marécages qu'on se sert du *juquiá*; on marche au milieu de la vase, en le tenant à la main, et on le promène au fond de l'eau à mesure que l'on avance. Le poisson caché au milieu de la bourbe entre dans le piège qu'on lui présente, et aussitôt on le saisit, en passant la main par l'ouverture supérieure du *juquiá*. La principale sorte de poisson qui se prend de cette manière s'appelle *acará*; mais elle diffère beaucoup de celle du Rio de S. Francisco qui porte à peu près le même nom. L'espèce de nasse que je viens de décrire se fait avec cette Graminée à haute tige et à feuilles distiques qu'on nomme *ubá* dans la province de Rio de Janeiro et *cana brava* dans celle de Minas Geraes (*Gynerium parviflorum* Spix Mart. Nees).

S. Amaro dont j'ai parlé tout à l'heure est un simple hameau qui se compose d'une chapelle et d'une vingtaine de petites maisons. Celles-ci sont éparses, très écartés les unes des autres, et ont chacune un petit jardin.

Au-delà de cet endroit, le pays change d'aspect; c'est toujours la même plaine, mais elle n'est plus aussi découverte, et elle prend quelque chose de cet air riant et animé qu'ont les campagnes d'Europe auprès des grandes villes. Le chemin, large et très beau, est bordé de haies, et continuellement l'on rencontre des maisonnettes couvertes en tuiles et entourées de bananiers, de quelques orangers et d'une petite plantation de cotoniers. Il fit, pendant cette journée, une chaleur excessive, et elle était accompagnée d'un vent très fort et très sec qui gerça mes lèvres ainsi que celles de tous mes gens. Cela nous était déja arrivé dans plusieurs endroits découverts de la province des Mines.

Arrivé à la *fazenda* de S. Bento (S. Benoît), propriété de l'ordre des bénédictins [1], je présentai aux religieux qui n'étaient qu'au nombre de deux, le passeport royal dont j'étais porteur. Je fus parfaitement accueilli par eux; ils m'installèrent dans une chambre très commode, et, peu de temps après mon arrivée, ils m'invitèrent à partager un excellent repas. S Benoît aurait eu quelque peine, il faut l'avouer, à reconnaître ces moines pour ses enfans; mais le défaut de politesse et d'hospitalité n'est assurément pas du nombre des torts que je pourrais leur reprocher.

La *fazenda* de S. Bento possède une étendue de terre très considérable, une sucrerie, environ mille bêtes à cornes et 500 esclaves [2]. Un air de grandeur que je n'avais encore observé nulle part, pas même à Campos Novos, se fait remarquer dans l'ensemble des bâtimens du monastère. Les cases à nègres forment trois côtés d'une cour revêtue de gazon qui peut avoir

[1] Voy. plus haut p. 124.
[2] C'est sans doute une erreur de copiste ou de typographe qui a introduit le chiffre de cinquante dans un écrit très estimable.

315 pas de longueur sur 50 de large. Ces cases se tiennent toutes et n'ont pas depuis le sol jusqu'au toit plus de six pieds de hauteur; elles sont bâties en briques, couvertes en tuiles et percées d'une petite fenêtre qui ouvre sur la cour. L'église et le couvent ferment cette dernière; sur le côté est le moulin à sucre. Le cloître a une forme carrée et se trouve compris entre l'église et les bâtimens du monastère proprement dit. Quoique ces derniers eussent été construits en briques et que leurs murailles fussent fort épaisses, ils paraissaient, lors de mon voyage, en assez mauvais état; mais on allait s'occuper à les reconstruire, et déjà l'on avait commencé par l'église. Deux lacs, ou pour mieux dire, deux marais se voient l'un à droite, l'autre à gauche de l'habitation; ils sont l'asile d'une quantité innombrable d'oiseaux d'eau, et répandent une odeur désagréable, sans doute fort insalubre pour les habitans du monastère. De celui-ci, on découvre la plaine revêtue d'une agréable verdure et bornée par des bois et par des broussailles; en face du couvent, la vue se repose sur les montagnes de la chaîne maritime; enfin quelques palmiers d'Afrique plantés dans une des cours du couvent contribuent à embellir l'ensemble du paysage.

Le lendemain de mon arrivée à S. Bento qui était un jour de fête, je vis la cour de l'habitation se remplir de gens du voisinage qui venaient à la messe. Les négresses étaient enveloppées d'une pièce d'étoffe noire passée sur leur tête à la manière des Espagnoles; quant aux femmes libres, elles portaient des manteaux de gros drap olivâtre bordés de velours noir. Ces dernières avaient en général de beaux yeux noirs, mais d'ailleurs elles n'étaient point jolies; elles avaient un teint jaune [1] et manquaient entièrement de grace.

C'était dans de petits chariots traînés par des bœufs et couverts en manière de berceaux par des nattes ou des cuirs écrus que les femmes arrivaient au couvent de S. Bento. Comme ce pays est extrêmement plat, on y fait beaucoup usage de chars attelés de bœufs, et en général on emploie ces chars dans les habitations, depuis la capitale jusqu'aux Campos dos Goitacazes et probablement sur une grande partie du littoral. Ainsi que dans les Mines, on n'attache point ici les bœufs par la tête, coutume que l'on devrait peut-être adopter en tout lieu.

Ayant quitté la *fazenda* de S. Bento, je continuai à traverser la plaine. Ce pays est charmant et a un air de vie que je n'avais observé qu'auprès de la capitale du Brésil. Le chemin, large et fort beau, est bordé de haies épaisses formées de mimoses ou d'une foule d'arbrisseaux différens qui croissent en liberté. Derrière ces clôtures, on aperçoit des pâturages et des plantations de manioc et de canne à sucre. On voit de loin en loin des sucreries de peu d'importance, et sans cesse l'on rencontre de petites maisons entourées de cotoniers et d'orangers. Enfin à l'horizon l'on découvre la chaîne des montagnes maritimes.

---

[1] Non-seulement M. le docteur Tavares dit à peu près la même chose du teint des habitans des bords du lac Feia, mais encore il fait d'eux la plus hideuse peinture.

Arrivé à la *fazenda do Collegio* [1] (l'habitation du couvent) vers laquelle je m'étais dirigé en quittant S. Benoît, je remis mon passeport à un domestique pour qu'il le présentât au maître de la maison. Celui-ci était à table; on me fit attendre très long-temps dans un vestibule; mais enfin un monsieur me cria du haut d'une croisée que je pouvais monter. Je trouvai dans une salle à manger une réunion nombreuse, et j'acceptai l'offre que l'on me fit de prendre part au dîner. Je ne tardai pas cependant à être un peu déconcerté par l'extrême froideur des convives; le maître de la maison m'offrit à la vérité de tout ce qu'il y avait sur la table [2]; mais d'ailleurs personne ne paraissait faire attention à moi ; personne ne m'adressait une seule parole. Après le dîner, je fus un peu plus heureux; je me promenai dans l'habitation avec l'un des propriétaires; il me parla de mes voyages; et, pour me faire un compliment, il me dit qu'il espérait que

[1] Il est bien évident qu'il ne faut pas confondre cette habitation avec une autre du même nom que M. le prince de Neuwied indique près de S. Fidelis.

[2] On a dit que les Brésiliens servaient à la fois à leurs convives, mais pourtant dans des assiettes séparées, de tous les mets qui se trouvaient sur la table, et que l'assiette dans laquelle chacun mangeait se trouvait ainsi entourée d'une sorte d'auréole d'autres assiettes. Je m'explique rigoureusement de quelle manière cela est arrivé une ou deux fois ; mais je puis certifier que ce n'est point un usage général ; car j'ai parcouru le Brésil pendant six années, vivant parmi des hommes de toutes les conditions, mangeant à la table du pauvre comme à celle du riche et je n'ai jamais rien vu de semblable.

j'avais retiré quelque bénéfice de mes travaux et de mes fatigues. Personne, dans aucune classe, ne concevait que je parcourusse le Brésil pour un autre motif que celui de gagner de l'argent. Un gouvernement est, il faut le dire, bien défectueux, quand il ne sait pas inspirer à ceux qui lui obéissent l'idée d'un plus noble mobile.

Une circonstance expliquera peut-être la réception peu aimable que l'on me fit au Collegio. Partout on juge sur son costume celui que l'on ne connaît point encore, et, au Brésil plus qu'ailleurs peut-être, les hommes d'une classe élevée attachent à la mise une grande importance. Connaissant les habitudes du pays, et ne voulant pourtant pas me priver des avantages qu'offre au voyageur naturaliste un vêtement léger et de peu de valeur, j'avais soin de placer des habillemens convenables sur le dessus d'une malle, et, avant de m'introduire chez les propriétaires un peu aisés, je faisais ma toilette à l'ombre de quelque arbre. Le jour de mon arrivée au Collegio, j'avais malheureusement négligé cette petite précaution, et je fus puni sans doute de m'être présenté avec une humble veste de nanquin bleu et un chapeau de paille.

L'habitation du Collegio avait été, comme je l'ai dit, fondée par les jésuites, et était la résidence de deux religieux chargés de l'administrer. Cet immense domaine fut pendant long-temps consacré à l'éducation des bestiaux, et l'on y avait même brûlé des bois pour former des pâturages. Ce fut seulement un petit nombre d'années avant la suppression de leur ordre que les jésuites commencèrent à cultiver la canne au Collegio, et y construisirent une sucrerie. Après leur expulsion, la *fazenda* fut d'abord administrée pour le compte du roi; mais, en 1781 [1], on la mit à l'enchère, et on la vendit cinq cent mille crusades (un million cinq cent mille francs). L'acquéreur était mort peu de temps avant mon voyage, et il paraît que ses héritiers étaient sur le point de plaider. Le domaine finira par être morcelé, les bâtimens tomberont en ruines, mais ce qui a lieu dans les parties du Brésil où il existe peu d'habitans et où les communications sont difficiles, n'arrivera point ici; les terres divisées ne cesseront point pour cela d'être mises en culture, parce que dans ce district la population est nombreuse et que le petit propriétaire ne rougit point de travailler de ses mains.

De la *fazenda* du Collegio dépendent plusieurs milliers de bêtes à cornes, 1500 esclaves et environ neuf lieues carrées de terrain dont quelques portions s'étendent jusqu'au Macahé. L'habitation proprement dite a un air de grandeur auquel on n'est point accoutumé dans ce pays où tout porte l'empreinte de la mesquinerie et semble fait pour ne durer qu'un jour. On a suivi dans la construction du Collegio à peu près le même plan qu'à S. Bento; mais l'on a donné aux proportions un développement beaucoup plus étendu. Des cases à nègres bâties en briques et couvertes en tuiles, forment ici les trois côtés d'une cour qui a en-

---

[1] Date empruntée à Pizarro.

viron 360 pas de longueur sur 250 de large. Une façade commune à l'église et au couvent, forme l'un des petits côtés de la cour, et, vers le milieu de celle-ci, est une maison sans doute bâtie par les jésuites pour servir de lieu de récréation à leurs Indiens et à leurs nègres. Comparé au reste de l'établissement, le monastère proprement dit n'est pas d'une vaste étendue; l'église le sépare en deux parties, et, de chaque côté de cette dernière, est une cour allongée comprise entre elle et les bâtimens du couvent. La sucrerie donne sur la cour. Derrière les cases qui entourent celle-ci et dont j'ai déja parlé, il y a un rang extérieur de maisonnettes également destinées pour les esclaves; mais ces dernières sont la plupart couvertes en chaume et bâties avec moins d'ordre et de soin que celles de la cour. Vers l'un des côtés de la *fazenda* est une briqueterie, et, à quelque distance, un bâtiment entièrement isolé où l'on soigne les malades.

L'habitation du Collegio est un peu éloignée de la grande route qui conduit à la ville de Campos. Pour aller rejoindre cette route, je suivis un chemin charmant qui passe entre deux haies de la verdure la plus fraîche. Ce chemin me rappella ceux des environs d'Orléans, tels qu'ils sont quand le printemps commence; mais ici la teinte des feuilles est encore plus agréable que dans nos climats, et la forme des arbrisseaux est plus variée que celles de nos pruniers sauvages et de notre aubépine. La grande route où je rentrai bientôt, fort large, très belle et parfaitement unie, n'a pas la même fraîcheur, parce que les hommes à cheval et les chariots qui y passent sans cesse, couvrent de poussière les haies dont elle est bordée. D'ailleurs les campagnes environnantes ont un air aussi riant et aussi animé que le voisinage des grandes villes de nos provinces de France. Partout on voit de petites maisons et des sucreries, des nègres qui travaillent, des chariots qui transportent de l'eau-de-vie ou du sucre, des chevaux et des bestiaux nombreux qui paissent dans des pâturages parsemés d'orangers. Ici point de terrains abandonnés; tout annonce la présence de l'homme, et, excepté aux alentours de Rio de Janeiro, je n'avais vu nulle part, depuis que j'étais au Brésil, autant de terrains en culture, autant de mouvement, des habitations aussi rapprochées et aussi nombreuses [1].

La sucrerie la plus considérable que je vis entre le Collegio et S. Salvador dos Campos Goitacazes est celle du Visconde da Seca située à environ une lieue et demie de la ville. Elle est bien loin sans doute de présenter cet air de grandeur qu'ont S. Bento et le Collegio; cependant elle a aussi une très grande importance. De cet établissement et des deux autres que je viens de nommer dépend la plus grande partie du

---

[1] D'après la peinture fidèle que je fais ici des Campos Goitacazes, on aura sans doute quelque peine à concevoir comment un voyageur a pu dire que jamais il n'avait été *aussi près de mourir de faim que dans ces campagnes si vantées*. Le même voyageur ajoute que le pays est fertile, mais que, dans le temps de la sécheresse, la terre y est réduite à un sable aride; cela serait, ce me semble, un peu difficile à concilier.

terrain situé entre le Furado et la ville de Campós.

Cette dernière est bâtie sur la rive droite du Parahyba [1] dans une position charmante. Non-seulement elle est la résidence d'un *juiz de fóra* ; mais encore celle d'un *vigario geral* dont la juridiction ecclésiastique s'étend sur six paroisses [2]. Sa population se montait en 1820 à près de 8000 ames [3], et, en 1816, on y comptait 1102 maisons.

En arrivant à Campos (le 24 septembre 1818), j'allai voir M. Baglioni, Français qui avait établi dans cette ville une distillerie. Après le dîner, il me conduisit chez M. José Joaquim Carvalho auquel j'étais recommandé. Ces messieurs eurent pour moi toutes les complaisances possibles, et m'établirent dans une jolie maison qui donnait sur le fleuve. Accompagné de M. José Joaquim, j'allai bientôt rendre visite aux autorités principales et à différentes personnes pour lesquelles j'avais des lettres de recommandation : partout je fus accueilli avec politesse et bienveillance.

M. Baglioni, le Français dont j'ai parlé plus haut, avait eu l'idée d'établir dans sa distillerie un usage qui, dans ce pays, devait nécessairement causer quelque scandale. Toutes les semaines il payait à ses esclaves une petite rétribution proportionnée au travail et à l'intelligence de chacun d'eux ; mais, pour chaque

---

[1] Je n'ai pas pris de notes sur la distance de Campos à la mer. M. le prince de Neuwied la porte à huit lieues et Cazal à cinq.

[2] Piz. *Mém. hist.*, III, 106.

[3] Piz. *Mém. hist.*, III, 145.

faute, il faisait à l'ouvrier une retenue sur son salaire. Par ce moyen, il s'épargnait le supplice de torturer ses nègres ; et le zèle que ces pauvres gens mettaient à remplir leurs devoirs le dédommageait bien amplement d'un léger sacrifice.

Pendant que je restai à Campos, la chaleur fut excessive. Elle affectait surtout le pauvre Prégent dont l'humeur et la santé s'altéraient à la fois. Comme je craignais de continuer un voyage que l'état de ce jeune homme me rendait très pénible, je pris d'abord la résolution de renoncer à visiter la capitainerie d'Espirito Santo, et de retourner à la capitale du Brésil, en passant par *Pomba* et le *Presidio de S. João Batista*[1], dans la province des Mines. Cependant ayant appris que le chemin de Campos à Pomba était presque impraticable, et qu'on y restait dix ou douze jours, sans trouver ni maisons ni pâturages, je revins à mon ancien projet et je me décidai à m'avancer encore sur le littoral.[2]

---

[1] On trouvera dans les écrits de MM. d'Eschwege, Spix et Martius des détails intéressans sur le Presidio de S. João Batista où commandait un Français ami des Indiens, M. Guido Thomas Marlière.

[2] Itinéraire approximatif de la ville de Campos à la frontière de la province de Rio de Janeiro.

De Campos à la fazenda de Barra Seca,	2 1/2	legoas.
— Curralinho, chaumière,	4	
— Manguinhos, fazenda,	2 1/2	
— Muribéca, fazenda,	4	
	13	legoas.

C'est dans une pirogue que les voyageurs traversent le Parahyba. Quant aux chevaux et aux mulets, ils le passent à la nage, ce qui les fatigue beaucoup, parce que, vis-à-vis de Campos, la rivière est déja fort large. Le péage est affermé pour le compte du fisc; mais ici encore mon passeport royal m'exempta des droits.

Lorsqu'on est parvenu sur la rive gauche du Parahyba, on découvre toute la ville de Campos qui se déploie en forme de croissant sur le bord du fleuve, et à peine a-t-on fait quelques pas que l'on jouit d'une vue plus agréable encore. Alors Campos se présente obliquement; de riantes campagnes l'environnent; dans le lointain s'élève une portion de la chaîne maritime, et le Parahyba embellit le paysage, en y décrivant de larges sinuosités.

Le chemin qui me conduisit jusqu'à la sucrerie de *Barra Seca* (confluent desséché) suit constamment les bords de la rivière, en se rapprochant de plus en plus de l'Océan. Le pays n'offre pas de majestueuses beautés, comme les environs de Rio de Janeiro, mais il est plus riant et plus animé. Presque partout la route traverse des pâturages parsemés d'orangers; mais ils ont peu de largeur, et au-delà, s'étendent des plantations de cannes à sucre environnées de haies. A chaque instant, l'on passe devant des sucreries ou de simples maisons. Dans les premières le rez-de-chaussée n'est ordinairement point habité [1]. On monte au lo-

---

[1] On peut voir par la première partie de ma *Relation*

gement du maître par un escalier extérieur, et celui-ci aboutit à une *varanda* (galerie) par laquelle on entre dans les appartemens. Les cases à nègres, petites et couvertes en chaume, sont rangées parallèlement au fleuve à la suite des bâtimens du maître, ou éparses çà et là dans le pâturage qui dépend de l'habitation. Un monceau de bagasse annonce toujours la sucrerie; et, à peu de distance, on voit les bœufs employés à faire tourner le moulin à sucre qui paissent en attendant le moment du travail. Une haie sépare les pâturages des voisins, et, si le chemin traverse quelque enclos, comme cela arrive fort souvent, là est une lourde porte plus large que haute qu'il faut ouvrir lorsque l'on passe, et qui placée un peu obliquement, se referme par son poid.

Barra Seca où je fis halte est une sucrerie considérable qui appartenait à M. Fernando Carniero Leão, alors l'un des directeurs de la banque royale. Les bâtimens de l'habitation font face au Parahyba, comme tous ceux des sucreries que j'avais vues pendant le cours de la journée. Dans cette *fazenda,* on se contente de donner tous les mois du poisson et huit livres de viande sèche à chaque famille de nègres; d'ailleurs on n'a point la coutume de nourrir les esclaves, mais on les envoie par moitié travailler pour leur compte trois jours de la semaine dans une habitation (*fazenda do Sertão*) située au milieu des bois à l'occident de

qu'il en est ordinairement ainsi dans les *fazendas* de Minas Geraes.

la *fazenda* principale, et là ils trouvent tous les outils dont ils ont besoin pour cultiver la terre et des fourneaux pour préparer la farine de manioc. Les nègres de Barra Seca ne jouissent par conséquent que de trois jours sur quinze; cependant, s'il faut en croire l'administrateur de l'habitation, ce temps si court leur suffit pour faire produire à la terre non seulement la quantité de denrées indispensable à leur subsistance, mais encore un excédant qu'ils peuvent vendre, et, ajoutait l'administrateur, quelques nègres de la *fazenda* sont devenus assez riches pour acheter eux-mêmes des esclaves.

Je couchai à la sucrerie de Barra Seca. Le lendemain, à cinq heures du matin, le tambour se fit entendre; les nègres se levèrent; ils se réunirent devant un oratoire, et chantèrent en commun la prière du matin. A Barra Seca, comme en beaucoup d'autres endroits, l'oratoire n'a que la grandeur nécessaire pour qu'un prêtre y puisse dire la messe. Ces espèces de petites chapelles, étant ouvertes, communiquent avec un appartement qui sert de salle ou de chambre à coucher. C'est dans cette dernière pièce qu'on se rassemble afin d'assister au service divin; lorsqu'il est achevé, l'oratoire se ferme, et la pièce avec laquelle il communique est rendue à son usage habituel. Dans beaucoup de maisons, les fidèles se réunissent pour entendre la messe dans la galerie ou *varanda*, et c'est à l'extrémité de celle-ci que se trouve l'oratoire.

Quand la prière fut achevée, les nègres de Barra Seca se mirent en rang devant la maison, et l'administrateur leur donna ses ordres. Ce jour là était un dimanche. Ceux des esclaves dont le tour était venu d'aller travailler pour leur compte, partirent pour la *fazenda* du *Sertão* ou *désert*. Les Mineiros n'appliquent ce mot qu'aux pays découverts situés au-delà de leur chaîne occidentale, parce qu'ils ne connaissent pas de pays moins peuplé; ici au contraire on appelle *Sertão* les forêts encore peu habitées qui s'étendent à l'ouest du littoral. Les *Sertões*, dans chaque province, en sont les parties les plus désertes, quelle que soit la nature de la végétation [1].

Avant que nous nous remissions en route, l'administrateur de Barra Seca fit servir à mes gens un déjeûner copieux; mais il ne m'offrit que du thé et peut-être quelques petits gateaux. Ne devant plus manger qu'à cinq ou six heures du soir, je me serais bien passé de cette distinction. Ce n'est pas au reste la seule fois que l'on ait cru devoir m'honorer de cette manière.

A mesure qu'on s'éloigne de Campos, on voit moins d'habitants. A la vérité, non loin de Barra Seca, je trouvai encore des maisons et des plantations de cannes; mais ensuite les bouquets de bois vierges deviennent plus nombreux. Dans l'un de ces derniers, un contraste assez remarquable attira mon attention. Le chemin passait entre deux rangs de balisiers dont les feuilles, souvent hautes de plus de deux mètres, avaient toutes une forme elliptique; et, au-dessus de cette espèce d'allée si parfaitement uniforme, s'éle-

---

[1] Voy. ma *première Relation*, vol. II, p. 299.

vaient de grands arbres; des lianes et des arbustes qui, dans leur port et leur feuillage, offraient la variété la plus admirable.

Jusqu'à un pont qui traverse le chemin et qu'on appelle *Ponte Nova* (le pont neuf), je cotoyai toujours le Parahyba quelquefois divisé par des îles.

En continuant à suivre ce fleuve, je serais nécessairement arrivé à la petite ville de S. João da Praia; mais, pour gagner du temps, je me dirigeai vers la mer par une route diagonale, et j'allai faire halte à une pauvre chaumière bâtie au milieu des sables sur le rivage de l'Océan. Lorsque les habitans de Campos vont à la province d'Espirito Santo, ils ne se contentent pas de faire quatre lieues, comme c'était ma coutume; personne ne s'arrête donc à la chétive chaumière de *Curralinho* (petit parc de bestiaux), aussi n'y trouvai-je absolument aucune provision, et ce fut même inutilement que j'envoyai chercher du maïs pour mes mulets à une *venda* située à quelque distance.

Entre Curralinho et *Manguinhos*, le chemin s'éloigne peu de la mer, et passe sur un terrain formé d'un sable presque pur. Comme sur la langue de terre voisine du Cabo Frio (*restinga*), on voit presque partout des arbrisseaux qui, rameux dès la base, ont à peu près la forme d'un buisson, et parmi lesquels dominent les *pitangueiras* (*Eugenia Michelii* Lam.) Quelques endroits cependant sont entièrement couverts de *feijões da praia* (*Sophora littoralis* Neuw. Schrad.) très rapprochés les uns des autres; et, dans des espaces considérables, on ne trouve guère qu'une espèce de Borraginée dont les tiges sont couchées sur la terre et que j'avais déjà observée au Cabo Frio (*Preslea linifolia* N. [1]).

La *fazenda* de Manguinhos (les petits mangliers) où je fis halte [2], se compose de quelques maisonnettes couvertes en chaume et bâties sur le bord de la mer. Les terres environnantes n'offrent que l'aspect de la stérilité; mais, comme j'étais arrivé de bonne heure, je fis une assez longue herborisation en m'éloignant du rivage [3], et je trouvai des bananiers, des papayers, de vastes champs de manioc. En général, au Brésil, il ne faut jamais juger l'état de la culture dans un canton par le bord des chemins; car on a la coutume d'éloigner de ceux-ci toutes les plantations.

Continuant ma promenade par un petit sentier qui traverse des bois vierges, j'arrivai à un lieu découvert et sablonneux où je trouvai une chaumière habitée par des Indiens civilisés. Le chef de la famille me dit qu'il était de *Villa Nova de Benevente*, et qu'il avait quitté son pays pour se soustraire aux vexations auxquelles il y était exposé. « Le juge, ajouta-t-il, donne aux « Portugais les terres voisines des nôtres; ceux-ci ont

---

[1] Voy. la note LL à la fin du volume.

[2] C'est sans doute ce lieu qui a été désigné par M. le prince de Neuwied sous le nom de *Mandinga*.

[3] Ce fut dans cette herborisation que je trouvai le seul *Schizœa* qui se soit offert à moi pendant mes long voyages. (Voy. la note MM à la fin du volume).

« des bestiaux qui ravagent nos plantations ; nous
« nous plaignons sans obtenir justice, et nous nous
« faisons des ennemis. J'ai mieux aimé fuir et me re-
« tirer dans cette solitude où personne ne m'in-
« quiète.[1] »

Après avoir quitté Manguinhos, pour aller coucher
à la *fazenda* de *Muribéca*[2], je marchai constamment, dans un espace de trois lieues et demie, sur
une plage très ferme, mais entièrement sablonneuse
et baignée par les eaux de la mer. La végétation qui
borde cette plage est à peu près celle que j'avais déja
observée entre le Rio das Ostras et la *venda* de Boassica[3]. C'est encore un fourré impénétrable de *Cactus*,
de Monocotylédones épineuses, d'arbrisseaux en partie desséchés qui s'élèvent à une hauteur égale et
parmi lesquels on remarque un grand nombre d'*aroeiras* (*Schinus therebintifolius* Radd.), de *pitangueiras*
(*Eugenia Michelii* Lam.) et de *feijões da praia*
(*Sophora littoralis* Neuw. Schrad.) Sur ce rivage, je
ne rencontrai personne ; je ne vis point de maisons ;
aucun insecte, aucun oiseau ne voltigeait dans l'air ;
et mes traces mêmes étaient bientôt effacées par les
vents et les eaux de la mer : partout une solitude
profonde que le bruit monotone des flots rendait plus
triste encore.

[1] On verra plus bas combien les Indiens d'Espirito Santo
ont à souffrir de la tyrannie des blancs.
[2] Il existe encore au Brésil deux endroits de ce nom, l'un
dans la province de Bahia, l'autre dans celle de Fernambouc.
[3] Voy. plus haut p. 80.

Nous finîmes cependant par nous éloigner de la plage, et nous nous enfonçâmes dans une forêt. Les habitans de ce pays indiquent si mal les chemins que, tout en suivant la véritable route, nous crûmes l'avoir perdue. La crainte de coucher dehors nous tourmentait beaucoup moins que celle de mourir de soif; car, dans toute la journée, nous n'avions trouvé d'autre eau douce que celle d'un petit lac fangeux. Après bien des délibérations, nous prîmes le parti de retourner sur nos pas, et, par le hasard le plus heureux, nous rencontrâmes un voyageur qui nous rassura sur le chemin que nous suivions.

Pendant quelque temps, je continuai à traverser la forêt, et tout à coup je me trouvai dans un endroit très découvert au milieu d'une vaste plantation où travaillaient un grand nombre de nègres. Apercevant un petit marais, je m'en approchai dans l'espoir d'y trouver quelques plantes. Un vieux mulâtre qui surveillait les esclaves me vit de loin, et accourut vers moi à toutes jambes, tenant une gourde à la main. « Vous cherchez de l'eau, me dit-il, celle de ce marais « est salée; mais en voici de très bonne, buvez tout à « votre aise. » Le mulâtre montrait tant de plaisir à m'obliger que j'aurais cru lui faire injure, si je lui eusse offert de l'argent; et il fut aussi poli, il parut aussi satisfait en prenant congé de moi qu'il l'avait été en m'abordant. Je commençais, comme l'on voit, à n'être plus sous l'influence du voisinage de Rio de Janeiro.

Bientôt je m'approchai de la *fazenda* de Muribéca

que j'avais aperçue de loin en sortant de la forêt. Elle est bâtie au pied de quelques petites collines qui, vers le sud-ouest, bornent une plaine étroite et fort longue entourée de tous les côtés par des bois vierges. Une sucrerie, la maison du maître et un grand nombre de casses à nègres forment l'ensemble de l'habitation. La plaine est couverte d'un gazon verdoyant; de nombreux bestiaux y paissent en liberté, et la petite rivière de *Muribéca* l'arrose dans toute sa longueur, en formant des détours; enfin, vers le nord-ouest, l'horizon est borné par une chaîne de montagnes qu'on découvre dans le lointain. Ce lieu charmant réalise l'idéale des riantes solitudes que célébrait jadis la poésie pastorale.

La *fazenda* de Muribéca a onze lieues de longueur. Elle était encore du nombre de celles qui appartenaient aux jésuites; mais du temps de ces pères, il n'y avait que des forêts où est aujourd'hui la sucrerie; le bâtiment qu'ils avaient fait construire était plus éloigné de la mer, et l'on s'occupait uniquement sur ce domaine de l'éducation des chevaux et du bétail. Après la destruction de la compagnie de Jésus, l'acquéreur de l'habitation crut qu'il ferait mieux de cultiver la terre; il abandonna les constructions que les jésuites avaient élevées, choisit le terrain qui lui parut le plus propre à la canne, brûla les bois qui bordaient la rivière, et bâtit la maison et le moulin à sucre dont j'ai parlé plus haut. Quand cet homme fut mort, ses héritiers se mirent à plaider les uns contre les autres et la *fazenda* cessa d'être entretenue. D'ailleurs le propriétaire qui avait succédé aux pères de la compagnie n'avait pas jugé son terrain aussi bien qu'eux; ce terrain contient trop de sable pour convenir à la culture de la canne à sucre, et l'immense établissement de Muribéca est tombé dans un état complet de décadence. Depuis un petit nombre d'années, une circonstance fâcheuse pour le pays a aussi contribué à faire négliger cette *fazenda* ou du moins la partie de la propriété jadis habitée par les jésuites. Des Indiens sauvages sont tout à coup sortis du fond des bois et ont exterminé des hommes et des bestiaux; on leur a fait la chasse avec activité; cependant ils reparaissent encore de temps en temps dans les environs de l'ancienne demeure des jésuites aujourd'hui entièrement ruinée, et ils tuent les chevaux et le bétail qui se présentent à eux.

Je fus reçu à Muribéca par un prêtre chargé de l'administration de cette *fazenda*. La personne qui m'avait recommandé à lui le connaissait à peine, et cependant il eut pour moi toute sorte d'égards. Sachant qu'il était pauvre, je lui avais annoncé que je ne l'incommoderais point, et que mes gens me feraient la cuisine; mais il m'envoya des poules, de la bougie, du poisson etc. Cet excellent homme était né dans la province des Mines, et c'était aussi un Mineiro qui, à Campos, m'avait le mieux accueilli après M. José Joaquim de Carvalho : partout où on les trouve, les habitans de Minas Geraes se distinguent par leur hospitalité et la bonté de leur cœur. L'administrateur de Muribéca fit tous ses efforts pour me retenir un jour;

mais, comme je voulais retourner promptement à Rio de Janeiro ; je ne me rendis point à ses désirs. Ce brave homme déplorait la profonde solitude à laquelle il était condamné. « Toujours au milieu des nègres que je
« suis obligé de tenir à une grande distance de moi, me
« disait-il, je ne vois personne à qui je puisse com-
« muniquer mes pensées. Si quelque voyageur passe
« par cette *fazenda*, c'est pour peu d'instans et,
« lorsqu'il m'a quitté, ma solitude me devient plus
« pénible ».

Avant de m'éloigner de Muribéca, je contemplai encore une fois avec délice cette plaine riante qui forme comme un oasis ou milieu de sombres forêts. Le ciel était de l'azur le plus brillant, et le calme profond qui régnait dans la nature entière ajoutait au paysage un charme de plus.

Je passai dans des pirogues la rivière de Muribéca qui, devant l'habitation, n'a pas une largeur très considérable. Cette rivière prend sa source non loin de celle du *Muriahé*, dans les montagnes de *Pico* (pic); elle se jette dans la mer à peu de distance de l'habitation de Muribéca, et prend à son embouchure le nom de *Camapuana* ou *Cabapuana*. C'est elle qui sépare la province de Rio de Janeiro de celle d'Espirito Santo. Avant que les Indiens sauvages eussent paru sur cette côte, il y avait à Cabapuana un détachement de six hommes chargés de faire payer aux voyageurs le passage de la rivière et de visiter leurs passeports; mais, depuis que les indigènes ont commis des hostilités dans ce pays, on a établi un poste militaire à *Boa*

Vista, lieu situé un peu plus loin, et il ne doit plus y avoir que trois hommes à Cabapuana [1].

[1] C'est avec raison que le savant prince de Neuwied (*Voyage trad. Eyr.*, I, 240) blâme ceux qui disent *Comapuãn* ou *Campapoana*; mais je ne sais sur quel motif il se fonde pour écrire *Itabapuana*. *Cabapuana* ou *Camapuana* sont certainement les noms consacrés par les habitans du pays. M. de Freycinet a adopté le mot *Cabapuana* (*Voyage Ur. hist.*, I, 73); Cazal dit que le nom aujourd'hui en usage est Cabapuana, mais qu'il dérive de *Camapuan* (*Corog. Braz.*, II, 61), et enfin, l'exact Pizarro écrit *Camapuãn*. Il est d'autant plus vraisemblable que le mot originaire est Camapuãn dont on aura fait par corruption *Camapuana* et *Cabapuana*, qu'il existe dans les Mines, comme je l'ai dit ailleurs, un lieu appelé Camapuán des mots tupís *cáma pudm* seins arrondis. On trouve aussi un *Rio Camapuán* dans la province de Rio Grande do Sul et un autre à Mato Grosso.

CHAPITRE VII.

TABLEAU GÉNÉRAL DE LA PROVINCE D'ESPIRITO SANTO.

Histoire de la province d'Espirito Santo. — Sa décadence. — Portrait des gouverneurs ANTONIO PIRES DA SILVA PONTES LEME, MANOEL VIEIRA DE ALBUQUERQUE TOVAR et FRANCISCO ALBERTO RUBIM. — Avantages dont jouit la province d'Espirito Santo. — Ravages des grandes fourmis; quelques personnes mangent ces animaux avec plaisir. — Limites de la province d'Espirito Santo. Sa population. Son nom. Ses villes. Administration de la justice. Celle des finances; revenus. Forces militaires. Administration ecclésiastique.— Caractère des habitans de la province d'Epirito Santo. Incorrections qui se sont introduites dans leur langage. Costume. Les femmes d'Espirito Santo.

LES historiens ne sont point d'accord sur le nom des tribus sauvages qui, lors de la découverte, habitaient la portion du littoral comprise entre le Cabapuana et le Rio Doce; mais on sait qu'à l'époque où le roi JEAN III partagea la côte du Brésil, il donna (1534) la province d'Espirito Santo au noble Portugais VASCO FERNANDES COUTINHO. Celui-ci débarqua en Amérique avec un certain nombre de colons parmi lesquels se trouvait JORGE DE MENEZES, ancien gouverneur des Moluques que d'horribles atrocités avaient fait condamner à l'exil. Les Portugais obtinrent d'abord de brillans succès sur les indigènes épouvantés ; ils fondèrent près la baie d'Espirito Santo la ville qu'on appelle aujourd'hui *Villa Velha*, bâtirent un fort et plantèrent des cannes à sucre [1]. Cependant cet état prospère ne fut pas de longue durée. Poussés à bout par les cruautés des Portugais qui, suivant l'expression d'un de leurs historiens, se montraient plus barbares que les Barbares eux-mêmes, les Indiens détruisirent les plantations de leurs ennemis, brûlèrent les maisons et massacrèrent tous ceux qui tombèrent entre leurs mains. Pour se dérober aux attaques des Indiens, les blancs abandonnèrent la ville qu'ils avaient fondée, et se retirèrent dans le lieu où est aujourd'hui la capitale de la province du S. Esprit. Là ils furent encore attaqués par les indigènes ; mais enfin ils remportèrent à leur tour une grande victoire, et, se croyant redevables de ce succès à l'intervention de la Vierge, ils lui consacrèrent leur nouvel établissement sous le nom de *Villa de Nossa Senhora da Victoria* (ville de Notre-Dame de la victoire).

[1] On voit, d'après ce que je dis ici, qu'il y avait bien peu de temps que la canne à sucre avait commencé à être cultivée au Brésil, lorsqu'elle fut introduite dans la province d'Espirito Santo. Celui qui le premier la planta dans l'Amérique portugaise, vers l'an 1531, fut, comme on l'a déja vu, Martim Affonso de Souza, fondateur de la capitainerie de S. Vincente. Cet illustre capitaine est appelé *Martino Alfonso* dans l'*Agrostologie* de M. Martius ; mais ces deux noms ne sont point portugais, et se seront certainement glissés par quelque méprise de prote ou de copiste dans l'excellent ouvrage du savant Bavarois, à ce qu'il paraît, imprimé loin de lui.

Dans les combats que les Portugais eurent à soutenir contre les Indiens, succombèrent successivement Jorge de Menezes et un autre noble également exilé, Simão de Castello-Branco, qui avait pris le commandement de la colonie, pendant que Coutinho, plein de confiance dans ses premiers succès, était allé chercher de nouveaux renforts en Portugal. Fernão de Sá fils de Mem de Sá gouverneur de Bahia périt aussi dans les guerres contre les indigènes de la capitainerie d'Espirito Santo. Enfin, Coutinho, le fondateur de la colonie, après avoir épuisé pour la soutenir, son patrimoine et les richesses qu'il avait acquises dans les Indes orientales, fut réduit à vivre d'aumônes, et ne laissa pas même un linceuil pour l'ensevelir.

Cette tranquillité dont la colonie naissante avait si grand besoin et que les Portugais n'avaient point obtenue en cherchant à répandre la terreur parmi les indigènes, cette tranquillité, dis-je, les jésuites surent la conquérir par la persuasion. Ils ne craignaient point de reprocher aux Portugais leur affreuse tyrannie, et en même temps ils portaient aux Indiens des paroles d'amour, de paix et de liberté. Par leurs soins et surtout par ceux de l'héroïque Anchieta, les indigènes embrassèrent le christianisme, et réunis en village, ils connurent les bienfaits de la civilisation. Dans le dix-septième siècle, il n'y avait encore que cinq cents hommes de notre race dans la province du S. Esprit; mais on y comptait quatre réductions d'Indiens formées par les jésuites, celles de *Reritygba* aujourd'hui *Benevente*, *Guarapari*, *S. João*, *Reis Magos*, et ces établissemens furent du nombre de ceux qui servirent de modèle à la colonisation des Guaranis du Paraguay si vantée par les écrivains les plus célèbres [1].

Il paraît que les habitans de la province du S. Esprit jouissaient déja d'une paix profonde, quand leur capitale fut attaquée en 1592 par un des aventuriers les plus audacieux qui aient jamais désolé les mers. Le fameux chevalier Thomas Cavendish, après avoir essuyé un échec à Santos, chercha à débarquer à Villa da Victoria où il espérait trouver des provisions en abondance. Mais les Portugais et les Indiens réunis le repoussèrent, et il mourut en mer, accablé par le chagrin que lui avait causé le mauvais succès de son entreprise.

Les Hollandais ne furent pas beaucoup plus heureux que Cavendish, lorsqu'en 1624, dans le cours de leur guerre contre le Brésil, ils voulurent s'emparer de la province du S. Esprit. Salvador Correa de Sá e Benavides envoyé au secours de Bahia par son père Martim Correa de Sá, gouverneur de Rio de Janeiro, avait relaché dans la baie de Villa da Victoria ; il repoussa l'amiral hollandais, et celui-ci fut forcé de prendre honteusement la fuite.

A cette époque, la capitainerie d'Espirito Santo n'était point encore sortie de la famille du premier

---

[1] Voy. Montesquieu *Espr. loix*, l. IV, chap. VI. — Raynal, *Hist. ind.*, part. IV, l. IV. — Chateaubriand, *Gén. Christ.*, part. IV, l. IV, chap. IV.

donataire; elle appartenait à Francisco Aguiar Coutinho [1]. Vers 1690, un des descendans de ce dernier, Antonio Luiz Gonçalves da Camara Coutinho la vendit quarante mille crusades (100,000 f.) au colonel Francisco Gil Araujo. Elle fut successivement encore la propriété de deux donataires; mais enfin, en 1717, le roi Jean V l'acheta pour le prix auquel elle avait été vendue la première fois, et l'incorpora sans retour au domaine de la couronne [2].

Pendant long-temps cette capitainerie avait fait partie du gouvernement de Bahia, et alors elle était administrée par des *capitães móres*. Enfin en 1809, on en fit une province entièrement indépendante, et on lui donna pour gouverneur (*governador*) Manoel Vieira de Albuquerque Tovar auquel succéda Francisco Alberto Rubim qui était encore en fonction à l'époque de mon voyage [3].

Pendant que ces changemens s'opéraient dans l'administration de la capitainerie d'Espirito Santo, la

---

[1] C'est lui qu'Alphonse de Beauchamp, dans son histoire si peu consciencieuse, appelle Anghian Couthino (*Hist. Brés.*, II, 170).

[2] Pizarro prétend (*Mém. hist.*, VIII, 23) que ce fut Antonio Luiz Gonçalves da Camara Coutinho qui vendit à la couronne la capitainerie d'Espirito Santo; mais le même historien indique ailleurs (II, 7) des documens qui prouvent qu'après Antonio Luiz Gonçalves, il y eut encore plusieurs donataires. Ce dernier était gouverneur de Bahia.

[3] Southey *Hist. of Braz.*, I, 38, 286, 326, 362, 445; II, 665. — *Corog. Braz.*, II, 56, 57, 58. — Piz. *Mém. hist.*, II, 2-30.

prospérité des habitans éprouva aussi de grandes vicissitudes. Après avoir eu pour toute défense un petit fort protégé par une garnison de 34 hommes, la capitale de la province finit par acquérir de l'importance, et, vers le milieu du dix-huitième siècle, elle était considérée comme une des principales villes de l'Amérique portugaise [1]. Plus tard, l'expulsion des jésuites porta un coup fatal à la capitainerie du S. Esprit; et, de toutes les provinces de la côte, elle est celle qui, dans les temps modernes, a fait le moins de progrès [2]. Une grande partie de la population de cette province se composait d'indigènes; les jésuites les gouvernaient avec bonté; ils les soumettaient à un travail réglé, subvenaient à tous leurs besoins, leur communiquaient les lumières qu'ils sont susceptibles d'acquérir, et avaient soin surtout d'écarter d'eux les blancs qui les auraient bientôt corrompus et tyrannisés. Après la destruction de la compagnie de Jésus qui eut lieu en 1760, les Indiens, race faible et imprévoyante, restèrent sans appui. On fit à Lisbonne des lois en leur faveur; mais comment n'eussent-elles pas été éludées à deux mille lieues du législateur, dans un pays où tout le monde croyait avoir le droit d'élever sa fortune sur la ruine d'infortunés qu'une infériorité trop réelle faisait repousser avec un orgueilleux dédain. Traités comme des serfs, condamnés à de rudes travaux, les Indiens furent anéantis ou se dispersè-

[1] Southey *Hist. Braz.*, II, 665.
[2] Southey *Hist. of Braz.*, III, 811.

rent. Du temps des jésuites, il y avait à Reritygba ou Benevente et dans ses alentours douze mille indigènes; sous le premier curé qui succéda aux pères de la compagnie de Jésus, les Indiens étaient déjà réduits à neuf mille, et en 1820, toute la population de la paroisse de Benevente ne s'élevait, suivant Pizarro [1], qu'à deux mille cinq cents individus.

Ce n'était pas seulement comme chefs et protecteurs des Indiens que les jésuites devaient exercer sur la capitainerie d'Espirito Santo une heureuse influence. Il était de l'intérêt de l'ordre d'envoyer des sujets distingués dans une province dont la population lui était en grande partie soumise et où il possédait des domaines immenses. Ces hommes arrivaient de leurs pays avec des connaissances que ne pouvaient avoir les descendans grossiers d'aventuriers barbares, et, quand même les jésuites eussent évité d'instruire les blancs, il était impossible que ceux-ci ne profitassent pas de leurs exemples. Les pères de la compagnie de Jésus creusèrent dans la province du S. Esprit le seul canal qui, à ma connaissance, ait jamais existé sur la côte du Brésil méridional; ils élevèrent dans cette province et le district limitrophe de Campos dos Goitacazes de vastes édifices, et tout le monde sait que leurs *fazendas* où les nègres étaient traités avec douceur, offraient des modèles d'ordre et de bonne administration. J'ai vu dans la province de Goyaz une *fazenda* où s'était conservée la tradition des méthodes suivies

---

[1] Piz. *Mém. hist.*, V, 99.

par les jésuites pour la direction de leurs domaines ruraux, et je doute qu'il existe au Brésil des habitations mieux administrées.

Après la destruction de la compagnie de Jésus, il ne se trouva personne qui fût capable, soit par des préceptes, soit par des exemples, de répandre quelques lumières parmi les habitans de la province presque isolée d'Espirito Santo, et l'affreuse tyrannie des gouverneurs contribua encore à la décadence de cette province. A l'exception de la justice, les gouverneurs d'Espirito Santo, comme ceux des autres capitaineries [1], dirigeaient toutes les branches de l'administration. On leur obéissait avec une exactitude et une ponctualité qu'on mettait rarement à exécuter les ordres du souverain lui-même, et, pour peu qu'ils fussent appuyés par quelques favoris, il leur était facile de renverser la faible barrière que les lois opposaient à leur autorité.

Vers le commencement de ce siècle, le mathématicien ANTONIO PIRES DA SILVA PONTES LEME avait été nommé *capitão mór* de la province du S. Esprit par la protection de D. Rodrigo comte de Linhares. C'était un homme savant, mais bizarre, qui abusa de son autorité, et fit le mal du pays. On raconte de ce magistrat des extravagances auxquelles on aurait peine à croire, si elles n'étaient attestées par des personnages dignes de foi. Il avait la manie de tirer les cultivateurs de leurs domaines, et il les retenait des mois

---

[1] Voy. ma *première Relation*, vol. I, p. 355 et suiv.

entiers à Villa da Victoria pour les exercer au service militaire ; il trouvait un barbare plaisir à faire monter à cheval des malheureux auxquels de secrètes infirmités interdisaient cet exercice ; ou bien, s'il se promenait avec les officiers de la garde nationale (*milicia*), il les forçait de manger le dîner dégoûtant des négresses qu'il trouvait sur son chemin.

Manoel Vieira de Albuquerque Tovar qui succéda à Pontes avec le titre de *gouverneur* administra à peu près aussi mal que lui. Il se plaisait également dans l'appareil militaire, et enlevait aux colons un temps précieux, en leur faisant passer sans cesse d'inutiles revues.

Après Tovar, Francisco Alberto Rubim fut nommé gouverneur de la province d'Espirito Santo, et l'administrait encore à l'époque de mon voyage. Il passait généralement pour un homme intègre ; il avait de l'esprit et de l'activité ; la nouvelle ville de Vianna s'éleva par ses soins ; il fit ouvrir des chemins entre le littoral et Minas Geraes, fonda l'église du bourg de Linhares, rebâtit à Villa da Victoria une partie du palais du gouvernement, et contribua à embellir cette ville. Mais, si son administration eut de l'éclat, il s'en faut qu'elle fût conforme aux lois de l'état et aux principes d'une sage économie. On verra avec quelle rigueur il traitait les Indiens, et ces infortunés n'étaient pas les seules victimes de son despotisme. Partout il mettait des entraves ; on le trouvait partout, et ses mesures, en montrant l'étonnante étendue de son pouvoir, montraient aussi son ignorance en administration. Comme ses prédécesseurs, Rubim, pour exercer les colons au service militaire, les faisait continuellement venir de plusieurs lieues à la ville, et les obligeait de laisser sans surveillance leurs maisons et leurs nègres. Dans son gouvernement, il était défendu de vendre le coton avec ses semences et le riz avec ses enveloppes. Enfin, ce qui paraîtra presque incroyable, la farine de manioc que l'on recueillait dans la banlieue de Villa da Victoria était taxée à deux crusades (5 f.) l'*alqueire*, tandis que celle qui venait des autres districts de la capitainerie ou des provinces voisines pouvait se vendre à des prix débattus. Il résultait de ce réglement que les cultivateurs des environs du chef-lieu de la province ne plantaient de manioc qu'autant qu'il en fallait pour nourrir leur maison; presque toute la farine consommée par les employés et par les ouvriers venait du dehors, elle se vendait quatre à cinq *patacas* (8 à 10 f.) l'*alqueire*, et l'argent des habitans de Villa da Victoria allait enrichir ceux de S. Matheus [1], ville que l'on trouve après le Rio Doce, en entrant dans la province de Porto Seguro, et dont les alentours produisent beaucoup de manioc.

Cependant, lorsque la province d'Espirito Santo sera sagement administrée, et surtout lorsque ses habitans auront plus de lumières, il est impossible qu'elle

---

[1] J'écris ce mot comme on le prononce dans le pays, et de la même manière que Cazal et Pizarro. On trouve à la vérité San Mateo dans la traduction française de l'ouvrage de M. le prince de Neuwied, mais ce savant a lui-même rétabli récemment l'orthographe véritable.

ne parvienne pas à un haut degré de prospérité. Si toutes les terres de cette province ne sont point fertiles [1], il en est pourtant dont la fécondité ne peut être mise en doute. Elles produisent du sucre, du manioc, du coton, du riz, du café, du maïs, et divers légumes. En 1820, on comptait dans toute la province 60 moulins à sucre et 66 distilleries [2], et, dans le premier trimestre de 1818, la seule Villa da Victoria exporta quatre mille *alqueires* de riz sans enveloppes. Des bois excellens pour la construction et la menuiserie pourraient être tirés des immenses forêts qui couvrent encore une si grande partie de la province. Plusieurs rivières l'arrosent; de petits ports favorisent un utile cabotage, et la rade de Villa da Victoria, capable de recevoir jusqu'à des frégates, permettra aux négocians du pays de se livrer à de grandes opérations, lorsqu'ils auront des connaissances plus étendues et des idées moins mesquines [3]. Enfin quand le Rio Doce deviendra navigable, les habitans d'Espirito Santo pourront en échange de leur sel, recevoir à bas prix les fers de Minas Geraes.

[1] On avait autrefois une idée fort exagérée de la fertilité de la province d'Espirito Santo. Voici en effet comment s'exprime Jean de Laet : « Hæc præfectura creditur longè fertilissima omnium provinciarum Brasiliæ, et ab omnibus rebus quæ ad vitam humanam necessariæ sunt, instructissima. »

[2] Piz. *Mém. hist.*, II, 23.

[3] O commercio nada cresce, por não haver no continente um só Negociante capaz de animar os diversos artigos de industria. *Mém. hist.*, II, 24.

L'ignorance et l'apathie qui s'opposent aux progrès du commerce dans la province d'Espirito Santo disparaîtront sans doute avec le temps ; mais les agriculteurs de ce pays ont à lutter contre un fléau auquel jusqu'ici on a inutilement cherché quelque remède efficace. Je veux parler des grandes fourmis (*atta cephalotes* Fab. ou peut-être quelques espèces voisines). Ces insectes n'attaquent point ou attaquent peu le maïs, la canne à sucre [1] et les haricots; mais ils sont très friands du coton et plus encore du manioc. Une nuit seule leur suffit pour détruire entièrement de vastes champs de cette dernière plante ou pour dépouiller des orangers de leurs feuilles [2]. Toute la population d'Espirito

---

[1] M. Martius dit, à la vérité (*Agrost.*, 567), que les fourmis exercent de très grands ravages dans les plantations de cannes ; mais il n'est pas impossible que les provinces du nord parcourues par ce savant soient l'asile de quelques espèces qui n'existeraient point dans les parties du Brésil que j'ai visitées.

[2] Voici comment s'exprime le savant M. Lund dans sa *Lettre sur les fourmis du Brésil* (*Ann. sc. nat.*, XXIII, 118):
« J'avais toujours regardé comme exagérés les récits que font
« les voyageurs, du tort que certaines fourmis causent aux
« arbres en les dépouillant en peu d'instans de leur feuillage;
« mais voici un fait dont j'ai moi-même été témoin et qui est
« relatif à l'espèce connue depuis long-temps sous le nom
« d'*atta cephalotes*........ Passant un jour auprès d'un arbre
« presque isolé, je fus surpris d'entendre par un temps calme
« le bruit des feuilles qui tombaient à terre comme de la
« pluie..... Ce qui augmenta mon étonnement, c'est que les
« feuilles détachées avaient leur couleur naturelle, et que
« l'arbre semblait jouir de toute sa vigueur. Je m'approchai
« pour trouver l'explication de ce phénomène, et je vis qu'à

Santo ne s'afflige pourtant pas de l'abondance des grandes fourmis. Lorsque les individus pourvus d'ailes viennent à se montrer, les nègres et les enfans les ramassent et les mangent; aussi les habitans de Campos qui sont dans un état continuel de rivalité avec ceux de Villa da Victoria les appellent-ils *Papa-tanajuras*, avaleurs de fourmis. Ce n'est pas au reste uniquement dans la province du S. Esprit que l'on se nourrit des grandes fourmis ailées; on m'a assuré qu'on les vendait au marché de S. Paul réduites à l'abdomen et toutes frites; j'ai mangé moi-même un plat de ces animaux qui avaient été aprêtés par une femme pauliste, et ne leur ai point trouvé un goût désagréable.

« peu près sur chaque pétiole était postée une fourmi qui
« travaillait de toute sa force ; le pétiole était bientôt coupé,
« et la feuille tombait par terre. Une autre scène se passait
« au pied de l'arbre. La terre était couverte de fourmis oc-
« cupées à découper les feuilles à mesure qu'elles tombaient
« et les morceaux étaient sur-le-champ transportés dans le
« nid..... En moins d'une heure, le grand œuvre s'accomplit
« sous mes yeux, et l'arbre resta entièrement dépouillé. »
La lettre entière de M. Lund montre combien on peut attendre de ce zélé naturaliste, et on ne la lira point sans plaisir. Je me bornerai à une observation qui n'a aucun rapport au travail personnel de M. Lund. « Selon le récit des voyageurs, les
« plaines élevées et arides de la province de Minas Geraes
« sont, dit-il, entrecoupées de collines d'une très grande
« hauteur que, de loin, on prendrait pour des cabanes de
« sauvages, mais qui sont l'ouvrage des fourmis. » Les voyageurs cités n'avaient probablement vu ni les *campos* de Minas, ni les habitations de termites et encore moins les cabanes des sauvages.

La province actuelle d'Espirito Santo ne contient que les trois quarts de l'ancienne capitainerie du même nom [1], et s'étend à peu près depuis le 19° 31' lat. sud jusqu'au 20° 16'. Bornée au midi par le Rio Cabapuana, elle se prolonge du côté du nord jusqu'au territoire de Porto Seguro dont la sépare le Rio Doce, ou peut-être, pour parler plus exactement, la rivière un peu moins méridionale de S. Matheus [2]. Mais tandisque cette province comprend dans sa longueur une étendue d'environ 38 lieues (portugaises) de côte, sa largeur est, en certains endroits, réduite à une plage étroite et sablonneuse ; sur aucun point ses dépendances véritables ne s'avancent vers l'est autant qu'à Villa da Victoria, et là même, on ne trouve pas de culture à plus de huit lieues de la mer. La province d'Espirito Santo offre donc seulement une bande étroite qui, terme moyen, n'a probablement pas plus de quatre lieues de large. Au-delà, se trouvent d'immenses forêts qui se confondent avec celle de Minas Geraes, et ser-

[1] Caz. *Corog. Braz.*, II, 56.

[2] On est convenu de répéter que le Rio Doce est la limite de la province d'Espirito Santo ; mais, dans le pays, on ne le regarde pas comme tel ; il est incontestable que Linhares, situé sur la rive gauche du fleuve, appartient encore à cette province ; Pizarro dit positivement (*Mém.*, II, 29) que c'est le Rio de S. Matheus qui sert de limite à la juridiction de la *junta da fazenda real* (junte du trésor public) d'Espirito Santo ; enfin l'autorité de l'administration proprement dite s'étend encore sur le littoral, au-delà du Rio Doce, dans un espace de quelques lieues jusqu'au poste militaire de *Barra Seca*.

vent d'asile à des tribus errantes de Botocudos toujours en guerre avec les Portugais [1].

La population d'Espirito Santo ne s'élève pas à plus de 24 mille ames [2] et, comme on ne peut guère porter

---

[1] Il serait possible que la paix conclue par le Français Guido Thomas Marlière entre les Botocudos du Rio Doce et les Mineiros ait eu une heureuse influence sur la province du S. Esprit. Cependant voici ce que me mandait, en date du 18 novembre 1825, l'excellent M. Marlière lui-même. « Maintenant
« il n'y a plus d'ennemis à Minas parmi les nations sauvages;
« tout y est pacifique. Je voudrais pouvoir en dire autant de
« la province voisine d'Espirito Santo ; mais comme le système
« qu'on y a établi pour la civilisation des indigènes consiste à
« leur donner des coups de férule et à les priver de la liberté,
« je crains qu'ils ne se révoltent, et que leur rébellion ne se
« communique ici. Un grand nombre de sauvages de la côte
« sont venus se réfugier parmi nous : que n'y viennent-ils
« tous, ces malheureux ! »

[2] Ce chiffre m'a été communiqué par un homme que sa position sociale mettait plus que bien d'autres en état de savoir la vérité. Pizarro (*Mém.*, II, 8) a eu connaissance de la même évaluation, mais il l'a rejetée pour en admettre une autre qui ferait monter à 72,845 le nombre des habitans d'Espirito Santo. Celle-ci cependant ne saurait être exacte, du moins pour la province seule du S. Esprit ; en effet, le *desembargador* Antonio Rodrigues Veloso de Oliveira qui adopte également (*Mappa* 2da in *Ann. flum.*) le chiffre de 72,845, dit qu'outre la population d'Espirito Santo, ce chiffre comprend encore celle du district des Campos dos Goitacazes, et cela ne pouvait guère être autrement, car le nombre 72,845 est le résultat des états de *l'ouvidor* de Villa da Victoria, et la juridiction de cet *ouvidor* s'étendait à cette époque sur les Campos. Au reste, comme la population des Cam-

la surface habitée de cette province qu'à cent cinquante deux lieues carrées, chaque lieue comprendrait, terme moyen, environ cent cinquante individus. J'ai dit ailleurs que la population de Minas Geraes pouvait être estimée à dix individus par lieue carrée [1]; par consequent il y aurait, sur une surface égale, quinze fois moins d'individus dans la province de Minas que dans celle d'Espirito Santo. Mais la population des deux gouvernemens ne peut réellement être comparée avec quelque exactitude. En effet, celle de Minas s'est disséminée sur l'immense territoire de cette contrée, et les villages se trouvent souvent séparés par des déserts que nous sommes obligés de comprendre dans l'estimation de la surface générale du pays. Dans la province d'Espirito Santo au contraire la population arrêtée par la crainte des indigènes s'est pelotonnée sur le littoral, et l'évaluation que je fais du territoire de ce gouvernement ne saurait embrasser ses forêts encore inconnues et seulement habitées par des Indiens sauvages.

Dans les Mines, à Campos, Rio Grande do Sul et probablement tout le midi du Brésil, quand on dit simplement *la capitainerie* (*a capitania*), c'est toujours celle d'Espirito Santo qu'il faut entendre, et, dans l'intérieur même de ce dernier gouvernement, on

---

pos ne monte qu'à 31,935 individus, il resterait encore pour la province du S. Esprit 40,920 individus, chiffre fort supérieur à celui que j'indique.

[1] Voy. ma *première Relation*, vol. I, p. 80.

ne se sert presque jamais que du nom de *capitania* pour Villa da Victoria, la capitale.

Outre cette ville, on en compte encore six autres dans la province d'Espirito Santo, savoir *Itapémirim*, *Benevente*, *Guarápari*, *Villa Velha*, *Vianna*, et *Almeida* qui mériteraient à peine le nom de bourgade et dont aucune n'a de *juiz de forá*.

En seconde instance, la justice est rendue, pour la province entière, par l'*ouvidor* de Villa da Victoria dont, en outre, la juridiction s'étend, comme je l'ai dit, sur tout le district des Campos dos Goitacazes.

Les finances de la province du S. Esprit sont administrées par une junte (*junta da fazenda real*) composée du gouverneur et de cinq membres qui n'ont pas d'appointement, mais qui perçoivent un certain droit sur la ferme des revenus de la province [1]. A l'époque de mon voyage, il n'y avait qu'un membre de la junte et le gouverneur qui se réunissent, et l'administration des deniers publics se trouvait réellement tout entière entre les mains de ce dernier fonctionnaire. Les revenus de la province s'élevaient alors à environ 30 mille crusades (75 mille francs) par trimestre; mais la recette qui se faisait dans les limites mêmes de la capitainerie entrait dans cette valeur à peine pour un tiers ou 10 mille crusades. Comme les dépenses du pays s'élevaient beaucoup plus haut que ce tiers, on leur avait en outre appliqué la plus grande partie des

---

[1] Piz. *Mém. hist.*, II, 30.

impôts qui se percevaient dans le district des Campos Goitacazes et la somme envoyée tous les trois mois de S. Salvador dos Campos à Villa da Victoria montait à 20,24 et même 26 mille crusades.

Les forces militaires de la province d'Espirito Santo se composent d'un régiment d'infanterie de milice de dix compagnies; de deux compagnies de cavalerie également de milice; de quatre d'artillerie; plusieurs de *pedestres* ou *pietons*; enfin d'une compagnie de ligne. Cette dernière comprend, en comptant les officiers, 114 hommes presque tous blancs; elle est commandée par un capitaine, et fait le service des forts et du palais du gouverneur. Les compagnies d'artillerie appartiennent à la milice comme celles de cavalerie, et ne reçoivent point de paie; mais elles ont à leur tête un capitaine qui est tiré de l'armée et touche des appointemens. Les *pedestres*, tous mulâtres ou nègres libres, forment une troupe d'un ordre inférieur [1]; ils sont chargés de porter les ordres de l'administration et occupent les différens postes destinés à protéger le pays contre les invasions des Indiens sauvages. Ils reçoivent chaque jour 80 reis de solde (50 centimes) et sont obligés de se nourrir. Autrefois ils portaient un uniforme; mais actuellement on leur permet de se vêtir comme bon leur semble, et, tous les ans, on leur donne quatre mille reis (25 francs) pour leur habillement. Ils devraient être au nombre de 400; mais, lors de

---

[1] On a vu qu'il existait aussi des compagnies de *pédestres* dans le District des diamans.

mon voyage, la désertion les avaient beaucoup réduits. Les fugitifs se retiraient à S. Matheus, la ville de la province de Porto Seguro la plus voisine du S. Esprit, et l'administration les laissait en repos pour s'épargner les difficultés qui accompagnent l'extradition des criminels d'une province à l'autre. Les Indiens civilisés de Benevente, d'*Aldea Velha*, et probablement de toute la province ne font point partie des régimens de milice portugais-brésiliens; ils sont divisés en compagnies dites d'*ordonnance* qui ont leurs capitaines, et qui obéissent aux ordres des *capitães mores* [1].

J'ai dit ailleurs [2] que, sous le nom pompeux de *divisions militaires*, on avait établi, sur les frontières de la province des Mines, des détachemens chargés de la protéger contre les attaques des Indiens sauvages. La province d'Espirito Santo a aussi ses *divisions militaires* qui sont au nombre de deux. Le *Quartel da Boa Vista*, près la ville d'Itapémirim, est le chef-lieu de la seconde de ces divisions; et le village de Linhares, sur les bords de Rio Doce, le chef-lieu de la première.

Toute la province d'Espirito Santo fait partie du vaste évêché de Rio de Janeiro, et comprend neuf paroisses soumises à la juridiction d'un *vigario da vara*. Les curés de cette province ne reçoivent rien des fi-

[1] Il en est ainsi, comme on a pu le voir, des Indiens de l'aldea de S. Pedro dos Indios dans la province de Rio de Janeiro.
[2] Voy. ma *première Relation*, vol. I, p. 420.

dèles pour la communion pascale [1] ; ils jouissent de la portion congrué de ceux cent mille reis (1,250 fr.), et ont en outre un casuel. Il n'y a point ici, comme dans les Mines, de desservans à la nomination des curés ; les fidèles paient directement les chapelains des églises qui ne sont point paroissiales. Dans l'état actuel des choses, c'est principalement, je le répète, par les soins du clergé que la civilisation pourrait pénétrer parmi les Brésiliens, et il est à regretter que celui d'Espirito-Santo ait des mœurs aussi peu régulières. Un magistrat éclairé avait proposé [2] de soumettre les prêtres de ce pays à une surveillance plus immédiate et plus active, en faisant de Villa da Victoria le chef-lieu d'un diocèse particulier ; ce projet ne s'exécutera probablement jamais, et les lumières et l'instruction ne pourront pénérer dans la province du S. Esprit qu'avec une extrême lenteur.

En effet, si comme je l'ai dit, cette province jouit de très grands avantages, elle se trouve aussi, sous plusieurs rapports, soumise aux influences les plus fâcheuses. Elle est isolée, elle est pauvre, et rien, pour ainsi dire, n'y appelle les étrangers. Les deux races qui y vivent confondues doivent réciproquement se communiquer leurs vices. La chaleur du climat invite les habitans à la nonchalance ; et les alimens peu substanciels dont ils se nourrissent, contribuent néces-

---

[1] Voy. ma *première Relation*, vol. I, p. 67.

[2] Voy. le mémoire de M. Antonio Rodrigues Veloso de Oliveira dans les *Annaes Fluminenses*, 155.

sairement encore à augmenter leur apathie. Les hommes riches sont les seuls qui mangent de la viande. Les autres vivent de farine de manioc, de poisson frais ou sec, de coquillages, de haricots, et ils font cuire ces derniers avec le poisson, sans même y mêler du lard, aliment dont ils ne font point usage, parce que leur paresse les empêche d'élever des pourceaux. Les mauvaises eaux que boivent habituellement les colons d'Espirito Santo peuvent aussi concourir à leur donner cette maigreur, ce teint jaune, cet air languissant que l'on remarque chez la plupart d'entre eux, et à les priver de l'énergie nécessaire à notre espèce. Au reste, si les habitans d'Espirito Santo n'ont point toutes les qualités qui distinguent les Mineiros, ils ne sont guère moins hospitaliers; ils l'emportent beaucoup en activité et en industrie sur les cultivateurs de la province de Rio de Janeiro, ou du moins sur ceux d'une grande partie de cette province, et ils n'ont rien de cette dédaigneuse indifférence que ces derniers laissent voir trop souvent.

Dans la province d'Espirito Santo, les femmes ne se cachent point comme à Minas; elles reçoivent l'étranger, causent avec lui et contribuent à faire les honneurs de la maison. Le filage du coton forme leur occupation habituelle; presque toutes font aussi de la dentelle plus ou moins commune, et elles ont coutume de travailler accroupies sur de petites estrades qui s'élèvent d'un pied environ au-dessus du plancher.

C'est sans doute à l'exemple des Indiens qui ne

cachaient point leurs femmes, que celles de la province d'Espirito Santo doivent la liberté dont elles jouissent, et ce résultat n'est pas le seul qu'ait eu, dans ce pays, sur les habitudes des Portugais, leurs communications avec les nombreux indigènes. La langue portugaise a été altérée à Espirito Santo par ces communications continuelles, et beaucoup de mots en usage dans cette contrée ne seraient certainement pas compris sur les bords du Tage ou du Minho, ni même à Rio Grande do Sul ou à Minas Geraes. Ainsi les Portugais-Brésiliens de la province du S. Esprit se servent, pour dire une plantation, du mot indien *capixaba*, du mot *maniba* pour les rejets du manioc, de *quibando*[1] pour un van, *arupenbua* un tamis, etc. J'avais beaucoup plus de peine à comprendre les habitans de cette partie du Brésil que ceux de Minas Geraes ; je trouvais qu'en général ils parlaient plus vite, qu'ils prononçaient moins clairement, que les hommes du peuple en particulier se servaient d'expressions moins correctes ; et j'étais choqué surtout de cette suppression presque entière de l'*r* final qui peut-être est imitée des nègres, et qui rend la prononciation de ces derniers si enfantine et si niaise.

D'après ce que j'ai dit de la pauvreté des habitans de la province du S. Esprit, on ne sera pas étonné sans doute du peu de luxe que les individus d'une classe inférieure mettent dans leur costume, quelle

---

[1] Il ne serait pas impossible que *quibando* fut plutôt africain qu'indien.

que soit d'ailleurs la race à laquelle ils appartiennent. Les hommes ont pour tout vêtement un caleçon de toile de coton et une chemise de même étoffe, dont ils laissent les pans flotter par-dessus le caleçon ; les femmes, comme dans les Mines, portent avec la chemise de coton une simple jupe d'indienne.

CHAPITRE VIII.

LES INDIENS SAUVAGES. — LA VILLE D'ITAPÉMIRÍM.

L'auteur traverse un pays infesté par des Indiens que l'on regarde comme anthropophages. — Récits qui tendraient à prouver la réalité de l'anthropophagie. — Poste militaire de *Boa Vista.* — Ile dite *das Andorinhas.* — Encore l'anthropophagie. — Hameau de *Ceri.* — La ville d'*Itapémirím.* District dont elle fait partie. Position de cette petite ville. Culture des terres. Plantations d'oignons. Commerce. — Le *Rio Itapémirím* — Hameau d'*Agá.* — Vents qui règnent sur la côte. — Rivière de *Piúma.*

Après avoir quitté Muribéca pour parcourir la province du S. Esprit [1], je traversai d'abord des bois vierges. Je passai ensuite sur un terrain où l'on ne voit qu'un sable pur, et où croissent les espèces de plantes que j'avais déja observées, dans un lieu semblable, près de Cabiunas [2]. Enfin, au bout de quelque temps, je me trouvai encore une fois au bord de la mer, sur une plage ferme et sablonneuse, comme celle où j'avais marché la veille [3].

---

[1] Voy. plus haut p. 163.
[2] Id. p. 96.
[3] Itinéraire approximatif de la frontière de la province du S. Esprit à Villa da Victoria.

Depuis Rio de Janeiro, on n'avait cessé de m'entretenir des dangers que l'on courait entre Muribéca et Itapémirím de la part des Indiens sauvages, et l'on m'avait engagé partout à me faire accompagner par des hommes bien armés. Avant donc de partir de Muribéca, je priai l'administrateur de permettre que quelques-uns de ses nègres vinssent avec moi jusqu'à Boa Vista, poste militaire dont j'ai parlé plus haut. Le bon prêtre me donna trois esclaves qui s'étaient déja battus contre les Indiens, et qu'il arma de fusils et de couteaux de chasse.

A mesure que nous avancions, les nègres avaient soin de nous montrer les différens endroits où avaient paru, depuis quelques années, ces Indiens ennemis, qu'ils disaient anthropophages. En écoutant nos nouveaux compagnons, mes gens se pressaient les uns contre les autres ; le plus profond silence succédait aux récits effrayans des trois esclaves, et sans cesse le muletier Manoel da Costa avait les yeux fixés sur la

De Muribéca à Boa Vista,	3 1/2	legoas.
—— Itapémirím, ville,	3 1/2	
—— Agá, hameau,	4	
—— Benevente, ville,	3 1/2	
—— Meiaipi, hameau,	3 1/2	
—— Pero-Cão, habitation,	3 1/2	
—— Ponta da Fruta, hameau,	4	
—— Sitio de Santinhos, chaumière sur le bord de la baie d'Espirito Santo,	4 1/2	
	30	legoas.

forêt qui borde le rivage, et d'où il était possible que sortissent les Indiens.

Lors de la destruction des jésuites, il n'y avait point de sauvages dans tout ce canton ; c'est depuis six à huit années seulement qu'ils ont commencé à y exercer des ravages (écrit en 1818). La première fois qu'on les aperçut, ils tuèrent des bêtes à cornes, des chevaux, des hommes, et depuis ils ont encore renouvelé leurs meurtres et leurs dévastations. Je vais rapporter ici un fait qui me fut raconté par deux de mes nègres, et j'aurai soin de ne rien changer à leur récit. Les Indiens sauvages attaquèrent, il y avait une couple d'années, les vachers de Muribéca, et s'emparèrent d'un jeune noir âgé de dix à douze ans. Ayant appris ce qui venait de se passer, le maître de l'habitation envoya aussitôt à la poursuite des indigènes, cinq esclaves bien armés, parmi lesquels se trouvaient mes deux nègres. Les esclaves surprirent les sauvages qui étaient assis autour d'un grand feu, leur tirèrent des coups de fusil, et en tuèrent plusieurs. S'étant ensuite approchés du feu, ils trouvèrent le corps du petit noir, dont les Indiens avaient détaché des morceaux qui étaient déja en partie grillés. Ils coupèrent, pour la montrer à leur maître, la tête d'un des Indiens qui étaient restés sur la place, et ils enterrèrent les tristes restes du jeune nègre.

Nous fûmes assez heureux pour arriver au poste de Boa Vista (belle vue) [1], sans avoir aperçu aucun

[1] Le nom de Boa Vista aura sans doute été substitué comme

sauvage. Le poste, comme je l'ai dit plus haut, a été établi depuis que les Indiens ont commencé à exercer leurs ravages dans ce canton. Il se compose d'une vingtaine d'hommes commandés par un sous-lieutenant (*alferes*), et dont quelques-uns sont continuellement détachés pour aller défendre les bords du Rio Cabapuana et d'autres points également menacés.

La maison où logent les soldats est située sur une colline qui s'élève à pic au-dessus de la mer. Elle a été construite en terre et en bois; on l'a simplement couverte en chaume, et les vents qui sans cesse règnent sur cette côte ont endommagé sa toiture. Autour de cette grande chaumière, les bois ont été brûlés par les soldats qui cultivent quelques légumes; mais d'ailleurs on ne voit derrière la colline que des forêts sans limites au milieu desquelles les *Lecythis* se font remarquer par l'immense quantité de fleurs rouges dont ils sont couverts. Au-delà du poste, la côte continue à s'élever au-dessus de la mer; presque partout les eaux ont emporté de larges portions du terrain; et la glaise, coupée verticalement, contraste par sa couleur rouge avec le vert foncé des forêts qu'elle supporte. Devant Boa Vista se montre à fleur d'eau la petite île, peu éloignée, des *Hirondelles* (*Ilha das*

---

plus agréable à celui de *Barreiras* que le savant prince de Neuwied donne à cet endroit; mais si, comme le dit M. de Neuwied, on a voulu désigner un lieu taillé à pic, ce serait *Barrancos* qu'il faudrait et non *Barreiras*. Le mot *barreiras* ou *barreiros* signifie glaisière; *barreira* est aussi un terme de fortification (Voy. Mor. *Dic.*, **I**).

Andorinhas) où croissent quelques broussailles. Enfin, au pied même de la colline sur laquelle la caserne a été bâtie, est un hangar destiné à servir d'abri aux soldats qui montent la garde pendant la nuit. Vu des bords de la mer, l'ensemble de ce paysage est d'un effet extrêmement pittoresque.

L'Ilha das Andorinhas dont je viens de parler manque d'eau, et ne pourrait par conséquent être habitée. Cependant, comme la pêche y est abondante, des hommes de la ville d'Itapémirím y viennent avec les provisions nécessaires ; ils y prennent du poisson et restent assez long-temps pour le faire sécher.

En quittant Boa Vista pour me rendre à Itapémirím, je traversai une forêt, et bientôt je me retrouvai sur la plage qui, depuis Curralinho, offre un sable solide sur lequel on marche sans enfoncer. Dans la partie voisine du poste, le terrain qui borde le rivage s'élève à pic ; mais plus loin il offre une pente douce. Les premières plantes que l'on trouve au-delà du sable nu sont une Amaranthacée à feuilles glauques [1] et une Convolvulacée à tige rampante et [2] à grandes feuilles qui est également commune sur les bords de la mer près de Rio de Janeiro. Viennent ensuite les arbrisseaux que j'avais déja observés du côté du Rio das Ostras comme dans les environs de Manguinhos, et au milieu desquels naissent ici une grande quantité de

---

[1] Voy. la note NN à la fin du volume.
[2] *Convolvulus brasiliensis* L. — Voy. la note OO à la fin du volume.

guriris, ces palmiers nains dont j'ai parlé ailleurs et qui en général ne sont pas rares sur toute cette portion du littoral (*Allagoptera pumila* Neuw. Nees) [1]. Plus loin s'élèvent les bois vierges. La végétation que je viens de décrire n'est pas au reste particulière à la plage voisine de Boa Vista ; je l'avais encore observée plusieurs jours de suite avant d'arriver à ce poste.

L'officier qui y commandait m'avait donné quatre soldats pour m'accompagner dans une partie de la route où il y avait encore des dangers à courir. Ces militaires eurent soin de me montrer une maison dont les habitans avaient été tués par les sauvages. Lorsque cet évènement arriva, un individu qui fut assez heureux pour s'échapper, se réfugia au poste de Boa Vista. A l'instant même on envoya un détachement à la poursuite des indigènes ; ils furent atteints, et les Portugais tuèrent plusieurs d'entre eux. On trouva les corps des cultivateurs massacrés ; les sauvages n'avaient point séparé les membres du tronc ; ils avaient détaché la chair des os, et la tête seule était restée intacte. Ces

---

[1] On remarque que, pour les plantes recueillies par M. le prince de Neuwied, je cite toujours son nom avec celui des personnes qui les ont caractérisées. C'est assurément un bien faible mérite que de découvrir une espèce nouvelle, mais il me semble qu'il y en a moins encore à la désigner par un nom ou par une phrase. Souvent même la découverte d'une plante se rattache à des travaux immenses, et il est, ce me semble, bien peu de gens qui, dans une phrase latine bien courte et plus ou moins barbare, ne puissent dire, par exemple, si des feuilles sont pointues ou arrondies, des fleurs solitaires ou disposées plusieurs ensemble.

faits dont un de mes soldats avait été, disait-il, témoin oculaire, et ceux que m'avaient racontés les esclaves de Muribéca, tendraient à prouver la réalité de l'anthropophagie ; mais il est permis, je crois, de ne pas accorder une confiance entière aux récits de quelques hommes grossiers, animés par la haine et bien aises peut-être de répandre du merveilleux sur leurs exploits [1].

A l'endroit appelé Ceri, on voit un assez grand nombre de chaumières que les courses fréquentes des Indiens sauvages ont fait abandonner. Ainsi le vaste empire du Brésil qui ailleurs présente une étendue de trente-six degrés d'orient en occident, est ici réellement borné à une plage étroite et dépouillée de verdure. Le seul habitant de Ceri était, lors de mon voyage, un vieillard qui avait passé toute sa vie dans ce lieu désert, et n'avait pu se décider à le quitter, quoiqu'il eût déja failli tomber entre les mains des indigènes.

Il n'était pas sans intérêt de savoir à quelle nation appartiennent les Indiens qui désolent cette partie du Brésil. Les hommes tués par les nègres de Muribéca avaient la lèvre et les oreilles percées, mais ceux à qui les soldats de Boa Vista donnèrent la mort, n'offraient sur le visage aucune ouverture artificielle. De là il

[1] M. le prince de Neuwied qui a parcouru cette côte plusieurs années avant moi, parle aussi des ravages exercés par des bandes d'indigènes entre Muribéca et Itapémirim ; mais il ne dit absolument rien qui puisse faire considérer ces Indiens comme anthropophages.

faut conclure que les forêts voisines de cette côte servent d'asile à deux nations différentes. Les sauvages qui avaient péri à Muribéca étaient évidemment des Botocudos ; et, comme la peuplade dont ils faisaient partie, n'a paru sur le littoral que depuis un petit nombre d'années, il est à croire qu'elle vient des frontières de la province des Mines, et que les poursuites des divisions militaires [1] l'auront décidée à quitter ses anciennes retraites. Selon quelques Portugais, les Indiens ennemis dont la lèvre et les oreilles ne sont point percées ne seraient autres que les Coroados demi-civilisés de S. Fidelis qui, après s'être montrés chez eux amis des Portugais, iraient les assassiner dans le voisinage d'Itapémírim. Mais, comme les Coroados de S. Fidelis ont bien peu d'intérêt à traverser vingt lieues de bois pour commettre une telle trahison, il est assez évident que cette histoire a été imaginée afin de rendre les Indiens plus odieux. Ceux de ces infortunés qui nous occupent dans ce moment appartiennent sans doute à la nation des Purís [2] qui n'a

---

[1] Voy. ma *première Relation*, I, 420, 421 ; II, 138, 143, 144.

[2] On ne peut lire sans horreur dans les écrits de von Eschwege les détails des mauvais traitemens que les Portugais-Brésiliens ont fait, de nos jours, endurer aux Purís. « Aussi « long-temps que les Brésiliens n'auront pas, dit l'auteur « que je cite, une plus juste idée de la religion du Christ, « ce sera en vain que le gouvernement prendra de sages me- « sures pour la civilisation des indigènes » (*Journ. von Bras.*, I, 105).

pas encore voulu toute entière se réunir en aldéa (écrit en 1818).

Les soldats qui m'avaient escorté prirent congé de moi, aussitôt que j'eus passé Ceri; plus loin l'on voit de distance à autre des chaumières habitées.

Je quittai le rivage de la mer à environ une demi-lieue d'Itapémirím. Le terrain, d'abord un peu montueux, redevient bientôt parfaitement plat. Ce canton paraît avoir été jadis couvert de forêts; mais aujourd'hui on n'y voit plus que des bouquets de bois épars çà et là entre les champs de cannes ou de manioc; et, principalement dans le voisinage de la ville, on rencontre un grand nombre de chaumières. La campagne a un aspect riant, et ressemble beaucoup aux environs de Taquarassú près de Rio de Janeiro [1].

J'entrai dans la ville naissante d'Itapémirím par une grande place où s'élève le poteau de justice (*pelourinho*), et qui, bâtie seulement dans une partie de sa circonférence, est entièrement ouverte du côté du chemin. J'avais une lettre de recommandation pour l'un des principaux habitans de la ville, M. le capitaine Francisco Coelho. Il était à sa *fazenda*; je lui envoyai la lettre par un exprès, et je fis décharger mon bagage à la porte de sa maison. Bientôt après, M. Coelho eut la bonté de m'envoyer ses clés par son jeune fils, et, accompagné de cet enfant, je partis presque aussitôt pour aller rendre visite au père. Comme la ville d'Itapémirím est située à la droite de la

---

[1] Voy. plus haut vol. I, p. 292.

rivière du même nom et la *fazenda* du capitaine Francisco Coelho sur la rive gauche, je m'embarquai dans une pirogue, afin de traverser l'eau. La rivière d'Itapémirim est bordée de hautes Graminées et d'arbrisseaux du plus beau vert, et elle serpente dans un pays plat et riant entrecoupé de bois et de pâturages. Assis dans ma pirogue, j'apercevais à l'horizon la chaîne de montagnes au milieu de laquelle s'élève le pic appelé *Morro do Frade*, et, tout près de moi, je voyais la ville d'Itapémirim qui, composée d'un petit nombre de maisons couvertes en chaume, ne ressemble guère qu'à un village. Le capitaine Francisco Coelho me reçut de la manière la plus honnête et la plus affectueuse, et m'envoya des provisions que je n'aurais certainement pu consommer dans l'espace d'une semaine.

La ville d'Itapémirim ne fait que commencer; mais le nom qu'elle porte et qui en guarani signifie *petite pierre plate*, était par les Indiens appliqué à son territoire, probablement même avant la découverte du Brésil, car on le trouve déja cité dans la relation si intéressante de Jean de Lery publiée vers le milieu du seizième siècle [1]. Il est vraisemblable qu'il y eut toujours, dans cet endroit, quelques hutes d'Indiens ou des chaumières de Portugais; mais c'est seulement au mois de juin 1811 [2] qu'on

[1] Lery écrit Tapemiry (*Voyage*, éd. 1578, p. 51); mais à l'époque où il vivait, on n'attachait pas à l'exactitude des noms une très grande importance.
[2] Piz. *Mém. hist.*, V, p. 88.

donna le titre pompeux de *villa* à Itapémirím.

Le district qui a cette ville pour chef-lieu [1], est administré par deux juges ordinaires (*juizes ordinarios*). Commençant à *Santa Maria* qui est à une demi-lieue de Cabapuana du côté du sud [2], il s'étend vers le nord jusqu'à la plage appelée *Praia da Piabanha*, et n'a pas plus de neuf lieues du midi au septentrion. Du côté de l'occident, il offre moins d'étendue encore, et est bientôt borné par des forêts qui ne sont habitées que par les sauvages. La population entière de ce petit district s'élève, m'a-t-on dit, à environ 1900 ames.

Itapémirím est situé sur la rive méridionale du petit fleuve de même nom, à peu près à une demi-lieue de la mer. La prétendue ville n'est réellement qu'un pauvre hameau composé tout au plus de 60 maisons dont la plupart, couvertes en chaume, sont dans l'état le plus déplorable. Ces chaumières forment une seule rue très courte, et en outre la place inachevée dont j'ai parlé plus haut. L'église un peu éloignée de la ville est fort petite et n'a pas même de clocher; mais du haut de la colline sur laquelle elle a été bâtie, on découvre une vue très agréable, celle à peu près que j'avais déja admirée en traversant le Rio d'Itapémirím. Une plaine

---

[1] Itapémirím n'est point comme on l'a cru, la capitale d'une *comarca*. Toute *comarca* est le territoire sur lequel s'étend la juridiction d'un *ouvidor*, et Itapémirím appartient à l'*ouvidoria* de Villa da Victoria.

[2] Il est clair, d'après ceci, que le Rio Cabapuana ne serait pas exactement la limite méridionale de la province d'Espirito Santo.

riante s'étend de tous côtés, et offre un mélange charmant de pâturages, de bouquets de bois et de terrains en culture; la rivière d'Itapémirím arrose la campagne en y décrivant de nombreuses sinuosités, et, du côté du nord-ouest, l'horizon est borné par de hautes montagnes qui font partie sans doute de la chaîne maritime.

Si la ville d'Itapémirím n'a pas aujourd'hui une grande importance, elle est destinée, par sa position, à en acquérir davantage. L'entrée de la rivière, étroite et difficile, n'a pas à la vérité plus de 8 à 9 palmes de profondeur; mais un tel volume d'eau suffit pour des embarcations sur lesquelles on charge 60 caisses de sucre et même davantage, et ces embarcations, pouvant remonter la rivière jusqu'à une petite distance de la ville, prennent le sucre, pour ainsi dire, à la porte de plusieurs *fazendas*. Les terres qui bordent le Rio d'Itapémirím, sans avoir la fertilité miraculeuse de celle des environs de Campos, doivent cependant être regardées comme très fécondes, puisqu'elles rapportent pendant 20 ans sans se reposer jamais et sans être fumées. Elles produisent également bien le riz, les haricots et le manioc; mais c'est à la canne à sucre qu'elles conviennent le mieux, et la culture de cette plante occupe principalement les habitans de la contrée. A l'époque de mon voyage, on comptait 9 sucreries dans les environs de la ville d'Itapémirím; et en outre plusieurs colons plantaient des cannes, sans avoir de cylindres, envoyant leur récolte à quelque propriétaire de moulin avec lequel ils partageaient le produit. Les colons des alentours d'Itapémirím, cultivent le coton, mais uniquement pour leur usage. C'est également pour la consommation du pays que l'on plante du riz et des haricots ; cependant il n'est point rare que les cultivateurs aient un excédant de ces denrées, et ils l'envoient à Rio de Janeiro.

En traversant les environs d'Itapémirim, je fus étonné d'y voir une aussi grande quantité de terres plantées en oignons. Tandis que dans beaucoup d'autres parties du Brésil, à Villa da Victoria, par exemple, ce légume ne vient qu'à force de soins et lorsque la terre a été fumée [1], ici au contraire il multiplie avec une extrême facilité, et est, pour le pays, une branche d'exportation assez importante. D'Itapémirim on fait des envois d'oignons à Rio de Janeiro, à Villa da Victoria, à Campos, et lors de mon voyage, la botte qui se donnait pour 80 reis (25 centimes) sur les lieux où elle avait été récoltée se vendait 320 reis (2 francs) dans la capitale de la province d'Espirito Santo. De petites embarcations et de grandes pirogues vont chargées d'oignons d'Itapémirim à Villa da Victoria, et reviennent avec de la poterie. Ici ce légume ne se sème point, on le plante par cayeux pendant la nouvelle lune de mars ; en juin on arrache ces cayeux qui ont déjà grossi, on sépare d'eux les nouveaux cayeux qu'eux-mêmes ont formés ; on replante les uns et les autres, et l'on fait

---

[1] Koster dit expressément (*Voyage trad. Jay*, II, 299) que l'oignon d'Europe dégénère à Fernambouc, et qu'il n'y produit plus qu'une petite bulbe oblongue, comme, selon le P. Dutertre, cela arrive aussi dans les Antilles.

en décembre la récolte définitive. Ce mode de propagation prouve combien, dans ces heureux climats, la végétation est active et puissante.

La plupart des cultivateurs d'Itapémirím envoient leur sucre pour leur compte à des négocians de Rio de Janeiro, ou ils en confient la vente aux patrons des barques. Ceux-la seulement se défont dans le pays même du produit de leur récolte qui se trouvent pressés par des besoins d'argent ou qui ne fabriquent point assez de cassonade pour remplir une caisse. Lors de mon voyage, le plus beau sucre blanc se vendait à Itapémirím 2000 reis l'arrobe. Quatre ou cinq embarcations suffisent pour transporter tous les produits que le district d'Itapémirím envoie à la capitale. Lorsque le vent est favorable, elles ne mettent pas plus de trois jours à faire le voyage. Le fret se paie à raison de 100 reis l'arrobe.

En quittant Itapémirím (4 octobre 1818), je fis une demi-lieue dans les bois, et j'arrivai à l'embouchure de la rivière. Cette embouchure est en partie formée par les sables que les eaux y ont amoncelés, et, comme je l'ai déja dit, il ne reste aux embarcations d'autre passage qu'un canal étroit et difficile de 8 à 9 palmes de profondeur. Quant aux sources du Rio Itapémirím, il paraît qu'on ne les connaît point encore. Au-dessus de la ville, les pirogues peuvent remonter ce petit fleuve dans un espace d'environ 8 lieues; mais ensuite elles sont arrêtées soit par des chutes d'eau, soit par des rapides [1]. C'est, à l'embouchure même de

---

[1] Suivant Cazal (*Corog.*, II, 62), l'Itapémirím a un cours

la rivière que l'on passe celle-ci, lorsque l'on fait par terre le voyage de Rio de Janeiro ou de Campos vers le nord du Brésil. Comme personne n'a voulu affermer le péage dont on retire très peu d'argent, à cause du petit nombre de personnes qui suivent cette route, il est resté pour le compte du fisc.

Parvenu de l'autre côté de Itapémirím, je recommençai à parcourir une plage sablonneuse, triste et solitaire, bordée par ces diverses zones de végétations que j'avais déjà observées ailleurs [1]. Pendant toute la journée, je ne trouvai en fleur que quelques plantes communes; je n'aperçus aucun insecte; je ne rencontrai

---

très étendu, et, quand il traverse la chaîne maritime, il est déjà considérable. On assure, ajoute le même auteur, qu'une des branches de cette rivière commence aux mines peu connues de Castello qu'ont fait abandonner les courses des sauvages. D'après M. le prince de Neuwied, le Rio Itapémirím ne viendrait pas d'aussi loin que le prétend Cazal; mais il sortirait des montagnes d'Itapémirím qui font partie de la grande chaîne et qu'on peut apercevoir de la ville du même nom. Pizarro, postérieur aux deux écrivains que je viens de citer, dit deux mots de l'Itapémirím, mais ne parle point de ses sources.

[1] Il ne saurait y avoir une identité parfaite dans la végétation des parties du littoral qui même se ressemblent le plus; mais on doit sentir qu'il serait impossible de retracer tant de nuances diverses. Entre l'Itapémirím et Taopába croissent, immédiatement au-dessus de la plage, avec le *Convolvulus brasiliensis* L. (Voy. la note OO déjà citée plus haut), une Rubiacée et une Euphorbiacée qui toutes deux ont des tiges étalées sur le sable, et enfin un *Eriocaulon* à feuilles raides et piquantes (*Eriocaulon Maximiliani* Schrad, Voy. la note PP à la fin du volume).

pas un voyageur, et jusqu'à *Taopába*, je ne vis pas une chaumière. Les oiseaux eux-mêmes fuient cette plage où l'on ne trouve point d'eau douce, et l'on y est assourdi par le bruit monotone des flots de la mer qui viennent se briser sur le rivage.

Vers Taopába [1] où est une cabane, le pays devient un peu montueux et des rochers embarrassent la plage. Alors je m'éloignai de l'Océan, et, après avoir traversé un bois vierge dans lequel je remarquai un grand nombre de *Lecythis* chargés de fleurs, j'arrivai au hameau d'*Aga*. Les chaumières qui le composent sont bâties sur le bord de la mer au fond d'une petite anse, et, auprès de ces chétives demeures, est une certaine étendue de terrain aujourd'hui cultivée ou qui le fut jadis. Je fis halte chez le principal propriétaire de cet endroit. Son habitation est formée de plusieurs cabanes très petites, fort rapprochées et bâties sans ordre dans un pâturage qui s'étend jusqu'à la mer et où des orangers sont plantés çà et là. Au fond du pâturage se trouve une colline dont les flancs sont couverts de gazon et dont le sommet était, lors de mon voyage, planté de ricins et de cotonniers. Des bananiers nombreux entouraient cette plantation et étalaient des feuilles horizontales qui toutes, même les plus nouvelles, avaient été déchirées en lanières étroites par les vents impétueux sans cesse déchaînés sur cette côte.

---

[1] Des mots indiens *táo* grandes fourmis et *pába* mortalité (destruction des grandes fourmis) (Ant. Ruiz de Montoya, *Tes. leng. guar.*).

Derrière la colline dont je viens de parler, s'élève une montagne arrondie, presque à pic [1] et formée d'un rocher grisâtre sur lequel on voit à peine quelques plantes éparses. Enfin vers les côtés du pâturage, sont des bois vierges embellis par des *Lecythis* aux fleurs rouges et au tronc élancé. Ce paysage très varié emprunte quelque chose de solennel du bruit des vents et du mugissement monotone des vagues de la mer.

Depuis que je voyageais, les vents avaient toujours soufflé du nord-est. Mais s'ils sont incommodes par leur violence, du moins ils ont l'avantage de rafraîchir singulièrement l'atmosphère, et, depuis Rio de Janeiro, la chaleur ne m'avait jamais beaucoup incommodé toutes les fois que j'avais suivi le bord de la mer, tandis que, dans les environs de Campos où je me trouvais à quelques lieues du rivage, j'étais accablé par l'ardeur du soleil.

En sortant d'Agá, on s'éloigne de la mer pour quelques instans; mais, après avoir traversé une portion de bois vierge, on se retrouve bientôt sur la plage. Ici la végétation est plus vigoureuse que celle que j'avais observée tous les jours précédens; les arbrisseaux sont plus élevés; leur feuillage offre une verdure plus fraîche, et ils n'ont pas un aussi grand nombre de rameaux desséchés.

A environ deux lieues d'Agá, l'on arrive à l'embou-

---

[1] C'est sans doute cette montagne que M. le prince de Neuwied appelle *Morro de Aga*, et Pizarro *Montanha do Agá*.

chure de la petite rivière de *Piúma* devant laquelle sont trois îlots de peu d'importance. Cette rivière, m'a-t-on dit, n'a pas plus de 8 lieues de cours ; et, si des embarcations d'un faible tonnage y entrent quelquefois, c'est uniquement pour se mettre à l'abri des vents contraires.

On trouve à l'embouchure du Piúma quelques chaumières habitées par des Indiens civilisés qui vivent de la pêche et cultivent un peu de terre près du rivage. J'entrai dans une de leurs maisons qui était construite avec régularité et divisée dans l'intérieur en plusieurs pièces, mais où l'on n'avait employé d'autres matériaux que de longues perches et des feuilles de palmier. Quant aux autres chaumières, elles sont, suivant la coutume du pays, bâties en terre et en bois. Il y avait jadis sur les bords du Piúma plus d'Indiens qu'on n'en voit aujourd'hui ; la crainte des Botocudos a fait fuir ceux qui s'étaient un peu avancés dans l'intérieur des terres ; d'autres se sont retirés pour satisfaire à l'inconstance naturelle à leur race, et pour éviter les vexations dont elle est si souvent l'objet dans la province d'Espirito Santo.

Un pont en bois avait été construit il y a plusieurs années sur la rivière de Piúma, mais, à l'époque de mon voyage, il était presque entièrement détruit [1], et, pour passer l'eau, l'on se servait d'une pirogue. Le

---

[1] M. le prince de Neuwied a encore passé ce pont en 1815, et lui donne trois cents pas de longueur. C'était, dit-il avec raison, une véritable curiosité pour ce pays.

péage n'était point affermé, et se percevait directement pour le compte du fisc.

Après Piúma, le pays devient montueux, et l'on entre dans les bois; mais tout y annonce le voisinage d'une ville ou d'un village de quelque importance, car sans cesse l'on voit des chaumières, des terrains en culture et d'autres qui jadis ont été cultivés. La ville de Benevente se montre bientôt entre les arbres; elle se cache plusieurs fois pour reparaître peu d'instans après, et procure au voyageur une suite de points de vue très agréables.

CHAPITRE IX.

LA VILLE DE BENEVENTE ET LES INDIENS CIVILISÉS. — LA VILLE DE GUARÁPARI. — ARRIVÉE SUR LES BORDS DE LA BAIE D'ESPIRITO SANTO.

Passage du *Rio de Benevente*. — Position de la ville de *Benevente* — Ses édifices. Son histoire. De quelle manière les Indiens y sont traités. Culture et commerce. — Hameau de *Meiaipi*. A quelle race appartiennent ses habitans. — Ville de *Guarápari*. Son histoire et sa population. Description de cette ville. Culture de ses environs; son commerce. — Habitation de *Pero-Cão*. Respect des Brésiliens pour leurs supérieurs. — Hameau de *Rio d'Una*. Sel blanc. — *Ponta du Fruta*. — La rivière *Jecú*. Canal creusé par les jésuites. — Végétation analogue à celle de quelques parties de la province de Minas Geraes. — Vue de la baie d'Espirito Santo. — Embarras qu'éprouve le voyageur à l'approche des villes. — Passage de la baie. — Habitation de *Jucutacoára*. Mangliers. — Sitio de *Santinhos*. Conversation.

Lorsque j'arrivai devant Benevente qui est situé sur la rive septentrionale du petit fleuve de même nom, une pirogue vint bientôt me chercher, conduite par un jeune nègre. Je m'embarquai avec Prégent, le Botocudo Firmiano et une partie de mon bagage. La pirogue était très chargée; le vent soufflait avec force, la marée nous entraînait, et notre batelier était sans expérience. Je ne pus, je l'avoue, me défendre de quelque crainte; cependant nous arrivâmes sans aucun accident. Je demandai aux premières personnes que je vis sur le rivage où je pourrais passer la nuit, et l'on s'accorda à me dire que je ne trouverais de logement que dans l'ancien couvent des jésuites. Comme cet édifice est situé à une certaine distance de la rivière, mes mulets seuls pouvaient y transporter mon bagage, et il fallut avant de m'instaler, qu'ils eussent passé l'eau. Il y eut à ce sujet je ne sais combien de pourparlers inutiles. Enfin, les mulets traversèrent la rivière à la nage, mais les uns après les autres, tenus à la longe par un ou deux hommes qui étaient dans la pirogue. Environ deux heures s'écoulèrent, avant que toute ma caravane fût sur la rive gauche du Benevente, et, pendant ce temps, je fus obligé de rester sur le rivage avec mes effets, exposé au plus ardent soleil. Comme ce jour là était précisément un dimanche et, qui plus est, la fête du rosaire, une multitude de gens de tout le voisinage s'étaient rendus à la ville. A peine fûmes-nous débarqués que l'on fit cercle autour de nous, et, à chaque instant, la foule grossissait davantage. Des Indiens civilisés, des nègres, des Brésiliens-Portugais nous regardaient presque sans rien dire avec un air d'étonnement et de stupidité. Mais c'était principalement Firmiano qui attirait les regards des curieux; ses oreilles et sa lèvre inférieure largement percées avaient trahi son origine, et, comme le nom de sa peuplade est ici en exécration, on faisait devant lui les réflexions les plus injurieuses. Le pauvre garçon, interdit et décontenancé, baissait les yeux sans proférer une seule parole, ou cachait sa figure en l'appuyant sur ses mains. Enfin, la patience m'échappa ; je dis aux assistans les vérités les plus dures, et leur reprochai sans aucun ménagement leur cruauté et leur sottise. Je fus écouté avec le plus grand sang-froid ; on ne me répondit point ; mais personne ne songea à se retirer. En l'honneur de la fête, tous les Indiens s'étaient plus ou moins enivrés, et l'un d'eux qui probablement avait suivi l'exemple des autres, vint crier à mes oreilles qu'un Botocudo ne devait paraître dans ce pays que pour y être mis en prison, ajoutant qu'il allait donner avis de ce qui se passait au commandant de la milice. Prégent répondit à cet homme avec quelque rudesse, et mit les rieurs de son côté. Je ne sais si l'Indien exécuta la menace qu'il avait faite ; mais, peu d'instans après la petite scène dont je viens de faire le récit, le commandant parut, et demanda à voir mon passeport. Quand il en eut pris lecture, il me combla de politesses et mit fin à mes ennuis, en me faisant préparer dans l'ancien monastère le logement réservé pour les voyageurs. Bientôt après le curé vint me voir, et ensuite il m'envoya des provisions avec une bouteille de bon vin d'Alicante.

Débarrassé des importuns, je pus enfin me promener dans Benevente et examiner sa position. Des montagnes que l'on aperçoit dans le lointain du côté du nord-ouest, descend une rivière qui, immédiatement avant son embouchure, se dirige brusquement vers l'ouest. C'est dans l'angle formé par cette courbure qu'a été bâtie la ville de Benevente, autrement appelée *Villa Nova* ou *Villa Nova de Benevente*. Cette ville se compose d'environ cent maisons couvertes, les unes en tuiles, les autres en chaume, et dont plusieurs ont un étage outre le rez-de-chaussée. Autour du principal groupe de maisons qui est le plus rapproché de la rivière, et présente une espèce de triangle, le terrain s'élève en formant une pente rapide où le rocher se montre à découvert. Cette pente se termine à une plate-forme assez large qui domine, non-seulement la campagne, mais encore la mer, et là se trouvent situés l'ancien couvent des jésuites et leur église, aujourd'hui la paroisse de tous les fidèles du district. L'entrée de celle-ci regarde l'Océan ; le couvent est appuyé contre le côté méridional de l'édifice, et une large rue formée par des chaumières aboutit au côté septentrional. Sans être fort ornée, cette église est cependant remarquable par sa grandeur, et surtout parce qu'elle a deux bas-côtés, genre de construction dont les temples brésiliens offrent très peu d'exemples. L'ancien couvent est à un étage, auquel on monte par un escalier extérieur, et forme les trois côtés d'un cloître dont l'église fait le quatrième. La vue la plus délicieuse s'offre aux regards de celui qui se place à quelqu'une des fenêtres du monastère ; il découvre à la fois la rivière, les bois majestueux qui la bordent, son embouchure, l'Océan, la ville de Benevente et les campagnes des alentours.

Benevente, jadis connu sous le nom d'*Aldea de Re-*

rilygba ¹, était une des quatre réductions ² qui se trouvaient comprises dans la province d'Espirito-Santo. Les jésuites jetèrent les fondemens de cet aldea, presqu'aussitôt après leur arrivée au Brésil ³ ; ils y réunirent un nombre très considérable d'Indiens ; ils y établirent un hospice pour les voyageurs de leur ordre (*hospicio*), et Reritygba fut, en grande partie, le théâtre des généreux travaux du P. Anchieta. En 1761, l'ancienne réduction fut érigée en ville sous le nom de *Benevente*, et, en 1795, on en fit le chef-lieu d'une paroisse indépendante ⁴. Après l'expulsion de la compagnie de Jésus, le gouvernement s'empara du monastère. Une partie du bâtiment sert aujourd'hui de logement au curé ; le reste de l'édifice a été consacré à plusieurs destinations différentes. On y a fait une prison ; on y a disposé une salle pour les assemblées du sénat (*camara*) ; dans une autre pièce l'*ouvidor* donne ses audiences, lorsqu'il vient ici remplir ses

¹ *Reritygba* viendrait-il des mots indiens *riru* corbeille et *tuba* réunion, réunion de corbeilles ?

² On appelle *réductions* les villages d'Indiens fondés par les jésuites.

³ Des jésuites, comme on l'a vu, débarquèrent pour la première fois au Brésil en 1549 avec le gouverneur général Thomé de Souza.

⁴ J'ai dit plus haut que la population de la paroisse de Benevente s'élevait en 1820, suivant Pizarro, à 2,500 individus. M. le prince de Neuwied ne la faisait monter, en 1815, qu'à 1,400 ames ; mais la manière dont il s'exprime peut faire soupçonner que ce chiffre ne comprend pas la population de la paroisse tout entière.

fonctions de *corregedor;* et enfin on a eu la générosité de réserver une chambre pour la donner aux étrangers honnêtes qui passent dans le pays.

Lorsqu'elle chassa les jésuites, l'administration assigna à la communauté des Indiens civilisés de Benevente, une étendue inaliénable de six lieues de côtes sur autant de profondeur. Mais, comme le pays était fertile, des gouverneurs donnèrent bientôt à leurs amis des portions de terrain, sans s'inquiéter du droit des indigènes qui vainement firent entendre leurs plaintes. D'un autre côté, afin de pouvoir acheter de l'eau-de-vie, un grand nombre d'Indiens cédèrent leurs propriétés à des blancs qui, pour s'assurer la jouissance du fonds déclaré inaliénable, s'engagèrent à payer une légère rétribution à la municipalité (*camara*) de Benevente[1]. D'autres indigènes, en quittant le pays, ne firent aucune vente, et des Portugais se mirent purement et simplement en possession de leurs terres. Enfin aujourd'hui on donne des *sesmarias* dans tout le district, sans même exiger un cens pour la *camara;* l'*ouvidor* de Villa da Victoria porte encore le titre honorable de *conservateur des possessions des Indiens de Benevente,* mais il n'a réellement plus rien à conserver. Les terres en rapport ont passé presque toutes entre les mains des Brésiliens-Portugais, et les Indiens se louent chez ces derniers pour cultiver des champs qu'ils ne devraient ensemencer que pour eux-mêmes.

---

[1] On a vu (p. 15 et 16) que cela se pratiquait encore ainsi à S. Pedro dos Indios.

AU BRÉSIL.

Quand un Indien demande justice contre un Portugais, comment pourrait-il l'obtenir ? C'est aux amis, c'est aux compatriotes de son adversaire qu'il est obligé de s'adresser, puisque les juges ordinaires (*juizes ordinarios*) de Benevente sont uniquement des Portugais. Et, d'un autre côté, comment les plaintes d'une race d'hommes pauvres et sans appui parviendraient-elles jusqu'aux magistrats supérieurs, placés à une si grande distance de ces infortunés, et sourds trop souvent à la voix de celui qui se présente les mains vides ?

Peu de temps avant l'époque de mon voyage, on avait, comme je l'ai dit plus haut, ouvert de nouvelles routes dans la province d'Espirito Santo ; on avait jeté les fondemens d'une nouvelle ville, celle de Vianna, et c'étaient les Indiens qu'on employait à ces divers travaux. On en tire de Benevente (1818) un certain nombre que l'on change de trois en trois mois; on les envoie travailler fort loin de leur pays ; on les nourrit mal, et, au bout du trimestre, on ne leur donne que 4,000 reis (25 fr.), qui encore ne sont pas toujours exactement payés. La crainte de ces corvées illégales a fait fuir un très grand nombre d'Indiens, et comme ce sont principalement les hommes qui quittent le pays, et qu'ailleurs ils ne trouvent point de femmes, ils restent perdus pour la population.

Il n'est pas surprenant que les terres de Benevente soient fort recherchées par les Brésiliens-Portugais, car elles sont en général d'une très bonne qualité, et conviennent également au riz, au coton, aux haricots, à la canne à sucre, et au manioc qui déja, au bout de six mois, produit des racines bonnes à arracher. Ce n'est pas seulement du sucre que les colons envoient à Rio de Janeiro; ils recueillent les autres productions de leur pays avec assez d'abondance pour en faire des envois à la capitale.

Le voisinage de l'Océan et celui de la rivière favorisent singulièrement les agriculteurs de cette contrée. Du côté du nord, la terre qui borne le Rio de Benevente dépasse l'embouchure, et forme dans l'Océan une avance très grande et demi-circulaire, qui offre un abri aux petits bâtimens. L'entrée de la rivière a 10 à 12 pieds de fond; elle n'oppose au navigateur aucune difficulté, et donne passage aux plus grandes *sumacas*. Il paraît que l'on ne connaît point les sources du Benevente; mais on peut, avec des pirogues, le remonter dans une étendue de quatre à cinq *legoas* [1].

[1] M. le prince de Neuwied pense (*Voyage trad.* Eyr., I, 249) que Cazal s'est trompé en appliquant au Rio Cabapuana, limite de la province d'Espirito Santo, le nom de Reritygba; et, en effet, il serait bien extraordinaire que les jésuites eussent bâti l'aldea de Reritygba sur le bord d'une rivière qui ne serait pas le Reritygba. Pizarro, en général si exact, a encore augmenté la confusion. Dans un endroit de ses ouvrages (*Mém.*; II, 28), il distingue positivement le Reritygba du Benevente, et comme il dit que le premier s'appelle aujourd'hui Camapuán, on doit croire qu'avec Cazal, il a eu en vue le Camapuana ou Cabapuana; et cependant ailleurs (V, 95), il ajoute que les jésuites bâtirent l'aldea de Reritygba sur les bords du Rio Reritygba, qu'ils appelaient vulgairement Iriritiba et que l'on nomme aujourd'hui Cama-

Les petits navires qui transportent habituellement à Rio de Janeiro les denrées du pays sont au nombre de quatre ou cinq; et, en outre, il en vient de temps en temps dans la rivière d'autres qui sont frétés par des négocians de Bahia et de la capitale.

Ceux-ci ou leurs commissionnaires vont chez les colons, donnent d'avance quelque argent et retiennent une certaine quantité de denrées qu'ils font charger ensuite [1]. Ce n'est pas toujours en numéraire que se font les achats; il n'est point rare que les négocians fournissent des marchandises en échange des productions du pays. On vend assez régulièrement une pataque et demie à deux (3 à 4 fr.) l'*alqueire* de riz revêtu de ses enveloppes, une à deux l'*alqueire* de maïs, deux à trois celui de farine de manioc. Le coton qui, pendant long-temps, s'était vendu deux pataques l'arrobe, venait, lors de mon voyage, d'être poussé jusqu'à trois par des acheteurs étrangers.

Ce qui arrête les progrès de la culture, c'est la crainte des Botocudos qui, depuis environ 25 à 30

puán : voilà donc le Reritygba ou Camapuán redevenu le Benevente, puisque c'est lui qui coule auprès de la ville aussi appelée Benevente; mais ensuite l'auteur brésilien oublie les noms de Reritygba, Camapuán et Benevente, et dit que la Rivière qui arrose le côté méridional de la ville est le *Rio da Aldea*. Pour se conformer à l'usage du pays, il faut donner le nom de *Rio Cabapuana* à la rivière qui sépare la province du S. Esprit de celle du Rio de Janeiro; et le nom de *Rio de Benevente* à la rivière qui arrose la ville de Benevente.

[1] On a vu que ce n'était pas seulement à Benevente que le commerce se faisait de cette manière.

ans (écrit en 1818), ont commencé à exercer des ravages sur le territoire de ce district. Ces Indiens ont fait abandonner le voisinage de plusieurs des affluens du Rio Benevente, et l'on ne peut guère, à cause d'eux, s'éloigner à une grande distance du littoral. Cependant, depuis que l'on a établi un détachement militaire sur les bords très fertiles de la rivière d'*Iconha*, des cultivateurs commencent à s'y établir aujourd'hui.

Après avoir quitté Benevente, je cheminai d'abord sur le rivage de la mer ; je passai plusieurs fois de la plage dans la forêt, et de la forêt sur la plage, et ayant parcouru, dans un espace de trois lieues et demie, un pays montueux parsemé de chaumières, j'arrivai au hameau de *Meiaipi* [1], qui dépend de la paroisse de Guarápari. Ce hameau est situé sur le bord d'une crique. Au nord de celle-ci, on voit un groupe assez considérable de maisonnettes ; par derrière, sont des collines couvertes de bois, et, en face du hameau, des rochers noirâtres presqu'à fleur d'eau se montrent dans la mer.

Quoique les habitans de Meiaipi se vantent d'être des blancs, on reconnaît sans peine que, pour la plupart, ils n'appartiennent pas sans aucun mélange à la race européenne. Ils n'ont point, à la vérité, les

[1] J'écris ce mot comme j'ai cru l'entendre prononcer dans le pays ; mais je dois dire que l'on trouve *Miaipé* dans le savant ouvrage de M. le prince de Neuwied. Meiaipí viendrait-il des mots indiens *mbeím* tourte, gâteau et *aypí* manioc doux ?

yeux divergens et la couleur bistrée des indigènes ;
mais il est à remarquer que ces caractères se perdent
presque toujours par le croisement des blancs et des
Indiens ; d'ailleurs, les colons de Meiaipi ont la poitrine large et les épaules effacées comme les Américains ; leur tête est plus grosse que celle des véritables
Portugais, et l'os de la pommette est chez eux plus
proéminent que chez l'Européen ; enfin, la blancheur
de leur peau a quelque chose de terne et de blafard
qu'on n'observe jamais dans les hommes qui appartiennent entièrement à la race caucasique [1].

Les habitans de Meiaipi cultivent un peu de terre ;
mais ils vivent principalement de la pêche qui, dans
ce canton, est très abondante. Ils font sécher le
poisson qu'ils prennent, et de petites embarcations
viennent le leur acheter de Villa da Victoria et de S.
Salvador dos Campos dos Goitacazes.

Après être sorti de Meiaipi, je traversai, pendant
quelques instans, un terrain qui n'offre guère qu'un
sable pur et où la végétation, très intéressante, est absolument semblable à celle des *restingas* de Saquaréma, du Cabo Frio, etc. Bientôt je me trouvai sur la
plage, et ensuite m'en étant un peu éloigné, j'arrivai
à *Guarápari* [2].

---

[1] Voyez ce que j'ai dit des caractères de la physionomie
des *mamalucos* au chapitre premier de ce volume.

[2] *Guarápari* et non, comme on l'a écrit, *Goaraparim*,
vient du mot indien *guará* l'oiseau de rivage appelé *Ibis rubra*
ou *Tantalus ruber* par les naturalistes, et de *parí* piège (piège
à prendre les *guarás*). Il est à remarquer que ce doit être par

Cette petite ville fut originairement une des quatre réductions que les jésuites avaient formées dans la province d'Espirito Santo, et le célèbre José d'Anchieta y fit, comme à Benevente, briller son zèle pour la civilisation et le bonheur des Indiens. Il paraît que, du temps de la compagnie de Jésus, des blancs avaient déja pénétré à Guaráparí, car, dès l'année 1689, ce lieu reçut le titre de ville, et, vers la même époque, on y fonda une espèce de paroisse [1]. Nous ne pourrions dire quelle était, sous l'administration des jésuites, la population de ce district; tout ce que nous savons, c'est qu'aujourd'hui on compte, dans le ressort de la juridiction curiale, plus de 300 feux et plus de 2,400 adultes [2].

extension que le mot guarani *parí*, qui a passé au Brésil dans la langue portugaise, se trouve appliqué aux *guarás*; car il signifie, à proprement parler, claie à prendre le poisson (Voy. ma *première Relation*, II, 275). Le nom de Guaráparí indique assez qu'autrefois il existait des *guarás* autour de cette ville, mais actuellement on n'en voit plus aucun dans la province du S. Esprit. Du temps de Marcgraff (*Hist. nat. Bras.*, 203), les *Ibis rubra* étaient aussi fort communs à Rio de Janeiro; et aujourd'hui on y connaît à peine le nom de ces magnifiques oiseaux. Je n'ai retrouvé des *guarás* que dans le petit port de *Guarátúba* situé au midi de la province de S. Paul; et, comme on les tue sans pitié pour avoir leurs plumes et que l'on mange leurs œufs qui sont, à ce que l'on dit, d'un goût agréable, il est à croire que bientôt l'un des plus beaux ornemens de la côte du Brésil aura entièrement disparu de cette contrée.

[1] Piz. *Mém. hist.*, III, 252-4.
[2] Ce chiffre est emprunté à Pizarro. M. le prince de Neu-

La ville de Guarápari a été bâtie dans une position très pittoresque à l'embouchure de la rivière du même nom; mais, au lieu de s'étendre sur le bord de cette rivière, elle y aboutit perpendiculairement, et l'on ne parvient au rivage qu'après avoir traversé la ville dans toute sa longueur. La rue par laquelle j'arrivai au *Rio Guarápari* est assez large et bordée de maisons mal entretenues, la plupart couvertes en tuiles. Devant les portes et les croisées est ordinairement une espèce de treillage très fin qui tient lieu de jalousies et ressemble à celui dont on se sert dans plusieurs parties du Brésil pour faire des tamis. On n'a pas eu le soin de paver la rue dont je viens de parler, et il y croît, comme au Cabo Frio, un gazon très fin d'un effet assez joli. Une colline couverte de bois et couronnée par l'ancien couvent des jésuites touche à la ville, et s'élève devant l'embouchure de la rivière. Celle-ci qui, en face de la rue principale, n'a guère que la largeur de nos rivières de troisième ou quatrième ordre, se jette dans une petite baie à environ une portée de fusil des dernières maisons. Sur la rive du Rio Guarápari opposée à la ville, c'est-à-dire sur la rive gauche ou septentrionale, s'élèvent quelques rochers noirâtres; une plaine couverte d'arbrisseaux et de broussailles s'étend derrière eux; on voit du côté du septentrion, sur le bord de la petite baie où se jette

wied indique un nombre peu différent; il porte la population de la ville de Guarápari en particulier à 1,600 habitans, et celle de tout le territoire à 3,000.

la rivière, une rangée de cabanes qui forme le demi-cercle, et enfin l'horizon est borné par des montagnes.

La ville de Guaráparí a beaucoup moins d'importance pour le commerce qu'Itapémirím et Benevente. Ses habitans sont généralement pauvres et ont peu d'esclaves. Les cannes à sucre que produisent leurs terres ne peuvent guère être employées que pour faire de l'eau-de-vie, et, s'ils recueillent du coton, du riz, des haricots, du manioc, ce n'est point en assez grande quantité pour qu'ils entretiennent avec la capitale des communications régulières [1]. De temps à autre, des marchands de Bahia ou de Rio de Janeiro entrent, avec de petites embarcations, dans le Guaráparí, et achètent aux cultivateurs les denrées qui excèdent la consommation du pays ; mais ce commerce se fait avec une lenteur extrême. Lors de mon voyage, une embarcation qui était venue de Bahia pour prendre des farines, se trouvait, depuis trois mois, dans le port de Guaráparí, et elle n'avait pas encore pu compléter son chargement [2].

---

[1] Pizarro (*Mém.*, III, 253) reproche aux agriculteurs de Guaráparí leur paresse et leur attachement à de vieilles routines.

[2] N'ayant pas pris de notes sur le petit commerce de *baume* que fait Guaráparí, je m'abstiendrai d'en parler. Par la même raison, je ne dirai rien non plus d'une espèce de république de nègres révoltés qui s'était formée dans le voisinage de la même ville, et dont on s'entretenait beaucoup à l'époque de mon voyage.

AU BRÉSIL.

En quittant Guarápari, je passai la rivière. On se sert d'une pirogue pour transporter les hommes d'un bord à l'autre, et l'on force les chevaux et les bêtes de somme de traverser l'eau en nageant. Le péage est affermé pour le compte du fisc.

Lorsque je fus de l'autre côté de la rivière, je traversai la plaine que j'avais déja aperçue, étant encore dans la ville. Elle offre une surface sablonneuse, et la végétation qu'on y observe ressemble, du moins pour l'aspect, à celle des diverses *restingas* que j'avais parcourues jusqu'alors. Au-delà de cette plaine, j'entrai dans une forêt, et bientôt j'arrivai à *Pero-Cão*, lieu qui a emprunté son nom à une rivière dont les eaux coulent dans le voisinage. La maison où je fis halte a peu d'importance, mais sa position est fort belle. Cette maison a été bâtie sur le sommet d'une petite montagne qui domine une anse assez large, et d'où l'on découvre aussi la haute mer. Autour de l'habitation sont des terrains cultivés et quelques cases à nègres ; on voit au pied de la colline la vallée qu'arrose le *Pero-Cão* ; d'immenses forêts s'étendent du côté de l'ouest, et dans le lointain l'on aperçoit de hautes montagnes.

Le propriétaire de Pero-Cão me logea dans une case à nègres ; ce n'était pas un gîte bien distingué, mais du moins je pouvais espérer d'y travailler avec plus de liberté que dans la maison du maître lui-même. Cet homme me traita d'abord assez cavalièrement ; mais, quand on lui eut dit que j'avais la qualité d'*homen mandado* (un homme chargé d'une mission par le roi), il prit aussitôt l'attitude du plus profond respect.

Les Brésiliens avaient à cette époque une telle vénération pour leur souverain que ce mot *mandado* agissait comme un talisman sur la plupart d'entre eux.

Après avoir quitté mon hôte, je passai le Rio Pero-Cão qui un peu plus bas se jette dans l'Océan. A environ un quart de lieue de cette rivière, j'en trouvai une autre également petite, celle d'*Una* (rivière noire) près de laquelle sont quelques chaumières fort mal entretenues. J'entrai dans l'une d'elles, et j'y vis du sel blanc comme la neige. Ce sel magnifique se forme par une évaporation naturelle, dans des creux où la mer laisse de l'eau à la suite des marées hautes, et les habitans du pays ont grand soin de le recueillir. Ainsi que le Rio Pero-Cão, la rivière d'Una se passe sur un pont. Plus loin, je traversai des terrains sablonneux dont la végétation est celle des *restingas*; puis je côtoyai des marais, et enfin je me retrouvai sur le bord de la mer dont j'étais resté éloigné pendant quelque temps. Ici la plage sablonneuse et dépouillée de verdure a plus de largeur que partout où jusqu'alors j'avais suivi le rivage, mais au-delà de cette grève le terrain est assez élevé.

A quatre lieues de Pero-Cão, je fis halte à un hameau composé de quelques chaumières éparses qui ont été bâties sur le petit promontoire appelé *Ponta da Fruta* (la pointe du fruit). La maison dans laquelle je passai la nuit est située sur une hauteur où, à l'exception du mois de mars, les vents se font, pendant toute l'année, sentir avec violence.

Depuis les environs de Guaráparí jusqu'à Ponta da

Fruta, les terres sont moins productives qu'auprès d'Itapémirím et plus au sud, ce qu'il faut attribuer à ce qu'elles sont moins basses, plus sèches et plus sablonneuses. Ici les grandes fourmis désolent les agriculteurs par leurs ravages, bien plus qu'à Itapémirím et à Campos, parce que les terres arides n'opposent point à ces insectes les obstacles qu'ils rencontrent dans les lieux humides, lorsqu'ils y veulent construire leurs demeures.

Entre Ponta da Fruta et le *Sitio de Santinhos* ou, si l'on veut, la baie d'Espirito Santo, le chemin, dans un espace de quatre lieues et demie, ne côtoye plus la mer; cependant il ne s'en éloigne pas tellement que le voyageur ne puisse souvent encore entendre les mugissemens des vagues. On traverse toujours un terrain plat qui offre tantôt des marais, tantôt des pâturages, des bouquets de bois, ou une végétation analogue à celle des *restingas*.

A peu près à moitié chemin, je trouvai la rivière de *Jecú*[1] près de laquelle sont quelques chaumières éparses. On passe cette rivière sur un pont en bois dont l'entrée est fermée par une grande porte et où l'on exige un péage. Le Jecú se jette dans l'Océan un peu au-dessous du pont; mais son embouchure a trop peu

---

[1] J'écris ce mot tel que je l'ai entendu prononcer dans le pays et tel qu'on le trouve dans Cazal (*Corog.*, II, 62); mais je dois dire que M. le prince de Neuwied et Pizarro s'accordent à écrire *Jucú*. Peut-être le nom *Jecú* serait-il plutôt celui d'une des petites rivières qui se jettent dans la baie d'Espirito Santo du côté du sud.

de profondeur pour donner entrée à d'autres barques qu'à des pirogues. Cette dernière circonstance avait décidé les jésuites, possesseurs de trois *fazendas* situées sur les bords de Jecú, à creuser un canal qui, communiquant de la rivière à la baie d'Espirito Santo, mettait les denrées à l'abri des risques qu'elles auraient courus, transportées sur la mer dans des troncs creusés. J'ai déja eu occasion de parler ailleurs de ce petit canal, le seul qui existe, à ma connaissance, dans tout le Brésil méridional, avec celui de *Capitinga* près Paracatú et celui des forges de Gaspar Soares [1].

Au-delà du Jecú, j'entrai dans un bois, puis j'arrivai à un vaste pâturage où l'on pourrait élever un grand nombre de bestiaux. L'horizon y est borné du côté de l'ouest, par des hauteurs qui font partie sans doute de la chaîne maritime, et, sur un plan moins éloigné, on voit d'autres montagnes au milieu desquelles il est impossible de ne pas distinguer celle d'une forme conique dont le sommet est couronné par le fameux monastère de *Nossa Senhora da Penha* (Notre Dame du rocher).

Après avoir traversé le pâturage du Jecú, j'arrivai à un terrain extrêmement sablonneux couvert d'arbrisseaux petits et rapprochés qui, dans leur ensemble, présentent absolument l'aspect des *carrascos* de Minas

---

[1] On verra dans ma troisième relation que le canal de Capitinga ne servit jamais à rien, et peut-être est-il aujourd'hui entièrement comblé. Je ne serais pas surpris qu'il en fût actuellement de même du petit canal de Gaspar Soares.

Novas [1]. Mais ce n'est pas seulement par sa physionomie que la végétation de ce lieu se rapproche de celle de quelques parties de Minas Geraes. J'y trouvai des plantes que j'avais déja recueillies dans cette dernière province, et je puis même dire en général que les espèces des *restingas* de la côte sont souvent celles qui croissent sur les plateaux élevés, humides et sablonneux des Mines, ou du moins qu'elles appartiennent aux mêmes genres. Ceci tend à prouver que, quand l'élévation du sol n'est pas extrêmement considérable, elle contribue moins que les changemens de terrain à apporter des différences dans la végétation [2].

Ayant continué ma route, j'arrivai à un pâturage où je ne trouvai plus aucune trace d'hommes ni de chevaux; je crus alors m'être égaré, et je revins sur mes pas; cependant j'appris bientôt des habitans d'une chaumière voisine que je ne m'étais point trompé de chemin, comme je l'avais pensé. J'étais alors sur le point d'arriver à Villa da Victoria; mais, dans ce pays, on voyage si rarement par terre, que, pour ainsi dire, aux portes de la capitale de la province, le seul chemin qui y conduit disparaît entièrement sous les herbes dont il est couvert.

Je montai bientôt sur une colline couverte de gazon, et au sommet je trouvai une chétive cabane. Là une grande partie de la baie d'Espirito Santo s'offrit à

---

[1] Voy. ma *première Relation*, vol. II, p. 22.
[2] Voyez mon introduction à l'*Histoire des plantes les plus remarquables du Brésil et du Paraguay*, p. XXV.

mes regards. Je voyais le canal par lequel y entrent les bâtimens et qui se trouve resserré du côté du midi par la montagne de *Moreno*, et, du côté du sud, par la petite île appelée *Ilha do Boi* (île du bœuf). Devant moi se déployaient les contours irréguliers de la baie environnée de collines et de montagnes. Sur ces hauteurs de formes très variées, j'apercevais tour à tour de grandes forêts, de verts pâturages, des champs cultivés et des terrains maigres qui n'offrent que des broussailles. Au milieu de toutes ces montagnes, il m'était impossible de ne pas remarquer celle de *Jucutacoára* qui se termine par un rocher nu, arrondi au sommet et en apparence cylindrique. Vers le nord, je découvrais entre les mornes, sur un plan reculé, le pic de *Mestre Alve* éloigné de 8 à 9 *legoas*. Reportant mes regards sur la baie, je me plaisais à contempler les îles dont elle est parsemée, et qui ont entre elles si peu de ressemblance pour l'étendue et pour la forme. Au pied de la colline du haut de laquelle j'admirais ce magnifique panorama, je voyais les eaux de l'*Arabiri* se réunir à celles de la baie, après avoir serpenté dans la campagne. Villa da Victoria était cachée par des hauteurs; mais quelques chaumières se montraient çà et là sur les mornes, et la vue de la belle habitation de *Jucutacoára* rendait moins austère celle des montagnes voisines.

Dans les parties du Brésil où l'on voyage par terre, on éprouve, en arrivant dans les villes, les plus grandes difficultés pour trouver un gîte, et surtout pour placer ses chevaux et ses mulets. Il est donc naturel de croire que je dus essuyer quelque embarras, quand je fus parvenu près de la capitale d'Espirito Santo. On n'a point établi de passage régulier entre Villa da Victoria, située dans une île et l'extrémité du chemin où je me trouvais alors. Je ne vis qu'une pirogue au bas de la colline du haut de laquelle j'avais contemplé la baie d'Espirito Santo, et cette pirogue était attachée avec un cadenas. Heureusement l'homme qui m'avait indiqué le chemin, lorsque je m'étais cru égaré, m'avait dit qu'il possédait une barque, et je m'étais arrangé avec lui pour qu'il me l'amenât. Il arriva bientôt, et m'apprit que le *capitão mór* de Villa da Victoria, pour lequel j'avais une lettre de recommandation, était le propriétaire de la grande habitation de Jucutacoára, dont j'ai parlé plus haut, et que j'avais aperçue dans le lointain, du haut de la colline.

Je laissai à terre mes effets et mes bêtes de somme, et j'entrai dans la barque avec mon nouveau guide pour me rendre chez le *capitão mór*. Bientôt je découvris Villa da Victoria, et je ne tardai pas à arriver de l'autre côté de l'eau.

En débarquant, je ne pus m'empêcher de faire quelque attention aux mangliers qui croissent sur le rivage. Leurs branches ne retombent point pour prendre racine dans la terre et former des berceaux ; mais, à une hauteur d'environ 8 à 10 pieds au-dessus de la vase, le tronc donne naissance à des racines qui vont chercher le sol, et l'arbre semble porté en l'air sur des espèces de cordes obliquement tendues. Je présume que cette végétation singulière est due à l'humidité dans laquelle la mer entretient les troncs, et que les racines commencent au point où parvient l'eau dans les hautes marées [1].

L'habitation de *Jucutacoára* vers laquelle je m'étais dirigé a été bâtie dans la position la plus agréable. Elle est grande, régulière et s'élève à mi-côte sur un morne couvert d'une herbe rase. Devant la maison, s'étend une vallée traversée par un ruisseau et bordée par des montagnes couvertes de bois dont la plus remarquable est celle qui donne son nom à l'habitation elle-même. De gros rochers sont épars çà et là dans la vallée. Une sucrerie et des cases à nègres ont été construites de droite et de gauche au-dessous de la demeure du maître. A l'extrémité de la vallée est une plantation de cannes à sucre au milieu de laquelle l'œil se repose sur un groupe de palmiers élégans ; viennent ensuite des paletuviers ; plus loin on découvre une portion de la baie, et au-delà, quelques-unes des montagnes qui la bornent du côté du sud. Le rocher de Jucutacoára n'est réellement pas cylindrique comme il m'avait semblé l'être lorsque je l'avais découvert du haut de la colline sur le sommet de laquelle j'avais admiré pour la première fois la baie d'Espirito Santo. Au nord, ce ro-

---

[1] La figure du *Rhizophora mangle* Lin., publiée par le célèbre Turpin dans *Elémens de Botanique* de M. Mirbel, donne une idée très juste de la végétation que je tâche de peindre ici. Cette végétation mériterait d'être étudiée dans tous ces développemens depuis l'époque où la plante germe jusqu'à celle où elle peut se reproduire.

cher est coupé à pic; mais, vers le midi, il s'élève par une pente inclinée, et, du côté de l'est, il présente deux larges trous arrondis où l'on n'a point encore pénétré, et qui, dit-on, lui avaient fait donner par les Indiens le nom qu'il porte aujourd'hui [1].

Le propriétaire de l'habitation que je viens de faire connaître, M. le *capitão mór* FRANCISCO PINTO, me reçut parfaitement, et m'engagea à prendre un logement chez lui. Cependant comme il était tard, nous convînmes qu'il ne m'enverrait une barque que le lendemain matin pour transporter mes gens et mes effets, et que, retournant de l'autre côté de l'eau, je passerais la nuit à l'endroit appelé Sitio de Santinhos. Je trouvai le propriétaire de ce *sitio* qui ne possédait qu'un très petit réduit, peu disposé à me recevoir; cependant il finit par s'y décider; mais il me fit payer sa tardive complaisance, en me fatigant, durant mon travail, par son intarissable bavardage. Cet homme me montra une haine implacable contre les Botocudos, sentiment partagé au reste par la plupart de ses compatriotes et peut-être par tous. Les Botocudos, me dit mon hôte, au milieu de ses fastidieux discours, sont comme les Français; ils n'aiment que la guerre [2]. J'em-

---

[1] *Jucutacoára* veut sans doute dire *trou de la pointe*. En effet, *coára* signifie certainement *trou* dans la *lingoa geral*, et l'on trouve dans le dictionnaire de cette langue (*Dicc. Port. Bras.*) *jucutí cutúca* pour *coup d'une pointe*.

[2] Un auteur brésilien dont les immenses recherches méritent de grands éloges, M. Pizarro, ne s'est pas montré envers notre nation beaucoup moins sévère que son compa-

barrassai le pauvre homme, en lui faisant connaître le pays où je suis né, et il s'empressa de chanter la palinodie.

triote, le propriétaire du Sitio de Santinhos. Voici, en effet, comment il s'exprime : « Ce peuple (les Français) eut toujours une « ardente soif d'étendre son empire, non-seulement sur les terres « nouvellement découvertes, mais encore sur celles que pos- « sèdent tranquillement les nations voisines. Des exactions, « des cruautés inouies, rien ne lui coûte, quand il s'agit de « l'intérêt de sa gloire et de celui de son commerce (*Memo-* « *rias historicas* I, 9). » Nous ne pouvons nous empêcher de faire observer qu'en écrivant ces phrases, M. Pizarro oubliait que, deux ou trois pages plus bas, il aurait à citer une lettre de Mem de Sá où cet illustre capitaine parle d'une manière fort différente des Français qu'il venait de combattre. « Leur « chef, dit-il, se conduit envers les Indiens bien autrement « que nous ; il est pour eux d'une extrême générosité ; il leur « rend exactement justice, et punit avec rigueur ceux des « siens qui les maltraitent ; aussi est-il singulièrement aimé « des sauvages (16 juin 1560). ». M. Pizarro oubliait encore que les Portugais étendirent leurs immenses conquêtes jusqu'aux extrémités de l'Inde ; que, pour fonder l'empire du Brésil, ils s'emparèrent de tout le territoire compris entre l'ancien Paraguay et la Guyane ; qu'ils détruisirent une foule de peuplades sauvages, et que, suivant leurs propres historiens, ils se montrèrent envers les indigènes plus barbares que les Barbares eux-mêmes ; il oubliait ces chasses aux Indiens que les Paulistes firent durer tant d'années, ces établissemens de la côte d'Afrique qui n'étaient que d'horribles entrepôts pour le commerce des nègres, la conquête récente des missions de l'Uruguay, et enfin les guerres faites de nos jours aux colons espagnols du Rio de la Plata. A Dieu ne plaise qu'en renvoyant à M. Pizarro ses accusations, nous prétendions justifier les Français de leurs torts ; nous voulons

Le lendemain matin (10 octobre 1818), le *capitão mór*, suivant sa promesse, m'envoya une grande barque devant le Sitio de Santinhos. Mon bagage fut transporté de l'autre côté de la baie, et mes mulets la traversèrent à la nage, en faisant une pose sur une pointe de terre.

Ce jour là et le jour précédent, la chaleur fut affreuse, et je souffris beaucoup des nerfs. J'aurais eu besoin d'avoir sous les yeux des visages rians, de pouvoir me livrer quelquefois aux épanchemens de la confiance et de l'amitié, et j'étais réduit à la triste société du pauvre Prégent dont l'humeur et la santé s'altéraient chaque jour davantage. Je m'obstinais à vouloir aller jusqu'au Rio Doce, et pourtant je ne pouvais penser à ce voyage sans frémir.

montrer seulement qu'ils sont loin d'être seuls coupables; tous les peuples de la terre pourraient s'adresser réciproquent de semblables récriminations, puisque tous ont passé par de longues périodes de barbarie. Depuis plus d'un siècle, les philosophes de tous les pays ont fait sentir l'injustice et la vanité des conquêtes; espérons qu'enfin les peuples abjureront entièrement des préjugés qui remontent à l'enfance de la société, et qu'unis entre eux, ils ne chercheront plus la gloire que dans la civilisation, la paix et les arts.

CHAPITRE X.

LA BAIE D'ESPIRITO SANTO. — VILLA DA VICTORIA. — DÉTAILS SUR L'AGRICULTURE.

Réfutation des auteurs qui ont pris la baie d'*Espirito Santo* pour l'embouchure d'un grand fleuve. — Description de cette baie. — *Villa da Victoria*; sa position; ses rues et ses maisons; places et fontaines; églises et couvens; hôpitaux; palais du gouverneur; administration; population; commerce; comestibles. — Etat de l'agriculture aux environs de Villa da Victoria. De quelle manière le *capitão mór* FRANCISCO PINTO dirigeait ses esclaves. — Influence de la lune sur la végétation. — Façons préparatoires que l'on donne à la terre. Assolemens. — Culture du cotonier. Qualité et prix du coton. Manière d'extraire les semences. Toiles de coton. Observations générales sur la culture du cotonier au Brésil, sur l'ancienneté de cette culture, ses limites et les variétés brésiliennes du cotonier. — Quelques mots sur les haricots et le maïs. — Culture du riz. Les différentes espèces de cette céréale. Récolte. Comment on pile et comment on nétoie le riz. — Culture du manioc. Farine extraite des racines de cette plante. De quelle manière on mange la farine de manioc. Les inconvéniens que présente la culture de ce végétal. Observations sur l'histoire du manioc et sur sa variété à racines vénéneuses. — Culture du chou. — Lin et froment. — Chevaux, bétail et pourceaux. — Morsure des serpens.

DES auteurs très modernes ont considérés les eaux de Villa da Victoria comme appartenant à l'embouchure d'un grand fleuve qui, suivant eux, s'appelle *Rio d'Espirito Santo*, et prend sa source dans les montagnes voisines de Minas Geraes [1]; mais il n'en est réellement pas ainsi. Aucune rivière, dans le sens que nous attachons à ce mot, ne porte le noms de S. Esprit, et l'étendue d'eau ainsi appelée, est une baie véritable, comme celle de Rio de Janeiro ou le *Réconcave* de la ville de Bahia.

L'entrée de la baie d'Espirito Santo est fort large, et s'étend depuis la montagne de Moreno du côté du midi jusqu'à la pointe de *Pirahé* du côté du nord; mais toute la partie septentrionale a peu de fond. Les bâtimens ne passent que par un canal resserré entre le Moreno et la petite île assez plate que l'on nomme Ilha do Boi, près de laquelle il s'en trouve quelques autres de grandeur inégale. Au-delà du goulet, la baie s'élargit et forme un bassin irrégulier borné du côté du midi par les mornes de *Jaborúna* [2] où est située la maison de Santinhos, et, du côté du nord, par la partie orientale de la grande île sur laquelle est bâtie

---

[1] Cazal, beaucoup plus exact sur ce point de géographie que l'abbé Pizarro, n'indique aucune rivière du nom d'Espirito Santo, et s'exprime comme il suit : « A bahia do Espi-« rito Santo he espaçoza... Entre as varias torrentes que « nella vem perder-se só he consideravel o Rio de Santa Ma-« ria (*Corog.*, II, 62). » L'extension que les Brésiliens donnent au mot *rio* a dû, au reste, être nécessairement la source de plusieurs erreurs ; car ils l'appliquent également à un lac ou à un détroit, aux plus petites rivières et aux plus grands fleuves.

[2] Ce mot viendrait-il des mots indiens *jabiru* espèce d'oiseaux et *una* noir ?

la capitale de la province. Quelques îles plus petites et couvertes de bois s'élèvent du milieu de ce bassin qui est entouré de tous côtés par des mornes souvent très pittoresques et revêtus de forêts, de pâturages, de plantes cultivées. La grande île dont j'ai parlé tout à l'heure et qui peut avoir quatre lieues de circonférence, se prolonge, dans presque toute l'étendue de la baie, et est en partie cultivée. Du côté du nord, elle n'est séparée du continent que par un bras de mer fort étroit, et, vue de certains points, elle se confond avec la terre ferme [1]. Celle-ci a été réunie à l'île par un pont en bois jeté sur le bras de mer, au lieu appelé *Passagem de Maraipi* [2]. Autrefois la grande île était appelée *Ilha de Duarte de Lemos* [3]; aujourd'hui elle n'a plus de nom général; mais chacune de ses parties porte un nom particulier, et c'est ainsi qu'on donne celui de Jucutacoára à la montagne remarquable dont j'ai déjà dit quelque chose, à la *fazenda* qui a été construite un peu au-dessus d'elle et aux mornes voisins. A l'ouest du large bassin que j'ai fait connaître plus haut, la baie se resserre et ne laisse plus aux embarcations qu'un étroit passage. Celui-ci qui a peu de longueur, est défendu au septentrion par le petit fort de *S. João* construit sur la grande île, et, au midi, il est borné par un rocher presque nu et à pic qui porte le

---

[1] C'est là sans doute ce qui a fait dire que Villa da Victoria était bâtie sur la rive septentrionale du Rio d'Espirito Santo.

[2] *Marahápe*, en guarani, signifie ignominieusement.

[3] Piz. *Mém. hist.*, II, 13.

AU BRÉSIL.

nom de *Pão d'Assucar* (pain de sucre). Au-delà du goulet intérieur dont je viens de parler, la baie s'élargissant de nouveau, forme un beau canal allongé qui s'étend à l'ouest un peu au-delà de l'île de Duarte de Lemos, et qui se termine par une grande crique où la vase se montre à découvert dans les basses marées, et au sud de laquelle se jette le *Rio de Santa Maria*. C'est sur la rive septentrionale de ce canal plus intérieure que s'élève Villa da Victoria. L'île de *Penedo* (rocher) située en face de la ville n'est pas entièrement entourée par les eaux de la baie; celles qui la baignent du côté du sud, sont apportées par deux rivières dont l'une est l'Arabiri, et entre lesquelles se trouvent des marais. A l'ouest de l'île de Penedo et sur la même ligne, on en voit une autre de grandeur moins considérable appelée *Ilha do Principe* où l'on a construit un magasin à poudre. Plusieurs rivières se jettent dans la baie; mais, à l'exception de celle de Santa Maria, elles ont peu d'importance [1].

---

[1] Jean de Laet, qui écrivait en 1633, a mieux décrit la baie d'Espirito que les modernes. Voici en effet comment il s'exprime : Portus autem oppidi, prout nostrates observaverunt, ita se habet : portus sese aperit ad modicum sinum, quem continens hic admittit, ad Orientem expositum, in quo nonnullæ exiguæ infulæ sparsæ; aquilonari autem lateri rupes et vada objacent navigantibus insidiosa : portum autem subituri primo observant prealtum montem, campanæ formâ, quem Portugalli *Alvæ* nomine insigniunt, ad quem navigantes cursum suum dirigunt, situs est autem intra contidentem duabus circiter leucis à littore ; deinde paulo propius littora stringentibus, turris candida in prærupto monte

Villa da Victoria a été bâtie, comme on l'a vu, sur le côté sud-ouest de la grande île appelée autrefois Ilha de Duarte de Lemos, et au bord de celui des deux bassins de la baie qui est le plus occidental. Elle occupe la croupe d'une colline de peu de hauteur, et est adossée à des montagnes d'une forme variée souvent très pittoresques et couvertes de forêts au milieu desquelles des rochers se montrent à découvert. De l'autre côté du canal, le terrain n'est pas très élevé; cependant on voit devant la ville quelques collines où l'on aperçoit des rocs noirâtres entre des arbres d'une végétation maigre. Enfin, dans le lointain, on découvre, du côté de l'ouest, cette chaîne qui se prolonge si long-temps parallèlement à la mer (Serra do Mar).

Les rues de Villa da Victoria sont pavées, mais

haud longe à mari sita visitur, Portugalli vocant *Nostra Sennora de Penna*, est enim Ecclesiola muro in ambitu cincta; sub qua olim municipium fuit, cujus adhuc aliquot ædes supersunt, appellant hodieque *Villam Veiam*, paulo ante quam ad hanc accedas, angustæ portus fauces subeundæ sunt, quas vadum, ab exigua et oblonga insula quæ ad Arctum jacet, descendens coarctat; has ingressis, jam liberior est navigatio et minus periculosa. Subeuntibus autem porro primo se ostentat ad dexterum latus, rupes e solo assurgens instar coni obtusi; deinde ad sinistram editus mons ad ipsam oram sese attollens, quem Portugalli vocant *Panem Sacchari*, quia forma egregie convenit; è regione ad dextrum portus latus, visitur exiguum munimentum quadratum, exigui momenti: atque ita tandem pervenitur ad oppidum ipsum, quod conditum est ad dexterum portus latus, ad ipsam oram, circiter tribus leucis ab alto mari, nullis manibus vallove incinctum (*Nov. Orb.*, 584).

elles le sont mal; elles ont peu de largeur, et n'offrent aucune régularité. D'ailleurs on ne voit point ici de bâtimens déserts et à demi-ruinés, comme dans la plupart des villes de Minas Geraes. Voués à l'agriculture ou à un commerce régulièrement établi, les habitans de Villa da Victoria ne sont pas exposés aux mêmes changemens de fortune que les chercheurs d'or, et n'ont aucune raison pour abandonner leur pays natal. Ils ont soin de bien entretenir et de blanchir leurs maisons; un assez grand nombre d'entre elles ont un ou deux étages, et il en est qui se font remarquer par leurs fenêtres vitrées et de jolis balcons de fer travaillés en Europe.

Villa da Victoria n'a point de quais; tantôt les maisons s'étendent jusqu'à la baie, et tantôt on voit sur le rivage des espaces où l'on n'a point bâti et qui ont été réservés pour le chargement des marchandises. Cette ville est aussi privée d'un autre genre d'ornement; elle ne possède, pour ainsi dire, aucune place publique; car celle qui existe devant le palais est fort petite, et l'on peut à peine donner le nom de place au carrefour fangeux qui s'étend depuis l'église de *Nossa Senhora da Conçeição da Praia* jusqu'au rivage. Il y a à Villa da Victoria quelques fontaines publiques, qui ne contribuent pas non plus à embellir la ville, mais qui du moins fournissent aux habitans de l'eau d'une qualité excellente.

On compte dans la capitale d'Espirito Santo neuf églises, en y comprenant celles des monastères. L'église paroissiale est très grande, fort propre et ne présente rien d'ailleurs qui mérite d'attirer la curiosité. Depuis la suppression des jésuites, les couvens ne sont plus qu'au nombre de deux, celui des carmes et celui de S. François bâtis en dehors ou presque en dehors de la ville. Le couvent de S. François qui domine une portion de la baie et les campagnes voisines, n'a rien de remarquable que sa position. Lors de mon voyage, on y comptait deux religieux ; cependant, quoique petit, le bâtiment aurait pu en recevoir un plus grand nombre. Au reste, les revenus de cette maison sont peu considérables. Quant au couvent des carmes il m'a paru plus grand que celui des franciscains ; mais l'administration a pris le rez-de-chaussée pour en faire la caserne des soldats *pedestres*. L'église de ce couvent est très propre et bien éclairée comme toutes celles du Brésil ; il est fâcheux qu'on l'ait gâtée en plaçant au-dessus des autels les plus vilaines figures que j'aie peut-être jamais vues. De la communauté des carmes dépend une très belle *fazenda* ; mais cette propriété est, depuis long-temps, m'a-t-on dit, fort mal administrée ; les moines animés du même esprit qu'un grand nombre d'autres Brésiliens, ne songent qu'au moment, font argent de tout, détruisent les bois et ne laisseront à leurs successeurs que des terres inutiles.

Il existe à Villa da Victoria un hôpital militaire et un petit hôpital civil. Lors de mon voyage, on avait le projet de les réunir, et on voulait les placer sur un morne qui s'élève à quelque distance de la ville tout-à-fait à l'extrémité occidentale de l'île où elle est située. Il eut été impossible de choisir une position plus favorable; car ce sont les vents du nord-est qui règnent dans ce pays, et ils éloigneront nécessairement de la ville les émanations dangereuses. En 1818, les bâtimens de l'hospice projetés s'élevaient déja de quelques pieds au-dessus du sol, et paraissaient devoir être considérables.

Le plus bel ornement de la capitale d'Espirito Santo est sans contredit l'ancien couvent des jésuites, aujourd'hui le palais du gouverneur, situé à l'extrémité de la ville. C'est un bâtiment à un étage et à peu près carré dont un des côtés a vue sur la mer, et dont la façade, tournée vers la ville, donne sur une petite place alongée, vis-à-vis d'une église, celle de la Miséricorde. Cette façade a environ 50 pas de longueur, et chacun des deux côtés en a à peu près 60. Devant celui qui regarde la mer est une sorte de terrasse couverte de gazon à laquelle, venant de la rade, on arrive par un perron bordé de deux rangs de palmiers. Un *Arctocarpus* et un *Mangifera* plantés à droite du perron et tous deux extrêmement touffus, contrastent avec la simplicité élégante des palmiers, par leur épais feuillage et leurs branches nombreuses. L'église du palais ou des jésuites a sa façade comprise dans celle du palais lui-même. Cette église est grande, mais d'ailleurs elle n'offre rien de remarquable [1]. C'est là qu'a

---

[1] Lorsque les jésuites se retirèrent de la province du S. Esprit, ils laissèrent toute l'argenterie de leurs églises ; mais on ne trouva point de numéraire dans leurs couvens. Voici un fait qui m'a été raconté par un curé qui me parut être un homme honnête et véridique. Cet ecclésiastique faisait creuser auprès d'un bâtiment, lorsqu'un vieil Indien vint lui dire

été enterré José d'Anchieta, le bienfaiteur le plus ardent et le plus généreux des Indiens du Brésil; il était mort le 9 juin 1567 dans l'aldea de Reritygba [1].

Villa da Victoria est le chef-lieu d'une paroisse fort considérable et celui de la juridiction de l'*ouvidor* chargé de rendre la justice à toute la province. Quant au *termo* de Villa da Victoria en particulier, il est soumis à l'autorité de deux *juizes ordinarios*; ces magistrats, suivant l'usage, sont choisis parmi les habitans du pays; mais la dépendance dans laquelle les gouverneurs ont coutume de les tenir, empêche les hommes les plus notables d'accepter la place. Ici comme ailleurs [2], la durée des fonctions des *juizes ordinarios* ne s'étend pas au-delà d'une année; les élections ne se font à la vérité que tous les trois ans, mais on nomme six juges à la fois. En même temps que les juges or-

avec mystère qu'il ne fallait pas que l'on fouillât davantage, parce qu'il y avait là des choses cachées. Le curé fit entrer cet homme dans sa maison, lui donna de l'eau-de-vie, l'excita à causer, et l'Indien finit par lui dire que si l'on creusait dans un certain endroit qu'il désigna d'une manière précise et que le curé m'a indiqué à moi-même, on y trouverait une clé. On fouilla au lieu désigné, et bientôt la clé fut aperçue. D'après la connaissance qu'il avait des localités, le curé jugea que la découverte de quelque trésor caché par les jésuites amènerait dans le pays des persécuteurs: il fit interrompre les recherches et remettre les choses dans l'état où elles étaient avant que l'on commençât la fouille. Le vieil Indien, qui sans doute avait été lié par quelque serment et se repentit d'y avoir été infidèle, disparut pour jamais.

[1] Piz. *Mém. hist.*, **II**, 20.
[2] Voy. ma *première Relation*, vol. **II**, p. 408.

dinaires, on élit à Villa da Victoria un *juge des orphelins* (*juiz dos orfãos*) qui reste en exercice pendant les trois années.

La population de Villa da Victoria s'élevait en 1818 à 4245 individus sur lesquels il y avait environ un tiers d'esclaves et un peu plus d'un quart de blancs. Un tableau statistique qui trouvera place dans ma troisième relation, montrera avec détail quelle est ici la proportion des différentes races entre elles, et quelle est, dans les diverses races, la proportion des individus aux différens âges de la vie.

Tout ce qui a été dit jusqu'à présent prouve que Villa da Victoria est avantageusement situé pour le commerce; cependant les négocians de cette ville ne profitent qu'imparfaitement de sa position favorable. Des frégates peuvent entrer dans la baie d'Espirito Santo, lorsqu'elles sont en partie déchargées; mais on n'y voit presque jamais d'embarcations plus considérables que les *lanchas* et les *sumacas*. Au reste, si les habitans de ce pays se bornent au cabotage le plus mesquin, cela tient en partie, il faut le dire, au mauvais succès qu'a eu la seule expédition lointaine qu'ils aient faite dans ces derniers temps. Le gouverneur Tovar usant de son pouvoir despotique, avait forcé les principaux propriétaires de consigner des sucres à une maison de Lisbonne avec laquelle on soupçonne qu'il s'était associé. On ne retira presque rien de ce qui avait été envoyé, et le souvenir de cette malheureuse affaire, encore présent à l'esprit des négocians peu éclairés de Villa da Victoria, contribue à les empêcher de sortir de leur routine accoutumée. Pour peu qu'ils aient quelque aisance, ils font chaque année, le voyage de Bahia ou de Rio de Janeiro; ils s'y approvisionnent, et ont soin de bien garnir leurs boutiques. Leurs idées ne s'étendent pas plus loin. Il y a en général une différence de 30 a 50 pour cent entre les prix de Rio de Janeiro et ceux de Villa da Victoria. Le fer en barre et les instrumens d'agriculture sont les articles qui trouvent ici le débit le plus facile. Ceux que ce pays fournit à Bahia sont le maïs, le riz, les haricots; il envoie les mêmes denrées à Rio de Janeiro, et, en outre, des sucres, du bois et du coton. Ainsi que cela a lieu dans d'autres petits ports, les propriétaires riches expédient leurs denrées pour leur compte à Rio de Janeiro ou à Bahia, et quelques-uns même les chargent sur des embarcations qui leur appartiennent; mais les colons les moins aisés vendent le produit de leur récolte aux négocians du pays. Ces ventes se font au comptant, ou bien, comme à Campos, le cultivateur prend à crédit chez le négociant les marchandises dont il a besoin, et ensuite il s'acquitte avec le produit de ses récoltes. Il est extrêmement rare qu'il vienne à Villa da Victoria des marchands du dehors. Peu de temps avant mon voyage, il était entré dans la rade de cette ville un navire de Lisbonne, ce qui avait été regardé comme un évènement extraordinaire. Le propriétaire de ce navire avait vendu à Rio de Janeiro une partie de ses marchandises pour laquelle il avait pris des retours; il était venu ensuite à Villa da Victoria, et, après s'être défait du reste de sa cargaison qui consistait principalement en bêches, cognées et autres instrumens de fer, il avait complété ses retours en sucre et en coton. Il est facile de sentir que la population de la province d'Espirito Santo est trop faible pour que de telles opérations ne soient pas extrêmement lentes.

Il n'y a à Villa da Victoria aucun marché public. L'embarras de traverser l'eau fait que des environs on apporte à la ville peu de légumes et autres provisions ; aussi les gens qui ne possèdent point de maisons de campagne, sont-ils presque sans cesse aux expédiens pour se procurer les denrées les plus nécessaires à la vie. A la vérité on tue des bêtes à cornes deux fois par semaine à Villa da Victoria; mais on n'en tue pas en assez grand nombre, car il n'y a jamais autant de viande qu'il en faudrait pour les besoins des habitans.

Après avoir donné une idée de l'état du commerce dans la ville capitale de la province d'Espirito Santo, il ne sera pas inutile de faire connaître de quelle manière on cultive dans ce pays les plantes qui en font la richesse. Pour recueillir des renseignemens certains sur les pratiques en usage parmi les colons, je ne pouvais être mieux placé que chez le *capitão mór* Francisco Pinto, homme intelligent et bon agriculteur. Héritier de la connaissance des méthodes que les jésuites suivaient dans l'administration de leurs domaines, M. Pinto traitait ses nègres avec humanité [1]. Il avait soin de les marier, et, par de sages mesu-

---

[1] Si ma mémoire est fidèle, M. le *capitão mór* Francisco

res, il conservait les enfans en ménageant leurs mères. Tandis que trop souvent ses voisins mettaient sottement leur amour-propre à faire à tout prix un peu de sucre de plus, M. Pinto cultivait le coton autant que la canne, et, par ce moyen, il pouvait fournir du travail à ses négresses, sans les forcer à aller se fatiguer dans la campagne sous un soleil brûlant. Jusqu'à ce qu'une année se fut écoulée depuis l'instant de ses couches, chaque mère restait au logis, et, en filant le coton, elle allaitait son enfant nouveau né.

Je passe aux détails que j'ai annoncés. Les cultivateurs de Villa da Victoria croient beaucoup à l'influence de la lune. Ils ont soin de planter dans le décours tous les végétaux à racine alimentaire, tels que les *carás* (dioscorea), les patates, le manioc; et au contraire ils plantent pendant la nouvelle lune, la canne à sucre, le maïs, le riz, les haricots. Ils ont également l'attention d'abattre le bois dans le décours, et ils prétendent que, coupé dans un autre temps, il est bientôt piqué par les vers, et ne tarde pas à pourrir. M. Pinto me dit que, lorsqu'il s'était mis à la tête de son domaine, il avait commencé par traiter ces assertions de préjugés, mais que l'expérience l'avait forcé à revenir aux pratiques communes [1].

Pinto tenait sa *fazenda* d'un oncle, et lui devait la tradition de l'administration des jésuites.

[1] Des idées de ce genre auront été sans doute portées en Amérique par les agriculteurs européens qui les y auront appliquées aux plantes, objet de leurs nouveaux soins. Cependant il est à remarquer que, suivant le père Dutertre,

AU BRÉSIL.

Qu'un champ ait été anciennement défriché, ou que la culture succède immédiatement à l'incendie d'un bois vierge; on a toujours soin de donner une façon à la terre, avant d'y planter des haricots ou du maïs, et l'on a reconnu que ces végétaux produisaient peu, lorsqu'on négligeait de préparer le sol. Quant au manioc, on peut le planter dans un terrain vierge, sans donner aucune façon à ce dernier.

Pendant le second séjour que je fis au mois de novembre chez le *capitão mór* Pinto, je vis des nègres planter du manioc dans une terre couverte aupara-

---

(*Hist. nat. Ant.*, II, 114), on a dans les Antilles, comme au Brésil, grand soin d'observer le décours de la lune pour planter le manioc; et les habitans des Antilles n'ont, à ma connaissance, jamais eu de rapports directs avec les Brésiliens. Quoi qu'il en soit, la croyance aux influences de la lune généralement répandue parmi les cultivateurs, a été combattue par des agronomes et de savans naturalistes, Laquinterie, Nardman, Buffon, Réaumur, Reichart, Hartenfels (Voy. Olbers *De l'influence de la lune* dans l'*Annuaire de* 1832); et, pour ce qui concerne les bois en particulier, Duhamel a fait une suite d'expériences habilement combinées dont le résultat tend à renverser l'opinion qu'ont en général les bûcherons et les propriétaires de forêts sur la puissance des lunaisons (Voy. *Exploitation des bois*, I. 380-93). Il n'est personne qui ne soit porté à adopter une doctrine professée par tant d'hommes célèbres et appuyée sur des faits et des raisonnemens; nous ne dissimulerons cependant point que certains savans se sont montrés favorables aux idées des campagnards de tous les pays sur la puissance de la lune, et nous pensons qu'il est permis de désirer quelques expériences de plus.

ravant de *capoeiras*. Après la première récolte que, suivant l'usage, on aura faite au bout de 18 mois, on devait remettre du manioc dans le même terrain. On comptait, après cela, y planter deux fois de suite du maïs et des haricots avec de la canne à sucre qui, chaque fois, donne ici trois coupes. Enfin, lorsque la terre aura ainsi produit, sans être fumée, pendant 9 années consécutives, on l'aura laissée reposer durant 5 ans, pour y faire ensuite des plantations nouvelles. Les cultivateurs qui n'ont pas un domaine fort étendu, ne donnent à leurs terres que deux années de repos. Les pauvres mêmes ne laissent point reposer les leurs; mais on sent qu'ils doivent nécessairement finir par les épuiser. Ils divisent leur propriété en trois portions, toutes les trois plantées de cotoniers, et comme ce végétal produit trois années de suite, ils s'arrangent de manière à avoir toujours deux portions en rejets et une troisième fraîchement ensemencée dans laquelle ils font venir, avec le coton, des haricots et du maïs, plantes qui réussissent mal au milieu des cotoniers dont les racines sont devenues vigoureuses.

Si le coton n'entrait point dans l'assolement auquel le *capitão mór* voulait soumettre le champ où je vis ses esclaves planter du manioc, c'est que, pendant un grand nombre d'années, on avait laissé sans culture cette partie de son domaine, et que les terrains nouveaux ne conviennent pas très bien aux cotoniers. Après les cinq années de repos qui devaient, comme je l'ai dit, suivre les neuf années de production, on aura semé dans le champ des graines de cotoniers, et, à cette culture, on aura fait succéder deux plantations de cannes à sucre de trois années chacune [1].

Le riz, le manioc, la canne à sucre, le coton sont les plantes dont s'occupent le plus les colons de la province d'Espirito Santo, et en particulier ceux de Villa da Victoria.

On plante ou l'on sème les graines du cotonier après les premières pluies, c'est à dire dans les mois de septembre, octobre ou novembre, suivant que la saison des eaux est plus ou moins tardive. Les agriculteurs expérimentés sèment le coton au lieu de le planter, parce qu'au moyen de l'ensemencement, les jeunes individus prennent plus de vigueur que lorsqu'ils proviennent de graines mises ensemble dans un même trou, et parce qu'au milieu d'un grand nombre de pieds qui lèvent étant semés, il en échappe toujours aux ravages des fourmis. Quand on suit cette méthode, on nétoie la terre au bout de trois mois [2], et alors on

---

[1] On voit, d'après ce que je dis ici, que j'ai commis une grave inadvertence, lorsqu'entraîné par la rédaction rapide de l'*Aperçu de mon voyage* publié dans les *Mémoires du Museum* (vol. IX), j'ai dit que c'était seulement dans le canton de Campos que j'avais trouvé quelque idée légère d'un système régulier d'assolement.

[2] Dans un précieux article sur la culture des cotoniers au Maragnan, MM. Spix et Martius indiquent l'*erva de S. Caetano* comme une des mauvaises herbes qui croissent dans les plantations de coton, et, sous le nom de *Momordica macropetala*, ils font de cette Cucurbitacée une espèce nouvelle (*Reis.*, 816). Il n'est pas absolument impossible que l'*erva de S. Caetano* du Maragnan soit une plante différente

arrache les pieds superflus. Ceux qui préfèrent planter le coton font des trous, et jettent dans chacun une pincée de semences. Plus le terrain est fertile, plus ils éloignent les fosses, parce que, dans les bonnes terres, les cotoniers s'étendent davantage; cependant en général ils mettent entre les cavités une distance de six palmes. Vers le mois de janvier, ils donnent avec la houe une façon à la terre, et ne conservent que deux ou trois des cotoniers qui sont nés dans chaque trou. La récolte dure depuis le mois de juin jusqu'au mois d'octobre. Comme dans les Mines, on laisse ouvrir les capsules sur la tige, et l'on en tire les paquets de coton. On brise les cotoniers au-dessus du sol immédiatement après la récolte ou au mois de janvier, lorsque l'on donne une façon à la terre. Les mêmes cotoniers produisent deux ou trois années de suite. Le coton

de celle connue sous le même nom dans le midi du Brésil; mais cette dernière est bien certainement le *Momordica senegalensis* Lam., ce dont je me suis convaincu par la comparaison de mes échantillons brésiliens avec ceux de *M. senegalensis* rapportés d'Afrique par M. Perrotet (Voy. mon *Tableau de la végétation primitive dans la province des Minas Geraes* dans les *Annales des sciences naturelles*, vol. XXIV, 64). Ce qui tendrait fortement, au reste, à me faire croire à l'identité de la Cucurbitacée de MM. Spix et Martius avec le *M. senegalensis*, c'est non-seulement le nom d'*erva de S. Caetano* qu'elle a reçue comme ce dernier, mais encore celui de *macropetala* que les savans bavarois donnent à leur espèce; car de très grands pétales contribuent certainement beaucoup à caractériser le *M. senegalensis*. J'ai déja publié des observations sur ce dernier ou *erva de S. Caetano* dans mon *Mémoire sur les Cucurbitacées*, p. 31, ou *Mémoires du Museum*.

d'Espirito Santo d'une qualité fort inférieure à celui de Minas Novas, se vendait, vers l'époque de mon voyage, 1120 reis l'arrobe avec semences. Pour séparer le coton de ses graines, on se sert ici de la petite machine à deux cylindres qui est aussi en usage dans la province de Minas Geraes, et dont j'ai donné la description ailleurs [1]. Un arrobe de coton avec semences donne 8 livres de coton nétoyé. Deux femmes occupées pendant un jour peuvent séparer un arrobe de ses graines, et, pour cet arrobe, on paie 240 reis (1 f. 50 c.). Non-seulement les habitans d'Espirito Santo vendent des quantités considérables de coton en laine, mais encore ils en envoient beaucoup de filé à Rio de Janeiro. On fait aussi dans la province d'Espirito Santo de grosse toile de coton blanche, semblable à celle des Mines; une partie de cette toile s'expédie pour la capitale du Brésil et pour d'autres ports; le reste s'emploie dans le pays même pour faire les chemises et les caleçons des esclaves. Les propriétaires qui jouissent d'une certaine aisance font fabriquer de la toile d'une qualité plus fine. Quelques personnes ont planté ici le cotonier à laine jaune; mais comme on ne trouvait pas à vendre ses produits, on le cultive aujourd'hui seulement pour le mêler dans une sorte d'étoffe serrée et solide que les cultivateurs fabriquent pour l'usage de leur famille et qui ne sort pas du pays [2].

[1] Voy. ma *première Relation*, vol. I, p. 406.
[2] Les plus anciens voyageurs trouvèrent l'usage du coton

On peut, avec le coton, planter du maïs et des haricots, mais la première année seulement; plus tard

répandu parmi les indigènes de la côte. Les Tupinambas et autres peuplades de la sous-race tupi appelaient cette laine végétale *amany, ú* (*Dicc. Port. Braz.*, 9) et l'employaient à faire des cordes, des hamacs et même des espèces de chemises et de langes (Hans Stade in Th. Bry, I). Aujourd'hui la culture du coton s'étend depuis la frontière septentrionale de l'empire brésilien jusque vers le 30°2′ lat. S. (et par conséquent beaucoup plus loin que la Serra das Furnas indiquée par inadvertance comme limite absolue dans la *Flora Brasiliæ meridionalis*, I, p. 254). Si, comme je l'ai dit ailleurs (*Voy.* ma *première Relation*, II, p. 107), il est difficile qu'il n'existe pas dans une étendue de terrain aussi immense une foule d'espèces et de variétés différentes de cotoniers, il l'est également que, suivant les localités et surtout la distance de l'équateur, il ne se soit pas introduit des différences dans la culture de cette plante. Le Brésilien qui aura l'utile courage d'entreprendre une monographie générale des cotoniers de son pays, trouvera dans mes écrits des détails sur la culture de cet arbrisseau aux alentours de S. João d'El Rey, à Passanha et à Minas Novas; il en trouvera sur la manière de traiter les cotoniers aux environs du Rio das Contas, province dos Ilheos, dans le petit traité de José de Sá Betencourt, intitulé: *Memoria sobre a plantação dos Agodões*, etc.; l'ouvrage d'*Arruda*, qui a pour titre *Memoria sobre a cultura dos algodoeiros*, etc., lui fournira des renseignemens sur la culture des cotoniers à Fernambouc ; enfin, il pourra consulter avec le plus grand fruit l'intéressant article que MM. Spix et Martius ont inséré, sur le coton du Maragnan, dans le *Reise in Brasilien*, p. 814. Il est à remarquer que José de Sá Betencourt a suivi, pour distinguer les cotons du Brésil, à peu près les principes que Rohr a adoptés depuis. Voici en peu de mots de quelle manière il caractérise les sept espèces dont il fait

ces végétaux seraient étouffés par les rejets vigoureux des cotonniers. Les mêmes grains au contraire se plantent parmi les rejets de cannes à sucre qui s'élèvent sans s'étaler. On sarcle les haricots et le maïs un mois après qu'ils ont été plantés, et, en faisant cette opération, on a soin de rapprocher la terre des jeunes pieds, afin de les fortifier contre les vents qui, dans ce pays, ont souvent beaucoup de violence [1].

Avant le gouvernement du marquis de Lavradio, le riz, chargé de droits, se cultivait peu dans la province de Rio de Janeiro [2], et il paraît qu'il en était de même dans le nord du Brésil; car, en 1768, le Ma-

---

mention : 1° Le *coton de Maragnan* à semences aglutinées et noires dont l'ensemble est allongé. 2° Le *coton vulgaire* à semences aglutinées et noires dont l'ensemble est moins allongé que dans l'espèce précédente et dont la laine est plus faible. 3° Le *coton à semences aglutinées couvertes d'un sous-duvet brun*. 4° Le *coton à semences aglutinées couvertes d'un sous-duvet vert*. 5° Le *coton à semences aglutinées, à laine brune ou couleur de nanquin*. 6° Le *coton de l'Inde à semences séparées, couvertes d'un sous-duvet blanc, à fleurs couleur de feu*. 7° Le *coton de l'Inde à semences séparées et noires sans sous-duvet*. Outre ces variétés toutes cultivées, José de Sá indique encore deux espèces sauvages qui croissent, dit-il, dans les *catingas* du Rio das Contas, et qui, sans doute, étaient du nombre de celles dont les indigènes tiraient parti. Ces espèces, ajoute Sá, ressemblent aux cotoniers dits de l'Inde; mais leur laine est brune et rude.

[1] J'ai donné dans ma *première Relation* des détails sur la culture du maïs. Pour ce qui regarde l'origine de cette plante, voy. la note RR à la fin du volume.

[2] Piz. *Mém. hist.*, VII, 98.

ragnan n'exporta que 283 arrobes de ce grain, tandis que, de nos jours, il en a exporté jusqu'à 284,721 arrobes [1]. Le riz est également, pour la province d'Espirito Santo, un article d'exportation. On n'y cultive point, comme dans les Mines, la variété pourvue de barbes ; des deux variétés sans arrêtes que l'on connaît ici, l'une qui a le grain de couleur blanche est plantée généralement, l'autre qui a le grain rouge et porte le nom d'*arroz vermelho* (riz rouge) se vend difficilement, et l'on n'en fait guère usage que pour les malades. Ces deux sortes se cultivent uniquement dans les terrains marécageux ; mais, dans ce pays, on n'est pas obligé de donner les mêmes soins aux rizières qu'en Piémont ou aux Indes. On fait avec la houe des trous peu profonds éloignés d'environ une palme et demie, et, dans chacun, l'on jette une pincée de semences [2]. Il est nécessaire de faire garder les plantations jusqu'à ce que les graines soient levées, parce qu'une foule d'oiseaux sont friands de ces dernières, particulièrement les espèces connues dans le pays sous le nom de *guaxi* ou *icovaso, paparroz* et *grumara*. Les personnes qui ne sont pas assez riches pour faire garder leurs champs, jettent les semences dans des trous plus profonds faits avec un piquet, et où les oiseaux ont plus de peine à les aller chercher ; mais, lorsque l'on suit cette méthode, les pieds de riz naissent trop rappro-

[1] Spix et Mart. *Reis.*, 874.
[2] M. Martius dit qu'au Maragnan, on ne met que trois semences dans chaque trou.

chés, et se nuisent mutuellement. C'est au mois de septembre, un peu avant la saison des eaux, que se plante le riz; on le sarcle environ un mois et demi après, et la récolte se fait en février. A cet effet, on coupe la tige immédiatement au-dessous de l'épi, en se servant d'un couteau ou d'un morceau de bois tranchant, et l'on néglige la paille [1]. Les épis se battent avec de longues gaules; ensuite on expose le grain au soleil pendant une journée ou une demi-journée, et on le pile. On a l'attention de ne pas laisser le grain trop long-temps au soleil, parce que, desséché plus qu'il ne faut, il se brise dans l'opération du *pilage*. D'un autre côté, pour s'assurer s'il a le degré de sécheresse nécessaire, on en prend une petite quantité que l'on met sur une table; on a la coutume assez bizarre de passer dessus un soulier, et, lorsque par cette opération, les enveloppes se séparent sans peine, on commence à piler. Dans sa journée, une négresse peut avec le pilon séparer de ses enveloppes un *alqueire* de riz et un nègre la quantité d'un *alqueire* et demi à deux *alqueires*. Il en coûte 160 reis (1 f.) par *alqueire*, quand on ne se sert pas de ses propres esclaves. Le *capitão mór* Francisco Pinto avait construit

---

[1] Ce qu'ont écrit MM. Spix et Martius sur la manière dont on coupe le riz au Maragnan, prouve qu'on y suit la même méthode que dans la province d'Espirito Santo (*Rets.*, 874; —*Agrost.*, 560); et probablement il en est de même partout le Brésil. On a vu dans ma *première Relation* (I, 391) que le froment se coupait aussi dans les Mines au-dessous de l'épi.

une sorte de moulin qui faisait agir plusieurs pilons à la fois ; mais obligé, faute d'avoir une chute d'eau, de se servir de bœufs pour mettre la machine en mouvement, il avait fini par trouver plus économique de faire piler son riz par ses négresses. Il leur donnait pour tâche de piler un *alqueire* dans leur journée ; ordinairement elles avaient fini à deux heures après midi, et ensuite elles se reposaient. Comme ce travail est très fatigant, M. Pinto n'obligeait jamais la même négresse à piler pendant deux jours de suite. Quand le *pilage* est achevé, on nétoye le riz à l'aide d'un van circulaire, fait de paille et presque plat qui peut avoir deux palmes et demie à trois palmes de diamètre. Enfin, pour dernière opération, on sépare, à l'aide d'un tamis, les grains entiers de ceux qui ont été brisés par le pilon. On calcule qu'ici le riz produit de 100 à 110 pour 1. Je ne dois point oublier de dire qu'après la récolte, on foule aux pieds la paille pour la briser. La racine produit bientôt des rejets, et, au mois de mai suivant, on fait une seconde récolte [1] qui donne le tiers de la précédente. De nouveaux rejets succèdent aux premiers ; mais, comme ils rendraient peu, on ne leur permet pas de croître, et l'on abandonne la plantation au bétail très friand des chaumes du riz.

Le manioc n'est pas moins cultivé que cette céréale

---

[1] MM. Spix et Martius disent aussi qu'au Maragnan on laisse perdre la paille du riz, et que les mêmes pieds donnent deux récoltes (*Reis.*, 874).

par les habitans d'Espirito Santo. Ainsi que je l'ai dit, j'assistai, au mois de novembre 1818, à la plantation du manioc dans une partie des domaines du *capitão mór*. La terre était long-temps restée couverte de *capoeiras*, et pouvait en quelque sorte être considérée comme vierge. On avait commencé, suivant la coutume, par abattre et brûler les bois. La veille du jour de la plantation, on prépara le terrain à l'aide de la houe. Au moment de planter, des nègres firent dans le champ des trous larges, peu profonds et obliques, en donnant un coup de houe, ramenant vers eux la terre qu'ils avaient enlevée et la retournant à l'extrémité du trou. Le gérant ou *feitor* avait auprès de lui des paquets de tiges de manioc (*maniba*) dont les feuilles et les rameaux avaient été détachés, et il coupait chaque tige en morceaux de 5 à 8 pouces. Des négresses venaient prendre ces boutures, et les enfonçaient obliquement dans cette terre qui, comme je viens de le dire, avait été relevée à l'extrémité des trous. Au bout de trois mois, on aura nétoyé le sol en arrachant les mauvaises herbes avec la main, et de trois en trois mois on aura recommencé le même travail jusqu'au moment de la récolte qui se fait ordinairement dix-huit mois après la plantation. On peut déja, au bout d'un an, arracher les racines [1]; mais alors elles contiennent

[1] On a vu qu'à Benevente, où la terre est très bonne, on pouvait arracher le manioc au bout de six mois; mais cette précocité doit, je crois, être considérée comme une exception.

encore beaucoup d'eau. Si l'on ne se sert point de la houe pour nétoyer les champs où l'on a planté du manioc, c'est parce que les racines de cette plante sont peu profondes, et l'on prétend que les blessures les plus légères les font pourrir. Pour faire les boutures, on a soin de ne prendre que des tiges qui ont au moins un an.

Voici de quelle manière j'ai vu préparer la farine de manioc dans la province du S. Esprit. Les nègres commencent par enlever l'écorce des racines, en grattant celles-ci avec un couteau, puis ils les soumettent à la rape. Celle-ci est en cuivre et revêt le tour d'une grande roue mobile enchassée dans une table étroite. Un nègre fait tourner la roue à l'aide d'une manivelle, et, pendant ce temps un autre nègre présente les racines à la rape, en les appuyant sur la table. Sous la roue est une auge où tombe la pulpe. Cette dernière se presse d'abord avec les mains; ensuite, pour achever de faire sortir le liquide vénéneux qu'elle renferme, comme tout le monde sait, on la met dans des chausses tissues avec une espèce de palmier qu'on nomme *tipiti* [1]. L'extrémité supérieure de la chausse s'attache au plancher, l'autre à un treuil; on fait tourner celui-ci, et par ce moyen, on allonge la chausse qui, agissant sur la pulpe, force le reste de l'eau à

---

[1] Hans Stade qui visita le Brésil avant 1550, dit qu'alors les sauvages se servaient, pour presser la pulpe du manioc, d'un engin qu'ils appelaient *tippiti*, et était fait avec les feuilles d'un palmier (*Hist. Braz. in Th. Bry*, I, 109).

s'échapper [1]. La pulpe se passe ensuite à travers un tamis, et on la fait sécher en la mettant au-dessus d'un fourneau dans une chaudière de terre cuite, dont le bord est très bas, le fond très aplati, et où on la remue sans discontinuation. La plupart des chaudières à manioc dont on se sert dans les environs de Villa da Victoria et probablement dans toute la province viennent de Bahia; cependant il s'en fabrique aussi dans un lieu appelé *Goiabeira* (goyavier) situé près de la capitale d'Espirito Santo. Ces chaudières varient un peu pour la grandeur; mais en général elles ont 3 1/2 pieds anglais de diamètre, 1 pouce d'épaisseur et 4 de hauteur [2].

La farine de manioc et le tapioca sont trop bien connus pour que je m'étende beaucoup sur leurs usages. Les Portugais-Brésiliens appellent la farine de manioc *farinha*, *farinha de mandiocca* ou *farinha de pao* (farine de bois) [3]; ils en saupoudrent les haricots et les

---

[1] Je ne prétends point qu'il n'y ait pas dans la province du S. Esprit des colons qui se servent de la presse; je raconte ce qui se pratiquait dans l'endroit où j'ai vu faire la farine de manioc. Je ne puis même assurer que j'aie suivi la série de tous les procédés que je détaille ici; mais ceux que je n'aurai point vus m'ont été indiqués sur les lieux.

[2] Il est au Brésil des endroits où l'on se sert de chaudières de cuivre.

[3] Autrefois le nom *farinha de pao* ne se donnait point à la farine de manioc. Il désignait une autre sorte de farine qu'on faisait, à défaut de la première, en triturant les tiges du palmier appelé *urucuriiba* (Voy. Marcg. *Hist. nat. Braz.* 204 et South, *Hist.* I, 233). Avec le temps les mots *farinha de pao*

autres mets auxquels on a coutume de joindre des sauces, et, quand ils la mangent avec des alimens secs, ils la lancent dans leur bouche avec une dextérité, empruntée originairement aux Indiens indigènes et que l'Européen a beaucoup de peine à imiter. Il m'est impossible de ne pas mettre la farine de manioc au-dessous de celle de maïs employé de la même manière par les Mineiros[1]; mais il est des Portugais-Brésiliens qui préfèrent la première à la seconde, et trouvent même que, mêlée à certaines substances alimentaires, elle est plus agréable que le pain de froment. Quoi qu'il en soit, on doit désirer pour les Brésiliens que la consommation du manioc diminue dans leur pays, car il paraît que cette plante aime les terrains nouveaux; que, du moins en certains cantons, elle épuise le sol, et que par conséquent sa culture doit accélérer la destruction des forêts. Le P. João Daniel a montré combien la culture du manioc était préjudiciable aux habitans des bords de l'Orellana ou rivière des Amazones, et José de Sá Betencourt dit que, déja en 1798, les habitans du *termo* de la ville de *Camamú* province dos Ilheos se trouvaient réduits à une misère extrême, parce que le manioc ne pouvait plus

---

sont devenus synonymes de *farinha de mandiocca*, et l'usage de faire de la farine avec le bois de l'*urucuriiba* s'est entièrement perdu; du moins je n'ai jamais entendu parler de cette farine, et il paraît que Koster (Voy. *Voyages sept. Bres. trad. Jai*, II, 277) qui a habité le nord du Brésil, n'en a pas entendu parler davantage.

[1] Voy. ma *première Relation*, vol. I, p. 211.

réussir dans leur pays dépouillé de bois vierges et où il avait autrefois prospéré [1].

[1] Il est incontestable qu'avant l'arrivée des Européens au Brésil, les Indiens de la sous-race *tupi* connaissaient l'usage et la culture du manioc, et par conséquent, ainsi que l'a fait observer M. Moreau de Jonnès (*Histoire de l'académie des sciences*, 1824), Raynal s'était probablement trompé quand il avait dit que le manioc avait été apporté aux Antilles par les nègres esclaves. Cependant les Indiens du Brésil ne regardaient point le manioc comme indigène de leur pays. Ils croyaient qu'il leur avait été apporté par un vieillard à longue barbe, appelé Zomé ou Tzomé, qui était venu de l'est et avait jeté parmi eux quelques semences de civilisation et d'industrie; tradition qui confirme merveilleusement mon opinion sur l'origine à la fois mongolique et caucasique des Indiens du Brésil, ou au moins d'une partie d'entre eux. Les pratiques usitées aujourd'hui parmi les Portugais-Brésiliens pour la culture et la préparation du manioc remontent donc à une très haute antiquité; car elles ne diffèrent pas essentiellement de celles que suivaient les Indiens. Ceux qui voudraient avoir une idée plus complète de l'histoire du manioc chez les Brésiliens, feront bien de consulter Southey qui a extrait les anciens auteurs (*Hist. of Braz.*, I, 229); le P. Vasconcellos (*Noticias curiosas*); Pison (*Hist. nat. Bras.*, 114, éd. 1658); Marcgraff qui mérite tant d'éloges (*Hist. nat. Bras.*, 65); Koster (*Voyage Sept. Brés. trad. Jai*, II, 275); enfin cet infortuné père João Daniel qui voulut encore se rendre utile pendant sa captivité, en écrivant le résultat de ses longues observations (*Quinta parte do Thesouro descoberto no Rio das Amazonas*, 11-27). — Mettant ici Southey au nombre des principaux auteurs qui ont écrit sur la culture et les usages du manioc chez les Brésiliens, je crois qu'il est de mon devoir de relever une inadvertence qui a échappé à cet estimable et laborieux historien. Il soupçonne que le manioc non vénéneux

Je ne pourrais, sans m'écarter de mon plan, parler avec détail de tous les végétaux de grande et de petite culture qui font l'objet des soins des colons d'Espirito Santo. Cependant je dirai quelques mots du chou, parce que la manière dont on le multiplie prouve quelle est, sous ces heureux climats, la puissance de la végétation. Ici, comme en d'autres parties du Brésil, ce légume ne se sème point ; mais il se propage

est cultivé aujourd'hui par les Brésiliens, mais il ajoute qu'aucun écrivain n'en a fait mention. Lery, qui était au Brésil en 1547, dit que la racine de l'*aypi* (nom qui s'est conservé pour le manioc doux) se mange cuite sous la cendre, et qu'elle a le goût de la châtaigne, tandis que celle du *manihot* ne pourrait être prise comme aliment sans le plus grand danger, si elle n'était réduite en farine (*Voyage*, éd. 1578, p. 136). Ainsi il me paraît très vraisemblable que le manioc doux était, comme le vénéneux, connu des sauvages du Brésil avant l'arrivée des Européens. Lery est loin d'être le seul qui ait parlé du manioc doux. Le P. A. Ruiz de Montoya, qui écrivait en 1637, assure (*Thes. leng. guar.*, 24 bis) que le mot *aypi* veut dire en guarani *une espèce de manioc doux;* suivant Pison (*Hist. nat.*, 117), le manioc *macaxerá* se mange grillé au feu sans aucune préparation ; enfin Marcgraff dit que toutes les espèces de manioc mangées crues sont mortelles pour les hommes, excepté l'*aipimacaxera* qui est agréable cuit sous la cendre. Quoiqu'assez rare, le manioc doux était aussi connu aux Antilles du temps du P. Dutertre qui écrivait en 1667; on le faisait cuire alors tout entier comme les patates sans exprimer son jus, et on l'appelait *kamanioc* (*Hist. nat. Ant.*, 114); enfin, Aublet donne beaucoup d'éloges au *camagnoc*, et dit qu'on le mange à l'Oyapoc, sans être pressé ni réduit en farine (*Guy.*, II, *Mém.*, 66).

par bouture. Quand on a coupé la tête du chou, il naît des bourgeons tout autour de la tige ; on les sépare en laissant au-dessous de chacun un petit morceau du tronc ; on enfonce ce morceau de tige dans la terre, et chaque bourgeon donne bientôt naissance à un nouveau chou qui peut perpétuer l'espèce de la même manière.

A l'arrivée du roi Jean VI au Brésil, on avait donné ordre aux cultivateurs des environs de Villa da Victoria de planter du froment et du lin, et on leur distribua de la semence. Mais généralement ils se prêtèrent de mauvaise grace à cet essai qui réussit mal. Cependant, comme le résultat ne fut pas entièrement nul, il est à croire que, si on se livrait à de nouvelles expériences avec le désir de bien faire, et qu'on cherchât principalement le temps le plus favorable pour les plantations, on pourrait être récompensé par quelque succès.

Il n'existe point de grands pâturages dans la province d'Espirito Santo, et par conséquent on ne peut y élever beaucoup de chevaux et de bétail. Dans toute la province, il ne se fait par terre absolument aucun transport de marchandises ; on ne connaît d'autre véhicule que les embarcations et les pirogues. Il n'est donc pas surprenant que nulle part on ne voye de mulets, et les miens ont été quelquefois pour les enfans un objet de curiosité. On ne fait usage que de chevaux, et, comme on n'a point l'habitude de charger ces animaux, et que les bâts sont fort mal faits, le cheval auquel, par extraordinaire, on fait porter une charge un peu loin, arrive presque toujours blessé.

Tandis qu'à Minas Geraes les hommes les plus pauvres élèvent des cochons, les cultivateurs d'Espirito Santo négligent presque entièrement ce genre de soin, et s'excusent en disant que ces animaux détruisent les plantations de manioc. Il est très vrai que les pourceaux font beaucoup de mal dans ces plantations, lorsqu'ils y pénètrent; mais, avec moins de paresse, les colons pourraient entourer leurs champs et les garantir.

Il paraîtrait que les cultivateurs d'Espirito Santo ont dans les reptiles de redoutables ennemis; car M. le *capitão mór* Francisco Pinto me dit que, depuis qu'il possédait sa *fazenda*, 14 de ses nègres avaient été mordus par des serpens venimeux; mais, ajoutait-il, il avait guéri tous ses malades à l'exception d'un seul. Voici quel était le remède dont il faisait usage. Au moment où l'homme venait d'être mordu, il lui faisait avaler une poignée de poudre à tirer délayée dans le jus de 3 ou 4 citrons. Ensuite il lui donnait à trois reprises différentes, dans le cours de la journée, une tasse d'une décoction faite avec les racines des trois plantes suivantes, l'Aristolochiée appelée *milhomens*; le *jarro* autre Aristolochiée et le *batata de junça*, herbe de marais dont les racines rampantes produisent de distance à autre des tubérosités, et qui, d'après la description qu'on m'en a faite, doit être une Joncée ou une Cypéracée. M. Pinto avait soin aussi de froter la plaie avec la même décoction à laquelle on ajoute, si l'on veut, les racines du *taririquim* ou *fedegoso do mato* espèce de *Cassia* qui, si je ne me trompe, a en général les mêmes propriétés que le *C. occidentalis* L.

CHAPITRE XI.

LA MONTAGNE DE MESTRE ALVE. — LA VILLE D'AL-
MEIDA ET LES INDIENS QUI L'HABITENT.

Passeport. — Horreur du Rio Doce. — *Ponta dos Fachos.* Hospitalité. — Pays situé entre la mer et la montagne de *Mestre Alve.* — Aspect des forêts nouvellement brûlées. De qui les Brésiliens ont emprunté leur système d'agriculture. — *Freguezia da Serra.* De quelle manière l'auteur est reçu dans ce village. — Souffrances causées par la chaleur. — La montagne de *Mestre Alve.* Respect des Brésiliens pour leurs supérieurs. — Pièges appelés *mundeos.* — Hameau de *Caraipé.* — *Villa d'Almeida.* Son histoire et son administration. Description de cette ville. De quelle manière les Indiens de Villa d'Almeida étaient gouvernés du temps des jésuites. Comment on les traite aujourd'hui. Diminution que la population a éprouvée. Occupation des Indiens d'Almeida. — Caractère des Indiens en général. — Langue de ceux d'Almeida. — Le *capitão mór* d'Almeida.

PENDANT mon séjour à Villa da Victoria, je me présentai chez le gouverneur de la province auquel j'étais recommandé. Il me reçut très bien, me donna un *pedestre* pour me servir de guide jusqu'au Rio Doce, but de mon voyage, et me remit une *portaria* (passeport privilégié) signée de sa main. Celle que vous tenez du ministre d'état, me dit-il, devrait vous suffire; mais les soldats ne savent point qui est le ministre; ils ne connaissent que leur gouverneur, et ma signature vous mettra à l'abri de tous les embarras que l'on pourrait vous susciter.

On m'engageait beaucoup à ne pas poursuivre mon voyage ; on me représentait sous les plus sombres couleurs le pays désert que j'allais parcourir, et surtout on ne cessait de m'entretenir de l'insalubrité des bords du Rio Doce ; *o Rio Doce he um inferno,* le Rio Doce est un enfer, telles étaient les expressions dont on se servait, en me parlant de ce fleuve [1]. Mais, par tous ces discours, on ne faisait que piquer ma curiosité ; j'avais résolu d'aller jusqu'aux frontières de la province de Porto Seguro, et je me mis en route [2].

[1] Si l'on a tenu un autre langage au savant prince de Neuwied, c'est incontestablement par quelque intérêt particulier.

[2] Itinéraire approximatif de Villa da Victoria au Rio Doce.

De Villa da Victoria à Ponta dos Fachos, chaumière,		5	légoas.
— —	Freguezia da Serra, village,	3 1/2	
— —	Caraipé, hameau,	2 1/2	
— —	Villa dos Reis Magos, ville,	3	
— —	Aldea Velha, hameau,	3	
— —	Quartel do Riacho, poste militaire,	3	
— —	Quartel da Regencia, id.	7	
		27	legoas.

Obs. Je dois faire remarquer qu'en passant par la Freguezia da Serra, j'ai un peu allongé mon chemin, puisque ce village est situé à environ 2 l. de la côte. Pour éviter ce détour, on peut de Villa da Victoria faire halte au hameau de Carapiboi, moins éloigné que Ponta dos Fachos, et, de Carapiboi, se rendre, le jour suivant, à Villa dos Reis Magos autrement Villa d'Almeida.

Après avoir pris congé de mon hôte, le *capitão mór* Pinto, je traversai l'île très montagneuse où sa maison et la capitale de la province sont situées ; et bientôt j'arrivai sur le bord du bras de mer qui du côté du septentrion, sépare l'île de la terre ferme. Ce petit détroit peut avoir la largeur de nos rivières de troisième ou quatrième ordre. On le passe sur un pont en bois qui, lors de mon voyage, était dans le plus mauvais état, et qui probablement n'aura pas tardé à tomber, si, suivant l'usage, on a continué à n'y faire aucune réparation. Tantôt le chemin suit la plage, et tantôt il passe par les bois vierges dont elle est bordée. Après avoir fait cinq lieues, je m'arrêtai à une chaumière bâtie sur une colline qui domine la mer et qu'on appelle *Ponta dos Fachos* (la pointe des flambeaux). Je fus fort bien reçu des habitans de la chaumière. En général, à mesure que je m'avançais vers le nord, j'étais traité avec plus d'hospitalité, et nulle part je ne retrouvais cette dédaigneuse indifférence de l'habitant des environs de Rio de Janeiro.

J'ai déja dit un mot de la montagne de Mestre Alve[1] que j'avais aperçue en arrivant auprès de la baie d'Espirito Santo, derrière les hauteurs dont cette baie est bordée. Comme le Mestre Alve passe pour un des

---

[1] Jean de Laet, qui publia en 1633 son excellente compilation, écrit *Mons Alvæ* (*Nov. Orb.*, 584); on trouve dans l'abbé Cazal, *Monte de Mestre Alvaro* (*Corog.*, II, 63); et enfin dans Pizarro (*Mém.*, II, 30), *Serra de Mestre Alva* ou *Alvaro*. J'adopte l'ortographe qui m'a paru conforme à la prononciation usitée sur les lieux mêmes.

points les plus élevés de la province du S. Esprit, et qu'en m'y rendant de Ponta dos Fachos, je n'avais pas à me détourner beaucoup de ma route, je me décidai à faire ce petit voyage. Guidé par le bon Luiz, ce *pedestre* qui m'accompagnait par l'ordre du gouverneur, je me dirigeai vers l'ouest, et, parcourus pendant long-temps un pays plat où coule la rivière de *Caraipé*, et qui est entre-coupé de *capoeiras* et de bois vierges. De distance à autre, j'avais le plaisir de voir quelques cabanes.

On était alors (13 octobre) à l'époque où l'on a coutume de brûler les bois vierges abatus quelques mois plus tôt. Dans plusieurs endroits, je passai devant des portions de forêts ainsi détruites et incendiées. Rien ne pouvait être plus triste que cet aspect. Les petites branches qu'avant l'incendie on avait détachées des grands arbres, les lianes et les arbrisseaux avaient seuls été consumés; les gros troncs n'avaient été que noircis ou réduits en charbon, et gissaient par terre sans aucun ordre, jetés les uns sur les autres; la terre était desséchée et couverte çà et là d'une cendre blanchâtre; enfin, de tous côtés, on voyait s'élever, au milieu de ces débris, la base des grandes tiges coupées à deux ou trois pieds au-dessus du sol. Le système d'agriculture adopté dans l'empire du Brésil est celui des Tupinambas, des Carijos, des Tupiniquins et autres nations indigènes de la sous-race tupi aujourd'hui détruites [1]; les Portugais-Brésiliens

---

[1] Voici comment, vers l'époque de la découverte du

ont encore emprunté à ces sauvages la culture de la racine qui fournit leur aliment principal et la préparation de cette racine ; ils leur doivent une foule d'usages différens, la connaissance de quelques bons fruits et de plusieurs remèdes salutaires, divers mots généralement répandus parmi eux, enfin la plupart des noms de leurs montagnes et de leurs rivières. Ils devraient bien avoir quelque pitié des descendans de ceux qui furent leurs maîtres [1].

Un peu avant d'arriver au lieu où je fis halte, je commençai à monter, et bientôt je me trouvai au milieu d'une réunion de collines qui toutes présentent à leur sommet de larges plateaux de niveau les uns avec les autres. Une Melastomée et une Composée croissent en abondance sur le penchant de ces mornes. Depuis long-temps j'apercevais la montagne de Mestre Alve ; là elle se présenta à mes regards avec toute sa masse lourde et imposante ; je pouvais même distinguer çà et là des plantations au milieu des forêts qui la couvrent. A l'occident, l'horizon était borné par les monts de la chaîne maritime.

Brésil, s'exprimait Hans Stade en parlant des sauvages de ce pays : « Arbores iis in locis incidunt quo plantationem suam constituerant ; incisas relinquunt ad menses tres donec exciccentur hinc igne supposito eas comburunt et plantant (*Hist. Braz. in Th. Bry.*, I, 173). »

[1] Par une haine puérile contre les Portugais-Européens, quelques-uns de ceux du Brésil ont pris de nos jours des noms indiens que probablement ils n'entendent pas. Il eut été plus noble de chercher à améliorer d'une manière efficace le sort des indigènes.

Sur le plateau de quelques-unes des collines dont je viens de parler, sont des chaumières très écartées les unes des autres et éparses çà et là. A peu près au milieu d'elles, on voit une église entourée d'une pelouse isolée comme les maisons elles-mêmes, et ombragée par quelques palmiers. Cette espèce de village porte le nom de *Freguezia de N. Senhora da Conceição da Serra* (paroisse de Notre-Dame de la Conception de la montagne) ou simplement *Freguezia da Serra*, et est le chef-lieu d'une paroisse qui comprend un grand nombre d'habitations situées vers l'ouest, et une population de plus de mille ames [1].

En arrivant à la Freguezia da Serra, je me présentai à la maison d'un des principaux habitans qui était capitaine de milice, et lui demandai la permission de m'arrêter chez lui. Il me la refusa en me disant qu'il n'avait pas de place pour me recevoir, et il envoya un esclave louer une maison dans le voisinage. Pendant l'absence du nègre, nous nous mîmes à causer, le capitaine et moi, et je fis venir l'occasion d'exhiber ma *portaria*. Le respect des Brésiliens pour leurs supérieurs était tel alors, que la seule vue de la signature du ministre d'état Thomaz Antonio de Villanova e Portugal, produisit l'effet d'une phrase magique. Alors la maison fut à moi; on était à mes ordres; on voulait absolument me garder. Je fis un peu le fier, et je ne donnai point à mes gens l'ordre de décharger mes mulets, avant d'avoir appris par le nègre du capitaine

---

[1] Piz. *Mém. hist.*, V, p. 85.

que la maison où on l'avait envoyé, avait été déja retenue par un autre.

Pendant toute cette journée je trouvai la chaleur insupportable, probablement parce que je m'étais éloigné de la mer; je souffris cruellement des nerfs, et, le soir, en écrivant mon journal, j'avais la tête si lourde que l'image des objets qui, dans ma route, avaient passé sous mes yeux, me semblait enveloppée d'un nuage.

Avant de me coucher, je témoignai le désir de trouver un homme qui consentît à me conduire au sommet du Mestre Alve, et à l'instant même, mon hôte fit demander un guide au commandant du village. Le lendemain, le guide se présenta et nous partîmes. Je voulais, pour m'accompagner, un homme qui sût les chemins et que j'aurais payé; mais en causant avec celui que l'on m'avait envoyé, je sus bientôt que c'était un cultivateur honnête appartenant à la milice, et j'appris qu'on lui avait donné l'ordre de me servir de guide, parce que j'étais, lui avait-on dit, chargé d'une commission par le gouvernement. Ce brave homme, qui était un blanc, obéissait gaîment et sans murmurer, ne paraissant pas croire que l'on pût se plaindre en faisant quelque chose pour le service de son altesse. C'est ainsi qu'on avait appelé le roi lorsqu'il n'était que prince régent, et un grand nombre de Brésiliens d'une classe moyenne ou inférieure lui conservaient encore ce titre par habitude.

La montagne de Mestre Alve est fort arrondie au sommet; elle a une très grande largeur d'orient en occident, et, vers ces deux points, sa pente est très oblique. A l'exception de quelques gros rochers que l'on voit çà et là, cette montagne est entièrement couverte de bois vierges au milieu desquels on a fait plusieurs plantations de manioc, de coton et de maïs. Nous montâmes en suivant la trace des chasseurs qui ont la coutume de parcourir ces lieux, et nous arrivâmes au pied d'une cascade où l'eau se précipite dans le temps des pluies, mais qui alors présentait seulement une suite de rochers humides, presque à pic et couverts de mousse. Mon guide m'assura, en vantant mon agilité, que la plupart des chasseurs de la montagne n'allaient point au-delà de la cascade; les éloges de cet homme m'encouragèrent, et je grimpai sur les rocs avec une facilité extrême. Quoique j'eusse déja beaucoup marché, je me sentais plein de force; au lieu de la chaleur excessive qui la veille m'avait tant fatigué, j'avais éprouvé, depuis le commencement du jour, la plus agréable fraîcheur; des arbres touffus empêchaient les rayons du soleil d'arriver jusqu'à moi, et partout je rencontrais sous ces ombrages des ruisseaux d'une eau limpide. Au-dessus de la cascade, je commençai à voir des bambous de la grande espèce appelée *taquarassú* [1]. Il faut à ces Graminées immenses de l'humidité et une élévation assez considérable. Elles croissent sur les montagnes du Corco-

---

[1] C'est principalement, dit M. Martius, à une hauteur de 1,800 à 2,000 pieds au-dessus du niveau de la mer que croissent les bambous (*Agrost.*, 524).

vado et de Tijuca près de Rio de Janeiro à une hauteur analogue à celle où je me trouvais alors ; mais je n'en avais aperçu aucun pied sur la côte si basse où j'avais voyagé depuis mon départ de la capitale. Tantôt les bois vierges du Brésil sont si embarrassés d'épines et de branchages qu'on ne saurait y pénétrer sans s'ouvrir un passage avec la hache ; tantôt aussi, en présentant des difficultés, ils ne sont pourtant point impénétrables. Ceux du Mestre Alve sont de cette dernière classe. Cependant presque partout les arbres me cachaient la campagne ; ce fut dans un seul endroit qu'elle s'offrit à mes regards. Là, du côté de l'orient, je découvrais la mer ; à l'occident, j'apercevais dans le lointain les montagnes élevées de la chaîne maritime auxquelles s'en rattachent d'autres plus rapprochées ; et enfin, je voyais les collines sur lesquelles sont bâties les chaumières de la Freguezia, et qui, se terminant toutes par un large plateau, semblaient, de la hauteur où je me trouvais placé, former une vaste plaine. De côté et d'autres, d'épaisses colonnes de fumée montaient lentement vers le ciel, et indiquaient les lieux où des bois allaient être remplacés par d'utiles plantations. Je passai la journée entière sur la montagne de Mestre Alve, et je revins à la maison presque sans avoir recueilli aucune plante. La végétation est sans doute très variée dans les bois vierges [1] ; elle est admirable par sa vigueur et par les

---

[1] Suivant M. Freycinet, on peut estimer à 60 ou 80 le nombre des espèces de grands végétaux qui, indépendam-

contrastes qu'elle présente à chaque pas ; cependant, on trouve très peu de fleurs sous ces grands arbres qui privent d'air et de lumière les herbes et les arbrisseaux qui croissent à leur pied [1] ; les arbres eux-mêmes paraissent, comme je l'ai dit ailleurs, fleurir assez rarement, et ils sont trop élevés pour qu'on puisse apercevoir leurs fleurs en général plus petites que celles des végétaux moins vigoureux. Il se passera donc vraisemblablement bien des années avant que l'on connaisse, à quelques exceptions près, une autre Flore brésilienne que celle des herbes et des arbrisseaux. Des botanistes sédentaires pourraient seuls faire connaître les arbres des bois vierges, et je ne sache pas que depuis la mort de mon ami, le P. LEANDRO DO SACRAMENTO, il se soit formé des botanistes au Brésil [2].

ment des herbes et des lianes, se trouvent aux environs de Rio de Janeiro dans un quart de lieue carrée (*Voyage Ur. Hist.*, I, 114).

[1] Les familles de plantes dont on trouve le plus d'espèces en fleurs sous les grands arbres des bois vierges du Brésil intermédiaire sont les Acanthées et les Rubiacées.

[2] Le P. Leandro do Sacramento, professeur de botanique, directeur du jardin des plantes de Rio de Janeiro, cultivait avec succès la science qu'il était chargé d'enseigner, et possédait encore des connaissances en chimie et en zoologie. On lui doit l'analyse des eaux minérales d'Araxa (in Eschw. *Neue Welt.*, I, 74), des observations botaniques imprimées dans le recueil des Mémoires de l'académie de Munich et un mémoire sur les Archimédées ou Balanophorées qui, je l'espère, sera bientôt publié. C'était un homme de mœurs douces, d'un commerce facile, plein de candeur et d'amabilité. Il accueillait les étran-

Je vis sur la montagne de Mestre Alve un grand nombre de ces pièges appelés *mundeos*[1] que l'on a coutume de faire pour prendre les quadrupèdes. Dans les endroits où le gibier passe ordinairement, les chasseurs ne laissent qu'un sentier étroit, et ils le bordent à droite et à gauche d'une rangée de pieux menus, hauts d'environ 5 à 7 pieds, rapprochés les uns des

gers avec bienveillance, et, il faut le dire, l'on ne fut pas toujours reconnaissant envers lui. Pour justifier les reproches qu'ils font quelquefois aux habitans de l'Europe, les Brésiliens pourraient citer la manière dont fut traité le P. Leandro. Il avait fait part de ses collections à nos navigateurs; il avait envoyé des plantes sèches au Muséum de Paris; expédié pour le gouvernement français six caisses de plantes vivantes à la colonie de Cayenne, et ce fut en vain que, pendant longtemps, le consul de France à Rio de Janeiro et moi nous sollicitâmes une simple lettre de remercîment de deux de nos administrations. Les savans qui, s'ils aimaient les sciences pour elles-mêmes, devraient encourager par tous les moyens possibles les Américains dont il y a tant à espérer, les savans, dis-je, n'ont pas tous non plus été parfaitement justes envers le P. Leandro. Comme si l'on eut voulu faire disparaître jusqu'au souvenir de cet homme recommandable, on a détruit un genre qu'il avait formé dans l'un de ses mémoires: pour expliquer cette suppression on a dit, il est vrai, que le genre existait déja en manuscrit; mais nous ne devrions jamais perdre de vue cette règle si sage établie par M. de Candole dans son admirable *Théorie élémentaire*, savoir que *pour l'antériorité, il ne faut point tenir compte des travaux inédits.*

[1] Le mot *mundeo* a été originairement emprunté aux Indiens. *Mundé*, suivant le père Antonio Ruiz de Montoya (*Thes. leng. guar.*, 232), signifie en guarani piège pour prendre les animaux.

autres. Entre les deux palissades sont placées parallèlement à elles, et à environ 4 pieds de terre, des madriers pesans que soutiennent aux deux bouts deux bâtons transversaux. Ceux-ci reposent sur deux gaules mises horizontalement l'une en dehors d'une des rangées de pieux, et l'autre en dehors de la seconde. Une des gaules est fixée à l'une des rangées ou palissades; l'autre gaule coupée par la moitié dans sa largeur est seulement retenue au point de partage par une liane, et celle-ci se rattache à une petite trape dressée entre les palissades. Les bêtes fauves, passant dans le sentier que celles-ci laissent entre elles, poussent la trape qui fait effort sur la liane; les deux portions de gaule retenues par cette dernière se séparent brusquement; tout l'échafaudage s'écroule, et les madriers en tombant écrasent l'animal [1].

Je revins de la Freguezia da Serra par le chemin qui m'y avait conduit, et je fis halte à peu de distance de la mer au lieu appelé *Caraipé* [2]. C'est un espèce de hameau qui se compose de quelques maisons fort éloignées les unes des autres, et qui doit son nom à

[1] Il serait difficile que l'on disposât les *mundeos* exactement de la même manière dans toutes les parties du Brésil. Les pièges à quadrupèdes que M. le prince de Neuwied a vu dresser au *Morro d'Arara* (*Voyage trad. Eyr.,* II, 5) dans la province de Porto Seguro différaient de ceux que j'ai vus sur le Mestre Alve.

[2] C'est probablement ce lieu que le savant prince a indiqué sous le nom de *Carape buçu*. *Caraipé* vient peut-être des mots indiens *carai* sorciers, hommes blancs et *pé* chemin, chemin des sorciers ou des hommes blancs.

la petite rivière près de laquelle il a été bâti. La maison où je couchai est située sur une hauteur; elle appartenait à des mulâtres pauvres mais excellens, qui parurent me recevoir avec plaisir.

Le chemin que je suivis entre Caraipé et la ville d'*Almeida* est parfaitement égal. Tout en se prolongeant parallèlement à la mer, il ne la côtoye que dans des espaces très peu considérables, et traverse tantôt des terrains presque semblables aux *restingas* de Saquaréma et du cap Frio, tantôt des forêts vierges et des *capoeiras*. Je passai quelques petites rivières sans importance, et enfin j'arrivai à la ville d'*Almeida* presque entièrement habitée par des Indiens civilisés.

Cette ville fondée par les jésuites avant l'année 1587, portait jadis le nom d'*Aldea dos Reis Magos* (aldea des Rois Mages). Son nouveau titre lui fut donné en 1760, et, à la même époque, on fit d'Almeida le chef-lieu d'une paroisse [1]. Quoique ce dernier nom ait été consacré par des actes légaux, ceux de *Villa dos Reis Magos* et surtout de *Villa Nova* paraissent avoir prévalu dans l'usage ordinaire. Les Indiens de Villa Nova ont aujourd'hui, comme ceux de S. Pedro, un *capitão mór* de leur race, et l'administration de tout le district est entre les mains de deux juges ordinaires (*juizes ordinarios*), l'un indien et l'autre portugais, qui tour à tour font leur service pendant un mois. A l'exception du *provedor* [2], tous les

---

[1] Piz. *Mém. hist.*, V, 109.

[2] Il faudrait, je crois traduire ce mot par *procureur de la municipalité*.

membres de la *camara* ou sénat municipal du *termo* sont également des Indiens.

Almeida ou Villa Nova est située vers l'embouchure d'une petite rivière sur une colline qui offre à son sommet une large plate-forme, et qui domine une vaste étendue de mer. La plupart des maisons sont rangées sur le haut de la colline autour d'une grande place régulière dont la forme est celle d'un carré long, et qui a environ 140 pas de large sur 260 de longueur. L'ancien couvent des jésuites et leur église sont placés au nord de la place, et occupent un de ses petits côtés. Entre les maisons l'on voit de distance à autre des autels destinés aux stations de la semaine sainte et placés chacun dans un petit bâtiment qui représente une espèce de boîte allongée. Derrière les maisons situées sur la place, il y en a d'autres qui, construites à peu de distance, forment avec les premières une rue de peu de largeur. Du côté de l'occident, se trouvent encore quelques rues assez courtes. Si l'on excepte un petit nombre de maisons occupées par des Portugais, toutes les autres ne sont que des chaumières sans crépi, couvertes de feuilles de palmier.

La rivière qui coule au pied de Villa Nova du côté du nord porte le nom de *Rio dos Reis Magos* [1] ; elle est petite, et ne donne entrée qu'à des pirogues. Il pa-

---

[1] M. le prince de Neuwied dit que cette rivière s'appelle aussi *Sauanha* et que les indigènes la nommaient jadis *Apyaputang* (*Voyage trad. Eyr.*, I, 303).

raît que pour cette raison, les jésuites avaient préféré la position de Villa Nova à celle d'Aldea Velha, lieu situé vers le nord à l'embouchure d'une rivière navigable. Il entrait dans leur système d'éloigner les Portugais des Indiens, et ils devaient avoir plus de peine à y réussir, quand ils choisissaient comme à Benevente, les bords d'une grande rivière pour y former des aldeas.

J'ai passé deux fois à Villa Nova, et j'ai beaucoup questionné sur les jésuites les Indiens du pays, entre autres un vieillard, homme plein d'esprit et de jugement qui avait connu ces pères. On me donna souvent des renseignemens contradictoires : je me bornerai à consigner ici ceux que je puis regarder comme certains.

Il n'y avait jamais à l'aldea dos Reis Magos que deux religieux profès que l'on avait la prudence de changer tous les trois ans; mais c'était dans cet endroit que les novices venaient apprendre la langue des indigènes. Pendant les deux cents ans environ que les jésuites furent à la tête de ce canton, ils durent nécessairement introduire, suivant les circonstances, quelques changemens dans leur mode d'administration. Cependant, environ 40 ans avant la destruction de leur ordre, ils tenaient encore les Indiens dans l'obéissance la plus étroite. Tous les trois mois, ils fesaient venir de la campagne à l'aldea, 40 ménages pour leur enseigner la religion chrétienne, pour donner aux hommes quelque idée de différens métiers, et pour apprendre aux femmes à filer le coton et à faire de la toile. Quand le trimestre s'était écoulé, les 40 ménages étaient remplacés par d'autres. Il paraît que, vers 1720, quelques idées d'indépendance s'étaient déja glissées parmi les Indiens de Reis Magos. Fatigués des règles sévères auxquelles ils étaient astreints, ils allèrent porter des plaintes au gouverneur de Bahia, et celui-ci obligea les jésuites à leur donner plus de liberté.

Pour ce qui regardait le temporel, ces religieux ne gouvernaient point immédiatement les Indiens; mais ils nommaient le *capitão mór* et les autres officiers chargés de veiller au maintien du bon ordre et de punir les hommes qui commettaient quelque faute. Aucun Portugais n'entrait dans l'aldea sans la permission des jésuites [1], et il était défendu aux Indiens de parler d'autre langue que la leur propre; cependant ils pouvaient aller à Villa da Victoria vendre leurs denrées et y acheter les objets dont ils avaient besoin. Les jésuites choisisaient les enfans qui montraient le plus de disposition; ils les envoyaient dans leur couvent de Rio de Janeiro, pour leur faire apprendre différens métiers, et l'on trouvait des hommes de tous les états dans l'aldea dos Reis Magos. Il paraît que cet aldea tout entier, et même l'église et le couvent ont été bâtis par les Indiens. La musique était, comme je l'ai déja dit, un des moyens dont se servaient les pères de la compagnie de Jésus pour captiver les indigènes; ils

---

[1] On a vu ailleurs que l'entrée des aldeas était interdite aux Portugais par les lois même du roi D. Pedro II.

envoyaient également à Rio de Janeiro les enfans qui avaient le plus de goût pour cet art ; ils les faisaient revenir lorsqu'ils étaient suffisamment instruits, et l'on assure que l'on entendit toujours dans l'église de l'aldea des musiciens très habiles [1]. Il n'est pas vrai qu'ici les récoltes fussent mises en commun, et ensuite réparties par les jésuites, comme cela avait lieu au Paraguay, il n'est pas vrai non plus que les Indiens fussent obligés, comme à S. Pedro [2], de travailler pour le couvent un certain nombre de jours chaque semaine [3].

[1] Un voyageur qui a écrit sur les Indiens de l'Amérique du nord a dit que si, « à l'enseignement des préceptes salu- « taires de l'évangile, les premiers missionnaires avaient réuni « celui de la musique, ils seraient parvenus à adoucir la fé- « rocité de leurs néophites. » On voit que les jésuites du Brésil n'avaient pas négligé ce moyen. Ceux du Paraguay ne l'avaient pas négligé davantage. Comme je le dirai dans ma troisième Relation, la connaissance de la musique s'est perpétuée parmi les Indiens des anciennes réductions des bords de l'Uruguay, et ils ont conservé l'usage de la harpe. « La « religion chrétienne, a dit avec raison M. de Chateaubriand, « a réalisé dans les forêts de l'Amérique méridionale ce que « la fable raconte des Amphion et des Orphée. »

[2] Voyez plus haut chap. I.

[3] Southey a déja montré que les jésuites n'avaient pas adopté la même méthode de colonisation pour toute l'Amérique (*History of Brasil*, III, 370). Ils avaient modifié leur système, suivant le caractère des diverses peuplades, les circonstances et les localités ; ils avaient été forcés de faire plusieurs concessions à l'autorité jalouse des gouvernemens espagnol ou portugais, et n'avaient pu toujours lutter avec succès contre la cupidité des planteurs qui demandaient sans cesse que les Indiens fussent esclaves.

Le père de famille cultivait pour lui-même, et jouissait librement du fruit de ses peines. Les jésuites avaient des plantations ; quand venait le moment d'y travailler, tout l'aldea était invité à s'y rendre, et l'ouvrage était bientôt achevé. Lorsqu'il manquait un ornement à l'église, les pères excitaient les Indiens à scier du bois ; ils faisaient enlever les planches par une petite frégate qui appartenait à leur ordre, et, au bout de quelque temps, l'ornement désiré arrivait au village. En général les disciples de Loyola traitaient les Indiens avec douceur ; ils instruisaient les enfans ; ils ne prenaient aucune rétribution pour les baptêmes, les mariages, les enterremens ; et tout le monde s'accorde à dire qu'ils visitaient les malades, leur administraient des remèdes, et leur prodiguaient les plus grands soins.

Des Portugais et des indigènes ont prétendu que les jésuites conduisaient à coups de fouet les habitans de l'aldea dos Reis Magos, comme l'on traite encore aujourd'hui les nègres esclaves. Il paraît certain que quelque temps avant la suppression de la compagnie de Jésus, on avait mis à la tête de la réduction un religieux qui abusa beaucoup de son pouvoir ; mais, à la fin de son gouvernement, tout rentra dans l'ordre accoutumé.

Les Indiens de la côte ont perdu depuis de longues années, les habitudes de la vie sauvage, et, lors même qu'ils auraient le courage de rentrer dans les forêts, ils y seraient pourchassés comme des bêtes fauves. Ainsi que j'ai déja eu l'occasion de le dire [1], le ca-

---

[1] Voy. ma *première Relation*, vol. I, p. 53.

ractère de ces hommes disgraciés de la nature exigerait qu'ils fussent conduits avec douceur, amour, fermeté, par des tuteurs bienveillans et sans intérêt, qui eussent sur eux une grande supériorité de raison et d'intelligence. Ces tuteurs, il faut le dire, pour rendre hommage à la vérité [1], ils les avaient trouvés dans les jésuites. Cependant ils ne regrettent point le gouvernement de la compagnie de Jésus, parce qu'on a su leur persuader qu'elle voulait détrôner le souverain du Brésil, et se mettre à sa place, ce qui à leurs yeux est le plus grand de tous les crimes. L'accusation dont il s'agit a déja été victorieusement repoussée par un historien consciencieux, M. Robert Southey, qui ne saurait être suspect, car, attaché à la foi protestante, il s'est toujours montré fortement opposé au catholicisme. Mais l'éloignement que les Indiens ont conçu pour les jésuites sur cette seule accusation, en démontrerait suffisamment toute la fausseté: qui en effet aurait inspiré aux indigènes ce respect idolâtre qu'ils ont pour leur roi, si ce n'est les jésuites?

Après la destruction de cet ordre, le gouvernement

---

[1] J'ai déja dit que j'avais été amené par la force de la vérité à admettre cette opinion, et j'ai fait voir qu'elle était appuyée par les autorités les moins suspectes. A celles que j'ai citées, j'en puis ajouter une plus grave encore, celle de M. Roulin qui a retrouvé dans quelques réductions fondées au milieu des colonies espagnoles, par les jésuites, les traces du bien qu'ils y avaient opéré. Ce savant recommandable a montré qu'il partageait entièrement mes idées sur les services que la compagnie de Jésus rendirent aux Indiens (Voyez *Le Temps* du 28 novembre 1832).

portugais laissa à la communauté des Indiens de Villa Nova, un territoire qui fut déclaré inaliénable et s'étend depuis le lieu appelé *Cababa*[1] du côté du midi, jusqu'à *Comboio* du côté du nord. On donne des *sesmarias* sur les terres des Indiens aux Portugais qui veulent s'y établir; mais ceux-ci sont obligés de payer annuellement 2 *testoes* pour 100 *braças* au sénat municipal de la ville, et ils ne peuvent vendre que leurs récoltes et les constructions qu'ils ont élevées sur le terrain dont ils sont censitaires. Les privilèges des Indiens de Villa Nova sont donc semblables à ceux qui originairement avaient été accordés aux habitans de S. Pedro et de Benevente; mais ici on a eu peu d'occasion de violer les droits des indigènes, parce que le pays ne présente, pour ainsi dire, aucun appas à la cupidité, qu'il est peu fertile, isolé, voisin des Botocudos, que les fourmis y exercent des ravages continuels, et qu'enfin le Rio dos Reis Magos offre pour les transports de très faibles ressources.

Malgré les avantages dont jouissent encore les Indiens de Villa Nova, leur ville est dans l'état le plus affligeant de décadence. Le couvent tombe en ruine, presque toutes les maisons auraient besoin d'être réparées et plusieurs sont désertes. Connaissant l'inconstance et la paresse des Indiens, les jésuites les avaient soumis à une règle austère; pour qu'ils fussent véritablement heureux, ils voulaient qu'ils travaillassent

---

[1] Je ne saurais garantir la parfaite exactitude de ce nom. Peut-être faudrait-il *Capaba*.

et ne laissaient point l'oisiveté sans punition. Depuis que la compagnie de Jésus a été détruite, les habitans de l'aldea, débarrassés d'une utile surveillance, se sont abandonnés à leur caractère naturel; ils n'ont plus travaillé avec la même régularité, et plusieurs d'entre eux, étant tombés dans l'indigence, ont été chercher ailleurs les moyens de subsister.

L'émigration des Indiens, leur extrême pauvreté et l'éloignement où ils se trouvent de Villa Nova ont encore une autre cause. La main de fer des gouverneurs de la province d'Espirito Santo s'est appesantie sur ces infortunés. Tous les mois on tire de chez eux (1818) un certain nombre d'Indiens mariés ou non mariés pour les faire travailler au chemin de Minas, à l'hôpital de Villa da Victoria, à la nouvelle ville de Vianna ou saint Agostinho, etc.; on les nourrit mal; pendant long-temps on ne leur a donné aucun salaire, et, à l'époque de mon voyage, c'était seulement depuis deux mois que l'on avait commencé à ajouter à leur nourriture une rétribution de deux *vintens* ou cinq sous par jour [1]. On envoie garottés à Villa da Victoria ceux qui veulent se soustraire à cette tyrannie, et plusieurs ont succombé au milieu des rudes travaux auxquels on les avait condamnés. Outre leurs maisons de la ville, les Indiens de Villa Nova en ont presque tous une autre sur les terres qu'ils cultivent; c'est là que se sont retirés les femmes et les enfans privés de leurs maris et de leurs

---

[1] On a vu que les Indins de Benevente étaient traités à peu près de la même manière.

pères, et l'ancien aldea a été abandonné. Il est même des familles qui se sont enfoncées dans de profondes solitudes, et d'autres qui ont fui loin de la province. Du temps des jésuites, on comptait 3,700 Indiens à Villa Nova et aux alentours, tandis qu'aujourd'hui le territoire de cette ville renferme tout au plus 1,200 habitans, dans une circonférence de 9 *legoas* [1].

Ceux des indigènes qui sont restés dans le pays pêchent et cultivent la terre; mais en général ils ne plantent qu'autant qu'il est strictement nécessaire pour faire subsister leur famille. Parmi les Indiens de Villa Nova qui recueillent plus de denrées qu'il n'en faut pour leur consommation, les uns vendent l'excédent aux Portugais établis chez eux ou à des marchands du dehors; les autres s'embarquent dans des pirogues avec leurs haricots, leur coton ou leur farine, et vont s'en défaire à Villa da Victoria, en suivant toujours la côte qu'ils connaissent parfaitement.

Les Indiens du littoral sont généralement excellens pour la mer. L'imprévoyance qui les distingue leur ferme les yeux sur les dangers; les longs intervalles

---

[1] Comme mes manuscrits signalent une réduction considérable, sans désigner aucun chiffre; j'ai emprunté celui que je note ici à M. le prince de Neuwied. A la vérité Pizarro assure que la population de la paroisse de Villa Nova d'Almeida s'élève de 4 à 5,200 individus; mais il ne dit pas dans quelles limites, et il est assez vraisemblable que ce nombre comprend la population de la nouvelle paroisse de Santa Cruz de Linhares ou au moins celle de tout le territoire qui s'étend jusqu'au Rio Doce.

de repos que laisse la navigation conviennent à leur indolence, et la force dont ils sont doués leur rend faciles les travaux du marin. Dès les temps les plus anciens, le voisinage de l'Océan les avait rendus pêcheurs, et c'est encore là un des métiers qui conviennent le mieux à leur caractère. Toujours dans le présent, n'ayant pas la patience d'attendre, voulant cueillir le soir les fruits des travaux de la journée ; ils doivent naturellement préférer la pêche aux soins de l'agriculture. Par la même raison, il n'est aucune occupation qu'ils aiment autant que celle de scier des planches. Ils voyent promptement les résultats de ce métier purement mécanique, et, pendant qu'ils remuent les bras d'une manière uniforme, leur esprit se livre à ce vague qui est propre à leur race, et fait le charme de leur existence [1].

---

[1] Os Indios do Brazil, dit Jozé Joaquim da Cunha de Azeredo Coutinho, são excelentes falquejadores e serradores de madeiras..... Eles são muito abeis principalmente para tudo o que é de imitação ou de manufatura ; e ainda mesmo para tudo o que pede forsa e agilidade : para a agricultura porem, ou para o trabalho continuo de rasgar a terra, parecem ter os Indios uma repugnancia invencivel..... Eles não tem a paciencia de esperar, querem logo do trabalho do dia colher o fruto á noite e por iso a pescaria e a marinha será para eles uma manufatura imensa (*Ens. Econ.*, 38). Tout dans ce passage est parfaitement vrai. Les Indiens y sont peints tels qu'ils sont avec leur amour pour la pêche et le métier de scieur de long, leur répugnance pour l'agriculture et cet impatience d'enfant qui ne leur permet pas d'attendre les résultats d'un long travail. On croira sans doute qu'après avoir tracé ce ta-

Il ne faut pas croire pourtant que les Indiens de Villa Nova, S. Pedro dos Indios, Benevente etc. soient sans industrie et sans intelligence; ils conçoivent avec plus de facilité que les Portugais-Brésiliens de cette même partie de l'Amérique, que ceux du moins des contrées qui s'étendent depuis Rio de Janeiro jusqu'au Parahyba; ils laissent voir moins de tristesse, et mettent plus de vivacité dans leurs réparties. Cependant ces qualités ne leur servent jamais pour l'avenir; ils appartiennent tout entiers au présent; ce qu'ils viennent de gagner, ils le dépensent à l'instant même, ils boivent, font l'amour, et, lorsqu'ils n'ont plus rien, ils souffrent la faim sans proférer une plainte. Ils se montrent aussi remplis de patience, aussi doux qu'insoucians, et peut-être même les deux premières de ces qualités ne sont-elles chez eux, que le résultat de la dernière. En parlant des rudes travaux auxquels les con-

bleau, l'auteur a reconnu comme moi que les Indiens étaient incapables d'arriver à ce haut degré de civilisation dont est susceptible la race caucasique. Point du tout: il prétend en faire des hommes semblables à nous, et c'est par le moyen de la pêche qu'il espère y réussir. En voyant nos filets, dit-il, les indigènes voudront en avoir de semblables; pour faire la répartition d'une pêche abondante, ils deviendront arithméticiens; leur commerce de pêcheur prenant de l'extension les obligera d'apprendre à lire et à écrire; du milieu de ces hommes civilisés par la pêche, sortiront naturellement des matelots et des pilotes habiles, puis des ouvriers pour la marine, puis des négocians, en un mot, des citoyens utiles..... Les pauvres Indiens ont vu nos filets; ils les ont imités, et sont restés Indiens.

damnait le gouverneur de la province, les Indiens de Villa Nova ne laissaient échapper aucun murmure; le service du roi l'exige, ces paroles ils les prononçaient de la même manière qu'un fataliste aurait pu dire, tel est l'arrêt de la destinée. Le manque de bonne foi est un des défauts qu'on leur reproche avec le plus de justice; mais ce défaut est certainement chez eux bien moins inexcusable que chez les hommes de notre race; comment ne resteraient-ils pas étrangers à l'honneur, humiliés comme ils le sont sans cesse par les descendans des Européens ? Peut-être même lorsqu'ils donnent leur parole, ont-ils l'intention de la tenir; mais ils sont trop inconstans, ils ont des idées de l'avenir trop confuses pour pouvoir être fidèles aux engagemens qu'ils prennent. Ce sont des enfans qui ne savent ni mesurer leurs forces, ni calculer les obstacles qu'ils doivent rencontrer.

Le vieil Indien de Villa Nova dont j'ai déja parlé, et avec lequel je m'entretins long-temps, ne voulait point accepter pour sa nation le nom de *Tupis*, et considérait ce mot comme un sobriquet injurieux imaginé par les Tapuyas ou Tapuyos. Suivant ce vieillard, sa nation avait autrefois porté le nom de *Moçu;* c'était même, ajoutait-il, celui que se donnaient encore entre eux, du temps des jésuites, les Indiens de Reis Magos[1].

---

[1] Je serais presque tenté de croire que *moçu* était moins un nom de nation qu'une sorte de terme de politesse, comme monsieur et madame; car je trouve dans le *Diccionario Portuguez e Brasiliano* le mot *cunham moçu* pour désigner une jeune

AU BRÉSIL.

Les habitans de Villa Nova, de l'Aldea Velha et de Piriquiassú, villages que je ferai connaître plus tard parlent absolument la même langue, celle que les jésuites appelaient *lingoa geral* et dont ils avaient fait le dictionnaire et la grammaire. Je lus à mon vieil Indien des mots qui m'avaient été dictés à S. Pedro dos Indios; pour la plupart, ils se trouvèrent les mêmes que ceux dont on se sert à Villa Nova, cependant quelques-uns, et principalement les verbes, offrent des différences sans doute introduites par le temps et le défaut de communications. Le tableau suivant montrera non-seulement ces différences, mais encore quelques-unes de celles qui existent entre les dialectes actuels de S. Pedro ainsi que de Villa Nova d'Almeida et la *lingoa geral*, tel que les jésuites l'écrivirent dans leur dictionnaire, ouvrage composé probablement dans le seizième siècle.

Français.	Dictionnaire des jésuites.	Dialecte de S. Pedro.	Dialecte d'Almeida.
Tête.	Acánga.	Nhacanga.	
Cheveux.	A'ba.	Java.	Ava.
OEil.	Ceça.	Ceca.	
Nez.	Tîm.	Itchi.	
Bouche.	Juru.	Juru.	
Oreille.	Namby.	Namby.	
Cou.	Ajuru.	Jajiura.	

fille et *corumímoçu* pour indiquer un jeune homme. Il serait même possible que le mot *moçú* fut une altération du portugais *moço* (jeune homme).

Français.	Dictionnaire des jésuites.	Dialecte de S. Pedro.	Dialecte d'Almeida.
Bras.	Jyba.	Juva.	
Mains.	Pó.	Ipo	
Doigts.	Po.	Ipoha.	
Ongles.	Po apem.	Ipohape	
Pied.	Py.	Iporongava.	
Jambe.	Cetyma.	Cetuma.	
Dieu.	Tupana.	Tupan.	
Ange.	Caraibebe.	Caraivieve.	
Jour.	Ara.	Ara.	Ara.
Lune.	Jacy.	Jacy.	
Etoile.	Jacytata.	Jacytata.	
Ciel.	Ybake.	Yuyaca.	
Pluie.	Amana.	Amana.	
Eclair.	Beraba.	Overapa.	
Eau.	Y'g.	Y'g.	Y'g.
Feu.	Tata.	Tata.	
Vent.	Ybytû.	Yuytû.	Evutû.
Mer.	Paranâ.	Paranâ.	
Viande.	Çoô.	Çoô.	Çoô.
Poisson.	Pyrâ.	Pyrâ.	
Oiseau.	Guirâ.	Vuirâ.	
Chique.	Tumbyra.	Tunga.	
Pecari.	Tayaçu.	Tayaçu.	
Cheval.	Cabarû.	Cavarû.	
Fusil.	Moçaba.	Moçava.	
Pierre.	Ita.	Ita.	
Sable.	Ybi cuî.	Vocuî.	
Arbre.	Ymyrâ.	Vuyrâ.	

AU BRÉSIL.

Français.	Dictionnaire des jésuites.	Dialecte de S. Pedro.	Dialecte d'Almeida.
Nuit.	Pituna.	Putuna.	
Père.	Paya tuba.	Echeruva (mon père).	
Mère.	Maya.	Chemanha (ma mère).	
Homme.	Apyaba.	Apuava.	
Femme.	Cunhã.	Cunhã.	
Enfant.	Mytanga.	Pytanga.	
Maison.	Oca.	Joca.	
Grand.	Turuçu.	Tubichava.	
Petit.	Merîm.	Merîm.	
Long.	Pecû,	Ipocutete.	Ipocutete.
Large.	Tepopyr.	Ipoaçute.	Ipoaçutete.
Menu.		Ipoite.	Ipoitete.
Mâle.	Apyaba.	Apuava,	
Femelle.	Cunhâ.	Cunhâ.	
Noir.	Pixuna, Una.	Sun.	Suna.
Blanc.	Morotinga.	Morotchin.	Imorotinga.
Rouge.	Pyranga.	Pyran.	
Dormir.	Ker.	Tcotchake.	Takerne.
Mourir.	Mano.	Omanon.	
Tomber.	Oar.	Iriate.	Aare.
Je t'aime.		Cheruputa.	Oropobaue.
Je bois.		Chacauma.	Acauma.
Un.	Oyepe (le P. Figueira).	Oyepenho.	Ayepe.
Deux.	Mocoi.	Mocoi.	
Trois.	Moçapyr.	Moçapu.	

Français.	Dictionnaire des jésuites.	Dialecte de S. Pedro.	Dialecte d'Almeida.
Eglise.	Tupanoca.	Tuparoca.	
Monsieur.	Jara.		Andiara.
Manger.		Itambaiu.	Beiu [1].

[1] Les différences qu'indique ce tableau ne sont peut-être pas dans la réalité aussi grandes qu'elles le paraissent. En effet : 1° Il est des sons mixtes qui peuvent être à peu près également rendus par deux lettres, telles, par exemple, que le *b* et le *v*. 2° Il m'est à peu près démontré qu'il s'est introduit des fautes dans le dictionnaire des jésuites imprimé à une époque fort éloignée de celle où il fut composé, et dans un pays où personne ne savait la langue des Indiens (Lisbonne, 1795). 3° Ce dictionnaire très abrégé renferme fort peu de synonymes; et des mots qui ne s'y trouvent pas n'en étaient pas moins regardés comme corrects du temps des jésuites; par exemple, pour *grand* on n'a fait entrer que *turuçu* dans le dictionnaire, et pour chique que *tumbyra;* mais *tubichaba* et *tunga*, en usage aujourd'hui à S. Pedro dos Indios, se retrouvent dans la grammaire indienne du P. Luiz Figueira (*Arte da gramatica da lingoa do Brasil*), dont il y a eu quatre éditions. 4° Il est vraisemblable qu'une étude très approfondie de la *lingoa geral* et de ses divers dialectes actuels, étude aujourd'hui presque impossible, ferait disparaître ou expliquerait quelques autres différences; ainsi, quand j'ai demandé aux Indiens de S. Pedro comment se disait *père* et *mère*, ils m'ont répondu *echeruva* et *chemanha*, qui semblent différer beaucoup de *tuba* et *maya;* mais dans les premiers de ces mots se trouve évidemment compris le pronom possessif *che;* pour saluer, dans les missions de l'Uruguay et au Paraguay, un Indien d'un certain âge, on lui donne le nom de *cheru* mon père, et le P. Luiz Figueira dit expressément qu'on traduit père par *tuba* et mon père ou j'ai un père par *cherub*, parce

A mon arrivée à Villa Nova, j'allai voir le *capitão mór* indien pour le prier de m'indiquer une maison où je pusse passer la nuit. J'eus le tort de ne pas songer à lui montrer ma *portaria*, et j'appris plus tard qu'il avait été choqué de cet oubli. Il m'accueillit mal; cependant il me donna la clé d'une petite maison destinée à recevoir les soldats qui viennent du Rio Doce ou ceux qui s'y rendent. Dans l'après-dîner, il eut avec mon muletier une dispute assez vive; mais le curé que j'avais été voir et qui était un homme excellent, arrangea cette petite affaire. Le lendemain je réparai ma faute en retournant chez le *capitão mór*; cette fois j'eus soin de lui montrer mon passe-port, et il me fit beaucoup de politesses. Cet homme n'avait point le teint bistré comme la plupart des autres Indiens; il l'avait seulement un peu jaune, sans doute parce qu'il sortait peu de chez lui; ce qui tendrait à confirmer l'opinion que MM. d'Eschwege, d'Olfers et moi nous avons émise sur la couleur des Indiens du Brésil [1]. Le titre de *capitão mór* indique ordinairement un homme riche et important; celui de Villa Nova n'était

que, dans la composition, le *t* se change en *r*. Si j'avais joint au tableau que je publie ici le dialecte guarani, on aurait vu combien il diffère peu de ceux de la côte, quoique parlé à une distance énorme des provinces de Rio de Janeiro et Espirito Santo. Comme dans les vocabulaires que j'ai déja publiés, je me suis conformé ici à l'orthographe portugaise qui, bien mieux que la nôtre, s'accorde avec la prononciation. C'est d'ailleurs celle qu'ont suivie les jésuites.

[1] Voy. ma *première Relation*, vol. I, p. 424 et ce que j'ai dit plus haut, vol. I, p. 363.

ni l'un ni l'autre. Sa maison se distinguait de celle de ses administrés uniquement parce qu'elle était blanchie en dedans et en dehors. Une chaise, deux tables et autant de coffres formaient tout l'ameublement de la pièce principale, celle où je fus reçu. Je trouvai chez le *capitão mór* un vieux Portugais qui le traitait avec une sorte de supériorité respectueuse, comme le gouverneur d'un prince a coutume de traiter son élève; ces deux personnages réunirent leurs lumières pour lire ma *portaria* qui était parfaitement peinte, et je fus souvent obligé d'aller à leur secours.

CHAPITRE XII.

LE PAYS SITUÉ ENTRE LA VILLE D'ALMEIDA ET LE RIO DOCE.

Chemin qui conduit d'Almeida au hameau d'*Aldea Velha*. — Description de ce hameau. — Le *Rio da Aldea Velha*. Commerce; *tatajiba* ou bois jaune; chaux. Poste militaire. *Capitão da Barra*. M. MANOEL FRANCISCO DA SILVA GUIMARAÉNS. — Plage que l'on parcourt au-delà d'Aldea Velha. — Désagrémens qu'éprouve l'auteur de la part des gens qui le servent. — Poste militaire connu sous le nom de *Quartel do Riacho*. — Rivière appelée *Riacho*. — Guitares — La plage qui s'étend depuis le Riacho jusqu'au Rio Doce. — L'auteur arrive à l'embouchure de ce fleuve. — *Quartel da Regencia*. Destination de ce poste.

En quittant Villa Nova, je traversai le Rio dos Reis Magos sur une pirogue que le *capitão mór* avait mise en requisition, et qui appartenait à des Indiens. Comme cette contrée n'entretient par terre que très peu de communications avec le nord du Brésil, le passage de la rivière n'a point été affermé par le fisc.

Le chemin de Villa Nova à l'*Aldea Velha*, traverse presque toujours les bois dont la mer est bordée. Partout le pays que l'on parcourt est égal; mais, un peu vers l'occident, on aperçoit des mouvemens de terrain. Quoique la saison fut très avancée (16 octobre)[1], il faisait encore une sécheresse extrême, et je ne trouvai pendant toute la journée, aucune plante en fleur : cette année-là les colons se plaignaient avec amertume du manque de pluie qui retardait toutes leurs plantations. Je passai successivement devant un assez grand nombre de chaumières habitées par des Indiens, et, après avoir fait 3 lieues, je m'arrêtai à Aldea Velha.

Ce hameau se compose de quelques chaumières bâties pour la plupart à l'embouchure du *Rio da Aldea Velha* et sur sa rive méridionale. Il fait partie de la paroisse de Villa Nova ou Almeida, et est peuplé par des indigènes civilisés qui vivent de la pêche et du produit de quelques terres en culture.

Le Rio da Aldea Velha est formé de la réunion de deux rivières; l'une moins considérable qui vient du sud-ouest, et porte le nom de *Piriquimerim*, l'autre qui vient du nord-ouest et qu'on appelle *Piriquiassú*[2]. A son embouchure, le Rio d'Aldea Velha peut avoir

---

[1] Il ne faut pas oublier que dans cette contrée la saison des pluies commence vers le mois d'octobre.

[2] *Piri* jonc et *qui* ici, en guarani; *pery ike*, dans la *lingoa geral*; avec l'augmentatif *assú* ou le diminutif *merim*. — Le savant prince de Neuwied a écrit *pyra káassú*; mais, comme il n'a fait que passer rapidement à l'embouchure de l'Aldea Velha, il n'est pas étonnant que ce nom ne lui ait pas été parfaitement indiqué. Dans tous les cas, il me semble que *pyrakáassú* ne voudrait pas dire grand poisson, mais plutôt le grand bois aux poissons, *pyra* poisson, *caá* bois, avec l'augmentatif.

la même largeur que la Seine au Pont-Neuf, et, comme sa profondeur n'est pas à cet endroit de moins de 8 à 14 palmes, suivant les marées, il donne passage à des embarcations assez considérables.

De temps en temps, il vient ici des barques de S. Matheus, de Villa da Victoria, de Campos, quelquefois même de Bahia et de Rio de Janeiro, et elles prennent, mais en petite quantité, de la farine, du maïs et des planches. D'Aldea Velha on exporte encore pour Rio de Janeiro du bois jaune, celui du *tatajiba* [1], le *Broussonetia tinctoria* des naturalistes ; avant l'arrivée de Jean VI au Brésil, l'exploitation de ce bois de teinture était ici entièrement négligée, mais, à l'époque de mon voyage, on en était venu à arracher les racines, après avoir abattu tous les arbres. Du Rio da Aldea Velha sort aussi un article de commerce important, la chaux faite avec des coquilles que l'on tire des carrières voisines du village de *Piriquiassú* situé sur le bord de la rivière du même nom à trois lieues du hameau d'Aldea Velha. Cette chaux vaut ici 4,000 reis (25 f.) le *moio* de 50 *alqueires* (10 hectolitres) et on la revend 8,000 reis à Villa da Victoria, et un double (80 f.) ou même un double et demi (120 f.) à Campos. Quant aux autres articles, ils sont achetés des Indiens par 3 ou 4 marchands portugais établis dans le pays et par des négocians qui viennent du dehors avec des embarcations. Lors de mon voyage, les haricots valaient à Villa Nova et probablement dans tout le

---

[1] Par corruption pour *tataiba* ou *tataï* (Ind.).

canton 5 *patacas* (10 f.), l'*alqueire* (l'*alq*. de Rio de J. 40 litres); le coton 3 *pat*. l'arrobe; la farine 2 *testões* (1 f. 25) la quarte (la quarte de Rio de J. 10 litres); les planches de 20 à 25 palmes de longueur sur une de large $\frac{1}{2}$ pat. (1 f.), lorsqu'elles étaient d'un bois ordinaire, et 1 $\frac{1}{2}$ *pat.* quand elles étaient d'un bois propre à la menuiserie.

On a établi à Aldea Velha un poste militaire, composé de quatre Indiens que l'on change tous les huit jours. Il y a en outre, dans le hameau, un capitaine de milice portugais, qui, sans être attaché à aucune compagnie en particulier, est chargé de veiller au maintien de l'ordre, et de délivrer aux patrons des barques les papiers exigés d'eux. Ce capitaine, qu'on nomme *capitão da barra* (capitaine de l'embouchure), n'a d'ordres à recevoir de personne, si ce n'est du gouverneur.

Le *capitão da barra*, Manoel Francisco da Silva Guimaraens, habitait, à l'embouchure du Rio da Aldea Velha, une maison couverte en tuiles, et m'y reçut avec beaucoup d'hospitalité. Cet homme était venu de Porto au Brésil, sans aucune fortune; à force de travail et d'activité, il s'était amassé quelque argent en faisant le commerce, et il avait l'ame assez élevée pour ne faire aucun mystère de son origine.

Après avoir quitté Aldea Velha, je passai la rivière sur une pirogue que me fournit le capitaine Manoel Francisco, et qui était conduite par des Indiens. Parvenu sur la rive septentrionale du Rio da Aldea Velha, je continuai ma route, en traversant un bois; puis j'arrivai sur une plage assez abondante en *Fucus*[1], et je la suivis constamment jusqu'au *Quartel do Riacho*. La végétation qui borde immédiatement cette plage ne diffère point de celle que j'avais observée en beaucoup d'autres endroits du littoral, et présente généralement un fourré assez égal de *feijões da praia* (*Sophora littoralis* Neuw. Schrad.), d'*aroeiras* (*Schinus theribintifolius* Radd.) et de Broméliées. Ce jour-là, je ne rencontrai aucun voyageur, et ne vis aucune habitation.

Les plus grands désagrémens que j'aie essuyés pendant mes voyages, c'est aux gens qui me servaient que je dois les attribuer. Dieu sait tout ce qu'il me fallut souffrir de l'humeur du pauvre Prégent, depuis le moment où il commença à perdre la santé jusqu'à celui de sa mort. Pendant fort long-temps, j'avais eu beaucoup à me louer du muletier Manoel da Costa; mais, entre le hameau d'Aldea Velha et le *Quartel do Riacho*, il me déclara qu'ayant eu une petite dispute avec mon domestique, il me quitterait au Rio Doce. Je crois qu'il eût été fort embarrassé, si je l'avais pris au mot; mais je ne vis que l'embarras où je serais moi-même, si cet homme me laissait, avec mes collections et mon bagage, dans un pays désert, où personne ne connaît le service des mules. Je m'efforçai donc de calmer Manoel da Costa, et je parvins à y réussir.

Je fis halte à un poste militaire (*Quartel*[2] *do Riacho*)

---

[1] Voy. la note RR à la fin du volume.
[2] Le mot portugais *quartel* signifie une caserne ou le bâtiment qui sert d'habitation à un poste militaire.

que l'on a placé à l'embouchure de la rivière appelée *Riacho*, et qui est destiné à protéger contre les Botocudos les voyageurs et quelques Indiens civilisés, établis dans ce canton. Le poste se compose de quatre *pedestres* et d'un commandant qui, quoique nommé par le gouverneur de la province, n'est lui-même qu'un simple *pedestre* dont la solde n'est pas plus forte que celle des autres. Ce détachement occupe une grande chaumière isolée, où l'on reçoit les voyageurs et où je passai la nuit.

En remontant le Riacho, on trouve, à une demi-lieue de son embouchure, de vastes pâturages et un hameau habité par des indigènes civilisés qui cultivent la terre et élèvent du bétail. Auprès du hameau dont je viens de parler, et qu'on appelle *Campos do Riacho* (les pâturages du ruisseau), la rivière du même nom prend celui de *Rio da Lagoa* (la rivière du lac); si on la remonte davantage encore, on arrive bientôt à un poste militaire, uniquement composé d'Indiens, et là commence un chemin qui mène au village de Linhares, situé sur le bord du Rio Doce. J'aurais pu suivre cette route; mais comme les Botocudos s'y montraient de temps en temps, et la rendaient dangereuse, j'aimai mieux continuer à côtoyer la mer.

Pendant que j'étais au poste de Riacho, je vis une pirogue arriver de l'Océan à l'embouchure de la rivière. Elle était conduite par des Indiens qui s'étaient hardiment embarqués à Villa da Victoria, et qui sur-le-champ se mirent à remonter la rivière, pour se rendre à Campos do Riacho.

Dans ce canton, les Indiens civilisés font des guitares pour leur usage avec le bois du genipayer et un autre bois blanc et extrêmement léger, dont le nom est *tajibibuia*[1]. Je vis un de ces instrumens, et je fus étonné du soin avec lequel il avait été travaillé.

Ce fut le jour où je couchai au Quartel do Riacho, que la pluie commença à tomber. Le vent était au sud, chose extraordinaire dans cette saison, et il faisait un froid extrêmement vif.

En quittant, le lendemain, le Quartel do Riacho, je passai la rivière dans une pirogue que me fournit le commandant du poste. Ce jour-là, je fus obligé de faire deux fois plus de chemin qu'à l'ordinaire, parce que, depuis le Riacho jusqu'à l'embouchure du Rio Doce, où j'arrivai le soir, on ne trouve ni eau douce ni maisons. On suit constamment une plage sablonneuse, bordée de forêts, et où croissent mêlés ensemble, mais par groupes, des *guriris* (*Allagoptera pumila* Neuw. Schrad.), des Broméliées et divers arbrisseaux, entre autres une Rubiacée odorante (*Gardenia Richardii Var. β rugosissima* N[2]), et surtout le *Clusia rosea Fl. Bras. mer.* — Lin.? dont les larges feuilles sont rouges dans le fond et blanches sur les bords. Là se trouvent encore en abondance le *Remirea maritima* Aub.[3], Cypéracée à feuilles raides et piquantes,

---

[1] Selon Marcgraff (*Hist. nat. Braz.*, 222), *tajibi* était le nom de la sarigue chez les Petiguares ou Pitiguares, peuplade de la sous-race tupi. Je ne devine pas ce que veut dire *buia*.

[2] Voy. la note SS à la fin du volume.

[3] Voy. la note TT ibid.

et une Composée (*Vernonia rufo-grisea* N.[1]), qui a le port et la teinte grisâtre de nos saules nains de hautes montagnes. Mais, quoique cette plage offre quelques plantes curieuses, il n'en est pas moins vrai qu'elle est d'une monotonie fatigante. Le manque d'eau en éloigne entièrement les oiseaux et les insectes, et nous y aperçûmes seulement les traces de quelques quadrupèdes, celles d'un tatou, d'un fourmillier et d'un chevreuil. Un temps sombre, le vent froid et violent du midi, l'agitation des eaux de la mer ajoutaient encore à la tristesse naturelle à ce pays désert. Pendant toute la journée, le soleil resta caché par des nuages, et je ne souffris point des nerfs, ce qui m'était rarement arrivé depuis le commencement de ce voyage; cependant une mélancolie profonde finit par me gagner; je pensais à ma famille, dont je n'avais pas reçu de nouvelles depuis long-temps, et de noirs pressentimens vinrent m'obséder.

La vue du *Quartel da Regencia* (caserne de la régence), qui fut le terme de cette longue marche, n'était pas faite pour m'égayer. C'est une grande chaumière isolée, qui a été bâtie au milieu des sables, un peu en deçà de l'embouchure du Rio Doce, et qui regarde la mer. On y entend sans cesse le mugissement des flots; du côté de l'ouest, la vue est bornée par d'immenses forêts, et au nord, on aperçoit, entre des broussailles, le fleuve dont la rive septentrionale est aussi couverte de bois.

[1] Voy. la note UU à la fin du volume.

La caserne de Regencia a été construite pour un détachement de *pedestres*[1], destiné à protéger l'embouchure du fleuve. Ce détachement se compose de cinq hommes, y compris le commandant qui n'est ici, comme au Riacho, qu'un simple soldat. L'administration entretient près du poste de Regencia plusieurs pirogues dont se servent les *pedestres* pour porter les ordres du gouverneur de la province ou de ses délégués. C'est aussi sur ces pirogues que l'on passe le fleuve, quand on se rend par terre d'Espirito Santo à la province de Bahia. On paie alors 160 reis (1 franc) par personne, et autant pour les chevaux; et les soldats du poste, faisant l'office de rameurs, partagent entre eux le produit du péage. Les personnes qui veulent aller à Linhares, sont obligées d'attendre qu'il vienne des pirogues de ce village, ou que l'on y envoie quelques *pedestres*. Quant aux voyageurs munis de recommandations ou d'ordres du gouvernement, on leur fournit, pour remonter le fleuve, des soldats et des pirogues.

Les postes très rapprochés que l'on trouve entre Villa Nova et le Rio Doce, font partie de la première *division militaire* d'Espirito Santo, commandée par un sous-lieutenant dont la résidence est à Linhares. L'établissement de ces postes date du gouvernement d'Antonio Pires da Silva Pontes Leme[2], et n'est par conséquent pas fort ancienne. Avant cette époque,

---

[1] J'ai fait connaître cette milice p. 186 de ce volume.
[2] Voy. plus haut p. 176.

toute communication par terre entre Villa Nova et l'embouchure du Rio Doce, ou, si l'on veut, les provinces de Porto Seguro [1] et de Bahia, devait être impossible. Ainsi, il faut reconnaître que l'administration de Pontes Leme, généralement si tyrannique, fut sous quelques rapports utile à cette contrée.

[1] La province de Porto Seguro touche à celle d'Espirito Santo.

CHAPITRE XIII.

LE RIO DOCE. — LA NOUVELLE COLONIE DE LINHARES. — LE LAC JUPARANÁN.

Le Rio Doce ; son embouchure ; son cours ; ses rapides ; sa source. — Histoire de la navigation du Rio doce. — Obstacles qui s'opposent à cette navigation. Insalubrité du fleuve. — L'auteur s'embarque sur le Rio Doce. — Description de la partie de ce fleuve voisine de l'embouchure. — Le colon ANTONIO MARTINS. Forêts voisine de sa demeure. Insectes. — Description de la partie du fleuve comprise entre la demeure d'Antonio Martins et le village de Linhares. — Combien il serait avantageux de former des établissemens sur les bords du Rio Doce. — Village de *Linhares*. Sa situation. Son église. Forces militaires. Culture et commerce. Histoire de Linhares ; celle de JOÃO FILIPPE CALMON et ses malheurs. — Rivière qui communique du Rio Doce au lac *Juparanán*. — Description de ce lac. — Le lieutenant-colonel GUIDO THOMAS MARLIÈRE et la civilisation des Botocudos du Rio Doce.

M. le prince de Neuwied estime qu'un peu avant de se réunir à la mer, le Rio Doce a, pendant la saison des pluies, une largeur double de celle du Rhin dans les endroits où celui-ci s'étend le plus. Un banc de sable se prolonge obliquement devant l'embouchure du Rio Doce. Le canal par lequel les eaux de ce dernier fleuve se rendent à l'Océan change souvent de place; mais il ne se forme que dans la partie méridionale du banc de sable; il a deux brasses de largeur environ, jamais plus de cinq à 6 pieds de profondeur même dans les hautes marées ou pendant la saison des pluies, et par conséquent il ne saurait donner entrée qu'à de petites embarcations. Dans un espace de 22 lieues, depuis l'embouchure jusqu'au *Rio Guandú*[1], les bateaux plats peuvent remonter le fleuve à l'aide de la voile; dans ce même espace sa largeur la plus ordinaire est d'un quart de lieue à une demi-lieue, mais son lit, encombré par le résidu des lavages de la province des Mines, a peu de profondeur surtout au temps de la sécheresse. Un peu avant le Rio Guandú se trouve le poste militaire appelé *Porto de Souza*, le dernier qui appartienne à la province du S. Esprit. Depuis cet endroit jusqu'au confluent du Guandú, le Rio Doce, fort resserré, coule avec violence, et ne peut être remonté qu'à l'aide du hâlage. Ce Rio Guandú prend sa source dans les montagnes appelées *Serra da Costa*; c'est du côté du midi qu'il se jette dans le fleuve, et, avec l'*Ile de l'Espérance*, il divise la province du S. Esprit de celle de Minas Geraes. Au-dessus du Guandú commencent les fameuses *Escadinhas* (petites échelles). C'est une suite de rapides et de petites cascades qui embarrassent entièrement la navigation du fleuve; elles se prolongent dans une étendue de trois quarts de lieue; mais on dit qu'il serait facile de faire un canal latéral du

---

[1] Le Rio Doce est si peu connu que je crois devoir donner sur son cours des détails de quelque étendue.

côté du sud. Du même côté et plus haut que les Escadinhas, se trouve le confluent du *Rio Maemaçú* ou *Manhuassú* qui prend sa source dans les montagnes désertes d'Itapémirím aussi abondantes, dit-on, en poudre d'or que le furent jadis celles de Villa Rica. M. d'Eschwege pense que la différence de niveau qui existe entre l'Océan et un point pris à 10 l. au-dessus des Escadinhas, serait de 1165 pieds anglais, ce qui ferait, terme moyen, une chute de 28 pieds par lieue. A 5 lieues au delà du Manhuassú, sont les rapides appelés *Cachoeira do Inferno* (cascade de l'enfer) qui ne permettent pas aux barques de remonter autrement qu'à l'aide du hâlage. Dans un espace de 10 à 12 lieues, la navigation est encore gênée par des pierres détachées, mais, avec un peu de travail, on la rendrait moins difficile. Plus haut, on trouve les rapides d'*Eme*; ceux-ci doivent leur nom à des rochers qui, formant dans le fleuve trois angles aigus, représentent à peu près la figure d'une M [1]; on pourrait aussi les faire disparaître sans beaucoup de peine. Entre l'Eme et le confluent du *Rio Cuyaté* ou *Cuité* qui réunit ses eaux au Rio Doce en venant du sud, il existe aussi, dans un espace d'environ six lieues, quelques rochers faciles à détruire. Remontant toujours le fleuve, on trouve à

---

[1] C'est l'*Eme* que j'ai indiqué avec quelque altération sous le nom d'*Uemi* dans ma *première Relation*, vol. I, p. 418. Ce que je dis ici du cours du Rio Doce complètera ou rectifiera ce que j'ai écrit sur cette rivière (l. c.), à une époque où je n'avais pas sous les yeux tous les manuscrits dont je fais usage aujourd'hui.

trois lieues du Cuyaté, les rapides nommés *Cachoerinha* (petite cascade) où la navigation, encore une fois embarrassée, pourrait être rendue facile par quelques travaux. Il est à remarquer que, depuis ce point jusqu'à l'Océan, aucune rivière ne vient du côté du nord, réunir ses eaux à celles du Rio Doce. A trois lieues de Cachoeirinha se trouvent les rapides d'*Ibiturunas* ; ils n'arrêtent point les bateliers dans le temps des grandes eaux, mais ils leur opposent quelques obstacles au temps de la sécheresse. Remontant des Ibiturunas au confluent du *Rio d'Antonio Dias* ou *Santa Barbara*, éloigné de vingt-deux lieues, on trouve les *cachoeiras*, dites *dos Magoaris* et *Escura*, qui présentent beaucoup de difficultés, et que les barques ne franchiraient qu'à l'aide de moyens mécaniques. C'est dans l'espace de vingt-deux lieues, dont je viens de parler, que les rivières appelées *Sussuhy Pequeno*, *Sussuhy Grande*, *Corrente* et *S. Antonio* [1] se réunissent au Rio Doce ; elles viennent du côté du septentrion, et, étant navigables dans une partie de leur longueur, elles pourraient être fort utiles à la *comarca* du Serro do Frio, dont elles arrosent les campagnes. A neuf lieues au-dessus du confluent du Rio Santa Barbara, se trouve *Antonio Dias*, le premier village de la province de Minas Geraes qui soit situé sur le bord du fleuve. Cet intervalle de neuf lieues n'offre aucun obstacle à la navigation, si ce n'est dans l'endroit encore appelé

---

[1] J'ai déjà parlé dans ma *première Relation* de plusieurs des affluens du Rio Doce.

Cachoeirinha, où il suffirait de briser un rocher aplati pour donner passage aux barques. On estime que, depuis Antonio Dias jusqu'à la mer, le fleuve, qui décrit beaucoup de sinuosités, n'a pas un cours de moins de quatre-vingt-dix lieues ; mais on croit que la distance, en ligne directe, ne serait pas de plus de quarante lieues. Au-dessus d'Antonio Dias, le Rio Doce reçoit les eaux du Percicaba que j'avais vu à S. Miguel de Mato dentro, et dont l'embouchure forme la limite de la *comarca* de Sabará. On m'a dit que, malgré les obstacles qui trop souvent contrarient les bateliers, on pouvait, avec des pirogues, se rendre en huit jours de l'embouchure du Percicaba à l'Océan. Plus haut que le Percicaba [1], se trouve le confluent du *Rio Bombaça*, et plus haut encore, celui des deux *Gualachos*. C'est après avoir reçu les eaux de ces derniers, que le Rio Doce quitte la direction du nord-nord-est qu'il avait suivie jusqu'alors, et prend celle de l'Orient. Au-dessus des Gualachos, les eaux du *Piranga* s'unissent aux siennes, et alors il commence à prendre le nom de Rio Doce, pour le conserver jusqu'à la mer [2]. A Marianna, il avait reçu

---

[1] Après avoir rapproché les Botocudos des Brésiliens-Portugais, M. Guido Thomas Marlière a fondé dans les bois, à 10 l. au-dessus de l'embouchure du Percicaba, la nouvelle colonie de *Petersdorff*.

[2] Cazal dit (*Cor.*, I, 366) que c'est seulement au-delà du Percicaba que le Rio Doce prend son véritable nom. J'ai suivi ici l'opinion d'Eschwege qui a long-temps résidé dans le pays (Voy. *Journ. van. Braz.*, I, 52).

le nom de *Ribeirão do Carmo*, et à Villa Rica, c'est-à-dire quelques lieues plus haut, il portait celui de *Ribeirão do Ouro Preto* [1]. Là, ce n'est encore qu'un faible ruisseau sans cesse divisé par les mineurs, et, si l'on suit ses bords, on arrive bientôt à sa source [2] qui

---

[1] On trouvera dans ma *première Relation*, vol. I, chap. VI et VII, des détails sur les Ribeirão do Ouro Preto et Ribeirão do Carmo, origine du Rio Doce.

[2] Cazal dit (*Corog.*, I, 366) que le Rio Doce prend sa source dans la Serra da Mantiqueira. Si par là il entend l'ensemble de la grande chaîne occidentale de Minas Geraes (Serra do Espinhaço), son assertion est exacte, car les montagnes de Villa Rica font partie de cette chaîne. Mais il s'est trompé, si, par Serra da Mantiqueira, il a voulu désigner la seule portion de la chaîne appelée Mantiqueira dans le pays même. Au reste, il est assez rare que l'on ait des erreurs à relever dans Cazal, et je n'ai pu m'empêcher d'être surpris de la sévérité avec laquelle on l'a traité dans le nord de l'Europe. Avant Cazal, rien n'avait été imprimé sur plusieurs des provinces du Brésil, et l'on ne possédait sur les autres que des documens incomplets ou surannés. Cet écrivain a, pour ainsi dire, pris à zéro la géographie brésilienne, et l'on pourrait citer tel ouvrage sur la France qui, quoique imprimé de nos jours, est peut-être moins exact que le sien. Cazal parcourut quelques parties de l'empire brésilien; pendant qu'il résida à Rio de Janeiro, il allait voir tous les étrangers qui de l'intérieur arrivaient dans cette ville; il les interrogeait, il comparait soigneusement ses propres notes avec les renseignemens qu'il obtenait d'eux, et ce fut au bout de vingt ans, quand il se crut certain de connaître la vérité, qu'il publia son livre. Voilà l'auteur éminemment original que l'on n'a pas craint d'appeler un compilateur. Cazal, au milieu de ses travaux, n'a ménagé ni ses forces, ni ses moyens pécuniaires; je ne sache pas qu'il

se trouve dans les montagnes voisines de la capitale de Minas Geraes[1].

Lorsqu'aucun fils d'Européen, n'habitait encore l'intérieur des terres, et que des peuplades d'Indiens féroces parcouraient seules les vastes forêts qui couvrent une partie de la province des Mines et les bords du Rio Doce, quelques hommes entreprenans osèrent déja remonter ce fleuve. Il existait, assurait-on, des mines de pierres précieuses entre le territoire de Porto Seguro et la province du Saint Esprit. Le gouverneur général du Brésil, LUIZ DE BRITO DE ALMEIDA, voulut savoir si cette opininion universellement répandue avait quelque fondement, et chargea SEBASTIÃO FERNANDES TOURINHO de faire des recherches dans les déserts où l'imagination ardente des Portugais plaçait tant de richesses. Tourinho s'embarqua en 1572 sur le Rio Doce, et, après quelques mois de courses pénibles, il revint en apportant, dit-on, des émeraudes et des saphirs qui probablement n'étaient que des

ait reçu des Brésiliens aucune marque de reconnaissance, ni qu'aucun souverain l'ait jamais récompensé, et aujourd'hui il vit à Lisbonne dans l'indigence sans pouvoir publier la seconde édition de sa *Corographie*. Les Européens auxquels cet ouvrage n'a pas été inutile devraient bien au moins rendre à l'auteur un peu plus de justice.

[1] N'ayant pas remonté le Rio Doce au-delà du village de Linhares, j'ai extrait ce que je dis ici sur le cours du Rio Doce d'un mémoire manuscrit de M. João Vieira de Godoy Alvaro Leme qui, comme je l'ai dit ailleurs (vol. I, p. 123), avait plusieurs fois navigué sur le fleuve. J'ai aussi consulté Cazal, Pizarro et von Eschwege.

cristaux colorés, des tourmalines ou des morceaux d'euclase. Plusieurs aventuriers marchèrent sur les traces de Tourinho, et, beaucoup plus tard, MARCOS DE AZEREDO, ayant osé comme lui s'embarquer sur le Rio Doce, montra à son retour de l'argent et des émeraudes. Ce fut aussi, après avoir remonté la même rivière, que RODRIGUES ARZÃO, natif de Taubaté, rapporta en 1695 les premiers échantillons d'or qui furent trouvés dans la province de Minas Geraes [1]. En suivant les instructions qu'avait laissées ARZÃO, son beau-frère BARTHOLOMEU BUENO DE SIQUEIRA, parvint jusqu'au lieu où est aujourd'hui située Villa Rica; et les chercheurs d'or qui arrivèrent après Bueno dans le pays des Mines, passèrent sans doute également par le Rio Doce, car ils avaient avec eux des esclaves faits prisonniers dans le voisinage de cette rivière. Cependant des communications plus faciles furent bientôt ouvertes entre les contrées aurifères et le littoral, et il paraît que, pendant de longues années, personne ne songea plus à la navigation du Rio Doce dont les bords continuèrent à être l'asile de diverses peuplades d'Indiens sauvages. Mais déjà, vers la fin du dix-huitième siècle, les Mineiros se plaignaient de l'épuisement de leurs mines et de celui de leurs terres en culture. D. RODRIGO JOSÉ DE MENEZES, gouverneur de la province, fut touché des lamentations de ses administrés, et voulut livrer à ceux-ci de nouvelles forêts. C'était un homme courageux et entreprenant;

---

[1] Voy. ma *première Relation*, vol. I, p. 76.

lui-même s'enfonça en 1781, dans les déserts où coulent les affluens du Rio Doce et il donna à son aide-de-camp, JOSE JOAQUIM DE SIQUEIRA E ALMEIDA, l'ordre de descendre ce fleuve jusqu'aux rapides appelés Escadinhas. Environ vingt-cinq ans plus tard, le Rio Doce fut exploré d'une manière beaucoup plus régulière par le gouverneur Pontes qui, malgré ses bizarreries, rendit au Brésil sa patrie, de véritables services [1] par ses travaux savans. Pontes brava tous les dangers, remonta le Rio Doce et, commença la carte de ce fleuve dont on doit la continuation à son neveu et à ANTONIO RODRIGUES PEREIRA TABORDA, sous-lieutenant du régiment des Mines [2]. Le ministre d'état D. Rodrigo Coutinho, comte de Linhares avait trop d'instruction et une imagination trop ardente pour n'être pas frappé de l'utilité dont pouvait être au commerce de la province des Mines et à celui du littoral, le Rio Doce enfin rendu navigable. Il fit donc des efforts pour écarter plusieurs des obstacles qui s'opposaient à ce que l'on remontât ce fleuve ; il fonda non loin de l'embouchure, le village de Linhares, et il

---

[1] Antonio Pires da Silva Pontes Leme était né dans la province des Mines, et avait contribué à fixer les limites du Brésil dans les provinces du Pará et de Mato Grosso. Je ne sais précisément en quelle année Pontes fut nommé gouverneur d'Espirito Santo ; mais son neveu, M. Manoel José Pires da Silva qui l'avait accompagné dans le périlleux voyage du Rio Doce, me disait en 1818, que ce voyage avait eu lieu huit à dix ans plus tôt.

[2] South. *Hist. of Braz.*, I, 312 ; III, 46, 50. — Caz. *Corog.*, II, 357. — Piz. *Mém. hist.*, II, 20.; VII, 2da, 48.

publia un décret par lequel le gouvernement exemptait de droits les marchandises qui passeraient par eau de la province du S. Esprit dans celle de Minas Geraes. Encouragés par ce décret, des aventuriers pleins de courage commencèrent à remonter et à descendre le Rio Doce; mais presque aussitôt, on plaça sur les bords du fleuve une troupe de douaniers. Ces hommes que l'on regarda comme les agens d'un pouvoir infidèle à ses promesses, ne gênèrent pas long-temps les bateliers; atteints par les fièvres qui exercent de si cruels ravages dans plusieurs cantons voisins du Rio Doce, tous moururent, et alors la rivière redevint libre comme elle l'était auparavant. Le gouvernement avait beaucoup vanté les avantages que l'on retirait, prétendait-il, de la navigation du Rio Doce, et, lorsque le sel transporté par des mulets dans la province des Mines, s'y vendait toujours à des prix excessifs, on imprimait dans la gazette de Rio de Janeiro que cette substance, graces à la navigation du Rio Doce, pouvait enfin être achetée par les Mineiros au taux le plus modéré. Le fait est qu'à l'époque de mon voyage, quelques mulâtres de Minas Geraes se hasardaient à peine à descendre de temps en temps le Rio Doce dans des pirogues, afin de prendre du sel au village de Linhares, et d'y laisser du fromage, du lard et autres denrées de leurs pays. En 1819, le gouvernement accorda divers privilèges à une compagnie qui s'était formée pour rendre plus faciles le commerce et la navigation du Rio Doce; mais il faut que cette société n'ait pas eu de résultat et se soit bientôt dissoute; car le Français Marlière, inspecteur des divisions du Rio Doce et directeur général de la civilisation des Indiens, m'écrivait au mois de décembre 1824 qu'il n'existait réellement aucune compagnie pour la navigation du fleuve, et que probablement il ne s'en formerait aucune [1].

Ces rochers qui s'élèvent du milieu du Rio Doce opposent un grand obstacle à la navigation de cette rivière; mais, comme on l'a vu, les uns disparaitraient à l'aide de quelques travaux, et on éviterait les autres en creusant latéralement des canaux de peu d'étendue. Devenus les amis des Portugais-Brésiliens par les soins du généreux Marlière, les Botocudos ne doivent plus aujourd'hui inspirer d'inquiétude aux navigateurs. Mais il reste un danger que de nombreux défrichemens pourraient seuls diminuer ou faire évanouir, et qui par conséquent subsistera longtemps encore, c'est l'insalubrité de divers cantons voisins du fleuve. Cette insalubrité est causée non-seulement par ses eaux, mais encore par celles de plusieurs de ses affluens qui, dans la saison des pluies, s'étendent les unes et les autres hors de leur lit, séjournent sur le sol et infectent l'air de vapeurs malfaisantes. Il est rare que ceux qui descendent et remontent le Rio Doce ne soient pas atteints de fièvres malignes ou intermitentes, et elles peuvent laisser de longues traces

---

[1] On verra par la note jointe à la fin de ce chapitre que, depuis 1824, la navigation du Rio Doce fut concédée par le gouvernement à une compagnie anglo-brésilienne.

après elles, car M. Manoel José Pires da Silva que j'eus le bonheur de voir à Minas Geraes[1] se ressentait encore, en 1818, d'une maladie qu'il avait gagnée 8 ou 10 ans plutôt en descendant le Rio Doce, sous le gouvernement de son oncle, Antonio Pires da Silva Pontes Leme. Les bords du S. Francisco ne sont guères malsains pendant plus de deux ou trois mois, parce que ce temps suffit pour l'évaporation des eaux du fleuve répandues au-delà de leur lit sur un terrain découvert[2]. Il n'en n'est pas ainsi du Rio Doce. Les forêts épaisses dont ses rives sont ombragées mettent obstacle à l'action du soleil; ici l'évaporation des eaux débordées s'opère lentement; elle continue d'une année à l'autre, et, dans toutes les saisons, il est également dangereux de remonter ou de descendre cette rivière. Pour se garantir, autant qu'il est possible, des fièvres auxquelles on est exposé par la navigation du Rio Doce, il faut ne point passer la nuit dans les pirogues, ni même coucher sur les bords du fleuve, sans se ménager quelque abri contre le serein et la fraîcheur; il faut avoir soin de prendre des alimens substanciels, et ne pas s'exposer à toute l'ardeur du soleil dans le voisinage du lit de la rivière.

En arrivant au poste de Regencia, j'avais témoigné au commandant le désir de m'embarquer sur le Rio Doce, pour me rendre au village de Linhares. Le lendemain, une pirogue et deux rameurs étaient à mes

---

[1] Voy. ma *première Relation*, vol. I, p. 269.
[2] Voy. Ibid. II, p. 389.

ordres. Il fallait nécessairement faire ce voyage par eau; car aucun chemin ne conduit à Linhares, ou du moins il n'existe sur le bord du fleuve qu'un sentier peu frayé et embarrassé de branches et d'épines. Je laissai au poste quelques-unes de mes malles avec Manoel da Costa, qui avait la fonction de surveiller mes mulets, et je m'embarquai avec Prégent, le Botocudo et Luiz da Silva, ce bon *pedestre* qui me servait de guide depuis la capitale d'Espirito Santo.

Dans toute la partie que je parcourus le premier jour de mon voyage, le Rio Doce n'avait pas plus de trois à quatre pieds de profondeur; mais, pendant la saison des pluies, il augmente d'une manière considérable. Presque à son embouchure, ses eaux sont assez douces pour pouvoir être bues; cependant, à l'époque de l'hivernage, elles arrivent chargées d'un limon rougeâtre, qui n'est autre chose que le résidu des lavages de la province des Mines.

Jusqu'au lieu où je fis halte, c'est-à-dire probablement dans l'espace d'une couple de lieues, les deux rives du fleuve sont parfaitement plates. Des bois les couvrent entièrement, et ont d'autant plus de vigueur qu'ils s'éloignent davantage de l'embouchure. A la parfaite égalité du sol dans le voisinage de la rivière, est due sans doute la différence que je remarquai entre l'aspect du Rio Doce et celui du Jiquitinhonha. Les bords de ce dernier sont souvent dominés par des montagnes; tantôt il ressemble à un beau lac parfaitement uni; tantôt des rochers noirs, d'une forme très variée, s'élèvent du milieu des eaux; jamais il n'est assez large pour qu'en le traversant, on ne puisse très bien distinguer les divers effets de végétation que présentent les arbres du rivage [1]. Il n'en est pas de même du Rio Doce. Les forêts qui le bordent me parurent moins élevées que celles du Jiquitinhonha, et, lorsque je naviguais sur le premier de ces fleuves, je ne voyais à droite et à gauche qu'une masse de végétaux presque uniforme.

Entre l'embouchure du Rio Doce et l'endroit où je m'arrêtai, je n'aperçus sur la rive méridionale aucune trace de défrichement, et, sur la rive gauche, je comptai seulement trois misérables chaumières, habitées par des Indiens civilisés qui avaient abattu un peu de bois pour pouvoir planter du manioc, des courges et des pastèques. Ces Indiens s'étaient retirés dans ce lieu désert, afin d'échapper aux persécutions dont leur race est l'objet à Benevente, Villa Nova de Almeida et ailleurs. Les maris allaient à la chasse, pêchaient dans le fleuve, ou se louaient chez les colons portugais-brésiliens, tandis que les femmes cultivaient la terre pour nourrir leur famille. Ainsi, dans l'état même de civilisation, les Indiens, ou du moins plusieurs d'entre eux, ont conservé, avec leur caractère, quelques-unes de leurs habitudes anciennes [2].

---

[1] Je n'ai pas besoin de dire que je ne veux parler ici que de la partie du Jiquitinhonha sur laquelle j'ai navigué. Voy. ma *première Relation*, vol. II, p. 121 et suiv.

[2] On sait que, chez les anciennes peuplades sauvages du littoral, c'étaient les femmes qui plantaient et faisaient les récoltes

Je fis halte à la quatrième des chaumières bâties sur la rive gauche du fleuve. Elle appartenait à un blanc, le premier colon qui, dans les temps modernes, se soit établi sur le bord du Rio Doce. Cet homme, appelé Antonio Martins, s'était d'abord fixé un peu plus bas; mais, en mariant son fils, il lui avait cédé son premier établissement, et il était venu défricher un autre coin de terre plus près de Linhares. Les bords du Rio Doce sont tellement fertiles, qu'environ trois quartiers de terre suffisaient pour faire vivre la famille de Martins, composée de douze personnes, et il restait encore à ces bonnes gens assez de farine de manioc pour pouvoir en vendre. Tous m'assurèrent que l'on exagérait beaucoup les dangers de l'insalubrité du fleuve, et me dirent que jamais il ne leur arrivait d'être malades. Au moment de mon arrivée chez Antonio Martins, sa femme et ses filles se présentèrent à moi; car, ainsi que je l'ai déja dit, les femmes, sur toute cette côte, ne fuient point devant les étrangers. Je demandai à celle de mon hôte si elle ne s'ennuyait pas de vivre dans une solitude aussi profonde. N'ai-je pas, me répondit-elle, ma famille, les soins de mon ménage, et cette société, ajouta-t-elle, en me montrant un petit oratoire qui renfermait l'image de la Vierge. Ce jour-là, je n'aurais guère pu désennuyer mes hôtes; car la longue marche de la veille m'avait extrêmement fatigué. Les souffrances du pauvre Prégent ajoutaient aux miennes, et je commençais à trouver que ce voyage était au-dessus de mes forces.

Après être arrivé chez Antonio Martins, je m'aperçus que j'avais oublié au poste de Regencia un portefeuille de plantes qui n'étaient pas parfaitement sèches. Ne voulant point perdre ces plantes, je laissai, le lendemain, Prégent et le Botocudo chez mon excellent hôte, et je partis dans la pirogue avec mes deux rameurs et leur camarade le bon Luiz, pour retourner au poste. Pendant cette petite navigation, nous eûmes plusieurs fois de la pluie, et nous nous en réjouîmes pour les pauvres cultivateurs qui voyaient avec anxiété la saison de la sécheresse se prolonger au-delà du terme ordinaire.

Je revins d'assez bonne heure pour avoir le temps de faire le même jour une herborisation, et je m'enfonçai dans les bois voisins de la maison de mon hôte. Ceux du Jiquitinhonha ont peut-être, ainsi que je l'ai déja dit, une plus grande hauteur; mais, en même temps, ils sont, je crois, moins épais et moins sombres. Comme dans toutes les forêts primitives, la végétation est ici très variée; mais je trouvai peu de plantes en fleurs. En beaucoup d'endroits cependant la terre était jonchée des corolles violettes du majestueux *Lecythis* et de ses feuilles nouvelles qui sont d'un rouge-violet. Ces forêts servent de retraite à un grand nombre de bêtes sauvages, telles que les cerfs, les jaguars, les pecaris, les tapirs, et plusieurs espèces de singes. Alors elles étaient aussi l'asile des tribus errantes de Botocudos, dont les colons ne parlaient qu'avec épouvante. Plus d'une fois Antonio Martins avait aperçu leurs traces auprès de sa demeure; mais il n'avait jamais été attaqué par ces Indiens.

Dans le cours de la promenade que je fis aux alentours de la maison d'Antonio Martins, je trouvai presque autant d'insectes que dans tout le reste de mon voyage sur le littoral. La saison des pluies est, comme je l'ai dit ailleurs, celle où reparaissent ces animaux. Ils fuient en général la sécheresse et le soleil; ils aiment l'humidité, et se plaisent sous les ombrages épais.

Le surlendemain du jour où j'étais arrivé chez Martins, je m'embarquai avec mes trois *pedestres*, Prégent et l'Indien Firmiano, pour continuer mon voyage vers Linhares. Les trois soldats conduisaient la pirogue; le pauvre Prégent, tout entier à ses souffrances et à sa mélancolie, n'était pour moi d'aucune ressource, et je me trouvais réduit à la seule conversation du Botcudo qui ne se faisait pas toujours très bien entendre. Pour me désennuyer, je me mis à écrire, malgré les balancemens de la pirogue, qui sans cesse dérangeaient mes mains, et me mettaient presque dans l'impossibilité de tracer des caractères lisibles.

Entre le poste de Regencia et la chaumière d'Antonio Martins, j'avais long-temps aperçu la mer et les bancs de sable qui ferment l'entrée du fleuve. En me rendant de chez Martins à Linhares, je ne vis plus que la rivière et les immenses forêts qui s'étendent jusqu'à son lit; pendant toute cette journée, aucune habitation ne s'offrit à mes regards; de petites îles qui, comme les bords du fleuve, sont couvertes de bois, s'élèvent çà et là du milieu des eaux, et répandent seules quelque variété dans le paysage. Aucun bruit ne frappait mes oreilles, si ce n'est le murmure des vents qui agitaient le feuillage des arbres, le chant grave de l'*araponga* et celui du *pavão*, semblable aux sons d'une cornemuse qu'on entend dans le lointain.

Il n'est peut-être pas de pays plus favorable aux établissemens d'agriculture que la partie des bords du Rio Doce, voisine de la mer. En effet, le terrain produit avec une égale fécondité le maïs, les haricots, le riz, la canne à sucre, le coton, le manioc; de tous côtés, s'élèvent des bois magnifiques, et le fleuve fournit un moyen facile d'exportation. De l'embouchure du Rio Doce, on peut se rendre, en quatre jours, à Rio de Janeiro, et la brièveté de cette traversée, ainsi que le voisinage de Villa da Victoria, assurent le prompt débit de toutes les denrées. Cependant jusqu'à l'époque de mon voyage, deux motifs s'étaient réunis pour éloigner de ce canton ceux qui auraient eu l'idée de s'y établir, la crainte des maladies et celle des Botocudos. Il est incontestable que les parties de la province des Mines, arrosées par le Rio Doce, sont, comme je l'ai dit, fort mal saines; il est incontestable encore, qu'en arrivant à l'embouchure du fleuve, les étrangers sont presque toujours atteints par des fièvres; mais ici c'est un tribut qu'on paie seulement une fois; elles cèdent, à ce qu'il paraît, au moindre vomitif, et je puis dire qu'entre Rio de Janeiro et le Rio Doce, je n'avais vu à aucune femme un teint aussi frais et des couleurs aussi belles qu'aux filles du cultivateur Antonio Martins. Quant à la crainte que jadis on avait des Botocudos, elle doit s'être entièrement évanouie, à présent que, par les soins de M. Guido Thomas Marlière, ces indigènes sont devenus les amis des Portugais-Brésiliens; et même, à l'époque de mon voyage, ils ne devaient pas être aussi dangereux qu'on le prétendait, car ils n'avaient jamais fait aucun mal à Antonio Martins, établi dans ce canton depuis plusieurs années.

Tandis que je me livrais à mes réflexions, la pirogue remontait le Rio Doce avec lenteur, et, lorsque nous étions encore fort loin de Linhares, le soleil avait presque achevé son cours. Durant toute la journée, le temps avait été sombre et pluvieux, mais, sur le soir, il s'éclaircit; alors, du côté de l'ouest, j'apercevais à l'horizon les montagnes de *Juparanán*; le fleuve coulait avec majesté entre les sombres forêts qui le bordent; un calme parfait régnait dans toute la nature, et le silence du désert était à peine troublé par le chant de quelques petites cigales et le bruit des perches dont se servaient mes bateliers. Ces vastes solitudes ont quelque chose d'imposant; je me sentais humilié devant cette nature si puissante et si austère; mon imagination était en quelque sorte effrayée, lorsque je songeais que les forêts immenses dont j'étais environné, s'étendent vers le nord bien au-delà du Rio Grande de Belmonte, qu'elles occupent toute la partie orientale de la province des Mines, qu'elles couvrent sans aucune interruption celles d'Espirito Santo et de Rio de Janeiro, une portion de la province de S. Paul, celle toute entière de Sainte Catherine, le nord et l'occident de la province de Rio Grande, et que par les Missions elles vont probablement se rattacher aux bois du Paraguay septentrional.

Comme mes bateliers avaient souvent eu de la peine à faire avancer la pirogue, nous n'arrivâmes pas devant Linhares avant 11 heures du soir. Je descendis à une *fazenda*, celle de *Bom Jardim*, qui se trouve sur la rive droite du fleuve en face du village, et qui appartenait alors à feu M. JOAO FELIPPE CALMON. J'avais connu cet agriculteur à Rio de Janeiro ; je présentai à sa femme une lettre de recommandation qu'il m'avait donnée pour elle, et je fus parfaitement accueilli. Accompagné du jeune ANSELME, le fils de M. João Felippe, je me rendis le lendemain à Linhares, et je passai la journée dans ce village.

Devant la *fazenda* de João Felippe ou à peu près devant cette habitation, le Rio Doce décrivant une courbure, se dirige un peu vers le nord. Au milieu de cette espèce d'enfoncement, le rivage s'élève à pic au-dessus du fleuve, et s'arrondit pour former une demi-lune parfaitement régulière qui, de loin, ressemble à une forteresse, et dont le sommet présente une large plate-forme. C'est là que l'on a eu l'heureuse idée de bâtir le village de *Linhares* ou *Santa Cruz de Linhares*. On n'y voit encore que des chaumières ; mais elles sont disposées avec symétrie et dessinent les quatre côtés d'une place parfaitement carrée couverte de gazon. A l'époque de mon voyage, on achevait l'église qui sera fort jolie ; elle occupe le milieu du côté septentrional de la place; mais elle est un peu écartée des maisons, et, derrière elle, les bois vierges forment un rideau magnifique. Sur le devant de la plate-forme que l'on a choisie pour y bâtir Linhares, on jouit d'une vue imposante, et pourtant assez gaie. Le fleuve coule majestueusement au-dessous du village; plusieurs îles s'élèvent du milieu de son lit, et l'on voit sur la rive opposée, la sucrerie de Bom Jardim entourée de terrains en culture qui contrastent avec les forêts primitives.

Quoique situé sur la rive gauche du Rio Doce, Linhares forme cependant une partie intégrante de la province d'Espirito Santo [1]. Ce village est le chef-lieu d'une paroisse, la dernière du diocèse de Rio de Janeiro du côté du nord [2]; il est aussi celui de la pre-

[1] On estime dans le pays à 4 *legoas* la distance de Linhares à l'embouchure du Rio Doce. M. le prince de Neuwied la porte à 10 lieues.

[2] Linhares fut érigé en paroisse au mois d'août 1810; mais, pendant long-temps, ce village resta sans pasteur et sans église. Les adultes vivaient dans un honteux concubinage, et les enfans n'étaient pas même baptisés. Dans une de ses visites diocésaines, le respectable évêque de Rio de Janeiro, José Cáetano da Silva Coutinho alla jusqu'à Linhares; il y répandit des consolations, fit un grand nombre de mariages et planta une croix au lieu où depuis on a bâti une église (Piz. *Mém.*, V, 302).— Ailleurs (*troisième Relation*), j'aurai l'occasion de citer un noble trait du prélat que je viens de nommer ici. Jamais je n'oublierai les bontés dont il m'honora et les conversations intéressantes dans lesquelles cet ami sincère du Brésil m'entretenait avec tant de charme des beaux déserts que nous avions parcourus tous les deux.

mière division militaire de la province; et là réside, comme je l'ai dit, l'*alferes* ou sous-lieutenant chargé du commandement de la division. Les forces de cette dernière ne se composent pas de plus d'une cinquantaine d'hommes; cependant on a établi pour eux à Linhares un hôpital militaire à la tête duquel est un chirurgien-major qui reçoit 400 reis par jour (2 f. 50 c.). Les faibles troupes de la division militaire sont réparties entre différens postes; mais le détachement principal reste à Linhares. Quelques hommes sont aussi cantonnés en deux endroits de la forêt, à peu de distance du village, et le protègent contre les attaques des Botocudos. Les casernes qu'occupent ces deux détachemens sont de grandes chaumières; autour d'elles, on a fait couper le bois par les soldats, et on fait planter à ceux-ci le manioc qui doit servir à leur nourriture.

Ce végétal est celui que l'on cultive le plus dans les environs de Linhares; il y produit avec abondance, et donne une excellente farine. Les habitans, pour être plus en sûreté contre les attaques des Botocudos, font en général leurs plantations les unes auprès des autres ; je parcourus, près du village, un terrain d'environ un quart de lieue de longueur qui avait été défriché par différens particuliers, et était entièrement couvert de manioc. On en récolte assez pour pouvoir vendre de la farine, et, peu de jours avant mon arrivée à Linhares (22 octobre 1818), il était sorti du Rio Doce une petite embarcation chargée de 30 *alqueires* de haricots et de 250 de farine de manioc qui, après avoir été achetée dans le pays, 2 *patacas* l'*alqueire*, s'était revendue à Villa da Victoria 4 à 5 *patacas*. Cette embarcation était la première qui fut venue faire son chargement sur le Rio Doce; mais elle n'avait pu le completter qu'au bout d'un mois, parce qu'à l'exception de João Felippe, les habitans da Linhares sont pauvres et sans esclaves; qu'il avait fallu acheter d'un grand nombre d'entre eux, et attendre que tous les vendeurs eussent préparé leur contingent. Cependant il est à croire que les bénéfices obtenus dans cette petite affaire auront encouragé les marchands de Villa da Victoria à la renouveler, et sans doute les colons de Linhares auront étendu leurs travaux, dans l'espoir de se procurer une aisance dont ils n'avaient pas joui jusqu'alors.

La fondation de leur village date, comme je l'ai dit, d'un petit nombre d'années, et est due au ministre dont il porte le nom. D. Rodrigo Coutinho, comte de Linhares, avait très bien senti que le Rio Doce pouvait assurer une communication facile entre la mer et la province des Mines, et, s'il ne prit pas les moyens les plus efficaces pour établir cette communication, il jugea du moins, non sans raison, qu'il fallait commencer par rendre habitable le voisinage de l'embouchure du fleuve, et y chercher un point qui, dans la suite, pût devenir un entrepôt pour le commerce maritime et celui de l'intérieur des terres. Le local fut, ainsi qu'on l'a vu, parfaitement choisi, et l'on commença par y placer un détachement de soldats. Tovar était alors gouverneur de la capitainerie d'Espirito

Santo. Voulant seconder les intentions du ministère, il tâcha d'exciter les cultivateurs de la province à aller s'établir sur les bords du Rio Doce; João Felippe Calmon fut le seul qui répondit à ses invitations. Ce colon entreprenant vendit un domaine qu'il possédait près d'Itapémirim, et vint à Linhares avec toute sa famille. La rivière était alors très haute, et l'on n'aurait pu la remonter sans péril. Il fallut donc faire venir par Campos do Riacho, à travers des forêts presque impénétrables, toutes les provisions dont on avait besoin. La fièvre attaqua João Felippe et une partie de sa famille, mais rien ne put le décourager. Parvenu sur les bords du fleuve, il choisit, pour y former un établissement, le terrain qui fait face au village de Linhares, évitant ainsi l'inconvénient d'être trop rapproché d'une population naissante qui devait naturellement être mal composée, et pouvant profiter en même temps des avantages nombreux que devait présenter ce voisinage. Cependant l'exemple de João Felippe ne séduisait personne; on représentait les bords du Rio Doce comme un pays affreux où l'on était dévoré par les insectes, attaqué par des maladies dangereuses, et où sans cesse l'on courait les risques d'être massacré par les Botocudos. Désespérant de pouvoir parvenir à peupler Linhares, l'administration y envoya des paysans espagnols qui étaient partis des Iles Canaries pour se rendre à Montevideo, et avaient fait naufrage près de Villa da Victoria; on pardonna à des déserteurs à condition qu'ils iraient se fixer dans la nouvelle bourgade; quelques aventuriers, des femmes de mauvaise vie, des

Indiens qui fuyaient les persécutions du gouverneur se joignirent à ce noyau, et c'est là ce qui aujourd'hui compose la population de Linhares. Des Mineiros se hasardèrent, comme je l'ai dit, à descendre le Rio Doce. Ils apportèrent à Linhares du lard, du sucre, des fromages, du tabac, de la viande sèche, et ensuite ils remontèrent le fleuve en emportant du sel. Encouragé par les bénéfices qu'ils retirèrent de ce voyage, les mêmes hommes le répètent une fois chaque année; il y avait peu de temps qu'ils étaient arrivés à Linhares, quand je visitai cette bourgade, et alors les productions de Minas Geraes y étaient à meilleur marché que dans la capitale de la province. Tels sont les faibles commencemens d'un commerce qui par la suite aura sans doute pour le Brésil la plus haute importance.

Tandis que se formait peu à peu la population de Linhares, João Felippe Calmon secondait de tous ses efforts les colons qui venaient s'y établir, leur rendant les transports plus faciles, les recevant dans sa maison, leur procurant des vivres. Il aidait également les Mineiros dans leur commerce, et il leur fournissait des pirogues avec des conducteurs. Aussi long-temps que Tovar fut gouverneur de la province, João Felippe continua tranquillement ses utiles travaux. Rubim au commencement de son administration, s'entendit également très bien avec ce généreux planteur, et avait soin de le consulter pour tout ce qui regardait Linhares et le Rio Doce. Mais bientôt une de ces petites intrigues sourdes communes parmi les Brésiliens, brouilla deux hommes dont l'union constante aurait produit tant de bien. Joâo Felippe, devenu l'objet des persécutions du gouverneur, se retira à Rio de Janeiro pour demander justice, et je crois qu'il est mort sans rien obtenir.

Lors de mon voyage, l'administration du village de Linhares était tout entière entre les mains du sous-lieutenant ou *alferes*, chargé du commandement de la première division. Cet homme me reçut très bien; mais il était malheureusement étranger au but que s'était proposé le gouvernement, en fondant Santa Cruz de Linhares, car il me disait des Mineiros qui ont le courage de naviguer sur le fleuve : je n'aime point ces gens-là, et je ne ferai rien en leur faveur.

Le lendemain de mon arrivée chez Joâo Felippe, j'allai visiter le beau lac de *Juparanán* qui est situé à quelque distance de Linhares. Après avoir traversé le Rio Doce, nous entrâmes dans une petite rivière dont les eaux se réunissent à celles du fleuve, immédiatement au-dessus du village. Cette rivière semble n'avoir aucun cours, et réfléchit la couleur foncée des arbres touffus qui se pressent sur ses bords. Quelques-uns étendent leurs rameaux en forme de voûte au-dessus de la rivière, d'autres tout entiers s'inclinent vers son lit. Des lianes épaisses s'élancent, pour ainsi dire, de l'un à l'autre, et forment, en les unissant, des masses de verdure impénétrables aux rayons du soleil. Souvent on aperçoit de larges trouées au milieu des broussailles, et bientôt l'on reconnaît qu'elles sont l'ouvrage des cabiais, des pécaris et des tapirs dont la trace est restée empreinte sur la vase. La rivière forme de nombreux détours; elle peut avoir environ une demi-lieue, et elle est embarrassée continuellement par des troncs renversés. On éprouve une surprise agréable, lorsqu'au sortir de ce canal étroit et obscur, on se trouve tout à coup dans un beau lac qui présente une vaste étendue d'eau, et dont la limite échappe aux regards.

Il paraît que le lac de Juparanán [1] doit son origine à une petite rivière dont on ne connaît pas encore la source. Les eaux de cette rivière, ayant très peu de pente, du moins vers le confluent, se seront répandues sur les terres et auront formé le lac. Celui-ci beaucoup moins large que long, s'étend à peu près dans la direction du nord au sud; il est bordé par des bois vierges; mais, comme ses rives sont fort éloignées l'une de l'autre, les forêts lui prêtent des beautés, sans lui communiquer un aspect sombre. Du milieu de ses eaux s'élève une grande île qui contribue à l'embellir, et que j'aperçus dans le lointain. Le lac de Juparanán est très abondant en poisson, comme ses bords le sont en gibier principalement en hoccos ou

[1] M. le prince de Neuwied semblerait porté à croire que le lac dont je parle ici, pourrait bien être celui que Sebastião Tourinho prétendait avoir trouvé vers 1572, à l'ouest du Rio Doce; mais le savant ornithologiste fait lui-même les objections les mieux fondées contre cette opinion qu'il est absolument impossible d'admettre. — *Juparanán* vient des mots de la *lingoa geral ju* épine et *paranán* mer, grande eau (mer d'épines).

mutuns (crax alector), pecaris et lezards [1]. Les habitans de Linhares vont sans cesse chasser et pêcher dans ce canton, mais ils n'ont encore fait aucun défrichement sur les rives du lac. Un jour viendra où elles seront animées par la présence de l'homme et embellies par des habitations nombreuses; ce lieu sera certainement alors l'un des plus beaux de l'empire du Brésil.

Notre retour à la *fazenda* de Bom Jardim fut délicieux. Il faisait nuit; mais une étoile brillante éclairait assez la rivière pour que nos rameurs, accoutumés à cette navigation, pussent éviter sans aucune peine les troncs renversés. Nous entendions le chant des cigales et le bruit confus produit dans l'épaisseur des bois par les bêtes sauvages. D'ailleurs aucun vent n'agitait les feuilles des arbres et le ciel était sans nuages. Je m'étendis dans la pirogue, toutes les fatigues de mon voyage furent oubliées, et j'éprouvai ce bien être vague que Rousseau a si bien peint dans une de ses *rêveries.*

Nous rapportâmes de cette promenade un pecari, un singe, quelques grands lezards et le plus joli des palmipèdes. En tuant cet oiseau, mon domestique avait éprouvé un instant de bonheur. Comme un souvenir du pauvre Prégent, jeune homme recommandable à tant de titres, je m'étais bien promis de conserver toujours le charmant palmipède du lac Juparanán; pendant la trop longue maladie que j'ai essuyée à mon

---

[1] Il s'agit ici du *tiú* dont la chair est, comme l'on sait, bonne à manger.

retour, il a eu le même sort que le reste de mes collections zoologiques [1].

[1] J'ai dit plus haut que, par les soins de M. Guido Thomas Marlière, directeur général de la civilisation des Indiens, les Botocudos habitans des parties de Minas Geraes voisines du Rio Doce s'étaient, depuis mon départ, rapprochés des Brésiliens-Portugais. Quelques détails sur cet événement remarquable ne seront peut-être pas sans intérêt. M. Marlière, après avoir porté les armes en Europe, passa au Brésil vers 1808, et fut placé dans le beau régiment de Minas Geraes. La qualité de Français attira d'abord à M. Marlière quelques persécutions absurdes ; mais bientôt on lui rendit une justice éclatante, et, depuis cette époque, il consacra son existence entière au bonheur des indigènes. La civilisation des Coroadós, des Coropós et des Purís fut l'objet de ses premiers travaux (Voy. Eschw. *Journ. von Bras.*, II). Il était plus difficile d'éteindre la haine que portaient aux Brésiliens-Portugais les Botocudos irrités par une longue guerre et de barbares traitemens. La philantropie de Guido Marlière triompha de tous les obstacles. Les premières tribus qui se rendirent à lui furent celles de la rive méridionale du Rio Doce (fin de 1823). Ces tribus, connues sous le nom de *Zamplan*, vivaient dans un état horrible d'hostilité avec celles de la rive septentrionale appelée *Naknenuk*. Devenus les amis des Portugais, les Zamplan engagèrent Guido à se réunir à eux pour tendre un piège à leurs ennemis, exterminer les hommes et s'emparer des femmes et des enfans ; mais, comme il est facile de le croire, cette proposition fut rejetée avec horreur (Marlière in *Compilador Mineiro*, p. 111). Peu de temps après (fin de 1824), les Naknenuk commencèrent à se soumettre volontairement aux Portugais (Marlière in litt.). Ils envoyaient les femmes en avant, et celles ci, dans le dessein d'exciter la compassion des blancs, leur montraient ces misérables haches de pierre dont se servent les sauvages qui

n'ont encore eu aucune communication avec les hommes de notre race. Afin de s'attacher de plus en plus les Botocudos, Marlière fit faire pour eux plusieurs plantations. C'étaient les soldats des divisions militaires qu'il employait à ce travail, et souvent il avait le plaisir de voir ces derniers serrer dans leur bras les sauvages que naguère ils exterminaient comme des bêtes féroces. Un des premiers soins de Marlière fut d'établir une discipline plus sévère parmi les soldats des divisions; il avait obtenu la réforme des *vieux bouchers des Indiens*, ce sont ces expressions; il les avait remplacés par des hommes moins barbares, et avait établi pour règle qu'il n'y aurait aucun avancement pour les soldats dont la conduite tendrait à éloigner les indigènes. Marlière fixa son quartier général au lieu appelé *Gallo* au-dessus du confluent du Rio de S. Antonio, et il y fit faire des plantations de bananiers, de manioc, de maïs, de riz, d'ananas, de cafféiers, etc., dont les résultats surpassèrent ses espérances. Il fonda encore d'autres colonies, principalement celle qui reçut le nom de *Petersdorff*, et est située au-dessus du confluent du Percicaba. En peu de temps, plus de quatre cents *sesmarias* furent distribuées dans les déserts du Rio Doce. Une circonstance particulière excitait les Mineiros à aller s'établir dans cette contrée. Le gouvernement avait eu le tort de concéder pour vingt ans, à une société anglo-brasilienne, la navigation du Rio Doce et la recherche de l'or dans ce fleuve et dans ses affluens. Jaloux de voir des étrangers venir les dépouiller de leurs richesses pour en aller bientôt jouir en Europe, les nationaux s'empressaient de les prévenir, et se répandaient dans ces forêts immenses qui naguères n'étaient habitées que par les Botocudos. Pour ce qui regarde ces derniers; le ministère et le gouvernement provincial de Minas Geraes, il faut le proclamer à leur gloire, secondaient de tous leurs efforts les intentions bienfaisantes de Marlière. On l'engagea à exposer ses idées sur les mesures que l'on devait prendre afin de consolider ses travaux et d'accélérer la civilisation des Indiens.

Marlière répondit avec une noble franchise ; il ne craignit point de signaler les abus et indiqua les moyens qui lui parurent les plus propres à assurer le bonheur des Indiens. Ses mémoires, adressés aux administrateurs, respirent une sorte de naïveté chevaleresque qui n'appartient, pour ainsi dire, plus à notre époque. Dans ma correspondance avec cet homme de bien, je lui avais soumis quelques idées qui obtinrent son approbation, et je ne pus, je l'avoue, lire sans un profond attendrissement les paroles suivantes que je trouvai dans une de ses lettres ; elles furent pour moi une récompense bien douce et que je n'avais point assez méritée ; « Je m'afflige de « votre mauvaise santé comme si vous étiez mon frère. Vous « ne seriez pas regretté seulement de ceux qui cultivent les « sciences ; vous le seriez encore de mes pauvres Indiens ; ils « apprendront que, dans l'autre hémisphère, ils ont un ami « qui plaide leur cause au tribunal de l'humanité ; je serai « votre interprète auprès d'eux lorsqu'ils sauront mieux me « comprendre. » Marlière proposa au gouvernement de Minas d'encourager les mariages mixtes, d'appeler, pour diriger l'instruction morale et religieuse des Botocudos, quelques ecclésiastiques étrangers qui ne fussent point imbus de ces préjugés que les prêtres mineiros, d'ailleurs trop peu réguliers, partagent avec le reste de leurs compatriotes ; d'éloigner des aldeas les déserteurs et les vagabonds (*vadios*) qui volent les Indiens, les maltraitent et violent leurs femmes ; de défendre aux commandans des districts d'envoyer les Indiens loin de leur pays au milieu d'hommes qui les font travailler à coups de férule sur les grandes routes ; de restreindre le commerce de l'eau-de-vie dans les aldeas ; d'accorder des indemnités aux maîtres ouvriers qui veulent bien se charger d'enseigner des métiers aux jeunes Indiens (ici M. Marlière cite le lieutenant-colonel Joaquim dos Reis qui, quoique fort pauvre, avait élevé un grand nombre de jeunes Indiens) ; de substituer des officiers en retraite aux directeurs actuels des aldeas, généralement ignares, paresseux et sans honneur ; de faire restituer les terres volées aux Indiens, etc. *Amor e lealdade para com elles*, s'écriait Marlière, *meus amigos, e temos homens !* (Aimons-les ; soyons loyaux envers eux, mes amis, et nous aurons des hommes). Mais pour exécuter les plans du bon Marlière, il aurait fallu des hommes qui lui ressemblassent, et où les trouver ? « Cin« quante-huit ans sont à ma porte, m'écrivait-il ; j'ai reçu « deux blessures ; j'ai quarante années de campagne ; je me « suis embarqué plusieurs fois, et souvent j'ai été obligé de « me contenter d'une bien mauvaise nourriture. J'au« rais besoin de quelque relâche ; mais je cherche « vainement un successeur ; il me faudra mourir pour ces « pauvres gens et au milieu d'eux. » Marlière a mis les Portugais - Brésiliens en possession d'une étendue immense de forêts ; il a fait aux Indiens tout le bien qu'il pouvait leur faire ; il leur a procuré quelques années de paix, mais la trace de ses nobles travaux sera bientôt effacée, et ils n'auront eu en définitive d'autre résultat que d'accélérer la destruction de ceux dont il voulait faire le bonheur. « *Não ouso esperar a filicidade de ver estes meninos outra vez*, écrivait-il au gouvernement des Mines, en parlant de quelques jeunes Botocudos dont on faisait faire l'éducation à Rio de Janeiro ; *mas elles terão na sua lembrança ao capitão Nherame (o capitão velho) e virão pagar o tributo de alguma lagrima de sentimento onde descançarem os meus ossos, porque sou amigo destes homens da natureza.* » (Je ne puis espérer de revoir ces enfans ; mais ils se souviendront du *vieux capitaine*, et viendront répandre quelques larmes sur ma fosse, parce que je fus leur ami). Oh ! sans doute ils auront bien des raisons de pleurer le *vieux capitaine ;* mais ces hommes légers souffriront, et je crains bien qu'ils ne le pleurent pas [1].

[1] Je dois le dire cependant, le jeune Pedro Feles que j'avais amené en France des Missions de l'Uruguay, et qui sert aujourd'hui à Alger dans la légion étrangère, a écrit de lui-même à ses bienfaiteurs, à son arrivée en Afrique, pour leur exprimer sa reconnaissance.

CHAPITRE XIV.

LES DOMESTIQUES DE L'AUTEUR TOMBENT MALADES A L'EMBOUCHURE DU RIO DOCE. — LE POSTE DE COMBOIOS.— LE VILLAGE INDIEN DE PIRIQUIASSÚ.

L'auteur descend le Rio Doce. — Encore Antonio Martins. Réflexions sur la solitude. — Autre lac de *Juparanán*. — Les domestiques de l'auteur tombent malades à l'embouchure du Rio Doce. Les provisions lui manquent. Il se remet en route. — *Comboios*. Histoire de ce poste. — L'auteur s'embarque sur le Rio da Aldea Velha. — Carrières de coquilles. — Village de *Piriquiassú* ; son histoire ; sa situation ; ses maisons. Les Indiens qui l'habitent ; leur pauvreté ; leur costume ; leur paresse et leur insouciance ; de quelle manière on les traite. — Le *Cauim* ; comment on prépare cette boisson. — L'auteur revient à Almeida. Curiosité que le Botocudo Firmiano inspire aux habitans de cette ville. Enfans indiens. Hommes de corvée.

Je partis de Linhares sur une pirogue qui appartenait à João Felippe. Le temps n'était point couvert, comme le jour où j'avais remonté le fleuve, et je me portais parfaitement ; l'aspect du pays me plut bien davantage. Il n'est pas de site qui n'emprunte quelque charme d'un ciel serein, et les objets ne se présentent point à nous sous les mêmes couleurs, quand nous jouissons d'une bonne santé et quand nous éprouvons de la fatigue ou des souffrances. Il ne faut donc pas s'étonner s'il arrive que les voyageurs ne décrivent pas toujours les mêmes lieux d'une manière semblable.

Nous nous arrêtâmes encore un instant chez Antonio Martins. Ce ne fut point sans un véritable sentiment de regret que je fis mes adieux à cet homme respectable. Eloigné de tous les humains, sans société, sans voisinage, sous un toit couvert de chaume, privé de toutes les commodités de la vie, Martins passait des jours heureux au sein de sa famille. Je ne changerais pas contre les trésors de mon roi les consolations que ceci me procure, s'écriait-il en me montrant son petit oratoire ; et certes c'était beaucoup dire, car, à cette époque, les Brésiliens qui vivaient loin des villes, avaient une idée bien pompeuse de leur souverain et de ses richesses. La solitude abrutit encore davantage l'homme déja corrompu ; les Sertões du Brésil, en offrent trop d'exemples ; mais elle achève d'épurer ceux qui ont déja quelques vertus ; faute d'alimens, leurs passions s'éteignent ; n'ayant rien à attendre des hommes, ils élèvent leurs pensées vers la source de tout bien, et se font une douce étude de devenir chaque jour meilleurs. Je ne penserai jamais sans attendrissement au bon Antonio Martins et à ce respectable cultivateur qui me reçut avec tant d'hospitalité aux sources du S. Francisco, et montrait tant de résignation au milieu de ses misères [1].

Antonio Martins qui avait soixante ans me raconta

---

[1] On trouvera dans ma troisième Relation des détails sur les sources jusqu'ici inconnues du Rio de S. Francisco.

que, du temps de son grand père, il avait paru sur les bords du Rio Doce, quelques tribus de Macunis [1] qui s'étaient montrés les amis des Portugais, mais qui en même temps laissaient voir une haine implacable pour les Indiens civilisés auxquels ils donnaient le nom de Tupis. Les Macunis auraient voulu attaquer ces derniers; mais bientôt ils se retirèrent parce qu'ils virent que leurs ennemis seraient soutenus par les Portugais. Il est difficile que ce fait ne soit pas véritable, car où le bon Martins, qui ne savait ni la géographie ni l'histoire, aurait-il été chercher les noms de Tupis et de Macunis. Le récit de ce cultivateur tendrait à prouver, ce me semble, que le mot tupi était, comme me l'avait dit le vieil Indien de Villa d'Almeida, un sobriquet injurieux imaginé par les peuplades de l'intérieur pour rendre ridicules les Indiens de la côte.

A quelques portées de fusil de la maison d'Antonio Martins, commence, dans les bois vierges, un lac qu'on nomme *Juparanán*, mais qu'il faut bien se garder de confondre avec le grand lac de Juparanán, voisin de Linhares. Bien différent de celui-ci, le premier est formé d'une eau sale et bourbeuse où naissent des milliers de moustiques. Dans les grandes eaux ce lac sort de ses limites, et va se décharger dans la mer à l'endroit appelé *Barra Seca* (embouchure desséchée)[2].

[1] J'ai donné dans ma *première Relation*, vol. II, p. 41, des détails sur cette tribu indienne.

[2] C'est, je crois, à tort que Pizarro fait de ce second lac Juparanán un bras de celui de Juparanán de Linhares.

Là est un poste militaire, et plus loin commence l'archevêché de Bahia. Ce n'est pas seulement le diocèse de Rio de Janeiro qui finit à Barra Seca; là finit aussi la juridiction administrative de la province d'Espirito Santo.

Pendant tout le temps que nous mîmes à descendre le fleuve, Firmiano eut de la fièvre; et lorsque j'arrivai au poste de Regencia, j'appris que Manoel da Costa avait déjà essuyé deux ou trois accès de cette maladie. Le lendemain le Botocudo était beaucoup plus souffrant; la fièvre ne le quitta pas, et il fut continuellement assoupi. Ma position devenait assez fâcheuse. Prégent avait perdu sa santé sans retour; le *pedestre* Luiz qui me servait de guide était plein de courage et de bonne volonté, mais, après avoir été longt-temps malade, il éprouvait souvent des rechutes; enfin les seuls individus de ma suite qui eussent été bien portans pendant tout le reste du voyage, se trouvaient alors plus souffrans que les deux autres. Il est clair que je ne pouvais m'éloigner du Rio Doce; et, soumis aux mêmes influences que mes gens, je courais la chance d'être bientôt comme eux atteint par la fièvre. D'un autre côté, mes provisions étaient presque épuisées, et je n'avais aucun moyen de les renouveller, puisqu'il ne fallait pas moins de trois jours pour faire le voyage de Linhares, et que les soldats du poste ne pouvaient être continuellement à ma disposition. Ces pauvres gens étaient si bons qu'ils eussent volontiers partagé avec moi tout ce qu'ils auraient possédé; mais eux-mêmes manquaient presque du nécessaire.

Leur figure jaunâtre et languissante attestait l'insalubrité du lieu qu'ils habitaient, et peut-être davantage encore l'insuffisance de leur nourriture habituelle. Ils ne vivaient effectivement que de farine de manioc qu'ils allaient chercher chez Antonio Martins et du produit très éventuel de leur chasse et de leur pêche, principalement de lézards, de tatous et d'œufs de tortue. Je me vis forcé de réduire nos portions de haricots et de lard, et, profitant de la bonne volonté des *pedestres* du poste, je commençai à partager avec eux les faibles résultats de leur chasse. Le premier jour ils tuèrent un de ces grands tatous qu'on appelle dans le pays *tatuassú* (*dasypus gigas* Cuv[1]); mais il nous fut impossible d'en avaler la chair, à cause de l'odeur de musc, extrêmement forte dont elle était imprégnée. Pendant deux jours, je n'eus qu'une mince ration de haricots avec de la farine et un peu de *tatu verdadeiro* dont le goût sauvage me paraissait détestable; mais ensuite je fus plus heureux; je mangeai ma part d'un agouti que les *pedestres* avaient pris au *mundeo*[2] et dont la chair me parut semblable à celle de nos lapins.

Je m'étais décidé à faire prendre un vomitif à chacun de mes malades. La fièvre quitta aussitôt Manoel da Costa; mais Firmiano n'eut pas le même bonheur. Cependant comme ce dernier avait encore la force de se tenir à cheval; je pris le parti de quitter l'embou-

---

[1] J'ai déposé cet individu au Museum de Paris; je ne saurais dire s'il y est encore.
[2] Voy. plus haut p. 278.

chure du Rio Doce pour retourner à Villa da Victoria, espérant que de meilleure eau et le changement d'air produiraient sur mes malades un effet plus salutaire que tous les remèdes. Il nous eut été absolument impossible de parcourir en un seul jour la longue distance qui sépare le Rio Doce du poste de Riacho. Je pris donc la résolution d'aller coucher au *Quartel dos Comboios* (poste des convois), situé dans les bois à quelque distance de la mer. Après avoir fait 3 lieues sur la triste plage que j'ai déjà décrite (p. 305), j'arrivai à une grande croix près de laquelle commence le sentier qui conduit à Comboios. Ce chemin étroit est si peu fréquenté qu'il fallut en un certain endroit employer la hache pour nous frayer un passage. Enfin, après avoir fait une demi-lieue dans la forêt, nous parvînmes à Comboios.

Là on ne voit encore qu'une simple cabane. Celle-ci est située sur le bord d'une rivière de largeur médiocre qui serpente agréablement entre deux lisières de pâturages marécageux bordés de grands bois vierges. Le *Rio dos Comboios*, c'est ainsi que s'appelle cette rivière, prend sa source à peu de distance du poste, et se jette dans le Riacho au-dessous du hameau de Campos do Riacho. Le seul chemin qui aboutisse immédiatement de la plage au *quartel* est celui par lequel j'y étais arrivé; mais, en passant la rivière, on trouve un autre chemin qui conduit au hameau dont j'ai parlé tout à l'heure. D'ailleurs ce poste est éloigné de toutes les habitations, et les Botocudos ne se montrent jamais dans son voisinage; il ne saurait donc avoir d'utilité que pour les voyageurs qui ne font point en une seule journée le chemin du Riacho à Regencia, et l'on a pu, sans aucun inconvénient, se contenter de placer ici deux hommes. L'un était un nègre libre et l'autre un mulâtre mariés chacun à une femme indienne. Ces bonnes gens qui vivaient séparés de tout l'univers, me reçurent fort bien, et me rendirent plusieurs petits services. Voici qu'elle est l'histoire du *Quartel* dos Comboios.

Il y a environ une cinquantaine d'années (écrit en 1818), un homme qui avait été poursuivi par la justice, alla s'établir sur les bords du Rio Doce, au lieu où est aujourd'hui le quartel da Regencia, et y fit une plantation assez considérable. Cet homme avait imaginé de transporter sur des chars, jusqu'au Rio dos Comboios, les denrées qu'il voulait vendre, et là, il les embarquait sur des pirogues, pour les faire descendre ensuite jusqu'au hameau de Riacho. Au lieu où arrivaient ses chariots, il avait construit une chaumière à laquelle on donna le nom de *Comboios* (convois), qui indiquait assez sa destination, et c'est là qu'est aujourd'hui le *quartel*.

Ce même homme, lorsqu'il était arrivé au Rio Doce, avait été accueilli d'une manière amicale par les Botocudos, et, pendant long-temps, il vécut avec eux en bonne intelligence. Cependant un des chefs indiens, étant devenu amoureux de la fille du Portugais, la demanda en mariage au père. Celui-ci gagna d'abord du temps; mais, comme le sauvage renouvelait sans cesse ses importunités, le blanc s'avisa, pour se débarrasser de lui et des hommes de sa nation, de leur donner de la quincaillerie infectée de virus variolique[1]. Plusieurs Botocudos furent les victimes de cette horrible perfidie ; les autres, soupçonnant la vérité, détruisirent l'habitation du blanc, ainsi qu'une chapelle qui en dépendait, et, depuis cette époque, les Portugais voisins du Rio Doce, ont toujours été en guerre avec les sauvages. La cabane de Comboios fut abandonnée ; mais, lorsqu'ensuite, sous le gouverneur Pontes, on établit différens postes pour protéger les chemins et les habitations exposés aux attaques des Botocudos, on fit une sorte de petite caserne de cette même cabane.

Les forêts qui l'entourent, peu fréquentées par les chasseurs, abondent en gibier. Prégent, qui avait été chasser, revint, au bout de très peu de temps, avec un pécari, un grand lézard et plusieurs oiseaux, parmi lesquels était une gallinacée, bonne à manger.

Pendant le voyage de Regencia à Comboios, Firmiano, quoique sur son mulet, avait toujours dormi. Il arriva encore fort mal portant ; mais, vers le soir, la fièvre se dissipa, et bientôt il fut parfaitement guéri.

Parvenu à Aldea Velha[2], j'y restai un jour, pour aller visiter le village de Piriquiassú. Le capitaine

---

[1] M. le prince de Neuwied raconte que, dans une autre partie du Brésil, l'on a fait usage du même moyen pour se débarrasser des Indiens sauvages.

[2] On peut consulter, sur ce hameau, la description que j'en ai donnée dans un des chapitres précédens.

Manoel Francisco Guimarães, dont j'ai déjà parlé, me donna une pirogue et deux Indiens pour la conduire. Nous attendîmes la marée montante, et il était onze heures lorsque je m'embarquai. Avant de partir, mes Indiens m'avaient demandé quelque argent pour aller boire, et j'avais été beaucoup trop généreux, car, lorsque nous fûmes dans la pirogue, l'un de ces deux hommes se trouva tellement ivre, qu'il était incapable de pouvoir tenir sa rame. J'avais heureusement emmené mon *pedestre* Luiz ; sans lui, j'eusse éprouvé les plus grands embarras.

Comme je l'ai dit, la rivière d'Aldea Velha peut avoir, à son embouchure, environ la même largeur que la Seine au Pont-Neuf. Jusqu'au village de Piriquiassú et peut-être plus loin, la marée se fait sentir, et, dans cet espace, les eaux de la rivière sont salées comme celles de l'Océan. Vers l'embouchure, la rive méridionale, assez élevée, présente un amphithéâtre d'arbres qui diffèrent entre eux pour le port et le feuillage. Du côté du nord, au contraire, le terrain est bas et couvert de mangliers, ainsi que d'autres arbres amis des marécages voisins de l'Océan. A environ un quart de lieue de l'Aldea Velha, je passai devant le confluent de la rivière qui vient du côté du midi [1], et continuai ma navigation sur l'autre branche. A peu près depuis cet endroit jusqu'au village de Piriquiassú, les deux bords de la rivière, presque toujours égale-

---

[1] Voy. ce que j'ai dit, au chapitre XII, sur la rivière d'Aldea Velha.

ment plats, sont également inondés au temps du flux, et couverts de mangliers en général assez grands, et d'autres arbres de marais salés. Dans les endroits où ces végétaux laissent entre eux des espaces découverts, les Indiens ont la coutume de faire, avec des morceaux de feuilles de palmier, des enclos où le poisson entre, lorsque la marée monte, et où on le prend sans peine, quand les eaux se retirent. Derrière les mangliers, le terrain prend une élévation plus ou moins sensible.

Continuant ma navigation, j'entendis dans le lointain le bruit du tambour, et bientôt nous rencontrâmes une pirogue remplie d'Indiens qui en conduisaient une autre que l'on venait de lancer. A l'occasion de ce petit évènement, on célébrait une fête. Au milieu de la pirogue nouvelle, avait été plantée une croix; mais d'ailleurs il ne s'y trouvait que deux personnes. L'autre pirogue, au contraire, était pleine d'Indiens, hommes et femmes, qui, pressés les uns contre les autres, poussaient de grands cris et chantaient, accompagnés par une petite flûte et par un tambour.

A environ une lieue et demie à deux lieues de l'Aldea Velha, nous arrivâmes aux carrières de coquilles (*ostreiras*) dont j'ai déja eu l'occasion de parler. Ce sont des collines qui s'élèvent sur les deux bords de la rivière, et qui, presque entièrement, sont composées de coquilles d'huîtres, seulement entremêlées d'une autre espèce de coquilles bivalves. Ces carrières sont ouvertes au public, et chacun est libre d'y aller chercher, pour faire de la chaux, telle quantité de matériaux qu'il juge convenable. Des fours avaient été autrefois construits auprès de la carrière ; mais comme les Botocudos se montrèrent dans le voisinage, on transporte aujourd'hui (1818) les coquilles à l'Aldea Velha, et c'est là que se fait la chaux qui, comme je l'ai dit, est pour cette espèce de village, une branche de commerce importante [1].

[1] Voici ce que Southey, d'après le père Gaspar da Madre de Deos, raconte des *ostreiras* du Brésil. « La côte de cette « contrée abonde en coquillages, et, à une certaine époque « de l'année, les indigènes venaient pour s'en nourrir de « l'intérieur sur le littoral. Ils bâtissaient leurs huttes dans « les endroits les moins humides au milieu des mangliers ; « tant que durait le temps de la pêche, ils mangeaient les « animaux renfermés dans les coquilles, et ils faisaient sécher « une grande partie de ces mêmes animaux, pour ensuite les « emporter chez eux. Cet usage dura si long-temps que les co- « quilles amoncelées finirent par former des collines ; de la « terre végétale se ramassa sur ces immences monceaux, et « des arbres y prirent racine. Ces collines appelées *ostreiras* « ont fourni toute la chaux dont on a fait usage dans la capi- « tainerie de S. Vincent (S. Paul) depuis sa fondation jus- « qu'à nos jours. Dans quelques-unes d'entre elles, les co- « quilles se sont transformées en pierre à chaux ; dans d'au- « tres, elles n'ont subi aucun changement. Au milieu d'elles, « on trouve souvent des pots brisés et des ossemens humains. « Ces os sont ceux des Indiens qui mouraient pendant le « temps de la pêche, et dont on plaçait les corps au milieu « des amas de coquilles (*History of Brazil*, I, 36). » Je m'abstiendrai de toute réflexion sur ce passage ; je dirai seulement que je ne crois point que les coquilles des *ostreiras* de Piriquissú soient entièrement à l'état fossile. On sait qu'il

Naviguant toujours, j'aperçus, vers l'ouest, les montagnes encore inhabitées de *Taquatiba* [1], qui sans doute se rattachent à la grande chaîne maritime. Au lieu appelé *Lameirão* (bourbier), je vis la rivière s'élargir, et former une espèce de lac. Enfin, vers les quatre heures, j'arrivai au village de *Piriquiassú*.

Il y a environ quarante ans (écrit en 1818), ce village n'existait réellement point encore. Des Indiens avaient à la vérité construit leurs demeures sur le bord de la rivière; mais elles étaient éloignées les unes des autres. Les Botocudos firent une excursion dans le pays, et, profitant de l'isolement des cultivateurs, ils ravagèrent plusieurs plantations, et tuèrent quelques individus. Pour éviter qu'un pareil malheur ne se renouvelât, BOM JARDIM, qui était alors *capitão mór* de la province du S. Esprit, ordonna aux Indiens dispersés de se réunir tous au lieu où est aujourd'hui le village de *Piriquiassú*, et d'y bâtir des maisons. On leur donna un capitaine de leur race; et comme ils avaient été en quelque sorte détachés de la population de Villa d'Almeida et de l'Aldea Velha; que, d'un autre côté, ils devaient se tenir prêts, comme soldats, à suivre les ordres qu'on pourrait leur donner, le village prit le nom de *Destacamento* (détachement) qu'il conserve encore aujourd'hui.

---

existe aussi de grands amas de coquilles d'huîtres en Egypte, dans la Saintonge et auprès de Nice.

[1] *Taqua tïba* veut dire en guarani lieu planté de roseaux.

AU BRÉSIL. 353

Le Destacamento, ou si l'on veut Piriquiassú, est situé sur le sommet d'une colline allongée qui domine la rivière. On découvre sur la rive opposée d'autres collines couvertes de bois ; à l'ouest, on voit les montagnes de Taquatiba dont j'ai parlé tout à l'heure, et, du côté du nord-ouest, celles d'*Aracandiba* [1]. Vers le nord, au-dessous du hameau, se trouve une vallée profonde, et ce sont les deux côtés de cette vallée qui sont cultivés par les habitans de Piriquiassú. Au-delà du village, du côté de l'ouest, il n'existe que des forêts qui servent de retraite aux Botocudos, et dans lesquelles les Portugais-Brésiliens n'osent point s'enfoncer.

Les maisons dont se compose Piriquiassú ou le Destacamento sont au nombre de 63. Fort rapprochées les unes des autres, elles entourent une place qui présente la figure d'un carré long. Toutes sont construites en bois et en terre; elles ne sont point crépies, et ont un toit en chaume qui, comme celui de toutes les cabanes de ce pays, est plus élevé que les murs. Très mal entretenues, ces maisons n'annoncent que l'indigence, et leur intérieur répond au dehors. L'on n'y voit pas d'autres meubles qu'un hamac, une escabelle et quelques vases de terre.

Les habitans du Destacamento, tous Indiens civilisés, ne montrent pas dans leur costume plus de

---

[1] Probablement d'*araquâ* espèce d'oiseau, (l'*aracuán* des Portugais-Brésiliens) et *andibé* ensemble. On trouvera des détails sur l'*aracuán* dans le quatrième volume des *Beitraege* du savant prince de Neuwied.

TOME II. 23

magnificence que dans leur logement. Les hardes qui les couvrent sont propres, mais presque toujours en lambeaux. Une chemise et une jupe d'indienne composent tout l'accoutrement des femmes; les hommes ont un pantalon avec la chemise, et souvent, quand ils travaillent, ils suppriment ce dernier vêtement. Plusieurs d'entre eux portent une chemise de laine brune et un bonnet de laine rouge.

Si les habitans de Piriquiassú sont pauvres, il n'en faut accuser que la paresse et l'insouciance naturelles à leur race. Leurs terres à la vérité conviennent peu au coton; mais elles sont très favorables à la culture du manioc; ils ont, dans leur voisinage, des forêts qu'ils peuvent exploiter, et ils exporteraient sans peine les produits de leur sol, puisque l'entrée du Rio d'Aldea Velha ne présente aucune difficulté, et que les embarcations remontent presque jusqu'au village.

La pauvreté des cultivateurs de Piriquiassú n'a point eu au reste sur la population de ce lieu une fâcheuse influence. Le capitaine des Indiens m'assura même que, depuis la fondation de ce village, le nombre de ses habitans était devenu beaucoup plus considérable.

Les Indiens de Piriquiassú étaient sujets comme ceux de Benevente et d'Almeida, aux odieux appels de travailleurs que faisait tous les mois le gouverneur de la province; mais, n'ayant aucun blanc parmi eux, ils avaient du moins le bonheur d'échapper à une foule de petites vexations de détail. Je leur trouvai cet air de contentement que montrent en général les indigènes, et qui tient à ce que l'idée de l'avenir ne les tourmente jamais.

Ces pauvres gens n'accusaient que les subalternes des injustices dont ils étaient l'objet, et, s'ils parlaient du roi, c'était toujours de la manière la plus touchante. Le roi, me disaient-ils, veut que tous ses sujets soient heureux et traités de la même manière, s'il savait ce qui se passe ici, il ne le souffrirait pas; mais nous ne sommes point assez riches pour aller à Rio de Janeiro lui demander justice, et nos plaintes ne sauraient parvenir jusqu'à lui.

Les Portugais, en réduisant ces malheureux à une sorte de servage, ne leur avaient offert aucun dédommagement. Personne ne songeait à donner l'instruction la plus légère aux Indiens de Piriquiassú. Il n'y avait au milieu d'eux ni prêtre, ni maître d'école; il fallait que pour se marier, il fissent un voyage de deux jours, et tous les malades mouraient privés des consolations que la religion accorde à ses enfans. Les habitans de Piriquiassú conservent cependant la tradition confuse des vérités fondamentales du christianisme; mais leur vénération pour certains bienheureux égale au moins celle qu'ils ont pour Dieu lui-même, et, au reste, il faut le dire, il est un grand nombre de Brésiliens-Portugais dont la croyance diffère peu sur ce point de celle des Indiens de Piriquiassú.

Le lendemain du jour où je visitai ce village, on devait y célébrer la fête de la Toussaint, et tous les habitans avaient préparé le *cauim* ou *cauaba*, boisson énivrante qui se fait avec les racines du manioc.

On fait cuire ces racines après les avoir rapées, on pile la pâte qui résulte de cette préparation; on la mêle avec une certaine quantité d'eau, et le lendemain on peut boire le *cauim*. Tels sont du moins les procédés qu'indiquent les indigènes; mais les Portugais soutiennent qu'au lieu de piler la racine de manioc, les Indiens la mâchent; le curé de Villa d'Almeida paraissait être un homme véridique, et il m'assura que plusieurs fois il avait trouvé des Indiens assis en rond autour d'un grand vase et occupés tous ensemble à préparer la liqueur favorite à l'aide de leurs dents. Quoi qu'il en soit, je voulus voir et goûter le *cauim*. Je lui trouvai la teinte trouble et blanchâtre du lait du beure, et un goût analogue à celui du petit lait mais pourtant plus aigre [1].

[1] On sait qu'à leur arrivée au Brésil les Européens trouvèrent l'usage du *cauim* répandu chez les Indiens de la côte; qu'alors c'étaient les jeunes femmes qui préparaient cette liqueur, et qu'à cet effet, elles recouraient à la mastication. Autrefois les indigènes faisaient le *cauim* non-seulement avec la racine du manioc, mais avec plusieurs autres substances alimentaires, et M. le prince de Neuwied dit qu'aujourd'hui encore les habitans de S. Pedro dos Indios emploient, outre le manioc, les patates et le maïs.—J'écris le mot *cauim* de la même manière que l'auteur très ancien du *Diccionario Portuguez e Brasiliano*. Dans le dialecte guarani, le P. A. Ruiz de Montoya écrit *câgûî*; et, suivant ce dernier écrivain, *caguába*, identique avec *cauaba*, veut dire grande boisson, ivrognerie. Lorsque les Européens eurent apporté l'eau-de-vie aux Indiens, ceux-ci l'appelèrent *cauim tata* le *cauim de feu*. Le mot *cauim* paraît être radical.

Je m'embarquai avec la marée descendante pour retourner à l'Aldea Velha. La nuit nous surprit bientôt; mais le temps était calme; il faisait clair de lune, et nous n'avions aucune peine à nous conduire. L'eau étincelait, comme celle de la mer, d'une lumière phosphorique, toutes les fois qu'elle était frappée par nos rames. Nous entendions d'un côté les coups de fusil que l'on tirait à Piriquiassú pour la fête du lendemain, et, du côté opposé, les cris joyeux des Indiens qui continuaient à célébrer le bonheur d'avoir lancé à l'eau une pirogue nouvelle.

J'arrivai le jour de la Toussaint à Villa d'Almeida où s'étaient rassemblés un grand nombre d'Indiens. J'excitais vivement leur curiosité par mes habitudes ; mais c'était surtout Firmiano qui attirait les regards. Chacun voulait voir le *Tapuio*; on venait le considérer comme on examinerait une bête féroce dont on se serait enfin rendu maître après bien des efforts, et on ne lui cachait point la haine et le mépris que sa nation inspire dans toute cette contrée. J'étais obsédé de tant d'importunités ; la patience m'échappa, et je finis par mettre tout le monde à la porte. Ces pauvres Indiens sont si soumis et si doux que personne ne se permit ni une plaisanterie ni même un murmure.

Un grand nombre d'enfans indiens jouaient sur la place d'Almeida, et, bien différens de ceux des Brésiliens-Portugais de cette province et d'autres contrées chaudes, ils couraient, sautaient et riaient de tout leur cœur. Je remarquai en même temps qu'il y avait dans les mouvemens de ces petits indigènes quelque chose de brusque qu'on n'observe point chez les enfans de notre race.

La fête de la Toussaint ne fut pas un jour heureux pour les Indiens du voisinage. Des soldats de la compagnie de ligne étaient venus chercher vingt hommes qui devaient le lendemain partir pour la ville de Vianna ou S. Agostinho, et prendre la place des vingt autres dont le mois de travail venait de finir. C'étaient les capitaines indiens qui étaient chargés de désigner les hommes de corvée, et, à mesure que ceux-ci arrivaient à Almeida, on les mettait en prison, de peur qu'ils ne cédassent à leur inconstance naturelle, et qu'après avoir obéi aux ordres de leurs supérieurs, ils ne fussent tentés de prendre la fuite. Le contingent des travailleurs ne devant point se mettre en route le jour de la Toussaint, attendait dans la prison l'instant du départ. Une foule de femmes et d'enfans se tenaient aux fenêtres de la geole; mais il ne faut pas croire que l'on songeât à s'affliger. Les prisonniers et leurs amis riaient, chantaient, poussaient des cris de joie. Etrangers à l'idée de l'avenir, pourquoi en effet se seraient-ils désolés? ils avaient le plaisir de se voir encore. Il n'en est pas moins vrai que les malheureux mis en réquisition allaient laisser des femmes et des enfans sans aucun secours, et perdre le moment favorable pour faire leurs plantations, unique espoir de leurs familles.

CHAPITRE XV.

LA NOUVELLE COLONIE DE VIANNA. — LE COUVENT DE NOSSA SENHORA DA PENHA ET VILLA VELHA. — L'AUTEUR RETOURNE A RIO DE JANEIRO.

L'auteur revient à Villa da Victoria.—Il se rend à la colonie de *Vianna*. Histoire de cette colonie et du chemin de Villa da Victoria à Minas Geraes. Position de Vianna; son église; palais du gouverneur. Administration. Chanson d'un Indien. Culture. Crainte des Botocudos; massacre d'une troupe d'hommes de cette nation. — L'auteur retourne de Vianna à Villa da Victoria et arrive sur les bods de la baie d'Espirito Santo. Haine des Brésiliens-Portugais contre les Botocudos. — Excursion à *Villa Velha*. Histoire et description de cette petite ville. — Couvent de *Nossa Senhora da Penha*. Vue admirable. Histoire du monastère de Penha. Forteresse. — L'auteur s'embarque; il essuie une tempête et arrive à Rio de Janeiro.

J'ARRIVAI heureusement à Villa da Victoria, et fus accueilli par le *capitão mór* Francisco Pinto avec autant d'amabilité que la première fois. J'allai bientôt rendre visite au gouverneur; j'en reçus de nouveaux témoignages d'intérêt et de bienveillance, et il me promit un *pedestre* pour m'accompagner jusqu'à la nouvelle ville de Vianna[1] que je désirais connaître.

[1] Tout le monde dans le pays donne à Vianna le titre de

Ce fut encore le bon *pedestre* Luiz da Silva que m'envoya le gouverneur pour me servir de guide. Je me rendis à cheval de Jucutacoára, l'habitation de M. Pinto, à Villa da Victoria; et là je m'embarquai sur un bateau du gouvernement, conduit par le pilote du goulet *(patrão mór da barra)*. Comme les Indiens qui servaient ordinairement de rameurs sur cette barque étaient employés ailleurs, on avait mis quelques matelots en réquisition. Nous longeâmes les îles appelées Ilha do Penedo et Ilha do Principe; nous passâmes devant l'embouchure du Rio Jecú, et enfin nous débarquâmes vers le fond de la baie d'Espirito-Santo.

Le gouverneur avait donné des ordres pour qu'en cet endroit, je trouvasse un cheval. Je fis environ trois lieues au milieu d'un pays fort inégal, jadis couvert de grands bois vierges, mais qui aujourd'hui ne l'est plus en grande partie que de *capoeiras* [1]. Dans les envi-

---

villa; mais je dois dire que Pizarro ne lui en accorde pas d'autre que celui de *povoação*.

[1] Je n'ai pas encore donné l'étymologie de ce mot qui revient si souvent dans ma *première Relation*, et dans celle-ci, et qui, comme je l'ai dit, indique les bois que l'on voit succéder aux plantations laissées en friche. Comme l'a très bien fait observer José de Sá Betencourt (*Mem. Alg.*, 11), *capoeira* vient des mots indiens *có cuéra* ou (*Dic. Port. Bras.*) *coquéra*, plantation ancienne. — Dans ma *première Relation*, j'ai fait, avec quelque doute, dériver du portugais le mot *catinga* qui désigne, ainsi qu'on l'a vu, ces forêts d'un ordre inférieur dont les feuilles tombent tous les ans. L'étymologie indiquée par M. José de Sá Betencourt me paraît plus vraisemblable que la mienne. Il fait venir *catinga* des mots

rons de Vianna située à environ trois lieues et demie de Villa da Victoria, les bois vierges sont beaucoup plus communs, et le pays devient très montagneux.

Il y a 7 à 8 ans (écrit en 1818), il n'y avait encore au lieu que l'on appelait *S. Agostinho* et où est aujourd'hui Vianna que deux ou trois chaumières. Pendant de longues années, le gouvernement avait interdit toute communication entre les capitaineries de Minas Geraes et d'Espirito Santo, voulant par là rendre plus difficile la contrebande de l'or. Après l'arrivée du roi Jean VI au Brésil, on ouvrit enfin les yeux, et

indiens *caá tinga* bois blanc, comme sont, dit-il, ceux qui croissent dans les terres les moins fortes. — De savans Allemands ont cru devoir écrire *caa-tinga* et *caa-pim*. Cette orthographe peut être fort rationnelle; mais ce n'est point celle qu'avaient adoptée les jésuites auxquels on doit la fixation des dialectes tupi et guarani. Ils écrivaient *capiim* en tupi (Voy. *Dic. Bras.*) et *capyí* en guarani (Ant. Ruiz de Montoya): en général ils ne séparaient point par des traits d'union les mots composés, et en cela ils étaient guidés par l'analogie, car on ne les sépare pas non plus dans la langue allemande. Mais je suppose un instant qu'en écrivant le tupi ou le guarani on dut, ce qui n'est pas, écrire *caa-pim* et *caa-tinga*, il ne faudrait pas adopter cette orthographe, quand on cite les mots dont il s'agit, comme empruntés aux Brésiliens actuels (*Brasileiros*), et dans l'intention de se faire mieux comprendre. En effet, au Brésil ces mêmes mots font actuellement partie de la langue portugaise; on les y écrit universellement de la manière suivante: *capim* et *catinga*; et il serait tout aussi étrange de vouloir aujourd'hui les rendre à leur origine qu'il le serait d'écrire en français *Rhein*, *burg* ou *landsknechte* pour *Rhin*, *bourg* et *lansquenets*.

l'on sentit combien il était absurde de sacrifier à de mesquines précautions les intérêts qui devaient résulter du commerce de deux provinces limitrophes dont l'une est voisine de l'Océan, et dont l'autre peut fournir à la première du fer, et d'autres articles utiles. On prit donc la louable résolution de faire un chemin qui allât de Villa da Victoria à la ville de Marianna. Le chemin fut commencé du côté de la province d'Espirito Santo, au hameau de *Santa Maria* situé sur la rivière du même nom, rivière qui, comme je l'ai dit, se jette dans la baie. Cependant, comme il faut faire six lieues par eau de Santa Maria à Villa da Victoria, et qu'en général les Mineiros, muletiers si habiles, redoutent de s'embarquer, on prit le parti d'ouvrir un second chemin, sans néanmoins renoncer au premier. On profita de celui qui déjà conduisait à S. Agostinho, et on le prolongea pour le faire aboutir à la route de Santa Maria destinée, comme on l'a vu, à arriver près de Villa Rica. On commença par faire au milieu des bois vierges une percée *(picada)* qui allait jusqu'aux Mines; lors de mon voyage, le véritable chemin était totalement achevé dans un espace de dix lieues; on le continuait en se servant de *pedestres* et d'Indiens, et pour que les muletiers pussent trouver, durant leur voyage, des vivres et des abris, on avait le projet de placer de 3 en 3 lieues des détachemens de soldats que l'on devait supprimer, lorsque des colons se seraient établis sur les bords de la route [1].

[1] « Du côté de Minas, m'écrivait le 6 décembre 1824

S. Agostinho, quoique très voisin de Villa da Victoria, était cependant le point le plus reculé où l'on trouvât des terres en culture; on prit la résolution de donner de l'importance à ce hameau, et voici par quels moyens l'on tâcha d'y parvenir. La population des Açores est, comme on sait, fort considérable, et un grand nombre des habitans de ces îles vivent dans une extrême indigence. Le gouvernement avait fait venir des Açores au Brésil une cinquantaine de ménages, en promettant de leur distribuer des terres; on les envoya à S. Agostinho, et ce fut alors que l'on donna à la colonie nouvelle le nom de *Vianna*, celui de l'intendant général de la police. Chaque ménage d'Insulaires (*Ilheos*) eut sa maison, un espace de terre assez considérable, quelques bestiaux et des instrumens aratoires. On avait besoin d'argent pour subvenir à ces dépenses; on en prit sur les fonds affectés à la

« M. Guido Thomas Marlière, le chemin a été fait sous mon
« inspection; il a été achevé dans toute son étendue, et fré-
« quenté pendant quelque temps par des caravannes de mu-
« letiers. Cependant les Mineiros ne pouvant réussir à vendre
« leurs bestiaux et leurs autres denrées à la ville da Victoria,
« dont les habitans se nourrissent pour la plupart de pois-
« sons et de coquilles, ont fini par renoncer à tout commerce
« avec la province du S. Esprit; et déja le chemin se trouve
« intercepté par des troncs renversés, des lianes et des bran-
« ches d'arbres. Il est bien difficile, ajoutait M. Marlière
« d'accord avec Pizarro, que les habitans si apathiques d'Es-
« pirito Santo fassent fleurir leurs pays. Les Botocudos eux-
« mêmes connaissent la différence qui existe entre ces hommes
« et les Mineiros. »

police, arrangement bizarre qu'on peut expliquer seulement par les liens de parenté et d'amitié qui unissaient le gouverneur de la province et M. Paulo Fernandes Vianna, l'intendant de la police générale.

Dans une relâche que les Ilheos avaient faite au cap Vert quelques-uns d'entre eux avaient pris, dit-on, le germe d'une maladie dangereuse; d'un autre côté l'air de Vianna, avant les défrichemens qui ont eu lieu depuis, était loin d'être parfaitement pur; les nouveaux colons n'étaient point accoutumés à travailler sous le ciel brûlant des tropiques, et ils eurent, en arrivant, l'imprudence de former des rizières dans des marais voisins de leurs demeures. Plusieurs des hommes tombèrent malades et moururent. Les femmes furent épargnées, parce qu'elles sortaient beaucoup moins que leurs maris, qu'elles n'avaient pas les mêmes occasions de boire de mauvaise eau, et n'allaient point dans les endroits marécageux. Aujourd'hui que le pays est plus découvert, il est aussi plus sain, et il ne paraît pas qu'il y ait à Vianna plus de malades qu'ailleurs. Lorsque les Insulaires avaient vu succomber quelques-uns de leurs compatriotes, ils avaient été saisis d'effroi, et plusieurs avaient voulu se retirer. Le gouverneur s'y opposa; quelques-uns s'enfuirent, mais ils furent ramenés à Vianna par la force armée, et, lors de mon voyage, il était encore défendu à tous les nouveaux colons d'aller s'établir ailleurs. Ils se plaignaient beaucoup d'une telle gêne; mais le gouvernement avait bien, ce me semble, le droit d'imposer quelques conditions à des hommes qu'il avait tirés de l'indigence et comblés de bienfaits. Leurs plaintes eussent été fondées, dans le cas seulement où, comme ils le disaient, on leur eût promis des terres à Minas Geraes, Rio Grande, Sainte Catherine, et non dans la province d'Espirito Santo.

Vianna se compose d'une soixantaine de maisons; mais elles ne sont point réunies en un seul groupe. Chacune d'elles, bâtie en terre et couverte en chaume, est construite au milieu des possessions qui en dépendent, et sur une colline séparée. Autour de l'habitation, les bois ont été abattus et remplacés par des champs de maïs, de riz, de haricots et de manioc. Vers l'extrémité de tous les terrains actuellement en culture, est une hauteur dont le sommet présente une large plate-forme, et là, on a bâti l'église, le presbytère, ainsi qu'une grande maison destinée pour le gouverneur. De ce point, on découvre, vers l'est, une partie des habitations de Vianna, et, du côté de l'ouest, une grande caserne destinée aux soldats qui protègent les colons contre les insultes des sauvages. Partout, si ce n'est vers l'est, des montagnes assez élevées et couvertes de forêts épaisses dominent la hauteur, en donnant à l'horizon des bornes très étroites. Dans tout cet ensemble, il y a quelque chose de simple et de majestueux qui élève l'ame et la porte au recueillement.

L'église de Vianna n'est pas très grande; mais elle est bien éclairée et ornée avec beaucoup de goût. C'était certainement une des plus jolies que j'eusse vues depuis que j'étais au Brésil. Je ne saurais faire autant d'éloge de la maison du gouverneur, grand bâtiment à fenêtres parfaitement carrées, lourd, mal distribué, où l'on entre par le côté, et auquel on n'a pas même songé à joindre un jardin. Le gouverneur Rubim, qui fut le créateur de Vianna, habitait de temps en temps cette maison à laquelle on donnait le nom pompeux de *palacio* ; mais il est à croire qu'elle aura été abandonnée par son successeur.

L'administration de Vianna était confiée à un lieutenant de la ligne, qui commandait le détachement cantonné près de la nouvelle colonie et les détachemens voisins. C'était lui qui dirigeait les travaux, et il était obligé de rendre compte de tout au gouverneur qui ensuite donnait ses ordres, et entrait dans les moindres détails.

Lors de mon voyage, on achevait la tour de l'église. C'étaient les Indiens qui transportaient les terres et faisaient tous les gros ouvrages. Le lieutenant Bom Jardim, commandant de Vianna, me raconta que l'un de ces hommes jouait tous les soirs de la guitare, en chantant dans sa langue les paroles suivantes : *C'est bien contre mon gré que je suis ici ; quand reverrai-je les lieux où je suis né*[1] ? Comme il est extrêmement rare que les Indiens civilisés du littoral chantent dans

---

[1] Cette chanson indienne est la plus poétique de toutes celles que j'ai recueillies. Rien n'est en général plus simple et moins figuré que le langage des Indiens, et par conséquent il faut considérer comme absolument imaginaire celui que leur prêtent les poètes, les romanciers et même plusieurs historiens (Voy. ma *première Relation*, II, 166).

leur propre langue, je priai le lieutenant de m'écrire la chanson qu'il m'avait répétée. Il le fit avec complaisance; mais, craignant de se compromettre, il mit au bas du texte original la traduction suivante, qui différait de la première, et est évidemment infidèle : *Je suis bien ici ; mais j'aimerais mieux être aux lieux où je suis né.*

Les terres de Vianna sont propres à tous les genres de culture ; mais les grandes fourmis sont malheureusement très communes dans ce canton, et y font beaucoup de mal. On a cherché à naturaliser ici quelques plantes d'Europe, telles que le lin et le froment ; ces essais n'ont pas été heureux ; cependant je serais tenté de croire que cela tient moins au climat et à la nature du sol qu'à l'inexpérience des colons, peu accoutumés à l'agriculture des contrées équinoxiales. Les cultivateurs de Vianna ont le bonheur d'avoir dans leurs alentours une rivière qui, quoique très étroite, est cependant navigable pour les pirogues depuis la colonie jusqu'à la baie, et facilite l'exportation des denrées du pays.

Mais les nombreux avantages dont jouissent les habitans de Vianna étaient, lors de mon voyage, bien tristement compensés par la crainte où les tenait sans cesse le voisinage des Indiens ennemis. Au reste, si ces derniers se montraient barbares, on ne l'était, il faut le dire, guère moins à leur égard. Environ vingt jours avant mon arrivée dans le pays, le lieutenant Bom Jardim apprit qu'ils avaient massacré un cultivateur, et enlevé ses enfans. Il se mit à la poursuite des sauvages, en suivant toujours leurs traces au milieu des forêts; et, à la fin de la troisième journée, il découvrit les baraques de feuilles de palmier où ils devaient passer la nuit. Il se cacha avec sa troupe, et, à la pointe du jour, il fondit sur les ennemis qui n'eurent pas même le temps de saisir leurs flèches. Les hommes et les femmes furent tués à coups de couteaux par les Brésiliens-Portugais, sans pouvoir se défendre; il n'y eut d'épargnés que deux enfans très petits, un garçon et une fille, que le lieutenant emmena avec lui. On trouva dans les baraques des sauvages un grand nombre d'effets qui avaient appartenu à des Portugais, principalement des couteaux, des haches, des chapeaux, et l'on fut d'autant plus surpris de cette découverte, que, depuis quelque temps, on n'avait point entendu dire que les sauvages eussent fait de pillage nulle part. On remarqua aussi, comme une singularité, que les deux enfans auxquels le commandant avait conservé la vie, se donnaient entre eux les noms d'Antonio et d'Anina, qui sont portugais[1]. Le lieutenant Bom Jardim eut la bonté de me faire présent d'un assez joli collier qui avait été pris sur une Indienne sauvage, et se composait de deux rangs de petites graines noires séparées par quelques dents de cabiai. Au Rio Doce, on m'avait aussi donné deux instrumens de musique enlevés aux sauvages et qui attestaient assez leur barbarie, c'étaient tout simple-

---

[1] Si *anina* n'est pas précisément un nom portugais, c'est du moins un mot de cette langue légèrement altéré.

ment des ficelles au milieu desquelles on avait attaché un énorme paquet de sabots de pécari entremêlés de quelques morceaux de peau de cerf bien desséchés [1].

Comme les Indiens qui furent tués dans les forêts de Vianna par la troupe du lieutenant Bom Jardim avaient la lèvre inférieure et les oreilles percées, il est bien évident qu'ils appartenaient à la nation des Botocudos. Mais ce nom est peu connu dans la province du S. Esprit. Les Indiens sauvages n'y sont en général désignés que par les noms de *Bugres* ou *Gentios*.

J'avais été reçu à Vianna par le lieutenant Bom Jardim qui m'accompagna partout, et répondit à mes questions avec une extrême complaisance. Comme il était fort tard, quand nos promenades furent terminées, et que le temps était mauvais, je me décidai à passer la nuit dans la colonie nouvelle.

M'étant remis en route le lendemain matin, j'arrivai bientôt sur le bord de la baie d'Espirito Santo, et j'appris que le pilote du goulet *(patrão mór da barra)* était venu me chercher la veille, et m'avait attendu jusqu'à onze heures du soir. J'eus beaucoup à regretter d'avoir manqué cette occasion, car il me

---

[1] M. le prince de Neuwied a parlé de colliers semblables à celui que j'ai décrit plus haut. Quant aux instrumens de musique, je crois qu'ils me furent aussi donnés dans le pays pour des colliers ; mais Firmiano m'apprit quelle était leur véritable destination, et il est difficile en effet de supposer qu'ils pussent en avoir une autre que celle de produire du bruit.

fallut attendre presque toute la journée avant de pouvoir me procurer une barque. Après être resté longtemps sur le rivage, j'entrai dans une *venda* pour me mettre à l'abri du soleil, et j'y trouvai plusieurs personnes qui, comme moi, voulaient se rendre à Villa da Victoria. On parla beaucoup des Indiens sauvages; c'était, dans ce pays, un sujet inépuisable de conversation, et jamais on ne l'entamait sans montrer contre ces malheureux une haine qui allait presque jusqu'au délire. Un *pedestre* qui se trouvait là, ne se lassait point de témoigner son étonnement de ce que son officier gardait dans sa maison un fils de Gentio, et jurait qu'à la place du lieutenant Bom Jardim, il égorgerait l'enfant. Je tâchai en vain de faire comprendre à ces braves gens que de tels sentimens n'étaient point parfaitement d'accord avec la religion qu'ils prétendaient professer : à leurs yeux les Gentios n'appartenaient pas à l'espèce humaine, c'étaient des bêtes féroces [1].

Vers le soir, il se présenta enfin une petite pirogue, et je m'empressai de la retenir. Mais tous les hommes qui attendaient avec moi dans la *venda* voulurent profiter de la même occasion. La barque était fort chargée; le vent s'éleva, et ce fut avec un grand plaisir, je l'avoue, que j'arrivai à Villa da Victoria.

Avant de retourner à Rio de Janeiro, je voulus al-

[1] A l'époque de mon voyage, les colons de la partie de Minas Geraes, voisine du Rio Doce, ne montraient guères moins de haine contre les Botocudos que les habitans d'Espirito Santo, et ne mettaient pas moins de barbarie dans leurs vengeances.

ler voir Villa Velha [1] et le fameux monastère de Nossa Senhora da Penha situés vers l'entrée de la baie d'Espirito Santo du côté du midi. Le *capitão mór* Pinto qui avait pour moi toutes les complaisances possibles, se proposa pour être mon guide. Nous nous embarquâmes dans une pirogue, et nous étant d'abord rendus au Sitio de Santinhos [2] où quelques affaires nous appelaient, nous eûmes le plaisir de contempler cette vue magnifique que j'avais admirée en arrivant à Villa da Victoria, et que j'ai déja décrite. Bientôt nous remontâmes dans notre pirogue; nous nous dirigeâmes vers l'entrée de la baie, et, après avoir cotoyé les montagnes qui la bordent du côté du sud, nous arrivâmes à une crique dominée par la montagne de Penha, et au fond de laquelle se trouve située la chétive ville de Villa Velha où nous débarquâmes.

Villa Velha fut, comme je l'ai dit, le premier établissement que les Portugais formèrent dans la province, et s'appela d'abord *Villa do Espirito Santo*. Les attaques des Indiens sauvages, originairement très nombreux, forcèrent bientôt les Européens de se retirer dans l'île de Duarte de Lemos; mais d'autres raisons ont contribué encore à empêcher Villa do Espirito Santo ou Villa Velha d'acquérir quelque importance. Les eaux y sont d'une mauvaise qualité, la crique sur le bord de laquelle la ville est bâtie a peu de fond, et les embarcations ne peuvent y naviguer;

---

[1] Voy. plus haut p. 170.
[2] Voy. plus haut p. 233.

enfin les terres du voisinage contiennent trop de sable pour être mises en culture. Villa Velha n'en n'est pas moins restée le chef-lieu d'une paroisse et celui d'un *termo* administré par deux juges ordinaires et un sénat municipal (*camara*). Cependant cette prétendue ville n'est guère qu'un hameau composé presque entièrement de chaumières à demi-ruinées. Quoique voisines des montagnes, ces chaumières sont bâties sur un terrain très plat, et seulement au nombre d'environ quarante [1]. Les moins décrépites forment une place alongée qui aboutit à la mer, et dont le côté opposé à l'Océan est formé par l'église.

Ne pouvant tirer parti de leurs terres, les habitans de Villa Velha ne vivent guères que de la pêche; ils sont très pauvres, et leur nombre va toujours en diminuant. La paroisse de Villa Velha, dit Pizarro, se prolonge au nord dans un espace de trois lieues jusqu'à celle de Villa da Victoria; au couchant, elle a moins d'un quart de lieue, à l'ouest elle a plus de cinq lieues, au midi quatre, et, dans cette étendue de territoire, elle ne comprend que 7 à 800 adultes [2].

A quelque pas de Villa Velha, du côté de l'est, se trouve la montagne de *Penha* qui se termine par un rocher énorme sur lequel on a bâti le couvent et l'église consacrés à la Vierge sous le nom de *Nossa Senhora da Penha*. Vue des environs, cette montagne produit l'effet le plus pittoresque. Le rocher nu, le

---

[1] Chiffre emprunté à Pizarro.
[2] Piz. *Mém. hist.*, II, 8.

monastère et l'église qui la couronnent ressemblent dans le lointain à une forteresse, et contrastent avec les bois épais qui couvrent les flancs de la montagne.

Pour se rendre à l'église, on passe d'abord sous une arcade; puis on monte par un chemin encaissé entre deux murs d'appui, pavé de larges pierres et ombragé par des arbres touffus. A l'extrémité de ce chemin, immédiatement au-dessous du rocher, est une plate-forme sur laquelle on a construit un bâtiment étroit, bas, alongé, divisé en différentes petites chambres et destiné aux pèlerins que la dévotion attire sur la montagne. De cette plate-forme, on monte par un escalier étroit, taillé dans le rocher; et, parvenu au couvent, on découvre une vue d'une étendue immense. On aperçoit la mer, la partie orientale de la baie avec ses îles, et, du côté du sud et du sud-ouest, de vastes campagnes; du côté de l'ouest, en face de la montagne de Penha est celle de Moreno qui, au midi de la baie, forme le point le plus avancé dans la mer; et, entre les deux montagnes, se trouve l'embouchure de la rivière de *Costa* (côte) dont les eaux, après avoir serpenté sur des terrains plats et sablonneux voisins de l'océan, vont embarrasser la baie des sables qu'elles y charient.

Après avoir admiré la vue dont je viens de tracer une faible esquisse, j'allai visiter l'église et le couvent de Penha. La fondation de ces édifices remonte à une époque fort ancienne. Vers 1553, un religieux espagnol appelé PEDRO PALACIOS, passa au Brésil pour tâcher de répandre parmi les sauvages la religion chrétienne. Cet homme se retira sur le morne de Penha qui alors était couronné par deux palmiers d'une grandeur remarquable, et construisit sa cabanne un peu au-dessous du sommet de la montagne. Cependant, ayant cru que le ciel lui avait fait comprendre, par des signes surnaturels, qu'un édifice devait être élevé en l'honneur de la Vierge au haut du rocher, il ne tarda pas à y construire une chapelle où il plaça une image à laquelle la légende attribue une origine miraculeuse. Pedro Palacios mourut fort vénéré dans tout le pays. Après lui un homme pieux se chargea du soin de la chapelle; mais, en 1591, les municipalités réunies de Villa da Victoria et de Villa do Espirito Santo la donnèrent aux Franciscains [1]. En 1637, l'église fut beaucoup augmentée, et l'on y joignit un couvent capable de recevoir douze ou treize religieux. A cette époque, le gouverneur de Rio de Janeiro Salvador Correa de Sá e Benavides s'était mis en campagne pour aller découvrir des mines d'émeraudes et autres pierres précieuses; ayant passé par la province du S. Esprit, il contribua beaucoup aux dépenses de la construction du couvent de Penha, et attacha à ce monastère la redevance annuelle de vingt-cinq bêtes à cornes prises dans ses terres des Goitacazes [2].

[1] On voit que ce n'est point, comme on l'a cru, aux bénédictins de Rio de Janeiro qu'appartient le couvent de Penha. Je suis sur ce point parfaitement d'accord avec Cazal et Pizarro.
[2] Piz. *Mém. hist.*, II.

L'église de Nossa Senhora da Penha est petite, mais fort jolie et bien ornée. Je n'ai pu parcourir le couvent avec détail; mais ce que j'en ai vu ne m'a point paru remarquable. Les religieux qui l'habitent sont envoyés de Rio de Janeiro par leurs supérieurs; lors de mon voyage, ils n'étaient plus qu'au nombre de deux. Cependant la Vierge de Penha continue à jouir d'une grande réputation, et de très loin, principalement de Campos, on lui adresse des offrandes souvent considérables. Un peu avant la fête patronale, les moines font des quêtes dans les alentours; le jour même de la fête un grand nombre de pèlerins montent sur la montagne, et les religieux leur donnent un repas du produit de leur quête. L'on voit auprès du couvent une grande salle destinée à ce banquet public.

Après avoir visité Nossa Senhora da Penha, nous nous rendîmes, le *capitão mór* et moi, à un petit fort bâti au pied de la montagne, sur un terrain très plat, presque de niveau avec la mer. Cette forteresse est destinée à défendre l'entrée de la baie; mais je crois qu'elle remplirait fort mal ce but. Un détachement de la compagnie de ligne commandé par un gouverneur forme la garnison du fort. Les patrons des bâtimens qui entrent et de ceux qui sortent sont obligés de montrer leurs papiers au gouverneur.

Comme il n'existe qu'un seul chemin pour se rendre de Villa da Victoria à Rio de Janeiro, celui que j'avais déjà suivi et qui même n'en n'est réellement pas un, je pris le parti de retourner par mer à la capitale du Brésil et de renvoyer ma caravane par terre avec

Prégent et Manoel da Costa. Une *Sumaca* était sur le point de mettre à la voile pour Rio de Janeiro. Le gouverneur eut la bonté d'aplanir quelques difficultés qui se présentèrent, et je convins avec le patron de la barque qu'il me recevrait moi, Firmiano et quatre caisses pour la somme de 20,000 reis (125 f.). De mauvais temps retardèrent malheureusement mon départ, et je fus obligé de prolonger mon séjour chez le *capitão mór* dont la complaisance ne se démentit pas un seul instant. Enfin le temps changea. Au moment où nous allions quitter le port, j'appris que la barque était dans le plus mauvais état; mais j'avais retenu mon passage; je me décidai à partir. L'embarcation était extrêmement remplie; j'avais à peine la place de me remuer, et, pour dormir j'étais obligé de me coucher en double entre des ballots de hauteur inégale dans la cabane du patron où régnait une odeur fétide. Un mal de mer affreux me rendit inutile les abondantes provisions que m'avait données le *capitão mór*; mais elles ne furent point perdues pour tout le monde. A la hauteur du cap Frio, nous fûmes accueillis par une tempête qui dura une nuit entière. Le propriétaire de la barque tremblant et désespéré, faisait des vœux à Notre Dame de Penha et à tous les saints du Paradis; le patron occupé de sa manœuvre semblait ne pas l'entendre; quant à moi, j'allai me réfugier dans l'espèce de trou que l'on m'avait donné pour logement, et j'eus le bonheur de m'y endormir. Le patron me dit depuis qu'eu égard au mauvais état de la barque nous avions couru des dangers véritables. Cet homme était d'une profonde ignorance ; mais il avait fait plus de vingt-deux fois le voyage de Villa da Victoria à Rio de Janeiro ; la longue habitude de cette navigation lui tenait lieu de science, et, au bout de quatre jours, nous entrâmes dans la baie de Rio de Janeiro.

PRÉCIS HISTORIQUE
DES RÉVOLUTIONS DU BRÉSIL

DEPUIS

L'ARRIVÉE DE JEAN VI EN AMÉRIQUE

JUSQU'A

L'ABDICATION DE L'EMPEREUR D. PEDRO [1].

Pendant plusieurs siècles, le Brésil fut soumis au système colonial. Peut-être ce système ne fut-il jamais aussi rigoureux pour cette belle contrée que pour l'Amérique espagnole; mais il n'en est pas moins vrai que les prohibitions les plus sévères empêchaient sans cesse les Brésiliens de profiter des bienfaits que leur avait prodigués la nature. Fermé aux étrangers, le Brésil s'épuisait pour enrichir les négocians de Lisbonne. Ses habitans marchaient sur le fer, et, sous peine d'aller finir leurs jours sur le rivage insalubre d'Angole, ils étaient obligés de tirer du Portugal leurs instrumens aratoires; ils possédaient d'abondantes

---

[1] Voyez la Préface.

salines, et il fallait qu'ils achetassent à des compagnies européennes le sel qui leur était indispensable. Ils étaient contraints de se faire juger sur les bords du Tage, et leurs enfans ne pouvaient recevoir quelque instruction dans la médecine et la jurisprudence, s'ils n'allaient la chercher à l'université de Coïmbre.

Le système colonial ne tendait pas seulement à appauvrir le Brésil; il avait un but plus odieux encore, celui de le désunir. En semant des germes de division entre les provinces, la métropole espérait conserver plus long-temps cette supériorité de forces qui lui était nécessaire pour exercer sa tyrannie. Chaque capitainerie avait son satrape, chacune avait sa petite armée, chacune avait son petit trésor; elles communiquaient difficilement entre elles, souvent même elles ignoraient réciproquement leur existence. Il n'y avait point au Brésil de centre commun : c'était un cercle immense, dont les rayons allaient converger bien loin de la circonférence.

Lorsque Jean VI, chassé du Portugal par les Français, chercha un asile en Amérique, une partie du système colonial dut nécessairement tomber d'elle-même. Alors on établit à Rio de Janeiro des tribunaux qui jugèrent en dernier ressort; le Brésil fut ouvert aux étrangers, et l'on permit enfin à ses habitans de profiter des richesses que la nature avait semées sous leurs pas. Mais on n'alla pas plus loin; après cet effort, on s'endormit. On ne chercha point à établir quelque homogénéité dans le nouveau royaume, dont on venait de proclamer l'existence; on laissa maladroitement subsister la même désunion entre les provinces, et Jean VI était, à Rio de Janeiro, le souverain d'une foule de petits états distincts. Il y avait un pays qu'on appelait le Brésil; mais il n'existait point de Brésiliens.

Jean VI était étranger aux notions les plus simples de l'art de gouverner les hommes. Il avait eu un frère auquel on avait prodigué tous les soins d'une éducation excellente; tandis que lui, fils puîné, qui semblait ne point être destiné au trône, avait été condamné à une profonde ignorance. Jean VI était né bon, il n'eut jamais la force de prononcer lui-même un refus; il se montra toujours fils tendre et respectueux; simple particulier, il eût été remarqué pour quelques qualités honorables, comme roi, il fut absolument nul.

Les ministres qui gouvernèrent sous son nom ne furent pas tous dépourvus de talens; mais aucun ne connaissait assez le Brésil, pour cicatriser les plaies qu'avait faites à ce pays le système colonial, pour en réunir les parties divisées, et leur donner un centre commun d'action et de vie. Don Rodrigo, comte de Linhares, avait des idées élevées; mais il voulait tout entreprendre, tout finir à la fois; dans un pays où tout est obstacle, il n'en voyait aucun; il ne mesurait point la grandeur de ses idées sur la petitesse de ses moyens, et, dupe des charlatans qui l'entouraient, plus dupe encore de son imagination bouillante, il croyait déja exécutés des projets gigantesques qui à peine pourront s'accomplir dans quelques siècles. Ceux qui lui succédèrent, vieux et infirmes, voyaient toujours l'Europe dans l'empire du Brésil, et laissèrent les choses dans l'état où ils les avaient trouvées. Thomaz Antonio de Villanova e Portugal, le dernier ministre qu'eut le roi Jean VI comme souverain absolu, était un homme de bien, et possédait même quelques connaissances en agriculture, en économie politique, en jurisprudence; mais ses idées, surannées et mesquines, n'étaient point en harmonie avec celles du siècle, ni avec les besoins nouveaux de la monarchie portugaise; l'émancipation du Brésil, déja accomplie depuis plusieurs années, lui semblait une sorte de rêve qui ne pouvait se réaliser; il avait de l'intégrité, et fut entouré de fripons et de dilapidateurs; il voulait faire le bien, et ne produisit guère que du mal. Thomaz Antonio ne sut ni prévoir ni arrêter la révolution qui bientôt éclata en Portugal, et lui laissa envahir, presque avec la rapidité de l'éclair, toutes les provinces du Brésil.

A cette époque, les habitans de ce pays se croyaient obligés d'avoir pour le souverain qu'ils tenaient de la Providence, ce respect mêlé d'idolâtrie dont on ne trouve presque plus de trace chez les Européens; et Jean VI s'était particulièrement attiré l'amour de ses peuples par la bonté de son naturel, par cette affabilité qui contrastait avec la morgue des anciens gouverneurs, et même par cette espèce de commérage qu'il mêlait à sa familiarité. En abandonnant la métropole à quelques chances, en restant au milieu des

Brésiliens qui l'adoraient, en faisant disparaître jusqu'aux derniers vestiges du système colonial, enfin en constituant un empire brésilien, Jean VI eût pu sauver la plus belle partie de la monarchie portugaise. Mais, pour parvenir à de telles fins, il eût fallu plus d'énergie, plus de connaissance des hommes et des choses que n'en avait le fils ignorant et débonnaire du roi don Joseph. Il fut la dupe d'une coupable intrigue.

La révolution de Portugal avait été l'ouvrage de quelques hommes éclairés; mais la masse de la nation n'en pouvait concevoir ni le but ni les principes. Comme le roi était aimé des Portugais, on sentit qu'en le rattachant aux changemens qui venaient de s'opérer, on les rendrait moins impopulaires, et l'on résolut de faire des efforts pour ramener la cour au sein de la mère-patrie. Jean VI aimait le Brésil; la servilité familière des habitans de ce pays lui faisait goûter le plaisir de la souveraineté sans lui en laisser les ennuis; et, il faut le dire, la crainte de passer les mers l'attachait encore au continent américain. Il était nécessaire de lui cacher avec soin le plan que l'on avait formé de l'associer à une révolution qu'il abhorrait; on sut lui persuader que sa présence ferait rentrer dans le devoir les Portugais rebelles, et, par cet artifice, l'on triompha tout à la fois de ses affections et de ses répugnances.

Jean VI était encore sur le bâtiment qui l'avait amené en Europe, et déjà il avait perdu toutes ses illusions. Ses cortès lui dictèrent les lois les plus rigoureuses, et allèrent jusqu'à lui prescrire l'heure de son débarquement. Souverain absolu, il n'avait point été un tyran; sous prétexte d'en faire un roi constitutionnel, on le rendit esclave, et il mourut malheureux.

Les Brésiliens furent indignés de l'abandon où les laissait le départ de leur souverain. Ils ne pouvaient le haïr; leur amour se changea en mépris. Le seul centre d'union auquel se ralliaient les provinces du Brésil allait être de nouveau transporté loin d'elles; un légitime orgueil ne permettait plus à leurs habitans d'aller au-delà des mers renouer les chaînes pesantes que l'émancipation avait rompues, mais alors se montrèrent dans tout ce qu'ils avaient de hideux les tristes résultats du système colonial.

Les rivalités de capitainerie se réveillèrent plus que jamais. Profondément blessés des orgueilleux dédains des habitans de la capitale, ceux de l'intérieur commencèrent à examiner ses titres. Chaque province voulait être la première : on nommerait telle bourgade qui prétendait devenir la capitale du royaume, et l'habitant du désert, étranger aux arts, à la civilisation, à toutes les commodités de la vie, soutenait fièrement qu'il n'y avait rien que l'on ne trouvât dans les lieux où il était né, et que son canton pouvait se passer du reste de l'univers. Une affreuse anarchie allait anéantir le Brésil, lorsque la politique injuste et absurde des cortès de Lisbonne vint prolonger son existence.

Le peuple du Portugal n'avait pu voir sans douleur

s'opérer l'émancipation de sa colonie. Cette émancipation le rejetait au second rang, et tarissait une des sources principales de ses richesses ; elle le blessait tout à la fois dans son orgueil et dans ses intérêts. L'assemblée des cortès crut donc que, pour se rendre populaire, il fallait qu'elle fît rentrer le Brésil sous le joug de la métropole. Aveuglé par la vanité nationale, les législateurs portugais n'avaient pas même daigné sans doute jeter les yeux sur la carte du Brésil. Un décret maladroitement hypocrite rétablit l'ancien système colonial ; et, comprenant dans un seul anathème le royaume du Brésil et le jeune prince auquel Jean VI en avait confié la régence, les cortès ordonnèrent que don Pedro, déja marié et père de famille, reviendrait en Europe, pour voyager sous l'aile d'un gouverneur, et lire avec lui les *Offices de Cicéron* et les *Aventures de Télémaque*.

L'insulte qu'avaient reçue en commun les Brésiliens et le prince régent, les rapprochèrent. Don Pedro désobéit aux législateurs de Lisbonne, les Brésiliens le mirent à leur tête, chassèrent les soldats portugais, et proclamèrent leur indépendance.

Le nouveau souverain de l'immense empire du Brésil avait vingt-deux ans. Son enfance avait été confiée à un homme de mérite, le Portugais Rodemacher ; mais la cour corrompue de Jean VI voyait avec une égale appréhension le savoir et les vertus. Une intrigue fit expulser le sage instituteur, et le prince n'eut plus d'autre maître que le Franciscain Antonio d'Arrabida, aujourd'hui évêque *in partibus*. Ce moine passait dans son ordre pour un homme instruit ; mais les connaissances du plus instruit des Franciscains étaient encore bien faibles, et le père Antonio d'Arrabida ne voulut pas même communiquer à son élève celles qu'il possédait. Don Pedro était né avec des qualités heureuses, de l'esprit, de la mémoire, et une ame élevée. Si l'éducation avait développé ces germes précieux, si elle eût réprimé les défauts auxquels le jeune infant était enclin, si l'exemple du vice n'eût frappé ses premiers regards, si, par de graves études, on eût fixé son imagination mobile, et, disons-le, si, porté au timon des affaires, il eût été secondé avec plus de talent et plus de zèle, il aurait pu fonder sur des bases solides un empire libre et florissant.

Don Pedro entrant à peine dans la vie, étranger aux affaires, sans connaissance des hommes et des choses, sans aucune instruction, sans un ami sincère et éclairé, se trouva à la tête d'un empire qui ne le cède en étendue qu'à la Russie, à la Chine et aux États britanniques ; d'un empire qui n'était point encore constitué, que l'on connaissait mal, et dont la population hétérogène présente, suivant les provinces, des différences plus sensibles qu'il n'en existe entre la France et l'Angleterre, l'Allemagne et l'Italie. Ce prince avait pour lui les avantages de la jeunesse, une grande force physique, de la droiture, de nobles sentimens, le désir sincère de faire le bien. C'était beaucoup, sans doute ; mais, dans les circonstances épineuses où il se trouvait, ce n'était point assez. Il fallait s'occuper de donner au Brésil une forme de gouvernement nouvelle ; cette tâche aurait embarrassé un homme plus consommé dans les affaires que ne l'était le fils du roi Jean VI.

Après avoir porté les titres de *prince régent* et de *défenseur du Brésil*, don Pedro fut proclamé *empereur constitutionnel*. Alors il n'y avait point encore de constitution; mais les députés des diverses provinces, réunis à Rio de Janeiro, travaillèrent à ce grand œuvre. Cependant une assez forte tendance au républicanisme ne tarda pas à se manifester parmi les représentans ; don Pedro conçut des craintes pour son autorité, et tout à coup il renvoya l'assemblée constituante, en exilant quelques membres remarquables par leurs talens et par leur éloquence [1]. Ce coup d'état était audacieux, et, par l'étourdissement qu'il occasiona, il accrut un moment le pouvoir de l'empereur. Mais, pour mettre à profit les résultats d'un tel acte de vigueur, il fallait une constance et une habileté qui ne pouvaient être le partage d'un souverain si jeune encore, si mobile et si inexpérimenté; la dissolution de l'assemblée constituante ne servit peut-être, en dernière analyse, qu'à rendre l'empereur un peu moins populaire. Don Pedro avait annoncé qu'il soumettrait à une assemblée nouvelle un projet de constitution remarquable par son libéralisme, et ce projet fut effectivement offert à la nation le 11 décembre 1823.

---

[1] M. José Bonifacio de Andrade, tuteur du jeune Pedro II, M. da Rocha, aujourd'hui ministre du Brésil à Paris, M. Montezuma, etc.

Mais on avait appris à se défier de don Pedro ; on craignit que s'il réunissait une seconde assemblée constituante, il ne la chassât encore avant qu'elle eût terminé toutes ses discussions, et, par l'organe des municipalités, le peuple demanda que le projet offert devînt sur-le-champ le pacte fondamental. Le 25 de mars 1824, on prêta serment à la constitution nouvelle ; quelque temps après, deux chambres convoquées commencèrent leurs travaux.

Il n'y a point, sans doute, d'homogénéité parmi les habitans du Brésil. Cependant on peut dire, en général, qu'ils ont des mœurs douces, qu'ils sont bons, généreux, hospitaliers, magnifiques même, et qu'en particulier ceux de plusieurs provinces se font remarquer par leur intelligence et la vivacité de leur esprit. Mais le système colonial avait maintenu les Brésiliens dans la plus profonde ignorance ; l'admission de l'esclavage les avait familiarisés avec l'exemple des vices les plus abjects ; et, depuis l'arrivée de la cour de Portugal à Rio de Janeiro, l'habitude de la vénalité s'était introduite dans toutes les classes. Une foule de patriarchies aristocratiques, divisées entre elles par des intrigues, de puériles vanités, des intérêts mesquins, étaient disséminées sur la surface du Brésil ; mais dans ce pays, la société n'existait point, et à peine y pouvait-on découvrir quelques élémens de sociabilité.

Il est bien clair que la nouvelle forme de gouvernement aurait dû être adaptée à ce triste état de choses, qu'elle devait tendre à unir les Brésiliens, et à faire en quelque sorte leur éducation morale et politique. Mais, pour pouvoir donner aux habitans du Brésil une charte conçue dans cet esprit, il aurait fallu les connaître profondément, et don Pedro, que son père avait toujours tenu éloigné des affaires, pouvait à peine connaître Rio de Janeiro, ville dont la population, difficile à étudier, présente un amalgame bizarre d'Américains et de Portugais, de blancs et de gens de couleur, d'hommes libres, d'affranchis et d'esclaves; ville qui, tout à la fois colonie, port de mer, capitale, résidence d'une cour corrompue, s'est toujours trouvée sous les plus fâcheuses influences.

Don Pedro, animé par des sentimens généreux, voulait sincèrement que son peuple fût libre; ce fut la noble idée qui présida à la rédaction de sa charte constitutionnelle. Cette charte consacrait des principes justes, et quelques-uns de ses articles méritent de grands éloges; d'ailleurs, elle ne différait point essentiellement de tant d'autres combinaisons du même genre: elle n'avait rien de brésilien, et elle aurait peut-être convenu tout aussi bien au Mexique qu'au Brésil, à la France qu'à l'Allemagne.

Dès les premiers momens de la révolution, une foule d'hommes ignorans, nourris dans toutes les habitudes de la servilité, se trouvèrent appelés brusquement à la participation des affaires. Les passions nées tout à la fois du système colonial et du despotisme énervé de Jean VI, se déchaînèrent sur le Brésil, et semblèrent vouloir s'en arracher les lambeaux.

La presse, cette garantie des libertés publiques, ne

fut guère que l'organe de la haine et de l'envie. Les pamphlets qui s'imprimaient à Rio de Janeiro, dégoûtans de platitude et de personnalités, révolteraient les Européens qui, dans ce genre, ont poussé le plus loin la licence. A peine, depuis 1821, a-t-il paru au Brésil deux ou trois ouvrages véritablement utiles; et si aujourd'hui cette contrée commence enfin à être mieux connue, c'est à des étrangers qu'on en est redevable [1].

Parmi ceux qui l'entouraient, don Pedro cherchait vainement des ministres qui fissent prospérer l'empire brésilien. Il passait d'un homme faible à un homme corrompu, et ne rencontrait partout que les nullités les plus désespérantes. Quelques personnes ont pu voir à Paris un ministre de la guerre exilé par le gouvernement brésilien : la dernière de nos légions en eût à peine voulu pour l'un de ses caporaux. Tant de gens incapables arrivèrent successivement au pouvoir, qu'il ne faut pas s'étonner si la plupart des Brésiliens prétendent aujourd'hui être ministres à leur tour; et, d'un autre côté, don Pedro a rencontré, pendant le cours de son règne, un si grand nombre d'hommes vicieux, qu'il est excusable peut-être de ne plus croire à l'honneur et à l'intégrité.

Au milieu des changemens continuels qui s'opéraient dans le ministère, il était impossible que le gouvernement suivît un système uniforme; à un acte de vi-

---

[1] Il existe cependant un livre moderne fort remarquable sur la géographie du Brésil, les *Memorias historicas* de l'abbé Pizarro.

gueur, il faisait succéder un acte de faiblesse ; il semblait marcher par soubresaut, et perdait à chaque pas quelque chose de sa considération primitive. Tant d'oscillations faisaient accuser l'empereur de perfidie et de mauvaise foi ; il n'était que mobile, et on le sera toujours, lorsque, dans des circonstances très difficiles, on arrivera au timon des affaires sans instruction et sans nulle expérience.

Le Brésil cependant faisait quelques progrès ; mais il en était redevable bien moins peut-être à son gouvernement qu'à la liberté de ses relations commerciales ; il en était redevable surtout à la facilité avec laquelle se développent, sur son immense surface, les germes de prospérité que la nature bienfaisante y a répandus d'une main si prodigue.

Louis XIV et le czar Pierre avaient fait venir de l'étranger des savans capables d'éclairer leurs peuples, et l'on sait combien furent heureux les résultats qu'ils obtinrent. Le gouvernement brésilien eut aussi un instant l'idée de mettre à profit les lumières des nations les plus civilisées ; mais, au lieu d'appeler à Rio de Janeiro des professeurs instruits, qui, donnant leurs leçons à de nombreux auditeurs, eussent rendu vulgaires des connaissances utiles, on envoya en France de jeunes Brésiliens ; on fit pour eux des dépenses énormes, et on leur donna l'ordre d'étudier et de devenir savans. Peut-être le but qu'on se proposait n'eût-il pas été tout-à-fait manqué, si, mettant au concours les places de pensionnaires, on eût fait partir pour la France les sujets les plus instruits et les plus laborieux; mais ce furent le népotisme et l'intrigue qui présidèrent au choix. Les puissans du jour envoyèrent en Europe leurs parens et leurs créatures, et, dans le nombre, il se trouva des hommes qui auraient eu besoin de prendre des leçons de grammaire et de calcul. Les pensionnaires goûtèrent les plaisirs de Paris aux frais de leurs compatriotes : on finit par se lasser de tant de dépenses, et l'on mit à faire revenir cette jeunesse peu studieuse autant de brutalité qu'on avait mis peu de discernement en la faisant partir.

La circonstance que nous venons de citer ne fut pas la seule où le gouvernement brésilien prétendit prouver qu'il n'était point indifférent aux nobles travaux de l'intelligence. Il voulut un jour récompenser quelques étrangers célèbres, et son choix tomba sur des hommes dont personne ne saurait contester le talent supérieur. Comme il lui était impossible d'accorder des faveurs à tous les genres de mérite, on croira peut-être qu'il donna la préférence à M. de Humboldt, par exemple, qui a rendu tant de services au continent américain ; à des savans qui, comme MM. Spix, Pohl et Martius, se sont attachés en particulier à faire connaître le Brésil, ses productions et ses richesses ; ou bien encore à des hommes dont les importantes recherches ont eu une grande influence sur les progrès des sciences les plus utiles, et contribué à la prospérité de tous les peuples, à des hommes tels que les Cuvier, les Gay-Lussac, les Poisson, les Davy, les Ampère, les Arago, les Berzelius. Ce ne furent point là ceux que le gouvernement brésilien songea à récompenser; il fit tomber son choix sur Scribe et Rossini[1].

Si nous avions pour but de rapporter tous les faits qui, depuis douze ans, se sont succédés dans l'empire du Brésil, nous aurions le plaisir de citer plusieurs noms justement honorés; la guerre aussi impolitique que malheureuse du Rio de la Plata, les pirateries de Cochrane, la révolte successive de diverses provinces, nous fourniraient des détails de mœurs d'un très grand intérêt; mais, en traçant l'histoire du gouvernement de Rio de Janeiro, de la cour et de ses intrigues, nous croirions plus d'une fois transcrire quelques pages des annales du Bas-Empire.

Fatigué du gouvernement dont il était le chef, tourmenté par des tracasseries toujours renaissantes, n'osant accorder à ses ministres une entière confiance, don Pedro chercha des consolations dans les confidences et le commérage de quelques serviteurs, hommes obscurs et sans éducation. L'isolement dans lequel il se trouvait peut sans doute faire excuser cette faute; mais elle parut d'autant plus grave aux yeux des Brésiliens, que les favoris étaient des Portugais. Infatués de la supériorité de leur pays, ces hommes peignaient à l'imagination du jeune monarque les délices de l'Europe sous les couleurs les plus brillantes,

---

[1] L'abbé Manoel Ayres de Cazal, le *père de la géographie brésilienne*, languit à Lisbonne dans l'indigence, sans pouvoir publier la seconde édition de son excellent ouvrage sur le Brésil.

et le dégoutèrent du Brésil qui peu à peu se dégoûtait de lui.

Une catastrophe se préparait. Elle fut accélérée par un personnage fameux depuis long-temps parmi les Brésiliens, Filisberto Caldeira Brant, que l'empereur avait nommé marquis de Barbacena. La peinture exacte du caractère de Filisberto aurait quelque chose de très piquant pour les Européens, et offrirait peut-être un type particulier dans un roman de mœurs. Mais, si l'histoire contemporaine peut se permettre des considérations générales, elle doit d'ailleurs se renfermer dans le récit des faits. Filisberto avait mené une vie fort aventureuse, et deja, sous l'ancien gouvernement, il était parvenu à une très grande fortune. L'empereur accumula sur lui les titres et les honneurs. Il fut général en chef de l'armée du Sud, se mit à la tête de toutes les transactions importantes que le Brésil passa avec les étrangers, se chargea de tous les emprunts, et enfin ce fut à lui que l'empereur confia les négociations relatives à son mariage avec la jeune princesse, fille d'Eugène Beauharnais.

De retour au Brésil, Filisberto Caldeira Brant profita de l'enivrement que causait au monarque l'alliance la plus heureuse. Au milieu des fêtes brillantes qui se succédèrent, l'adroit courtisan eut l'habileté de s'insinuer de plus en plus dans l'esprit de son maître; il fit valoir ses importans services, et finit par s'imposer lui-même comme un homme dont on ne pouvait se passer. On lui offrit le ministère des finances et la présidence du conseil, mais il refusa d'accepter ces faveurs, à moins qu'on ne lui donnât une haute marque de la satisfaction impériale, en légalisant, sans aucun examen, les comptes qu'il présentait.

Parvenu au timon des affaires, Filisberto sentit qu'il ne s'emparerait pas entièrement de l'esprit du monarque, s'il ne réussissait à éloigner quelques favoris influens, et surtout Francisco Gomes, secrétaire intime du cabinet de l'empereur, et da Rocha Pinto, sous-intendant des propriétés impériales. Il leur suscita des querelles, et l'empereur se vit obligé d'envoyer en Europe les deux confidens qu'il chérissait. Arrivé à Londres, Gomes n'y perdit point de temps; il réunit le plus de documens qu'il lui fut possible pour tâcher de prouver que Filisberto n'avait pas toujours été un agent sans reproche, et il envoya ces documens à l'empereur lui-même. L'affection que celui-ci portait à son ministre se changea tout à coup en indignation; il l'accabla des plus violens reproches, et il le destitua.

Tandis que Gomes tramait la perte de Filisberto, ce dernier ne s'était point endormi; il avait profité du pouvoir qu'il possédait encore, et, accoutumé à manier les hommes, il avait su se ménager un parti. Déchu, il ne se laissa point abattre; mais assuré des appuis qu'il s'était ménagés dans les chambres, il publia un pamphlet où, écartant avec adresse la véritable question, lui-même se fit accusateur. Par la publicité que lui donna Filisberto, cette dispute devint une affaire nationale. Le ministre disgracié se mit à la tête des mécontens; il créa des journaux qui favorisèrent sa haine et ses desseins; il les répandit avec profusion, et excita de tout son pouvoir cet esprit révolutionnaire qui bientôt amena l'abdication de l'empereur.

On tendit à cette époque un piège bien dangereux à l'inexpérience du peuple brésilien. On lui peignit sous les plus séduisantes couleurs la prospérité toujours croissante de l'Amérique du nord, et des idées de fédéralisme se répandirent dans toutes les provinces du Brésil. Mais l'union américaine a été formée par des sectaires vertueux, pleins de constance et d'énergie, qui, préparés à la liberté par les leçons même et par les exemples de leurs ancêtres européens, étaient capables de la concevoir et dignes d'en jouir. Il s'en faut bien malheureusement que le peule brésilien soit formé des mêmes élémens et qu'il se trouve dans les mêmes circonstances. Des esclaves appartenant à une race inférieure composent les deux tiers de ce peuple, et il gémissait, il n'y a guère plus de dix ans, sous un régime despotique, dont le résultat était non-seulement de l'appauvrir, mais encore de le démoraliser. Les Brésiliens ont noblement secoué le joug du système colonial; mais, sans y songer peut-être, ils sont toujours, il faut le dire, sous sa triste influence, comme l'esclave qui a brisé ses chaînes en laisse voir les traces bien long-temps encore sur ses membres meurtris. L'union américaine, et surtout l'esprit qui anime les Américains, tendent à rendre chaque jour plus compacte la société qu'a formée ce peuple, ou du moins celle qui se forme dans chaque province. Les Brésiliens, au contraire, ne sauraient établir chez eux le système fédéral, sans commencer par rompre les faibles liens qui les unissent encore. Impatiens de toute supériorité, plusieurs des chefs hautains de ces patriarchies aristocratiques dont le Brésil est couvert, appellent sans doute le fédéralisme de tous leurs vœux ; mais que les Brésiliens se tiennent en garde contre une déception qui les conduirait à l'anarchie et aux vexations d'une foule de petits tyrans mille fois plus insupportables que ne l'est un seul despote.

Au milieu de l'agitation que produisaient dans les esprits les idées de fédéralisme et les systèmes démagogiques, don Pedro, tout fatigué qu'il était de sa couronne, voulut tenter un dernier effort pour se ménager un appui au sein même de son empire.

Des diverses provinces du Brésil, celle de Minas Geraes est bien certainement la plus civilisée, et peut-être la plus riche. C'est celle dont les habitans diffèrent le moins entre eux, et montrent le plus de nationalité. Les habitans du Brésil rendent avec raison justice à la supériorité de Minas Geraes, et cette partie de l'empire brésilien, bien dirigée, ne saurait manquer d'avoir sur toutes les autres une très grande influence. Don Pedro avait déjà voyagé parmi les Mineiros; il les connaissait; et ce fut parmi eux qu'il eut l'idée de se créer des forces, et de regagner quelque popularité. Ce plan avait été heureusement conçu; il fut mal exécuté.

Malgré les difficultés nombreuses que la saison des pluies oppose aux voyageurs, don Pedro s'avança dans la province des Mines, accompagné de la jeune impératrice, qui avait su se concilier l'amour et les respects du peuple brésilien. Le monarque et son auguste épouse furent accueillis partout avec les transports de la joie la plus vive, et chaque ville, chaque village voulurent à l'envi célébrer leur présence par de brillantes fêtes. Les habitans d'Ouro Preto ou Villa Rica, capitale de la province, se distinguèrent surtout dans cette occasion par leur zèle et leur magnificence. Dans les rues de cette ville, on avait élevé des arcs de triomphe; les maisons étaient ornées de tapis et de fleurs; de nombreux musiciens parcouraient les différens quartiers, et, à chaque balcons, des voix aussi justes qu'agréables chantaient des vers en l'honneur du monarque.

En accueillant l'hommage de tous, don Pedro aurait pu reconquérir son ancienne popularité; mais l'intrigue s'attachait à ses pas, et partout elle lui tendait mille pièges. Il avait fait la faute de s'arrêter, pendant plusieurs jours, dans une de ses propriétés, située à quelques lieues de la capitale de la province. Là, il s'était encore laissé circonvenir par des hommes auxquels il avait toujours accordé trop de confiance, et qui lui avaient aliéné le cœur de ses sujets. Ces hommes s'emparèrent de tous les abords, écartèrent les personnages les plus influens, excitèrent la susceptibilité de leur maître, et firent éloigner le président de la province. Une proclamation que don Pedro répandit bientôt parmi les Mineiros, en faveur du gouvernement constitutionnel, produisit cependant une heureuse impression, et l'on allait offrir de nouvelles fêtes au jeune monarque, lorsque brusquement il se décida à partir. Ce voyage, qui, mieux combiné, aurait pu être utile à ses intérêts, ne servit qu'à leur porter un coup mortel.

En effet, pendant plus de trois mois, l'empereur avait négligé le gouvernement de Rio de Janeiro. Durant cet intervalle, ses ministres n'avaient pas même su organiser une correspondance suivie avec Minas Geraes, et quoique leur maître ne se fût pas avancé à une distance très considérable de la côte, il était, dit-on, resté quelquefois plus de douze jours sans recevoir de dépêches.

Une marche rapide ramena don Pedro aux portes de la capitale, quand on le croyait encore à huit journées de distance. Lors de son entrée dans la ville, on fit éclater quelque enthousiasme ; mais ces démonstrations n'avaient rien de naturel : les seuls qui y prirent part furent les serviteurs du monarque lui-même, des courtisans, et des Portugais depuis long-temps en guerre plus ou moins ouverte avec les Brésiliens. Blessés par les témoignages d'une joie à laquelle ils étaient entièrement étrangers, ceux-ci brisèrent les vitres des maisons que l'on avait illuminées ; des rixes s'engagèrent, et plusieurs personnes furent blessées, ou même perdirent la vie.

Don Pedro crut pouvoir rétablir le calme en caressant le parti républicain, et il choisit un ministère parmi les représentans qui s'étaient attachés à ce parti avec le plus d'ardeur. Cette combinaison réussit mal :

le désordre ne fit qu'augmenter, et, au bout de dix jours, l'empereur nomma d'autres ministres.

Malheureusement ceux-ci étaient impopulaires. Bientôt les mulâtres devinrent menaçans; des bandes d'hommes armés parcoururent les rues de Rio de Janeiro; quelques personnes furent assassinées, et la dernière catastrophe fut encore accélérée, dit-on, par une intrigue dont les bornes étroites de ce précis historique ne nous permettent pas de chercher à dévoiler la trame. Les Portugais et les Brésiliens sont des peuples spirituels, mais peu instruits et inoccupés; par l'intrigue, ils exercent leur esprit, et font prendre le change à leur oisiveté.

En formant un nouveau ministère, l'empereur avait cependant conservé le commandement des troupes de la capitale au nommé Francisco de Lima, qui s'était attaché à la cause populaire. Lima favorisa l'insurrection de tout son pouvoir, et encouragea les soldats à abandonner leur maître. Ce fut cet homme (nous laissons à l'histoire le soin de le juger), ce fut cet homme, disons-nous, qui vint, au nom du peuple, exiger de l'empereur le renvoi de ses ministres actuels et le rétablissement du dernier ministère. Don Pedro mit de la dignité dans sa réponse; mais Lima ne fut point destitué.

Des troupes assez nombreuses avaient été préposées à la garde du palais de Saint-Christophe; elles ne tardèrent pas à se réunir aux insurgés [1], et à

---

[1] Le Brésilien Bastos, officier de l'artillerie à cheval, dit

chaque instant la position de l'empereur devint plus inquiétante. Alors il prit la résolution de renoncer à la couronne, résolution à laquelle toutes ses pensées l'avaient déja sans doute conduit depuis long-temps. Lui-même rédigea un acte d'abdication en faveur de son fils; il fit venir les chargés d'affaires d'Angleterre et de France, afin de leur communiquer cet acte, et il réclama leurs secours pour se rendre en Europe. L'abdication fut bientôt acceptée par les chefs de la révolution, et don Pedro s'embarqua, ainsi que l'impératrice, la jeune reine de Portugal, et un petit nombre de serviteurs.

Aussitôt après que l'empereur eut renoncé à la couronne, on procéda à la nomination d'une régence : elle fut composée d'hommes peu capables, mais assez modérés. Peut-être en est-il un que le sentiment des convenances aurait dû écarter : c'était Francisco de Lima.

Pendant que l'on faisait des préparatifs sur les navires destinés à porter en Europe don Pedro et les siens, le jeune prince fut proclamé empereur, sous le nom de Pedro II. Quelques désordres, inséparables des révolutions, eurent encore lieu, mais tout parut bientôt vouloir reprendre son cours ordinaire.

L'ex-empereur écrivit à José Bonifacio de Andrada, pour le charger de l'éducation de son fils. Ce vieillard,

qu'il avait prêté serment de fidélité à l'empereur, et qu'il ne lui paraissait pas que, de son côté, l'empereur eut violé ses sermens. Il jeta son épée, et il est du très petit nombre de ceux qui ont suivi don Pedro en Europe.

qui avait commencé la révolution du Brésil, et dont la haute capacité est incontestable, accepta les fonctions qui lui étaient offertes, et jura d'en remplir religieusement les devoirs. On ne pouvait faire un choix plus honorable.

Don Pedro quitta le Brésil le 13 avril 1831; il y a fait des ingrats, et peut-être y sera-t-il regretté. Son plus grand tort fut d'être né en Europe, et de conserver pour ses compatriotes un penchant bien naturel, sans doute, mais qu'il devait sacrifier à ses sujets américains. Il fut mal entouré : l'expérience et l'instruction lui manquèrent toujours, quelquefois même l'énergie; mais la bonne volonté ne lui manqua jamais. S'il eût voulu défendre son autorité les armes à la main, il eût trouvé des hommes qui n'eussent pas mieux demandé que de le soutenir; mais le sang eût coulé, et don Pedro n'était point un tyran. L'histoire donnera des éloges à la modération dont il fit preuve dans cette circonstance; elle en donnera aux sentimens généreux qu'il déploya la nuit du 7 où il renonça à la couronne; mais elle redira qu'en faisant quelques concessions, il pouvait encore conserver le pouvoir, et le blâmera d'avoir, par une abdication qu'on n'exigeait point de lui, livré à toutes les chances des révolutions l'empire dont il avait été le glorieux fondateur.

Don Pedro a traversé les mers. Empereur, il y a deux jours, maintenant simple particulier, nous l'avons vu à côté d'un monarque qui, il y a deux jours, n'était aussi qu'un père de famille et un citoyen riche.

On s'est accoutumé au bruit des trônes qui s'écroulent, et à peine si l'on détourne la tête pour considérer leurs débris.

Quant au Brésil, ses destinées reposent aujourd'hui sur la tête d'un enfant. C'est un enfant qui unit encore les provinces de ce vaste empire; et son existence seule oppose une barrière aux ambitieux qui surgissent de toutes parts avec une égale médiocrité et des prétentions également gigantesques[1]. Un Européen ne peut régner sur l'Amérique; mais celui-là est Brésilien : le brillant azur du ciel des tropiques a frappé ses premiers regards; c'est sous l'ombre des bois vierges qu'ont été guidés ses premiers pas; il n'aura à regretter ni les palais de Lisbonne, ni les fruits savoureux du Douro. Né en Amérique, il ne partagera aucun des préjugés des Européens contre sa belle patrie, il aura tous ceux des Brésiliens contre l'Europe : telle est la loi commune. En même temps, au nom du jeune Pedro, se rattachent les plus beaux souvenirs. Dans ses veines coule le sang de ces rois dont la gloire aventureuse a eu plus d'influence sur les destins du monde que celle des plus illustres souverains de l'Angleterre et de la France, de ces rois sous les auspices desquels furent découvertes la route de l'Inde et la terre du Brésil. Seul parmi les Brésiliens, cet enfant rattache le présent au passé; et, tout entier à sa patrie, il pourra cependant former un heureux lien

[1] Cet aveu est fait par les Brésiliens eux-mêmes. *V. Aur. flum.* n° 482.

entre elle et le Nouveau-Monde. Qu'autour du jeune Pedro se groupent donc les Brésiliens qui attachent quelque honneur au nom de leur patrie, ceux qui aiment sincèrement la liberté, et ne veulent point se la voir ravir par une foule de tyrans cupides et abjects.

Mais, demandera-t-on peut-être, si les habitans du Brésil se laissaient séduire par les déclamations d'ambitieux hypocrites, s'ils éloignaient le jeune prince né au milieu d'eux, qu'arriverait-il alors? J'ai vécu parmi les Brésiliens; les liens de la sympathie et ceux de la reconnaissance m'attachent à eux; j'aime le Brésil presque à l'égal de mon pays : qu'on n'exige pas de moi que je cherche à pénétrer un avenir qui se présenterait sous les plus sombres couleurs..... Ce n'est pas seulement le Brésil que j'ai habité; j'ai aussi vu les bords de la Plata et ceux de l'Uruguay. C'était naguère une des plus belles contrées de l'Amérique méridionale. Ses habitans voulurent se fédérer, et commencèrent par se désunir; chaque village, chaque hameau, prétendit *faire sa patrie à part* [1]; d'ignobles chefs s'armèrent de tous côtés; la population fut dispersée ou anéantie; les *estancias* [2] furent détruites; des étendues de terrain, qui formeraient presque des provinces, n'offrent aujourd'hui que des chardons [3],

---

[1] Expression consacrée dans le pays même.

[2] Propriétés rurales, accompagnées de bâtimens d'exploitation.

[3] Le cardon de nos potagers, sans doute, apporté originairement d'Europe comme légume.

et où paissaient d'innombrables bestiaux, l'on ne voit plus que des bandes de chiens marrons, des cerfs, des autruches et de féroces jaguars.

NOTES

SUR LES PLANTES CARACTÉRISTIQUES

INDIQUÉES

DANS CE VOLUME.

U.

La Salicorne commune dans les marais salés de S. Christophe près Rio de Janeiro, au Cabo Frio et ailleurs, a les plus grands rapports avec plusieurs des espèces ou variétés déjà indiquées dans les livres. Je m'abstiendrai de chercher à la faire connaître avec détail pour ne pas courir la chance d'introduire dans la science un double emploi, ou de confondre des plantes réellement distinctes. Le genre *Salicornia* est aujourd'hui tellement confus, que tout travail isolé relatif à quelques-unes de ses espèces, doit, ce me semble, être suspendu jusqu'à ce qu'un monographe habile ait jeté un peu de lumière sur l'ensemble du groupe.

A mon arrivée à Rio de Janeiro, je remis des échantillons de la Salicorne de S. Christophe à M. S. Lambert, ancien élève de l'École polytechnique, et il en fit une analyse chimique dont on trouvera les résultats dans les *Mémoires du Muséum d'histoire naturelle*, vol. III, p. 221.

V.

Gaylussacia pseudo-vaccinium. V. α. Cham. Schlecten. *Linnæa* I, 530. — Andromeda Neuw. *Reis. Bras.* I, 84. — Andromeda coccinea Schrad. *Goett. Anz.* 1821, II, 709. —.Vaccinium Brasiliense Spreng. *Syst.* II, p. 212.

La description de cette espèce, publiée par MM. Chamisso et Schlechtendal, est excellente. Si j'y ajoute quelques traits, c'est que j'ai pu analyser sur les lieux mêmes les différentes parties de la fleur et du fruit.

Suffrutex 1-2 1/2-pedalis. Radix horisontalis, fibrillas tenues ferrugineas agens. Caulis glaber, ramosus. Fol. circiter 9-15 l. linga, 6-8 lata, elliptico-lanceolata, mucronata, basi sæpiùs obtusa, apice inconspicuè serrata serraturis per validam lentem callosis, venosa, interdùm basi subciliata : petioli vix 1 l. longi, interdùm subciliati. Racemi axillares aut terminales, simplices, rarissimè ramosi, erectiusculi, secundi, bracteati, laxiusculi aut densi, 8-15-flori ; bracteæ 3 ; una caulina subfoliacea, circiter 4 l. longa, oblonga, acuminata, apice subserrata, ciliolata ; duæ è basi pedicelli enatæ, filiformes ; pedicelli circiter 3-5 l. longi, glabriusculi. Calyx circiter 1 l. longus, campanulatus, 5-dentatus, ruber ; dentibus subrotundis, acuminatis, interdùm pilosiusculis. Cor. inter calycem et nectarium inserta, circiter 5 l. longa, ovato-oblonga, subangusta, 5-gona, 5-dentata dentibus subreflexis, glabra, pulcherrimè rubra. Stam. 10, ibidem inserta, inclusa : filamenta brevia, complanata, arcuata, apice villosa : antheræ 2-fidæ, rufæ, longissimis tubulis acuminatæ, poro obliquo apice apertæ. Nect. epigynum, orbiculare, depressum. Stylus corollam subæquans, glaberrimus, ruber. Stig. subcapitatum, sub 5-gonum. Ov. 5-loc. ; locul. 1-spermis. Drupa globosa, nigra, levis, nitida, valdè succulenta, ob pyrenas per siccationem 10-costata, 10-pyrena. Pyrenæ distinctæ, ovato-ellipticæ, compressæ, monosp. Sem. suspensa, pyrenæ conformia. INT. membranaceum, rufescens. UMB. in margine seminis, paulò infra ejusdem apicem situs. PERIP. carnosum. EMB. axilis. — Lecta in littore Brasiliensi ab urbe *Caravellas* in prov. *Porto Seguro* usque in insulâ S. Catharinæ. — OBS. L'identité des lieux où M. le prince de Neuwied a trouvé sa plante et où j'ai recueilli mes échantillons, ce qu'il dit de cette même plante, et ce qu'a ajouté M. Schrader, ne me permettent guère d'avoir des doutes sur l'exactitude des synonymes que je cite.

X.

ANDROMEDA REVOLUTA. Spreng. *Syst. Veg.* II. 291. — Andromeda Max. Neuw. *Reis.* I, 84.

CAULIS frutescens, circiter 4-7-pedalis, à basi ramosus: rami glabrati: ramuli angulosi, pubescentes. FOL. numerosissima, valdè approximata, pollicaria, valdè coriacea, elliptica seu interdùm ovato-elliptica, utrinquè obtusa, mucronata, integerrima, suprà plùs minùs convexa et medio canaliculata, margine valdè revoluta, subavenia, glabra seu nervo medio basi puberula, nitida: petioli circiter 2 l. longi, puberuli. RACEMI 1-2 poll. longi, rarò erectiusculi aut patuli, sæpiùs penduli, 8-15-flori, vix pedunculati, bracteati: axis filiformis, angulosa, pubescens: pedicelli pubescentes: bracteæ breves dentiformes pubescentes ad basin pedicellorum et insuper in axi pedicellisque sparsæ. CALYX brevis, profondè 5-fidus, pubescens, patulus; divisuris rotundo-ovatis, acuminatis. COR. hypogyna, circiter 3 l. longa, ovato-oblonga, basi compressa, 5-dentata, glabra, albido-virescens; dentibus patulis. STAM. 10, hyp.: fil. complanata, apice recurva, pubescentia: antheræ bicornes, fulvæ. STYLUS corollâ sublongior, glaber. STIGMA continuum, glabrum. OVARIUM breve, hemisphæricum, 5-gonum, pubescens, 5-loc., polysp. OVULA numerosa, placentis axilibus ovoïdeis crassis affixa. CAPS. crassitudine circiter ribium nigrarum, globosa, 5-gona, vix rugosa, glabra, loculicidò-5-valvis : columella dehiscentiâ libera et placentis onusta. Semina linearia, angusta, compressa, subcurvata, rufa.

V. β. *emarginata;* foliis sublongioribus, basi subcordatis, apice emarginatis, in incisurâ mucronatis, magis coriaceis, magis revolutis; calyce rubro; corollâ ovato-conicâ; stylo rubro, basi subpubescente; ovario depresso, subhemisphærico, sub 5-gono. — Obs. sur les lieux mêmes j'avais pris cette plante pour une espèce distincte; mais un examen très-attentif me la fait aujourd'hui considérer définitivement comme une variété. Si je ne me trompe, la plante dont M. Schrader serait tenté de faire une espèce sous le nom d'*ambigua* (*Goet. Anz.* 1721, II, 710), diffère encore moins du type que la variété *emarginata.*

Y.

Cuphea flava Spreng. *Nov. prov.* 14.—*Id. Syst.*, *II*, 456. — D C. *Prod.*, *III*, 88.

La plante que M. Sprengel a désignée sous le nom de *Cuphea flava* avait été recueillie au Brésil par M. Sellow. Les conversations de l'infortuné botaniste prussien ainsi que les phrases des *Novi proventus*, du *Systema* et du *Prodromus*, ne me permettent pas de douter de l'identité de cette même plante avec le *Cuphea* à fleurs jaunes que j'ai recueilli au Cap Frio, et que je cite dans ma *Relation.* Cependant, comme l'espèce qui nous occupe est, ainsi que l'observe M. de Candole, encore mal connue, je crois devoir en donner une description un peu détaillée.

Radix lignosa, fibrosa. Caulis suffruticosus, brevis, ramosus, infernè denudatus et glaber : rami pauci, patuli, infernè denudati, apice lineatìm puberuli; pilorum minimorum lineis cum foliis alternantibus. Folia conferta, cruciatìm opposita, circiter 2-5 l. longa, subsessilia, ovato-lanceolata, acuta, basi obtusissimâ subcordata, margine subcallosa subaspera et per validam lentem serrulata, remotissimè rigidèque ciliata, ceterùm glabra, subavenia. FLORES infra ramulorum apicem subracemosi, pauci, extra axillares, pedunculati, horizontales : pedunculi solitarii, 1-flori, circiter 2 l. longi, compressiusculi, hinc puberuli. CALYX tubulosus, ad basin gibbosus, apice subampliatus, 6-dentatus dentibus inæqualibus brevibus latiusculis, 12-striatus, glaber aut pilis quibusdam rigidis conspersus. PETALA glabra, flava. STAM. 12, valdè inæqualia; filamentis plerisque plus minùs barbatis. PISTILLUM glabrum. PERICARPIUM tenue SEMINA pauca [1].

Z.

ALTERNANTHERA PRÆLONGA N.

A. caule prælongo, prostrato, glabro, supernè pilosius-

[1] Etant au Brésil, j'ai retrouvé dans le genre *Cuphea* les deux singuliers filets que j'avais signalés dans mon *Premier Mémoire sur les plantes auxquelles on attribue un placenta central libre*. Je citerai à cette occasion une note extraite d'un travail encore inédit. — Dans son *Mémoire*, certainement très beau *sur l'embryon*, M. Brongniart fils dit (p. 59) que *je regarde comme des faisceaux vasculaires les parties par lesquelles se fait la transmission du fluide fécondant*. Il est très vrai que l'autorité imposante du physiologiste célèbre qui venait de me précéder, lorsque j'écrivis sur le placenta central, m'inspirait des doutes sur mes propres observations; cependant, quand on lira entièrement mon travail, on y trouvera qu'à propos des filets du *Cuphea* qui établissent une communication entre le style et le placenta central, je m'exprime comme il suit: « Si donc quelques petits vaisseaux d'une ténuité extrême ne m'ont point échappé, il est clair que l'*aura seminalis* pénètre jusqu'aux ovules par une sorte d'imbibition. Cela pourrait tendre à confirmer l'idée qui se présente naturellement à l'esprit sur la destination du *filet* terminal du placenta globuleux des Primulacées ; cela pourrait faire penser que chez ces plantes l'*aura seminalis* parvient aux ovules par le canal du *filet*; que le faisceau vasculaire du placenta n'est que nourricier quelles que soient d'ailleurs ses communications, et que par conséquent il peut exister des plantes sans conducteurs vasculaires (*Mem. Mus.*, II, p. 380). » Au reste, ce que dit à ce sujet M. Mirbel prouve qu'il reste encore quelques doutes à ce profond observateur (*Rech. ovules*, 29).

culo; foliis distantibus, subovato-lanceolatis, acutis, basi attenuatis, glabris pilosisve, carnosiusculis; capitulis terminalibus, pedunculatis, globosis; calycibus villoso-hirsutis.

Caules herbacei, prostrati, humanam altitudinem assequentes, ramosi, apice dichotomi, glabri, supernè pilosiusculi. Fol. circiter 1-1 1/2 pol. longa, 9-3 l. lata, plùs minùs distantia, subovato-lanceolata, acuta, imâ basi attenuata, integerrima, marginata, carnosiuscula, suprà præcipuè avenia, glabra seu pilosa; suprema minora; juniora villosa : petiolus 1-3 l. longus, canaliculatus, glaber seu villosus. Internodia geniculata, longa seu longissima, et indè foliorum paria distantia. Capitula terminalia, plùs minùs longè pedunculata, globosa; unum in dichotomiâ æquè pedunculatum : pedunculi apice præcipuè villosi. Bracteæ 3 ad basin cujusvis floris, latæ, ovatæ, acutæ, breviter aristatæ, concavæ, villosiusculæ, albæ, calyce 2-3-plò breviores; inferior intermedia superioribus paulò minor : pedicellus inter bracteas et calycem brevissimus, eglandulosus, valdè villosus. Calyx 5-phyllus; foliolis ovato-oblongis, concavis, subcartaceis, 3-nerviis, margine tenuioribus, villoso-hirsutis, albis. Androphorum glabrum, tubulosum, ultra mediam partem in filam. 10 divisum; antheriferis 5 subulatis; sterilibus 5 paulò longioribus, latiusculis, capillaceo-multifidis : anth. longiusculæ, lineares, angustæ, luteæ, 1-loculares. Ovarium subglobosum, glabrum, 1-loc., 1-sp. Ovulum funiculo longo affixum è fundo loculi enato apice curvato. Stylus brevis, glaber. Stigma conicum [1].—Obs. Au-dessous du tube staminal de la plupart des Amaranthacées, on trouve une enveloppe florale composée de cinq pièces, et, au-dessous de celles-ci, trois pièces placées en dehors, dont une intermédiaire est inférieure aux deux autres. Jussieu père, Desfontaines, Brown, de Candolle, Kunth, etc., considèrent l'enveloppe de cinq pièces comme un calice, et les trois pièces extérieures comme

---

[1] Pour le genre auquel je rapporte cette plante, voyez la note NN.

des bractées qu'ils ont, à cause de leur consistance, appelées quelquefois des écailles. M. Martius, au contraire, nomme corolle l'enveloppe de cinq pièces ; et des trois folioles placées en dehors, deux sont pour lui un calice, et la troisième une bractée. En proclamant tout le mérite du travail de M. M., je ne saurais me résoudre à ne pas adopter, sur le point dont il s'agit, l'opinion des savans illustres que j'ai nommés plus haut. Il me semblerait, je dois l'avouer, contraire à toute analogie d'appeler corolle dans l'*Amaranthus* ce que je nomme calice dans le *Chenopodium*, et de dire que celui-ci a un calice sans corolle, et l'*Amaranthus* une corolle sans calice. D'ailleurs il est des plantes pourvues d'un calice et d'une corolle qui ont trois folioles placées absolument comme celles de la plupart des Amaranthacées (Ex. : les *Polygala* à fleurs sessiles) : je suis nécessairement obligé de considérer ces folioles comme étant toutes bractéales ; peut-il m'être permis d'appeler calice dans une plante ce que dans une autre j'aurai appelé bractée ? M. Martius croit que les deux folioles supérieures et bractéales des Amaranthacées sont un calice, parce que, dit-il, elles tombent avec le reste de la fleur, tandis que la bractée inférieure persiste sur la tige. Il faudrait sortir des bornes d'une simple note pour examiner la valeur de cette preuve ; mais, dans tous les cas, je puis dire que j'ai vu les trois bractées persister ensemble dans l'*Alter. prœlonga*, ainsi que dans une espèce de *Trichinium*; et un jeune botaniste fort distingué, M. Decaisne, qui, après avoir étudié ce sujet, s'est rangé, comme moi, à l'opinion des Jussieu père, des Brown, des de Candolle, etc., m'a assuré qu'il avait trouvé la même persistance chez beaucoup d'autres Amaranthacées. Je serais bien tenté de croire, au reste, avec M. Martius, que les bractées supérieures appartiennent à une autre évolution que l'inférieure ; un très-petit pédoncule sans glandes dans le *Brandesia* Mart., glanduleux dans le *Mogiphanes* Mart., sépare le calice des bractées supérieures ; ces dernières seraient les feuilles de ce pédoncule ou rameau extrêmement raccourci et leur persistance ou leur caducité dépendrait peut-être, soit de leur position plus ou moins élevée sur ce même rameau, soit du plus ou moins de briéveté de celui-ci.

AA.

Parmi les plantes remarquables que je recueillis sur les terres du Cap Frio proprement dit, je me contenterai d'indiquer les deux suivantes :

BOCAGEA ALBA ASH. *Fl. Bras. mer.*, I, 42.

Cette espèce et sa congénère, le *B. viridis l. c.*, présentent un très grand intérêt, parce qu'elles dévoilent la symétrie de la famille des Annonées (Dunal, *Considérations sur les organes de la fleur*, 101, 103, 104), et confirment de la manière la plus sensible les rapports de cette famille avec celles des Berbéridées et des Ménispermées.

SCÆVOLA PLUMIERII Wahl *Symb.* II, 36. — Spreng. *Syst.* I, 762. — Nom. apud incolas promontorii dicti *Cabo Frio : Mangue da Praia*.

Les échantillons du *Sc. Plumierii* recueillis aux Antilles ne diffèrent nullement de ceux que j'ai récoltés au Cap Frio; mais, ce qui est assez remarquable, c'est que ce promontoire est la seule partie du littoral brésilien où j'aie trouvé l'espèce dont il s'agit, et elle n'a pas non plus été rapportée par M. Salzmann de la côte de Bahia. — Cette plante est trop bien connue pour que j'en donne ici une description détaillée. Je me contenterai de dire que ses tiges simples ou chargées d'un à deux rameaux, naissent d'une longue souche souterraine qui rampe sous le sable, et que les deux loges de l'ovaire sont chacune entièrement remplies par un ovule ascendant, elliptique, plane sur la face, convexe sur le dos. — Les habitans du Cap Frio donnent au *Sc. Plumierii* le nom de *Mangue da Praia* (mangliers de la grève), et tirent une teinture noire de ses feuilles, en les faisant bouillir avec de la boue.

BB.

Pour rendre moins longue la description des *Villarsia* que j'ai trouvés au Brésil, je réunis sous un même titre les caractères communs à tous. — VILLARSIA (Sp. Bras. et pleræque verisimiliter sp. umbellatæ). CAL. 5-part.; laciniis linearibus. COR. subrotata, 5-fida; divisuris patulis, plùs minùs fimbriatis. STAM. cum div. cal. alternantia: anth. sagittatæ. SQUAMÆ 5 tubo infra st. insertæ, iisdem alternæ. NECT. ex squamul. 5 hypog. tubi sqam. oppositis. ST. ovario continuus, breviusculus, breviter 2-lamellatus; lamellis intùs stigmaticis. Ov. 1-loc., polysp. OVULA placentis 2 oppositis, linearibus, prominentibus affixa. — HERBÆ natantes. CAULES longi. FOL. alterna; petioli breviusculi, basi dilatâ semivaginantes, cauli specie continui. UMBELLÆ terminales, specie laterales : pedunculi simplices, bracteis membranaceis intermixti, maturescente fructu mox demersi.

VILLARSIA MICROPHYLLA N.

V. Caule gracili; foliis parvis, orbiculari-reniformibus, subrepandis; corollæ divisuris luteis.

CAULIS gracilis. FOL. circiter 9-12 l. lata, orbiculari-reniformia, subrepanda, saltem siccatione undulata, subtùs sæpè obscurè violacea : petioli 3-4 l. longi, plùs minùs gracilis. CAL. FOLIOLA obtusiuscula. COR. omninò lutea. SQUAMÆ TUBI suborbiculares, margine fimbriatæ. STYLI lamellæ 3-angulares. CAPS. calyce persistente longitudine subæquales. SEMINA globoso-lenticularia, tuberculata. — In rivulo quodam lecta haud longè ab urbe *Sorocába*, prov. S. Pauli.

VILLARSIA COMMUNIS N.

V. caule gracili; foliis cordatis, obtusissimis, suprà subenerviis; corollæ divisuris albis.

CAULIS gracilis aut subgracilis. FOL. circiter 1-3 p. longa, 9-30 l. lata, cordata, obtusissima, apice interdùm emarginata, superiore paginâ subenervia, margine angusto nigro sæpè cincta, suprà tenuissimè adpressè vel remotè tuberculata, subtùs punctata aut subpunctata, vetula impunctata. UMBELLA multiflora: pedunculi 6-24 l. longi, interdùm ramis radicibusque intermixti. CAL. FOLIOLA acutiuscula seu obtusiuscula. COR. infundibuliformi-rotata; tubo luteo; limbi divisuris linearibus, acutiusculis, eleganter fimbriatis, albis. STAM. exserta; anth. bruneæ seu albæ. SQUAMÆ TUBI laciniatæ. STYLI divisuræ subrhombeæ, marginibus fimbriatæ. Ov. ovatum. CAPS. globosa. — In provinciis *Rio de Janeiro*, S. Pauli et *Rio Grande do Sul*; necnon in India orientali.

VILLARSIA HUMBOLDTIANA HBK. *Nov. Gen.* III, 187! — Menyanthes Indica Aubl. *Guy.* I, 118.

V. caule crasso; foliis crassis, reniformibus, mediocribus, supra subenerviis; corollæ divisuris albis.

CAULIS crassus. Folia circiter 1/2-2 1/2 p. lata, reniformia, vix tertiâ parte divisa, crassa, supra subenervia, subtùs punctulata; lobis interiore latere sæpiùs rectilineis : petiolus folio multoties brevior. UMBELLA 8-16-flora; pedunculi circiter 1-2 pol. longi, nigro-punctati. CAL. FOL. obtusiuscula, levia, nitida, purpurascentia, patentia. COR. campanulato-rotata, usquè ad tertiam partem inferiorem divisa, interiore paginâ fimbriis omninò obtecta; tubo luteo; divisuris linearibus, obtusiusculis, albis. STAM. fil. brevia : anth. magnæ, bruneæ. STYLUS inclusus, nitidus; divisuris triangul., interiore paginâ marginibusque stigmaticis. NECT. SQUAMULÆ laciniatæ. Ov. oblongum, leve, nitidum, bruneum, 1-loc., olygosp. CAPS. obtusissima, indehiscens? SEMINA globuloso-lenticularia, nitida, levia aut margine scabriuscula vel utrâque facie tuberculata. — Valdè affinis præcedenti. — In paludibus propè prædium *Fazenda de Manoel Alves* haud longè ab urbe *Maricá* et propè vicum *S. Antonio da Jacutinga*, prov. R. Janeiro; necnon in regno Novo-Granatensi, Guayanâ, Africâ australiori et Indiâ. — OBS. Je serais fort tenté de croire, avec Willdenow (*Sp.* I, 311), que Linné a confondu deux plantes sous le nom de *Menyanthes Indica*; l'une le véritable *Villarsia Indica* à fleurs jaunes, figuré par Rumph (*Amb.* VI, p. 173, t. 72,

f. 3), et depuis par Curtis (Bot. Mag. 658); l'autre, l'*Humboldtiana*, à fleurs blanches figurée par Rheede (*Mal.* XI. p. 55, f. 28.). Je dois faire remarquer cependant que les feuilles figurées par Rheede sont beaucoup plus grandes que celles de mes nombreux échantillons et de celui qu'ont rapporté MM. de Humboldt et Bonpland.

VILLARSIA PLATIPHYLLA N.

Caule subgracili; foliis orbiculari-reniformibus, magnis, tenuiculis, suprà nervatis; calycibus pedunculisque valdè accrescentibus; corollæ divisuris albis.

CAUL. longissimi, subgraciles. FOL. circiter 2 1/2-5 pol. longa, orbiculari-reniformia, ferè usque ad mediam partem vel tertiâ parte divisa, suprà nervata, subtùs punctulata, tenuicula. UMBELLA multiflora, prolifera: pedunculi florifert 1-3 1/2 pol. longi, subgraciles, fructiferi longiores: bracteæ ovatæ. ALABASTRA subpilosa. FLORES longiusculi. CAL. FOL. circiter 4 l. longa, subangusta, obtusa, valdè accrescentia. COROLLÆ tubus luteus: divisuræ omninò fimbriatæ, albæ. Ov. ovatum. OVULA numerosa. — Nascitur in amne *Yapó*, parte prov. S. Pauli dictâ *Campos Geraes*; necnon in *Porto Rico* et forsan ad ripas fluminis brasiliensis *Rio da Madeira*. — OBS. 1°. Les *Villarsia* à ombelles qui en général croissent dans des lieux fort différens, varient beaucoup dans leurs dimensions, et se reconnaissent plutôt à leur aspect qu'à des caractères bien tranchés. La longueur du calice par rapport à la capsule change aux diverses époques de la maturation. Les graines paraîtraient devoir offrir plus de constance dans la nature de leur surface; mais le *V. Humboldtiana* a des semences tantôt entièrement lisses, tantôt tuberculées, et tantôt enfin lisses avec un bord rude.—
2°. Linné, Willdenow, et une foule d'autres, ont décrit les *Villarsia* à ombelles comme présentant de longs pédoncules, de l'extrémité desquels s'échappent des fleurs; mais ces botanistes n'ont pas été au delà des simples apparences. La tige est horizontale et donne naissance à une ombelle qui la termine réellement; la feuille vraiment latérale, comme l'est toujours

cette partie de la plante, est obligée, pour se soutenir sur l'eau, de prendre la même direction que la tige, et alors son pétiole semble continu avec cette dernière; l'ombelle, au contraire, prend, pour fleurir, une direction verticale. Les deux bractées qui semblent l'embrasser sont tout simplement des espèces de gaines ou stipules pétiolaires; les bractées véritables se trouvent entre les pédoncules.—3° J'engage les botanistes qui s'occupent de la position respective des parties de la fleur, à faire quelque attention à celle des divisions de la corolle, des étamines, des écailles et des nectaires dans les *Villarsia* brésiliens.—4° Comme il est incontestable que parmi les *Menyanthes* L. à feuilles non ternées, il s'en trouve qui ont des corolles barbues sur toute leur surface, il est clair qu'il faudrait faire disparaître le genre *Villarsia*.

CC.

Marcetia tenuifolia DC. *Prod.* III, 125.

M. caule suffruticoso, corymbosè ramosissimo; ramulis gracilibus, 4-gonis, pubescenti-hispidulis; foliis breviter petiolatis, parvulis, linearibus, obtusis, marginibus revolutis, enerviis, brevissimè pubescenti-hispidulis; pilis eglandulosis; pedunculis axillaribus, brevibus, 2-bracteatis, 1-floris.

Caulis suffruticosus, 1/2-1-pedalis, corymbosè ramosissimus, infernè denudatus et glaber : ramuli graciles, ascendentes, infernè denudati, supernè 4-goni ad angulos submarginati et pubescenti-hispiduli. Folia circiter 2 1/2 l. longa, breviter petiolata, linearia, obtusa, marginibus revoluta, crassiuscula, enervia, subtùs præcipuè pubescenti-hispidula, suprà demùm glabrata, plùs minùs patula. Pili brevissimi, subtriangulares, eglandulosi. Pedunculi axillares, solitarii, 1-flori, circiter 2/3 l. longi, ad basim bibracteati : bracteæ foliis conformes, sed multò minores. Calyx suboblongo-campanulatus, 4-dentatus, 8-costatus, brevissimè pubescenti-hispidulus; dentibus mediâ parte tubi paulò longioribus, distantibus.

Petala ovata, acuta, cruciatim patula, purpurea. Stam. 8, glaberrima quorum 4 paulò majora : filamenta purpurea: antheræ lineari-subulatæ, subfalcatæ, basi (ex connectivo) incrassatæ et bilobæ, luteæ. Stylus glaber, curvatus, figuram S referens, purpureus. Stig. mamillatum. Ovarium ovatum, 4-gonum, tertiâ parte inferiore adherens, 4 loc., polyspermum. Capsula ovato-globosa, calycino tubo subæqualis, glabra, apice loculicidò-4-valvis. Semina cochleata, levia, glabra, ad hilum truncata : hilum orbiculatum. — Obs. Je ne puis douter de l'identité de ma plante avec le *Marcetia tenuifolia* de M. de C., puisque lui-même a bien voulu l'étiqueter dans mon herbier; mais, dans tous les cas, la phrase très caractéristique du *Prodromus* m'eut sans doute promptement conduit à la détermination de mes individus. Je ferai observer pourtant que les ramules sont dans ma plante bien décidément 4-gones, que les feuilles ne sont point sessiles, que leur surface n'est pas veloutée et qu'enfin les fleurs sont purpurines au lieu d'être blanches. Au reste le *M. tenuifolia* a les caractères essentiels que M. de C. attribue au genre et à la tribu où il l'a placé. Cependant ses rameaux ne sont pas cylindriques, du moins au sommet, et son ovaire, adné dans le tiers inférieur, contribue à prouver que, pour les Mélastomées à fruit sec, l'adhérence ou la liberté du péricarpe ne saurait contribuer à former des tribus et des genres.

Comme les Mélastomées à petites feuilles sont extrêmement rares sur le littoral, j'en citerai encore une que j'ai recueillie en deux endroits différens dans le même canton que le *M. tenuifolia*.

Osbeckia maritima N.

O. caule brevi, suffruticoso, adpressè strigoso-villoso foliisque brevissimè petiolatis, lanceolatis, 1-nerviis, aveniis; floribus terminalibus, capitatis, octandris; calycis 4-fidi tubo setis stellatis hirsuto; divisuris subpectinato-ciliatis, persistentibus.

Radix lignosa. Caulis suffruticosus, 3-7 pollicaris, simplex ramosus aut confertè decompositus, erectus aut sæpiùs subdiffusus, 4-gonus, omninò angulisve adpressè strigoso-villosus : rami cauli conformes, ad nodos præcipuè strigoso-villosi. Folia circiter 3-6 l. longa, brevissimè petiolata, lanceolata, acuta aut acutiuscula, integerrima, plùs minùs adpressè strigoso-villosa, apice pilifera, 1-nervia, subavenia. Flores capitati, terminales, breviter pedicellati. Calyx campanulatus, ultra medium 4-fidus : tubus 8-costatus, setoso-hirtus ; setis complanatis, apice stellatis, marginibus subpilosis, viridibus, majoribus 4 costis totidem continuis et cum divisuris alternantibus : divisuræ latiusculæ, dentiformes, marginibus subpectinato-ciliatæ, apice longè piliferæ pilo terminali deciduo, persistentes, in fructu 3-nerviæ. Pet. 4, ovata, obtusa, dilutè purpurea, caduca. Stam. erecta, glabra, subæqualia : antheræ lineari-subulatæ, longiusculæ, curvatæ, basi (ex connectivo) tuberculato-2-lobæ. Ovar. liberum, ovatum, 8-costatum, apice pilis quibusdam longis rigidis erectis fasciculatis coronatum, ceterùm glabrum, 4-loc., polyspermum. Capsula ovata, 4-loba, ceterùm ovario conformis. Sem. minutissima, cochleata, ad hilum orbiculare truncata, tuberculata, glabra. — Obs. Cette espèce appartient évidemment à la troisième section du genre *Osbeckia* (V. *Prod.* III, 140).

DD.

Utricularia tricolor N.

U. aphylla (saltem florens) ; scapo elongato, glaberrimo, 1-4-floro ; bracteis sæpiùs 3-fidis ; calyce inæquali, denticulato ; labio superiore ovato, obtuso ; inferiore 3-lobo, lobis lateralibus latioribus ; calcare horizontali, sursùm curvato, elongato, angusto, subulato, labio inferiore longiore.

Planta glabra, florens aphylla. Radices breves. Folium radicale (in spec. uno visum) circiter 6 l. longum, gramineum, lineare, angustum, acutum, plantâ florente valdè siccatum aut planè abolitum. Scapus 1-2-pedalis, pro crassitudine longissimus, squamulis quibusdam minimis distantibus acutis instructus. Flores in apice scapi 2-4, approximati, pedicellati : bracteæ ad basim cujuvis pedicelli 3, acutæ vel sæpius una 3-fida divisuris acutis. Calyx inæqualis; foliolis orbiculari-ovatis, vix denticulatis. Corolla circiter 7 l. à summo calcare usquè ad labium superius longa, cæruleo-violacea, palato albo luteoque picta; labio superiore ovato, obtuso; inferiore 3-lobo, lobis lateralibus latioribus ; calcare horizontali, sursùm curvato, elongato, angusto, subulato, labio superiore longiore, per validam lentem palatoque tenuissimè subvelutino.— Obs. Parmi les *Utricularia*, il en est qui ont été signalés comme aphylles et d'autres comme ayant une ou deux feuilles radicales. Je m'étais persuadé que la plante dont je donne ici la description appartenait à la première catégorie, lorsqu'à la base de la hampe d'un de mes échantillons, j'aperçus une petite feuille linéaire extrêmement desséchée. Ma plante n'a donc pas été aphylle dès son origine ; elle ne l'est devenue que par le dessèchement de sa feuille radicale, et je soupçonnerais qu'il en est de même de toutes les espèces dites aphylles. On sait qu'il est une foule de plantes chez lesquelles les feuilles radicales se sont oblitérées depuis long-temps, quand la tige fleurit. Peut-être la feuille radicale des *Ultricularia*, lorsqu'il y en a une seule, n'est-elle que le cotylèdon développé.

EE.

RUBIACEA.

Perama hirsuta Aubl. *Guy* I, 54, t. 18. — Mattuschkea hispida HBK. *Nov. Gen.* II, 271 !

Herba annua. Radix parva. Caules circiter 1-9-pollicares, solitarii vel ex eâdem radice plures, erecti, simplices aut ramosi vel dichotomi, graciles, teretes, pilis patulis infernè adpressis supernè obtecti. Folia opposita, connata, exstipulata (saltem sì angustus inter folia margo excurrens stipulæ nomen haud meretur), sessilia, circiter 3 l. longa, 1 1/2 lata, ovata aut sæpius ovato-oblonga, acutissima, rigidiuscula, 3-

5-7-nervia, basi pilis rigidis ciliata, cæterùm glabra, interdùm omninò hispida; inferiora sæpè valdè approximata; superiora distantia, minora, angustiora, suboblongo-linearia. CAPITULA terminalia; solitaria, unum rarò infra terminale, circiter 4-8 l. longa, globosa vel cylindrica, e calycibus hispida, basi ebracteata vel bracteis suffulta foliis superioribus consimilibus : rachis hispida. FLORES parvuli. CALYX adherens; tubo minimo turbinato; limbo 2-partito; divisuris unilateralibus, exterioribus (interioribus planè abortivis), subdivergentibus, 2-l. longis, foliaceis, lineari-subulatis, tubo multoties longioribus. COROLLA infundibuliformis, calycinis divisuris vix longior, lutea, fauce villosa; tubo longo, glabro; limbo 3-4-fido; laciniis subovatis, acutis, pilum infra apicem gerentibus. STAMINA 3-4, cum divisuris corollæ alternantia, summo tubo inserta : filamenta brevissima : anth. lineares, acutæ, basi barbatæ. SQUAMULÆ 3 minimæ intra corollæ tubum. STYLUS capillaceus, glaber, 2-dentatus. STIGMA ad superficiem internam dentium. OVARIUM minimum, 3-loc., loculis 1-spermis. OVULA axilia, ascendentia. CAPSULA obversè pyramidata, calyce persistente coronata, membranaçea, circumcissa, 3-loc., 3-sp. SEMINA ovata, 3-quetra, brunea, nitida. UMBILICUS linearis in medio unius ex faciebus. INTEGUMENTUM membranaceo-crustaceum. PERISPERMUM carnoso-succulentum, lutescens. EMBRYO teres, lutescens, axilis, umbilico parallelus : cotyledones radiculâ breviores.

OBS. Les échantillons rapportés de Cayenne par les voyageurs, et surtout ceux qui ont été nommés par l'illustre Richard, ne me permettent pas de douter de la parfaite identité de ma plante avec le *Perama hirsuta* d'Aublet. Mais il n'en est pas moins vrai que cet auteur s'était entièrement mépris sur les caractères de sa plante, puisqu'il a décrit et figuré un calice qui n'existe pas, qu'il a pris pour des bractées les véritables divisions calicinales, et enfin qu'il a placé dans la corolle l'ovaire qui se trouve dessous. Trompés par la description et la figure presque imaginaires de l'auteur de la Flore de

Cayenne, l'illustre Jussieu, et ceux qui l'ont suivi, ont dû naturellement rapporter le *Perama* aux Verbénacées : ma description prouve évidemment que ce genre appartient aux Rubiacées et à la tribu des *Spemacocées* avec laquelle les *Mitracarpum* le lient surtout d'une manière assez intime. Le *Perama* n'offre point, il est vrai, de stipules proprement dites ; mais on n'en trouve pas de beaucoup plus sensibles dans de petites espèces de *Declieuxia*, et la tendance qu'a la plante à prendre des feuilles verticillées détruit, ce me semble, une partie de l'anomalie. — 2° Les échantillons du *Mattuschkea hispida* rapportés par MM. Humboldt et Bonpland ont l'ovaire infère comme les miens, et un calice absolument semblable à celui de ma plante ; en un mot, tous les caractères sont réellement les mêmes. On voit à la vérité des feuilles ternées dans les échantillons de M. de H. ; mais, sur le même pied, il en est d'autres simplement opposées. Ces mêmes feuilles sont généralement linéaires ; cependant un des échantillons a celles du bas de la tige ovales comme les feuilles des individus de Cayenne et du Brésil, et l'on peut voir par ma description que les feuilles supérieures de mes échantillons brésiliens sont presque linéaires. Au reste, l'identité du *M. hispida* avec le *Perama hirsuta* n'avait pas échappé à la rare sagacité du savant M. Kunth (V. *Nov. Gen.* II, 271), et il les aurait certainement réunis s'il n'eut été trompé par l'indication d'un calice 4-partite qu'il trouvait dans la phrase d'Aublet, tandis qu'il ne voyait que deux divisions au calice des échantillons de M. de H.

D'après tout ce qui précède, il faudra tracer comme il suit le caractère du genre PERAMA : Calix adherens; limbo 2-partito; divisuris unilateralibus, exterioribus (int. planè abortivis). Cor. infundibul.; limbo 3-4-fido; fauce villosâ. Stam. 3-4, summo tubo inserta, cum divisuris corollæ alternantia. Squamulæ 3 intra tubum. Stylus 2-dentatus. Stigma ad superficiem internam dentium. Ovarium 3-loc. (an in fl. 4-meriis ov. 4-loc. et squamulæ 4?); loculis 1-spermis. Ovula axilia, ascendentia. Caps. calyce persistente coronata, membranacea, circumcissa, 3-loc., 3-sp. Semina 3-quetra. Umbilicus in medio unius ex faciebus. Perisp. carnoso-succulentum. Embryo axilis, umbilico parallelus. — Herbæ. Folia opposita seu verticillata, exstipulata. Flores capitati, terminales, minimi.

FF.

Non-seulement le *Sophora littoralis* est extrêmement commun sur le bord de la mer entre Rio de Janeiro et le Rio Doce; mais encore il s'étend au sud jusques dans la province de S. Catherine, et le P. Leandro do Sacramento m'a dit qu'il croissait aussi à Fernambouc. Comme il n'a été désigné que par de courtes phrases, je crois devoir en donner ici une description complète.

Sophora littoralis Neuw. et Schrad. *Goett. Anz.* 1821, p. 709. — DC. *Prod. II*, 96. — *N. V. Fejões da Praia.*

Frutex 2-5-pedalis, à basi ramosus, valdè amarus: ramuli subtilissimè strigoso-pubescentes, canescentes. Fol. impari-pinnata, petiolo adjecto circiter 4-6 poll. longa, 6-9-juga : petiolus circiter pollicaris continuaque rachis et petioluli subtilissimè strigoso-pubescentia, subcanescentia: foliola circiter 9-15 l. longa, rotundo-elliptica vel elliptica, obtusa aut acutiuscula, coriacea, integerrima, marginibus revoluta, suprà glabra aut vix puberula et nitida, subtùs subtilissimè strigoso-pubescentia et canescentia. Racemi terminales raròque simul axillares, 3-7 poll. longi, simplices: axis ramulo continua et consimilis, gradatìm attenuata : pedicelli solitarii aut gemini, circiter 3 l. longi, erecti, paulò infra apicem articulati, strigo-pubescentes, canescentes, basi bracteati : bractea circiter 2 l. longa, lineari-subulata, angusta. Fl. 8-12 l. longi. Calyx corollâ ferè 4-plo brevior, cupularis, vix 5-dentatus, obliquus, gibbus, strigoso-puberulus, flavescens. Cor. glabra, flava : vexillum emarginatum :

carina dipetala alæque vexillo longitudine ferè æqualia. Stam.
10, libera, basi pubescentia. Nect. o. Stylus subulatus. Ov.
pedicellatum, teres, ascendens, incano-villosum, polyspermum. Legumina moniliformia, circiter 6-pollicaria, cernua,
pubescentia, indehiscentia. Semen crassitudine circiter pisi,
subovato-globosum, dorso convexum, facie planiusculum, ad
umbilicum linearem profondè excavatum, glabrum, fuscum,
nitidum. — Obs. M. Schrader avait dit à tort que les feuilles
de la plante dont il s'agit ici étaient entièrement glabres; mais
M. de C. a très-bien décrit leur surface. Le premier de ces
écrivains indique le *Soph. littoralis* comme croissant sur le
bord des fleuves; je l'ai suivi long-temps, et ne l'ai trouvé
qu'auprès de la mer.

GG.

M. le docteur Greville, si bien connu par ses beaux travaux, a eu l'extrême bonté de déterminer toutes mes Algues
brésiliennes. Je vais citer d'après lui, la série des espèces que
j'ai recueillies près de Macahé, et ne changerai absolument
rien aux notes qui m'ont été communiquées par le célèbre
cryptogamiste écossais.

FUCOIDEÆ.

Sargassum lendigerum Ag. *Syst.* p. 295.

DICTYOTEÆ.

Padina flava Grev. *Alg. Britt.* p. xliv. — Zonaria
flava Ag. *Syst.* p. 265.

FLORIDEÆ.

Rytiphlæa Hilariana (sp. nov.), fronde stipitata; foliis
inferioribus petiolatis, superioribus bipinnatifidis, dilatatis,
apice rotundato truncatis, recurvis.—Obs. Cette espèce teint
le papier d'un beau pourpre (Aug. S. Hil.).

Plocamium coccineum Lyngb. *Hydr. Dan.* p. 39. — Delesseria Plocamium Ag. *Syst.* p. 250.

Laurencia pinnatifida Lam[x]. *Essai*, p. 42.—Chondria pinnatifida Ag. *Syst.* p. 201.

Chondrus multipartitus Grev. *Alg. Brit.* p. LVI. — Sphærococcus multipartitus Ag. *Syst.* p. 216.

Gelidium corneum Lam[x].—Sphærococcus corneus Ag. *Syst.* p. 225.—Lecta insuper propè *Itapacoroia* prov. S. Catharinæ.

Gigartina acicularis Lam[x]. *Essai* p. 48. — Sphærococcus acicularis Ag. *Syst.* p. 237.

ULVACEÆ.

Porphyra vulgaris Ag. *Aufzahlung* p. 18. — *Icon. Alg. Europ.* t. 28.

Ulva rigida Ag. *Syst.* p. 189.

Enteromorpha compressa Grev. *Alg. Brit.* p. 180. — Solenia compressa Ag. *Syst. Alg.* p. 186.

Enteromorpha intestinalis? Linck *Flor. Phys. Ber.* p. 5.— Solenia intestinalis Ag. *Syst. Alg.* p. 185.—*Var. angustissima.*

CERAMIÆ.

Ceramium clavulatum Ag. apud Kunth *Syn. Pl. Æquin.* 1 p. 2.—*Sp. Alg.* v. II, p. 152.—Lecta insuper propè *Itapacoroia* provinciâ S. Catharinæ.

CONFERVEÆ.

Conferva media Ag. *Syst. Alg.* p. 100.

Conferva catenata L. — Ag. *Syst. Alg.* p. 119.

Conferva trichotoma Ag. *Syst. Alg.* p. 121.

HH.

Scirpus decipiens N.

Culmi humanæ altitudinis, 3-quetri, leves, glabri, aphylli, infernè instructi vaginis pluribus acutis hinc reticulatim laceratis fuscis vel castaneis; bene multi steriles. Umbella terminalis, composita, inæqualis, bracteata : bracteæ ad basim cujusvis umbellæ divisuræ, vaginantes seu amplectentes, glabræ; inferior erecta, subulata, culmi apicem mentiens, umbellâ brevior : umbellæ rami pedunculique hinc plani, indè convexi, leves vel raro apice asperi, glabri. Spiculæ ovatæ, nullo modo compressæ, ferrugineæ. Squamæ, ovatæ, obtusæ, apice ciliolatæ, mucronatæ; inferiores vacuæ aut abortivos flores obtegentes. Antheræ acumine hirtello terminatæ. Setæ 2, molliusculæ, dentibus reversis donatæ, alia dextrorsùm alia sinistrorsùm stamina comitantes. Stylus basi nec articulatus nec incrussatus, gradatim latior, 2-fidus; divisuris valdè complanatis, latiusculis, membranaceis, irregulariter lacerato-ciliatis. Ovarium anceps. Nux levis, ovata, hinc plana, illinc convexa.—Obs. 1° Cette espèce est intermédiaire entre les *S. lacustris* et *littoralis*. Elle diffère de tous les deux par la forme de ses styles et le nombre de ses soies; du *S. lacustris* en particulier, par sa tige triangulaire, et du *littoralis*, par ses écailles ciliées au sommet et ses soies alongées, étroites et non aplaties. Son *facies* me semble la rapprocher plutôt du *littoralis* que du *lacustris;*—2° Dans cette espèce comme dans plusieurs autres, l'inflorescence est vraiment terminale. Une bractée vaginante accompagne la fleur, et, comme elle est parfaitement droite, on l'a prise pour une partie intégrante de la tige, d'où l'on s'est imaginé que les épillets sortaient latéralement.

II.

Nymphæa lineata N.

N. foliis ovato-orbicularibus, apice truncato-obtusissimis, usquè ad petiolum fissis, subintegerrimis, vix tuberculatis, glabris; nervis venisque subtùs prominentibus, suprà manifestis; lobis per totam ferè longitudinem invicem obtegentibus, summo apice valdè attenuatis acutiusculisque et discretis; petiolis pedunculisque puberulis; calycinis foliolis 5, ovato-oblongis, obtusiusculis.

Folia circiter 4 poll. longa, 3 poll. lata, subovato-orbicularia, apice truncato-obtusissima, usquè ad petiolum fissa, subintegerrima, nervosa, suprà tuberculis raris per lentem manifestis conspersa, glabra, subpellucido-punctata; lobis per totam ferè longitudinem invicem obtegentibus, inæqualibus, summo apice valdè attenuatis acutiusculisque et discretis : petioli subgraciles, puberuli. PEDUNCULUS puberulus, petiolo crassitudine subæqualis. FLOS circiter 2-pollicaris. CALYCINA FOLIOLA 5, ovato-oblonga, obtusiuscula, exteriore paginâ viridia lineisque tenuissimis pupureis notata. PETALA alba (Descript. ex unico spec.).

Cette espèce de *Nymphea* n'est pas la seule que j'aie observée au Brésil, j'en ai encore trouvé une autre dans les marres d'eau voisines de Taguahy, province de Rio de Janeiro. En voici la description :

NYMPHÆA ALBO-VIRIDIS N.

N. foliis subovato-orbicularibus, obtusissimis, usquè ad petiolum fissis, suprà enerviis densèque per lentem tuberculatis, utrinquè glabris; lobis discretis, apice divergenti-truncatis; petiolis gracilibus, glabris pedunculisque crassis; calycinis foliolis 4, ovato-lanceolatis.

RADICES fibrosæ, crassiusculæ, longæ, albidæ. FOLIA circiter 3-5 poll. longa, 2-4 lata, subovato-orbicularia, obtusissima, usquè ad petiolum fissa, vix subsinuata, superiore paginâ enervia tuberculisque per lentem manifestis densè inspersa, inferiore nervosa obscurèque purpurea; lobis discretis, apicem versus obliquè divergenti-truncatis; sinu obtuso vel acutiusculo : petioli longi, pro magnitudine foliorum graciles, glabri. PEDUNCULI petiolis multò crassiores, glabri. CALYX 4-phyllus, glaber, nitidus, lineis sparsis brevibus nigris notatus; foliolis ovatis ovatove-lanceolatis, obtusiusculis. PETALA 16-17, hypogyna, ovato-lanceolata, glabra, albo-viridia. STAMINA indefinita, glabra : exteriora filamento lato, petaloïdeo; antherâ apice filamenti adnatâ, lineari : intermedia filamento lineari, compresso; antherâ continuâ, lineari, longâ, 2-loculari : interiora clavata, incurva, apice rubra; antherâ 1-loculari. STIGMATA numerosa, è centro umbilicato superioris depressique ovarii superficiei radiantia. OVARIUM depressum, brevissimum, multiloculare, polyspermum. Ovula numerosissima, dissepimenta undiquè obtegentia. Semina parvula, hirtella, grisea.

JJ.

Utricularia olygosperma N.

U. glabra; foliis radiciformibus, amplis, capillaceo-multipartitis, vesiculiferis; scapo squamoso, circiter 9-15-floro; labiis subindivisis; superiore ovato, palatum æquante; inferiore amplo, semiorbiculari; calcare horizontali, conico, apice 2-dentato, labio inferiore paulò breviore: ovario 5-8-spermo.

Planta glabra. Caulis demersus, longissimus, super limum repens, complanatus, è latere inferiore Folia emittens radiciformia, multipartita, ampla; divisuris tenuiter capillaceis, vesiculis instructis. Scapi axillares, basi abruptè recurvi, erecti, subpedales, squamosi : squamæ paucæ, subscariosæ, ovatæ, obtusæ. Racemus continuus, 9-15-florus : pedicelli breves, accrescentes, demùm longiusculi et incurvi : bracteæ squamis caulinis subsimiles, pedicellum amplectentes. Calycina foliola ovata, obtusa, levia, nitida. Corolla circiter 5.l. longa, lutea; labio superiore ovato, obtuso, integerrimo, palatum æquante; labio inferiore amplo, semiorbiculari, vix crenulato; calcare horizontali, lanceolato-conico, apice 2-dentato, labio inferiore paulò breviore. Stylus ab apice ad basin attenuatus, unilabiatus, cuculli papyracei formam æmulans. Stigma ad superficiem interiorem styli labii. Ovula 5-8, distantia, in placentâ globosâ nidulantia.

Var. β foliis amplioribus; vesiculis magis numerosis; squamis bracteis calycinisque foliolis acutis vel acuminatis; corollæ labio superiore submarginato. — Legi in fossis planitiei dictæ *Vargem* civitati Sancti Pauli submissæ.

Obs. 1° L'*U. olygosperma* a le port et les principaux caractères de l'*U. vulgaris;* mais il s'en distingue par des feuilles plus amples, à découpures plus délicates, et à vésicules plus petites; par ses fleurs un peu moins grandes, son éperon bidenté, et surtout par son placenta, qui, au lieu d'être couvert d'innombrables ovules, n'en porte que cinq à huit, fort gros et écartés. Les premiers de ces caractères n'auraient certainement pas suffi pour me déterminer à indiquer la plante brésilienne autrement que comme une simple variété; mais le nombre de ses ovules, formant une exception dans le genre tout entier, m'a décidé à la ranger parmi les espèces. Son stigmate, ou, pour mieux dire, la languette terminale de son style, n'est point hispide ou frangée sur les bords, et si, comme on l'a dit, l'*U. vulgaris* présentait un stigmate de cette nature, on aurait un moyen de plus pour distinguer les deux plantes; mais je n'ai pas trouvé de languette frangée ou hispide sur les bords dans l'*U. vulgaris* plus que dans l'*olygosperma*. — 2° Par l'histoire de l'*U. olygosperma* que j'ai tracée au commencement de ma description, et qui probablement est celle de la plupart des Utriculaires à vésicules, on voit que la hampe (*scapus*) n'est qu'un pédoncule axillaire, et que par conséquent elle appartient à une seconde évolution. Dans les Utriculaires aphylles au contraire, le *scapus*, véritable tige, me semble appartenir à une première évolution, et, si je ne me trompe, il ne peut se comparer à celui des espèces vésiculeuses.

Jusqu'à présent la famille des Lentibulariées ne s'est réellement composée que de deux genres. J'en signalerai un troisième qui appartient à la Flore du Brésil, et en particulier à celle d'une des provinces que mes deux premières *Relations* ont fait connaître.

GENLISEA. CALYX 5-partitus, subinæqualis, patulus. COROLLA hypogyna, personata; labio inferiore calcarato. STAMINA 2, imæ corollæ inserta : antheræ terminales, immobiles aut subimmobiles, 1-loculares. STYLUS brevis, 1-2-labiatus. STIGMA ad superficiem labiorum. OVARIUM globosum, 1-loc., polysp. OVULA innumera, placentæ centrali globosæ affixa. CAPSULA globosa, 1-locularis. — HERBÆ annuæ, paludosæ.

FOLIA radicalia, rosaceo-cespitosa, petiolata, plùs minùs spathulata, obtusissima, integra, integerrima, glaberrima, rarissimè nulla. SCAPUS solitarius, erectus, squamulis paucis instructus, racemoso-pauciflorus, rarò uniflorus. PEDICELLI 3-bracteati. — Gratissimo animo in memoriam dixi Dominæ DE GENLIS, mulieris celeberrimæ, quæ elegantissimam de botanicâ orationem scripsit, et me adolescentem consiliis monebat sapientissimis. — OBS. Il est clair, d'après ma description, que ce genre a la corolle des Utriculaires, et que, par son calice, il se rapproche des Grassettes. La forme et la position de ses feuilles sont celles des feuilles de plusieurs *Drosera*.

GENLISEA AUREA N.

G. foliis densè superpositis, spathulatis; laminâ obovatâ; scapo infernè glanduloso-hirsuto, apice hirsutissimo; divisuris calycinis linearibus, obtusis, pedicello vix 2-3-plò longioribus; calcare horizontali, recto seu rectiusculo, lanceolato-conico, acuto, labio inferiore longiore.

FOLIA numerosissima, densè superposita, petiolo adjecto circiter pollicaria, spathulata, luteo-viridia; laminâ obovatâ, gradatim attenuatâ, petiolo multoties breviore. SCAPUS 9-15 l. longus, crassiusculus, complanatus, aphyllus, squamatus, infernè subhirsutus, apice hirsutissimus, viridis seu atropurpureus : squamulæ distantes, alternæ, 1 l. longæ, acutæ, concavæ, hirsutæ. RACEMUS terminalis, continuus : flores approximati : bracteæ vix 1 l. longæ, lineares, obtusæ, pilis glandulosis hirsutissimæ : pedicelli circiter 1/2-3 l. longi, glanduloso-hirsutissimi. CALYCINÆ DIVISURÆ breves, lineares, obtusæ, glanduloso-hirsutissimæ. COROLLA circiter 6-8 l. longa, externè hirsuto-glandulosa, aurea; labio superiore erecto, ovato, obtuso, marginibus retroflexo, palatum superante; inferiore 3-lobo, lobis obtusis, intermedio majore; palato altè canaliculato, labium superius amplectente, subtilissimè velutino-puberulo; calcare horizontali crasso, cylindrico-conico, acuto. STAMINUM fil. glabra : anth. per totam longitudinem filamento adnatæ, transversè lineares, medio constrictæ, marginibus ciliolatæ. Stylus brevissimus, apice unilabiatus, cucullum papyraceum referens. Stigma ad superficiem labii interiorem. Ovarium pilis instructum glandulosis. Ovula innumera. Capsula glanduloso-pilosa. — Nascitur in arenosis humidis montium vulgò *Serra da Caraça* et *Serra da Ibitipoca*, provinciâ *Minas Geraes*.

Genlisea minor N.

G. foliis densè superpositis, spathulatis; laminâ obovato-cuneatâ; scapo sæpiùs gracili, plùs minùs glanduloso-hirsuto; divisuris calycinis lineari-lanceolatis, acutis, pedicello multoties longioribus; calcare cylindrico-conico, basi horizontali, apice sursùm curvato.

Differt à præcedente foliis obovato-cuneatis; scapo gracili; bracteis acutis; pedicellis 3-plò longioribus; floribus paulò minoribus, minùs numerosis minùsque approximatis; laciniis calycinis lineari-lanceolatis, acutis seu acuminatis; calcare sursùm recurvo. — Verisimiliter mera varietas. — Lecta in paludibus propè pagum *Milho Verde* haud longè ab urbe *Tijuco*, provinciâ *Minas Geraes* et propè pagum *Contendas* in parte occidentali desertâque ejusdem provinciæ dictâ *Sertão*.
— Obs. Cette plante pourrait bien être une simple variété du *G. aurea* produite par une différence dans la hauteur des localités. Je serais d'autant plus tenté d'adopter cette opinion que les individus recueillis auprès de *Milho Verde*, lieu déja élevé, s'éloignent moins de l'*aurea* que les échantillons trouvés dans le Sertão, qui est un pays assez bas.

Genlisea filiformis N.

G. foliis parvulis, subspathulatis; laminâ ovato-orbiculari; scapo filiformi, glabriusculo; floribus parvulis, distantibus; calcare horizontali, inflato, sacciformi, obtusissimo, subemarginato, labio superiore vix longiore.

Folia adjecto petiolo circiter 3-4 l. longa, subspathulata, luteo-viridia; laminâ ovato-orbiculari. Scapus 4-6 poll. longus, filiformis, compressus, squamatus : squamulæ paucæ, distantes, alternæ, vix 1/2 l. longæ, ovato-acuminatæ, concavæ, glaberrimæ : pedicelli distantes, 3-5 l. longi, subcapillacei, apice pilis mollibus glandulosis instructi seu glabriusculi : bracteæ parvulæ, subulatæ, glabræ. Calycinæ divisuræ lanceolatæ, acutæ, glabræ seu pilosiusculæ. Corolla circiter 2 l. longa, glabriuscula, lutea ; labio superiore ovato, obtuso; inferiore 3-lobo; palato recto; calcare horizontali, inflato, sacciformi, obtusissimo, subemarginato, labio superiore vix longiore. Stamina glabra : antheræ haud constrictæ. Capsula globosa, glanduloso-pilosa.—Inveni ad scaturigines montis *Serra de S. José* haud longè ab urbe *S. João d'El Rei*, provinciâ *Minas Geraes*.

Genlisea pygmæa.

G. aphylla ; scapo subcapillaceo, basi apiceque subglanduloso-hirsuto, medio subhirsuto, 1 rarò 2-floro; floribus parvulis; calcare horizontali, sacciformi, acutiusculo, labio inferiore longiore.

Planta saltem tempore florescentiæ aphylla, vix 18 l. longa. Caulis subcapillaceus, basi apiceque subglanduloso-hirsutus, squamulis paucissimis instructus, apice 1 rarò 2-florus : squamulæ minimæ, acutæ, hirsutiusculæ, supremæ (bracteæ floris inferioris abortivi) ternæ. Calycinæ divisuræ hirsutæ, sublineares, obtusiusculæ. Corolla circiter 1 1/2 l. longa, pilosiuscula; labio superiore integerrimo, obtuso, erecto, marginibus retroflexo, palatum superante; palato profundè canaliculato, labium superius amplectenti; calcare horizontali, sacciformi, acutiusculo, labio inferiore longiore. — Inveni in paludibus propè *Tamanduá* haud longè à vico *Contendas*, parte orientali desertâque provinciæ *Minas Geraes* dictâ *Sertão*.

Genlisea violacea N.

G. foliis subspathulatis; laminâ obovato-orbiculari ; scapo subglanduloso-hirsuto ; labio superiore cordato ; calcare descendente, apice crassiore, obtusissimo, labio inferiore breviore.

Planta siccatione nigrescens. Radix fibrosa. Folia haud multùm numerosa, petiolo adjecto circiter 6 l. longa, subspathulata; laminâ obovato-orbiculari. Scapus 4 1/2-pollicaris, haud densè subgianduloso-hirsutus, squamatus : squamulæ paucæ, alternæ, distantes, minimæ, subhirsutæ. Racemus continuus, terminalis, 2-6-florus : pedicelli circiter 6 l. longi, accrescentes, distantes, glanduloso-hirsuti, primùm erectiusculi, demùm recurvi : bracteæ subulatæ. Calycinæ divisuræ oblongo-lineares, obtusæ, glanduloso-pilosæ. Corolla circiter 5. l. longa, plùs minùs pilosa, pallidè violacea, venis obscurioribus notata; labio superiore erecto, cordato, palatum paulò superante, lobis obtusissimis plùs minùs emarginatis; labio inferiore 3-lobo, superiore ampliore, lobis obtusissimis, interdùm subemarginatis, intermedio majore; palato breviusculo, viridi; calcare descendente, apice crassiore, obtusissimo, labio inferiore breviore. Stamina glabra : antheræ transversè oblongæ, filamentum excedentes. Stylus brevis, 2-labiatus; labio uno vix manifesto, altero à basi ad apicem obtusum dilatato. Stigma ad internam labiorum superficiem. Capsula glanduloso-hirsuta. Semina ninima, angulosa. — Ad rivulos montis altissimi *Serra da Lapa* et in arenosis humidis montis *Serra da Ibitipoca*, provinciâ *Minas Geraes*.

KK.

Alisma ranunculoïdes, V. *brasiliensis* N. foliis breviter petiolatis, lanceolatis; nervis lateralibus in marginem subconfusis; scapo brevi, paucifloro pedunculisque filiformibus.

Obs. Si la plante brésilienne présentait constamment les caractères que je viens de retracer, je n'hésiterais peut-être pas à l'indiquer comme espèce distincte; mais elle se nuance par des dégradations insensibles avec le véritable *A. ranunculoïdes* de nos marais. Chez des individus qui naissent dans l'eau on voit des pédoncules longs d'environ trois pouces; la hampe de ces mêmes individus ne diffère point de célle des échantillons européens, et les nervures latérales de leurs feuilles sont éloignées du bord de près de 3/4 de ligne; enfin l'on rencontre certains pieds où, parmi des feuilles simplement lancéolées, il en existe d'autres qui sont plus ou moins lancéolées-linéaires.

Ce n'est pas seulement sur la côte que naît l'*Alisma ranunculoïdes*; on le trouve encore dans les marais du *Sertão* de Minas Geraes et à Minas Novas.

LL.

PRESLEA LINIFOLIA N.

P. caulibus prostratis; ramis pubescentibus; foliis confertis, linearibus, acutis, basi obtusis; floribus densè spicatis; calycinis divisuris 4 linearibus, exteriore majore lanceolatâ.

CAULES longi, prostrati, ramosi, circiter crassitudine pennæ columbinæ: rami pubescentes. FOL. breviter petiolata, circiter 3 l. longa, conferta, linearia, acuta, basi obtusa, pubescentia. FL. in apice caulium densè spicati, secundi, bracteati: bract. lanceolatæ, foliis breviores. PILI albi, adpressi. CAL. 5.-part., inæqualis, pubescens; laciniis 4 linearibus, acutis, unâ ext. majore lanceolatâ. COR. infundibul., plicata; tubo luteo extùs pubescente; limbo 5-fido, laciniis lanceolatis; dentibus interjectis 5, brevibus, haud inflexis. FAUX clausa squamulis 5, triang., barbatis, dentibus oppositis. ANTH. 5, ferè sessiles, paulò supra tubi basin insertæ, cum divisuris corollæ alternantes et squamis dentibusque oppositæ, cordatæ, acuminatæ, acumine cohærentes et supra stigma fornicem, efformantes. STYL. brevis, glaber. STIG. conicum, 2-dentatum disco orbiculari basi insidens. NECT. breve, annulare, ovarii basi adnatum. Ov. simplex, conicum, 4-loc., 4-sp. OVULA axilia, suspensa. CAPS. dehiscentiâ septicidâ in nuculas 4 divisa: nuculæ 3-quetræ, ovatæ, latere ext. pubescentes.

M. Martius a fait connaître d'une manière excellente la

plante dont il a formé son genre *Preslea* (*Nov. Gen.* II, 75 ; t. 164); mais, comme il n'a connu qu'une espèce de ce genre, et que j'ai eu occasion d'en observer plusieurs autres, je crois devoir modifier de la manière suivante les caractères généraux du *Preslea*:

PRESLEA. Cal. inæqualis. Cor. infundibuliformis, plicata; limbo 5-fido; dentibus interjectis; fauce instructâ squamulis 5, villosis, dentibus limbi oppositis, interdùm vix manifestis, forsan quandoquè nullis. Stam. 5, inclusa: anth. subsessiles, sæpiùs cordatæ, acuminatæ, apicium cohærentiâ supra pistillum fornicatæ. Styl. brevis aut nullus. Stig. conicum, 2 - dentatum, disco annulari insidens. Nect. annulare, basi ovarii adnatum. Ovar. simplex, conicum, 4-loc., 4-sp. Ovula axilia, suspensa. Fruct. caps., simplex, lobatus, dehisc. septicidâ in nucul. 4 triquetras divisus.—Herbæ sæpè prostratæ. Fol. alterna, parvula. Fl. parvi, spicati, lutei aut albi.

Je n'indiquerai point ici toutes les espèces de *Preslea* que j'ai recueillies dans mes voyages ; je me contenterai d'en décrire une qui croît sur la même côte que le *linifolia*.

Preslea stenostachya N.

P. caulibus prostratis, pubescentibus; foliis lineari-lanceolatis, margine revolutis; spicis gracilibus; calycinis foliolis 2 exterioribus ovatis, interioribus linearibus; corollæ squamulis vix manifestis.

Caul. numerosissimi, prostrati, basi sublignosi, valdè ramosi, pubescentes, vix crassitudine reticulæ. Fol. breviter petiolata, circiter 5 l. longa, 1 1/2 lata, remotiuscula, lineari-lanceolata, acuta, margine revoluta, suprà canaliculata, pubescentia. Spicæ graciles, pubescentes. Bract. parvulæ, lineares, angustæ, acutæ. Pili adpressi, albi. Cal. foliola inæqualia, acuta, 2 ext. ovata, int. 3 linearia. Cor. parvula, alba ; tubo externè villoso ; laciniis lanceolatis; dentibus interjectis haud inflexis. Squamulæ minimæ, vix manifestæ, villosæ. Fruct. subglobosus, depressus, 4-lobus, pubescens :

ñucul. 3-quetræ, externè convexæ, lateribus planæ, 4-tàm sphæræ partem efformantes. — Lecta ad ripas fluminis *Parahyba* haud multùm longè à faucibus.

MM.

SCHIZÆA TRILATERALIS Sck. *Crypt.* 137, t. 136. — Grev. *Fil.* I, t. 54.

S. stipitibus cespitosis, simplicibus, triquetris, imâ basi subteretibus, summo apice attenuatis, scabriusculis, glaberrimis; fronde pinnato-digitatâ; divisuris (spiculis auct.) sæpius denis, linearibus, intùs canaliculatis capsuliferis crinitisque, in duas phalanges dispositis primùm invicem (manuum more) applicatas et erectas demùm hinc et indè falcato-recurvas (uno latere in speciminibus Grevilleanis). — Stipites pedales et ultrà, basi nigrescentes, sæpè ad medium tortiles. Frons pollicaris. — OBS. 1° L'analogie prouve que la partie que j'appelle *stipes* correspond à celle ainsi nommée par les auteurs dans les autres fougères. M. Gaudichaud a montré (*Voyage Ur. bot.*) qu'il partageait cette manière de voir; car, s'il a décrit le *S. australis* de la même façon que tous les botanistes, il indique pourtant, dans ses observations, la partie inférieure aux épis comme étant un véritable *stipes*. — 2° Quand la figure publiée par le docteur Greville ne m'aurait pas convaincu de l'identité de son espèce et de la mienne, cette identité m'aurait été démontrée suffisamment par l'excellente description du savant Écossais. Cependant il existe une différence sensible entre la plante de M. Greville et celle recueillie par moi à Manguinhos; car, dans la première, les divisions fructifères s'inclinent toutes du même côté, et, dans la seconde, les unes s'inclinent vers la droite et celles opposées vers la gauche. — 3° Comme M. Sprengel attribue (*Syst.* IV, 30) à son *S. trilateralis* des divisions fructifères lancéolées-linéaires, il serait permis de douter que sa plante fût celle de Schkuhr, et par conséquent la mienne.

J'indiquerai encore ici, d'après les déterminations de M. Greville, quelques *Fucus* que j'ai trouvés, comme le *S. trilateralis*, auprès de Manguinhos :

SARGASSUM LATIFOLIUM Ag. *Syst.* p. 298 ?

PHILLOPHORA? LACTUCA Grev. *Alg. Brit.* p. LVI. — Sphærococcus lactuca *var. luxurians* Ag. *Syst.* 211.

AMANSIA SEAFORTHII Grev. *Alg. Brit.* p. XLVI. — Thamnophora Seaforthii Ag. *Syst.* 240.

NN.

Je ne trouve malheureusement point cette plante dans mon herbier. Il ne serait pas absolument impossible que ce fût une des espèces que je vais décrire, et qui croissent à R. de Janeiro dans le voisinage de la mer.

PHILOXERUS VERMICULARIS Brown *Prod. Nov. Holl.* 416 ; — Kunth *Nov gen.* II, 204 ; — Mart. *Amar.* 97. —Illecebrum vermiculatum Lin. *Spec.* 2 ed., 300. — Gomphrena vermicularis Lin. *Spec.* 1 ed., 225 ; — Willd. *Sp.* I 1322. — Parrexxil Marcg. *Bras.* 14.

P. caule sæpius repente ; foliis sublinearibus, angustis, ab apice ad basim attenuatis, carnosis ; capitulis sessilibus, solitariis, cylindrico-globosis ; axi capituli undiquè lanatâ bifariamque pedicello inter bracteas et florem intermedio ; foliolis calycinis interioribus duobus dorso à basi ad medium densissimè longèque lanatis.

Var. β (*microcephalus*) N. caule ascendente ; ramis erectis vel ascendentibus ; capitulis minùs numerosis, conico-globosis, crassitudine circiter grani piperis, albidis.

Nascitur *var.* α in oris Americæ Africæque æquinoxialibus. *Var.* β inveni propè Sebastianopolim.

PHILOXERUS PORTULACOÏDES N.

P. caule repente ; foliis subspathulato-oblongis obovatisve, carnosis ; capitulis sessilibus, solitariis, globosis ; axi capituli

floribusque glaberrimis ; pedicello inter bracteas floresque
intermedio inflato-spongioso , bilobo.

Caules herbacei, longi, in arenis maritimis repentes vel
procumbentes , ramosi , 4-goni , glabri , rubri (an semper ?).
Folia 5-11 l. longa, 2-3 l. lata, subspathulato-oblonga vel
subspathulato-lanceolata aut obovata, acuta, crassa, carnosa, levia, glabra, pallidè viridia, imâ basi ad axillas barbata,
pilis rigidis erectis. Capitula terminalia, sessilia vel subsessilia,
foliis 2 suffulta , globosa , alba, circiter crassitudine fructûs
Pruni spinosœ : axis florum glaberrima. Bracteæ 3 , ovatæ,
acutiusculæ vel obtusæ, obscurè 1-nerviæ, scariosæ, glaberrimæ, albæ; intermedia inferior superioribus circiter 2-plò
brevior ; superiores carinatæ : pedicellus inter bracteas calycemque inflato-spongiosus, 2-lobus, glaberrimus. Calyx 5-
phyllus, scariosus, glaber , albus ; foliolis ovato-ellipticis ,
obtusis, subenerviis. Cupula staminea brevissima, edentula ,
aurantiaca , filamenta 5 emittens distantia , glabra : antheræ
lineares, angustæ , 1-loc. Ov. glabrum , compressum , lenticulare, glabrum. Stylus brevis , altè 2-fidus ; divisuris linearibus, intùs stigmaticis. Capsula evalvis.— *Var.* β (*Commer-
sonii*) N. foliis breviter obovatis.— Var. *a* propè Sebastianopolim
frequens. Var. β à Commersonio in littore arenoso urbis *Montevideo* lecta. — Obs. Cette espèce a les plus grands rapports
avec la précédente ; mais elle s'en distingue par les caractères
énoncés dans la phrase spécifique ; et Commerson allait jusqu'à croire qu'elle pouvait appartenir à un genre différent.

Alternanthera maritima N.

A. glabriuscula ; caulibus sæpiùs prostratis et radicantibus ;
foliis breviter petiolatis, lato-lanceolatis, mucronulatis, carnosis ; capitulis sessilibus ; floribus duriusculis , subpungenti-
bus, glabris ; calyce profundè striato.

Var. a (*communis*) N. Caules longi, prostrati aut ascendentes,
sæpissimè ad nodos radicantes, interdùm scandentes simulque
tamen radicantes, ramosi aut ramosissimi, subgeniculati et
subinfracti , ad nodos subincrassati , sæpè duri, glabri , in

axillis foliorum subbarbati : rami sæpiùs erecti aut ascendentes, abortu sæpè solitarii. INTERNODIA 1/2-3 poll. longa aut interdùm breviora. FOLIA circiter 1/2-2 poll. longa, 8-12 l. lata, lato-lanceolata aut raro suborbiculato-lanceolata, in petiolum brevem attenuata, integerrima, mucronulata, carnosa, avenia, levia, nitida, margine rubro cincta (an semper?), juniora sæpè plùs minùs villosa, superiora sæpè gradatìm minora. CAPITULA axillaria, sessilia, parva, pauciflora, glabra, albida. BRACTEÆ 3 ad basin cujusve floris, ovatæ, acutissimæ, subaristatæ, concavæ, subæquales, calyce breviores, basi carnosæ, nervo crasso donatæ, basi carnosæ. FLORES subpyramidati, duriusculi, subpungentes, glaberrimi; pedicellus inter bracteas calycemque nullus. CALYX 5-phyllus, basi præcipuè carnosus, siccatione chartaceus, albidus vel sordidè albus, tandem stramineus; foliolis ovato-lanceolatis, acutissimis, subaristatis, profundè striatis, interioribus minoribus. STAMINA 10, tertiâ parte inferiore coalita, glabra : filamenta fertilia 5, subulata, cum sterilibus alternantia; sterilia 5 fertilibus paulò longiora, linearia, latiuscula : antheræ 1-loc., lineares, luteæ, post anthesim ellipticæ. STYLUS brevis. STIGMA 5-gono-capitatum, hirtellum. OVARIUM supedicellatum, globoso-turbinatum, subcompressum. OVULUM funiculo longo affixum è fundo loculi enatum apice curvato. — In arenosis maritimis propè Sebastianopolim et in insulis S. Catherinæ et S. Francisci frequentissima.

Var. β (*concatenata*) N. foliis multò minoribus, approximatis; capitulis subimbricatis.— Lecta propè Sebastianopolim.

Var. γ (*parvifolia*).— Bucholzia maritima Mart. *Nov. gen.* II,50, t. 147;- caulibus pluribus, breviusculis, humifusis; foliis parvis; internodiis valdè abbreviatis. - Lecta a D. Martio in Brasiliâ boreali. — OBS. Si l'on se contentait de comparer avec mes échantillons la figure du *Bucholzia maritima* publiée par M. Martius, on trouverait des différences de port tellement sensibles, qu'on aurait de la peine à croire à l'identité des deux plantes; mais, en lisant la description du savant Bavarois et la mienne, on se convaincra bientôt que tous les caractères sont réellement les mêmes, aux dimensions près desquelles résultent de très-grandes modifications de physionomie. La seule différence un peu sensible qu'on puisse découvrir entre ma description et celle de M. Martius, consiste en ce que ce dernier indique le tube staminal de sa plante comme divisé jusqu'à la base, tandis que chez la mienne les divisions ne s'étendent pas au-delà des deux tiers; mais une différence si mesquine ne saurait à mon avis constituer deux espèces. Si cependant on voulait absolument séparer ma plante et celle de M. M., il est clair qu'il faudrait laisser à cette dernière le nom d'*Alternanthera maritima*, et appeler la mienne *A. communis*.

ALTERNANTHERA PARONICHYOIDES N. — Illecebrum ficoïdeum Jacq. *Amer.* 88 l. 60 f. 4?

PLANTA magnitudine valdè varia. CAULES numerosi, .2 1/2-15-pollicares, crassitudine pennæ corvi aut tenuiores, prostrati, radicantes, plùs minùs roselati, ramosissimi, subtetragoni, glabrati, apice plùs minùs lanati. FOLIA numerosissima, circiter 3-6 l. longa, patula, lato-lanceolata, acutiuscula, in petiolum sæpiùs ipso longiorem acutiusculum attenuata (si apice rotundata, spathulata diceres), ob lacunas in texturâ punctato-pellucida, glabra, superiora pilosa seu plùs minùs piloso-lanata; unum oppositum interdùm minus: petioli valdè connati, superiores basi ad margines et in axillis valdè lanati. CAPITULA axillaria, sessilia, numerosa, globosa aut subovato-globosa, crassitudine circiter pisi aut minora, alba, nitida. Bracteæ 3, calyce multò breviores, acutæ, pilosæ; intermedia ovata, planiuscula; laterales carinatæ, subangustæ. CALYX 5-phyllus; laciniis oblongis, acutis, basi lanatis, interioribus 2 angustioribus. CUPULA STAMINEA brevissima, emittens filamenta 5, pistillo breviora, subulata, tenuia, glaberrima, dentibus potiùsve filamentis sterilibus totidem alterna multò brevioribus formâ variis latiusculis apice 2-dentatis: antheræ rotundæ. OVARIUM compressum, lenticulare, glabrum. STYLUS brevis, glaber. STIGMA capitatum. OVULUM funiculo longo affixum è fundo loculi enato apice curvato. CAPSULA compressa, tenuissima, evalvis. SEMEN in capsulâ verticale, lenticulare, rostratum, glabrum, fuscum, nitidum : umbilicus in seminis margine. PERISPERMUM centrale. EMBRYO annularis. — Ad vias maritimas propè Sebastianopolim frequentissima necnon in benemultis Americæ calidioris regionibus. — OBS. Cette espèce, qui croît près de la mer en différentes parties de l'Amérique équinoxiale, est étiquetée dans les herbiers de Paris tantôt *Illecebrum sessile*, *Illecebrum polygonoïdes* ou *ficoïdeum*, et tantôt sous des noms encore inconnus. Il ne peut y avoir de doute sur l'*I. sessile* qui est aujourd'hui bien connu, et diffère entièrement de ma plante. Les descriptions et les figures de M. Martius sont trop soignées pour que je ne me sois pas facilement convaincu que mon espèce n'est aucune de celles que ce savant rapporte aux *polygonoïdes*, *ficoïdeum* et *achyrantha* de Linné (*Nov. Gen.* II); mais j'ai dû scrupuleusement étudier les phrases et la synonimie de ce dernier pour m'assurer si l'espèce dont il s'agit n'est réellement pas l'une des siennes. La figure de Dillen (*Eltham.* 8, t. 7, f. 7) appliquée par Linné à l'*Il. Achyrantha*, ne s'accorde nullement avec ma plante, et cadre au contraire fort bien avec l'*Alternanlhtera achyrantha* de M. Martius, qui n'est point mon espèce. Les synonymes de Brown, Herman et Rai, cités par l'immortel Suédois pour son *I. polygonoïdes*, sont tellement vagues, qu'ils ne peuvent lever aucun doute; celui de Plumier ne convient décidément pas à ma plante; la figure de Sloane (*Hist.* I, 141, t. 86, f. 2) lui ressemble uniquement par quelques feuilles supérieures longuement pétiolées, et d'ailleurs elle s'accorde très bien avec le *Bucholzia polygonoïdes* de Martius, qui n'est point ma plante, comme me l'ont prouvé non-seulement la description et les figures du savant Bavarois, mais encore l'inspection d'un échantillon étiqueté par lui-même dans l'herbier du Muséum. Au défaut de figures indiquées par Linné pour l'*Il. ficoïdeum*, j'ai consulté celles qu'a citées Willdenow : la figure de Kniphoff ne convient nullement; mais celle de Jacquin (*Amer.* 88, t. 60, f. 4) donne une idée assez juste de mon espèce, et M. Richard père, qui avait trouvé cette même espèce dans ses voyages, la rapportait aussi, quoique avec doute, au *ficoïdeum* du botaniste viennois. Jacquin dit à la vérité, dans sa description, que les feuilles sont sessiles; mais il les a représentées comme longuement pétiolées, et peut-être s'est-il servi de l'expression de *folia sessilia*, répétée par Roemer (*Syst.* V, 555), parce que le limbe de la feuille se continue, pour ainsi dire, sur le pétiole. Dans tous les cas, si ma plante est l'*Ill. ficoïdeum* de Jacquin, celui-ci ne serait pas le *ficoïdeum* de Linné, confondu par Willdenow avec une ou deux autres plantes; et il n'est guère vraisemblable non plus que ce même *ficoïdeum* Jacq. soit l'*Alternanthera ficoïdea* Mart., car ce dernier a des feuilles courtement pétiolées et des anthères cylindriques, tandis que, selon Jacquin, son *Il. ficoïdeum* a des anthères arrondies comme celles de mon espèce. Il me paraît presque impossible qu'une plante qui croît en diverses parties, souvent visitées, du littoral de l'Amérique, et qui se trouve dans les herbiers de Paris le plus étudiés, n'ait été signalée par aucun botaniste ancien ou moderne; mais pourtant on voit que j'ai été conduit par de très longues études à l'indispensable nécessité de l'indiquer comme si elle était nouvelle. Dans le cas où elle aurait été déjà nommée, ma description fort détaillée servira, j'espère, à faire connaître l'identité à ceux qui auront des échantillons authentiques, et à établir la synonimie.

OBS. SUR LE GENRE. Je ne pourrais, sans passer les bornes de ces notes, expliquer pourquoi je n'ai pas cru devoir adopter indistinctement les genres proposés par M. Martius dans son beau Mémoire sur les Amaranthacées. Tous auront eu l'utilité extrême d'attirer l'attention des botanistes sur des parties presque entièrement négligées avant l'époque où a écrit le savant Bavarois ; mais quelques-uns ne me paraissent pas remplir le but que se sont proposés, en formant des associations génériques, les Linné, les Jussieu père, les Kunth et les naturalistes qui ont le mieux compris ce que doivent réellement être ces associations. On trouvera dans les *Archives de botanique*, publiées par M. Guillemis (vol. I), l'exposé des motifs qui m'ont décidé à m'écarter en quelques points de l'excellent travail de M. Martius ; je me contenterai ici de répéter que mes recherches m'ont conduit à revenir au genre *Alternanthera*, tel à peu près que l'avaient conçu MM. Brown et Kunth, et j'en tracerai brièvement les caractères : ALTERNANTHERA (Mogiphanes, Brandesia, Bucholzia, Aternanthera Mart.) Calyx 5-phyllus. Stamina 10, basi connata in tubum cyathulumve ovario modò longiorem modò breviorem ; filamentis 5 aut interdùm pluribus castratis, formâ variis, fertilibus latioribus aut dentiformibus rariùsve planè abortivis ; antheris 1-locularibus, rotundis ovatis aut cylindricis. Stylus brevissimus. Stigma capitatum. Capsula evalvis, monosperma.

OO.

Ce n'est point ici le lieu d'examiner si le *Convolvulus brasiliensis* de Linné est une espèce distincte ou une simple variété du *C. Pes capræ* du même auteur. Il me suffira de dire qu'un examen attentif m'a prouvé que la plante très-commune dans les sables qui bordent la mer près de Rio de Janeiro et entre cette ville et le Rio Doce, est le Convolvulus brasiliensis. Lin. *Sp.* 226.— *C. maritimus Var.* γ Desrous. *Dict. Enc.* III, 551. — *C. maritimus* HBK. *Nov. Gen.* III, 97 ! — *Convolvulus marinus catharticus, folio rotundo, flore purpureo.* Plum. *Amer.* 89, t. 104.— *Soldanella brasiliensis* Marcg. *Hist. nat. Bras.* 51. — *Salsa da Praia seu Carca* Pis. *Bras. lib.* IV, *cap.* LXIX.

PP.

Eriocaulon Maximiliani Schrad. *in* Roem. et Schult. *Mantis. in vol.* II, *p.* 470, *N.* 206. — Non Bongard.

E. caulibus ramosis, foliosis; foliis radicalibus lineari-subulatis, acutissimis, subtùs pubescentibus; caulinis amplexicaulibus, basi latis, subulatis, pungentibus, canaliculatis, subsquarrosis, junioribus longè molliterque ciliatis; pedunculis terminalibus, numerosissimis, umbellatis, pilosis villosisve; vaginis breviter hinc fissis aut 2-fidis, hirtellis; involucro capitulo turbinato-hemisphærico paulò breviore; calycibus densè ciliatis.

Caules plures, patuli, 1-1/2-pedales, pennâ anserinâ crassiores, ramosi, foliis vestiti, apice striati, ad insertionem foliorum villoso-lanati. Folia radicalia, numerosa, cespitosa, circiter 4-5-pollicaria, lineari-subulata, gradatìm attenuata, acutissima, subtùs plus minùs pubescentia, supra glabriuscula, pilis longis plus minùs ciliata; caulina rameaque approximata, 1-2 poll. longa, amplexicaulia, basi lata, ab imâ basi ad apicem gradatìm attenuata, subulata [1], pungentia, rigida, canaliculata, obsoletè ciliata aut interdùm ciliata, juniora longissimè molliterque ciliata. Umbellæ terminales, multiradiatæ, capitatæ seu hemisphæricæ : pedunculi numerosissimi (2-300), 1-2 poll. longi, filiformes, striati, pilosi aut villosi, vaginati : vaginæ circiter 6 l. longæ, breviter hinc fissæ aut 2-fidæ, obtusæ aut acutæ, hirtellæ, fuscæ. Capitula diametro circiter 1 1/2 l., turbinato-hemisphærica, apice e pilis elegantibus nivea: involucrum imbricatum; squa-

---

[1] Le mot *lancéolé*, avec une modification, désignerait très bien ces feuilles, si l'on voulait suivre comme ont fait MM. Schrader et Bongard, la terminologie de Willdenow. Mais dans mes descriptions, j'ai toujours entendu avec les auteurs français, avec M. Kunth (*Hand. bot.*, 52) et Linné lui-même, par une *feuille lancéolée*, celle qui va en se rétrécissant graduellement aux deux extrémités.

mis obovatis, obtusissimis, apice ciliatis, rufis, nitidis, interioribus capitulo vix brevioribus: receptaculum pilis densis, sublanatis, niveis obtectum. FL. FEM. : CALYX 6-phyllus; foliolis exterioribus 3, spathulato-obovatis, obtusissimis, carinatis, apice longè ciliatis, rufis; foliolis int. brevioribus, planis, lanceolato-oblongis, acutis, longè densèque ciliatis. STYLUS brevis, ultra medium 3-fidus; laciniis complanatis, truncatis : appendices 3 è basi divisurarum styli ortæ, cum iisdem ovariique lobis alternantes, obscurè fuscæ, tenuissimè capillaceæ, glabræ. CAPSULA obtusissima, profundissimè 3-loba. SEMINA obovato-globosa, dorso convexa, facie planiuscula, glabra. FL. MASC. : CALYX exterior 3-phyllus; foliolis exterioribus subspathulato-obovatis, obtusis, fulvis, apice densissimè ciliatis; interior 1-phyllus, oblongo-turbinatus, apice pilosiusculus. STAM. 3, exserta, glabra : antheræ virides. — OBS. Les caractères de cette plante s'accordent bien avec ceux attribués par M. Schrader à son *E. Maximiliani*, qui d'ailleurs a été trouvé par M. le prince de Neuwied dans une localité semblable à celle où je l'ai recueilli moi-même. L'espèce que M. Bongard considérait avec quelque doute comme l'*E. Maximiliani* de Schrader, croît dans les hautes montagnes, et diffère beaucoup de la plante maritime dont il s'agit ici. J'appelle la première ERIOCAULON BONGARDII, pour rendre un faible hommage à l'auteur de l'important *Essai monographique sur les Eriocaulon du Brésil* (*Mem. Pétersbourg, VIe série, vol. I, p. 601.*)

QQ.

Comme moi et beaucoup d'autres, M. Martius pense (*Agrost.* 554) que le maïs est originaire du Nouveau-Monde, et il ajoute avec raison que nulle part dans le Brésil, on ne rencontre cette plante à l'état sauvage. Il est vraisemblable qu'elle aura été introduite sur la côte occidentale de l'Amérique, à une époque fort reculée; car Jean de Lery qui visita, en

1547, le territoire de Rio de Janeiro, y trouva la culture du maïs généralement répandue. Alors les Indiens appelaient ce grain *avatí*, nom qui s'est conservé, et est écrit *abatí* dans le dictionnaire de la *lingoa geral*, et celui du dialecte guarani composés très anciennement par des jésuites [1]. Une lettre que j'adressai en 1827 au président de l'Académie des Sciences de Paris, et que je vais citer, contribuera peut-être à répandre quelque lumière sur l'origine du maïs.

.... « Tout le monde sait que les fruits des Graminées sont
« revêtus d'enveloppes, et que le seul maïs présente des grains
« découverts.

« Quelque temps après mon retour du Brésil, M. l'abbé
« Damasio Larranhaga, curé de Mortevideo, le naturaliste le
« plus distingué que j'aie rencontré en Amérique, m'envoya
« une portion d'épi d'une espèce de maïs qu'il avait étiqueté
« *Zea mais var. tunicata*, et qu'il me disait être cultivé par
« les Indiens Guaycurús. Ce fragment que je montrai à la
« société philomatique, indiquait assez que l'épi entier avait
« été fort maigre; les grains y étaient entièrement couverts,
« et il ne paraissait à l'extérieur de l'épi que des enveloppes
« allongées et aiguës. Quant à l'assertion de M. Larranhaga
« sur l'origine de ce maïs, il est bien évident qu'elle était
« erronée. En effet les Guaycurús, placés très bas dans l'é-
« chelle de la civilisation, restent étrangers à la culture des
« terres; ils sont un objet de mépris pour les Indiens civi-
« lisés, et j'ai vu, dans mon voyage, prendre le mot *guay-*
« *curú* pour synonyme de notre mot sauvage. Ce que dit
« Azzara tend à confirmer ce que j'avance ici; car en par-
« lant d'un *maïs guaycurú* qui appartient au Paraguay, il

---

[1] D'après des manuscrits très anciens, M. Martius écrit *uba-tim*; mais ce mot est vraisemblablement erroné, car le P. Ruiz de Montoya, qui avait passé trente ans parmi les Indiens et fait une étude approfondie de leur langage, écrit *abati* comme les auteurs du *Diccionario*, et fait dériver ce mot de *há* épi.

« l'indique comme une espèce inférieure peu digne d'atten-
« tion. Je fis voir le fragment que j'avais reçu de M. Larran-
« haga à un Guarani que j'avais amené en France, le
« jeune Diogo, qui bien certainement était né dans quelque
« partie de l'ancien Paraguay, et assez probablement dans le
« nord de l'Entre Rios ou dans les états du docteur Francia.
« Ce jeune homme reconnut le maïs que je lui présentai
« comme appartenant à son pays, et il ajouta qu'il y croissait
« dans les forêts humides.

« J'ai fait semer quelques grains du *maïs guaycurú* dans
« une bonne terre de potager à Plissai, sur les bords du
« Loiret. Ils ont levé et ont produit des individus très vigou-
« reux. Les épis ne sont pas venus à maturité; mais, ayant
« examiné leurs fleurs, j'ai reconnu que les enveloppes étaient
« charnues et succulentes, qu'elles n'avaient point la régu-
« larité des enveloppes des graines semées, et qu'elles ten-
« daient à un état d'avortement. Je n'ai pas eu, à la vérité,
« l'occasion de comparer mes individus avec quelques-uns
« de ceux que l'on cultive ordinairement; mais M. Damasio
« Larranhaga pense que sa plante est une simple variété de
« l'espèce commune; je n'ai aucune raison pour penser le
« contraire, et les naturalistes qui ont vu le fragment de
« M. Larranhaga, ne m'ont à cet égard exposé aucun doute.

« De tout ceci, on pourrait conclure, ce me semble, que
« le maïs est originaire du Paraguay, et que, dans l'état
« naturel, ses grains sont revêtus d'enveloppes comme ceux
« des autres Graminées, mais qu'ils les perdent bientôt par la
« culture. »

J'ajouterai à cette lettre une seule observation. On parlait la même langue au Paraguay et sur la côte du Brésil, et le maïs en particulier portait le même nom dans les deux contrées. Mais cette plante ne se trouve point à l'état sauvage sur le littoral brésilien, tandis qu'elle croît naturellement au Pa-
raguay. C'est donc de ce pays qu'elle aura été portée au Brésil, et par conséquent il est naturel de croire que l'émigration des

Guaranis a eu lieu du Paraguay vers le Brésil, et non du Brésil vers le Paraguay.

RR.

Je vais donner ici, toujours d'après les indications de M. le docteur Greville [1], la note des *Fucus* recueillis par moi sur le bord de la mer, non loin d'Aldea Velha, et j'y ajouterai le nom des espèces que j'ai trouvées à Itapacoroia, province de Sainte Catherine, à Rio de Janeiro, à Saquaréma. Cette liste jointe à celle des Algues de Macaché et de Manguinhos [2], complettera entièrement l'indication des plantes marines que j'ai rapportées des parties du littoral brésilien où j'ai voyagé, et où, comme je l'ai dit, ces plantes sont peu communes. Je désignerai par une astérisque les espèces qui n'ont point été récoltées près d'Aldea Velha.

FUCOIDEÆ.

Sargassum cymosum Ag. *Syst.* p. 300.

* Sargassum stenophyllum Mart. *Icon. Select.* t. 5.

DICTYOTEÆ.

Dictyotea dichotoma Lam^x. *var. β intricata.* — Zonaria dichotoma *var. intricata* Ag. *Syst.* p. 134.

* Padina variegata Gaill. — Zonaria variegata Ag. *Syst.* p. 264. — Lecta propè *Rio de Janeiro* et *Itapacoroia*, provinciâ S. Catharinæ.

FLORIDEÆ.

Rytiphlæa obtusiloba Ag. *Syst.* p. 161. — *Icon. Alg. Europ.* t. 19.

Nitophyllum fimbriatum (sp. nov.) fronde subdichotomâ, lineari, basi costatâ, supernè subvenosâ, margine foliolis minutis crispatis fimbriatâ. An à *Nitophyllo lacerato* distincta?

---

[1] Voy. la note GG.
[2] Voy. les notes GG et MM.

Rhodomenia palmata var. Grev. *Alg. Brit.* 93. — Halymenia palmata Ag. *Syst.* p. 242.

Thamnophora Brasiliensis (sp. nov.) fronde tripinnatifidâ ; pinnulis ultimis subulatis, ad apicem integerrimis; pulvinulis receptaculorum axillaribus. — A *Tham. Mertensii* Grev. differt fronde minori, pinnulis non unilateraliter denticulatis.

Odonthalia? microdonta (sp. nov.) fronde dilatatâ, subdichotomâ vel palmato-fissa ; segmentis laciniatis, obtusis, dentatis.

Laurencia pinnatifida Lam[x]. *Essai*, p. 42. — Chondria pinnatifida Ag. *Syst.* p. 201. — Lecta insuper, ut jam dixi, propè *Macahé*.

Laurencia obtusa Lam[x]. *Essai*, p. 42.— Chondria obtusa Ag. *Syst.* p. 203.—Lecta non solummodò propè *Aldéa Velha*, prov. *Espirito Santo*, sed etiam propè *Itapacoroia* prov. S. Catharinæ.

Laurencia papillosa Grev. *Alg. Brit.* lij. — Chondria papillosa Ag. *Syst.* p. 203.

Gracilaria confervoïdes Grev. *Alg. Brit.* p. 123.—Sphærococcus confervoïdes Ag. *Syst.* p. 232.

Gracilaria ramulosa Grev. — Sphærococcus ramulosus. Mart. *Icon. Select.* t. 3, f. 2.

Chondrus multipartitus Grev. *Alg. Brit.* p. lvj. — Spærococcus multipartitus Ag. *Syst.* p. 216.

Chondrus divaricatus (sp. nov.) fronde crassâ, planâ, ramosissimâ, dichotomâ, margine horizontaliter proliferâ ; segmentis divaricatis, linearibus ; obtusis.

Gelidium corniculatum Grev. *Alg. Brit.* p. lvij. — Sphærococcus corniculatus Ag. *Syst.* p. 228.

* Gelidium parvulum (sp. nov.) fronde filiformi, compressâ, cartilagineo-corneâ, ramosissimâ, intricatâ, dichotomâ ; ramis apice digitatis, obtusis.

Gelidium multifidum (sp. nov.) fronde crassâ, planâ, gelatinoso-cartilagineâ, lineari, pinnatâ ; pinnis alternatim breviter et distichè ramosis; ramulis cylindraceis, acutis; capsulis sphæricis, in disco frondis sessilibus vel subimmersis.

Gigartina plicata? Lam^x. *Essai* p. 48. — Sphærococcus plicatus Ag. *Syst* p. 234.

*Gigartina acicularis, *varietas pulchra bipinnata*. Vix species distincta. — Lecta propè *Itapacoroia*, prov. S. Catharinæ.

Gigartina elegans (sp. nov.) fronde corneâ, livido-purpureâ, compressâ, irregulariter bipinnatâ; pinnulis brevibus, multifidis, subhorizontalibus; ramulis ultimis crebris, divaricatis, aculeatis; capsulis globosis, numerosis, in ramulis sessilibus.

Grateloupia filicina Ag. *Syst.* p. 241.

Hypnæa musciformis Lam^x. *Essai* p. 43. — Sphærococcus musciformis Ag. *Syst.* p. 238. — Lecta non tantummodò propè *Aldea Velha*, sed propè *Aldea dos Reis Magos* prov. *Espirito Santo* et *Itapacoroia*, prov. S. Catharinæ.

Liagora?? dichotoma (sp. nov.) fronde planâ, lineari, dichotomâ; ramis apice obtusis.

CAULERPEÆ.

Caulerpa selago Ag. *Syst.* 183.

ULVACEÆ.

*Enteromorpha clathrata Grev. *Alg. Brit.* p. 181. — Solenia clathrata Ag. *Syst. Alg.* 186. — Lecta in salso lacu vulgò *Saquaréma*.

*Ulva Linza L. — Grev. *Alg. Brit.* p. 173. — Solenia Linza Ag. *Syst. Alg.* p. 185. — Lecta propè *Itapacoroia*, prov. S. Catharinæ.

CONFERVEÆ.

Conferva Hilarii (sp. nov.) ramosissima; filis tenuissimis, dichotomis; ramis ramulisque setaceis, oppositis, ultimis brevissimis, subhorizontalibus; articulis in ramis primariis diametro 3-4-plò in secundariis duplò longioribus, siccatione collapso-planis. — Inter *C. Bruzelli* et *C. Sertularinam* Ag. [1].

---

[1] Je n'ai pas besoin de dire que les noms et les phrases des espèces

*Conferva pellucida Huds. — Ag. *Syst. Alg.* p. 120. — Lecta in rivulo quodam propè *Villa Boa*, urbem provinciæ *Goyaz* principem.

SS.

Gardenia Richardii N. — G. lanuginosa Ach. Rich. *Mem. Rub.* 161!

Je crois d'autant plus essentiel de donner une description détaillée de cette plante, que son feuillage épais et ridé, son odeur suave, ses longues fleurs jaunes la rendent fort remarquable, et qu'elle est uniquement connue par une courte phrase tracée d'après deux petits échantillons conservés au Muséum de Paris.

G. Caule fruticoso, inermi; foliis breviter petiolatis, obovatis subellipticisve, obtusis, cuspidatis, rugosis, suprà hirsuto-pilosis, marginibus subtùsque hirsutis; stipulis latis, apice subulato-acuminatis; floribus terminalibus, cymoso-capitatis; calycibus cylindrico-campanulatis, brevissimè 5-dentatis, levibus, glabris; corollis longissimis.

Suffrutex circiter 8-pedalis, ramosus, inermis: ramuli crassitudine circiter pennæ anserinæ, apice hirsuti, ramis *Coryli avellanæ* colore subconsimiles. Folia in apice ramulorum conferta, circiter 4-6-pollicaria, breviter et nunc abruptè nunc haud abruptè petiolata, obovata sæpiùsve subelliptica, obtusa, cuspidata, integerrima, marginibus revoluta, crassa, rugosa, suprà hirsuto-pilosa et nervo medio hirsuta, subtùs primo aspectu saltem per siccationem sublanata seu potiùs subsericeo-velutina reverà in nervis præcipuè hirsuta, in cavitatibus rugarum pilosa seu glabriuscula: petioli 6-9 l. longi, canaliculati, hirsuti. Stipulæ latæ, apice subulato-

---

nouvelles sont dus à M. Greville comme la détermination et la synonimie des espèces déjà connues.

acuminatæ. FLORES cymoso-capitati, terminales : pedunculus communis subnullus aut brevis, crassus et lignosus : pedunculi peculiares, breves, crassi, lignosi, cortice grisci. PILI longi, erecti, recti seu rectiusculi, rufi seu albicantes. CALYX circiter 5 l. longus, cylindrico-campanulatus, brevissimè 5-dentatus, levis, glaber. COROLLA hypocrateriformis, pallidè lutea, odorem *Narcissi jonquillæ* redolens; tubo circiter 6-pollicari, glabro, apice haud dilatato; limbo 5-partito; laciniis latis, obliquè ovatis, puberulis, ciliatis. ANTHERÆ 5, sessiles, summo tubo insertæ, lineares, recurvæ. NECTARIUM epigynum, integerrimum, concavum. STYLUS longissimus, glaber, 2-fidus; divisuris exsertis, crassis, lanceolato-ovatis, intùs stigmaticis. OVARIUM 2-loc., polyspermum. OVULA in utroque loculo numerosa, duplici ordini disposita, in pulpâ nidulantia placentæ prominentis carnosæ è medio dissepimento enatæ. — Inveni in arenosis parochiæ *S. Antonio da Jacutinga* circiter 10 l. à civitate *Rio de Janeiro*.

Var. β (*rugosissima*) caule multò breviore, à basi ramoso; ramis patulis vel decumbentibus; foliis paulò minoribus, bullato-rugosissimis, substrigoso-hirsutis; floribus crebrioribus (12-20 in quâlibet cymâ) et brevioribus. — In virgultis maritimis inter præsidium vulgò *Quartel do Riacho* et fauces fluminis *Rio Doce* frequentissima.

OBS. 1° De Candolle dit (*Prod.* IV, 379) qu'un ovaire à une loge constitue le genre *Gardenia*; Richard fils, au contraire, dans le corps de son *Mémoire sur les Rubiacées* (p. 161), donne à ce genre un fruit 2-loculaire; mais bientôt ayant reconnu que la plante d'Ellis, type de ce même genre, n'a qu'une loge dans sa baie, il juge qu'il serait bon de ranger uniquement parmi les *Gardenia* des plantes à fruit uniloculaire. Cette observation conduirait naturellement à changer le

---

[1] Ce mémoire est remarquable non-seulement par les belles figures dont il est accompagné, mais encore par l'excellent esprit qui a dirigé l'auteur.

nom générique de l'espèce que nous venons de décrire. Cependant comme Linné fils, qui a consacré le genre *Gardenia* bien plus qu'Ellis, dit positivement qu'on peut y faire entrer des espèces à deux loges; que ce caractère a été adopté par les classiques, Jussieu père, Willdenow et Persoon; que ma plante a tout le *facies* de celles qu'on est accoutumé à appeler du nom de *Gardenia*, et qu'enfin c'est ce nom qui lui a été appliqué par M. Richard fils, le premier qui en ait parlé; je crois ne pas devoir le changer. Pourquoi d'ailleurs ne placerions-nous point dans le genre *Gardenia* des espèces unies et biloculaires, lorsque personne n'hésite à admettre dans le genre *Hypericum*, par exemple, des plantes à une et à plusieurs loges? — 2° Si de longs poils blancs, serrés, crépus ou entremêlés constituent une surface laineuse, on chercherait en vain ce caractère dans le *G. Richardii*, puisque les siens sont droits, hérissés et en général roides, surtout dans la variété β. Je me suis donc vu forcé d'obéir ici à une des lois si sages consacrées par la *Théorie élémentaire* (ed. 2, p. 281); malgré le respect que je profère pour la priorité dans la nomenclature, j'ai été contraint de supprimer le nom de *lanuginosa*, qui aurait pu faire méconnaître une plante remarquable par plusieurs caractères très frappans, et, à ce nom, j'ai substitué celui de *G. Richardii*. Qu'on ne s'étonne point au reste si M. Richard s'est mépris sur le caractère dont il est question; il n'a eu sous les yeux, comme je l'ai déjà dit, que deux échantillons mesquins assez probablement trop comprimés, fixés sur du papier à l'aide de bandelettes, et par conséquent peu faciles à observer; enfin il est incontestable qu'au premier abord les feuilles de la plante ont, du moins sur le sec, un aspect un peu laineux, soyeux ou velouté, dû peut-être en partie à ce que les poils des nervures ont été, par la pression, portés de droite et de gauche, et se voyent ainsi à leur surface longitudinale.

TT.

Remirea maritima Aubl. *Guy*. I, 44, t. 16.

Ce n'est pas seulement à l'embouchure du Rio Doce que, pendant mes voyages, j'ai observé le *Remirea maritima;* je l'ai encore trouvé à l'extrémité méridionale de l'île de S. François. Si, depuis le 12e degré de latitude, et peut-être plus au nord, les plantes de Cayenne se rencontrent fort rarement dans l'intérieur du Brésil, elles s'étendent souvent sur la côte beaucoup au-delà des tropiques.

UU.

Vernonia rufo-grisea N.

Caule suffruticoso; foliis alternis, petiolatis, sublato-lanceolatis, suprà pubescenti-tomentosis, subtùs sericeis; cymâ 2-ramosâ, folio basilari breviore; involucri fol. mucronulatis; externâ pappi serie internâ capillari multò breviore; akenio hirsuto-villoso.

Caulis suffruticosus, 1-2-ped., ramosus, infernè teres et nigrescens, supernè angulosus striatus et griseo rufove aut grisco-rufo-tementosus: rami patentes, decumbentes. Fol. alterna, circiter 1-2 pol. longa, 6-9 l. lata, sublato-lanceolata, obtusiuscula, brevissimè mucronata, basi acuta, suprà pubescenti-tomentosa, subtùs sericea et nitida, alia grisea alia rufescentia; superiora floraliaque multotiès minora, sæpiùs lanceolato-linearia aut sublinearia; nervis lat. arcuatis, subtùs manifestè prominentibus: petiolus pubescenti-tomentosus, circiter 4 l. longus. Cymæ terminales, folio basilari breviores, ex spicis geminis compositæ: spica utraque patens, recurva: axes ramulis conformes: floralia folia flor. longiores: fl. secundi, subsessiles; unus sæpè in dichotomiâ. Invol. circiter 3 l. longum, pubescens, villosum aut glabriusculum, interdùm punctis resinosis conspersum ; foliolis acutis mucronulatis. Cor. dilatè purpureæ. Pappus 2-serialis, subrufescens; paleæ exteriores lineari-lanceolatæ, acuminatæ, interioribus capillaceis barbulatis 4-5-plò breviores. Akenium hirsuto-villosum. (Caract. Vernoniarum genuinarum Schreb. Kunth.) — Obs. J'ai soigneusement comparé ma plante avec les excellentes descriptions de M. Lessing (*Linnæa*), et n'en ai trouvé aucune qui se rapportât à elle.

TABLE

DES CHAPITRES

DU TOME SECOND.

Pages.

CHAPITRE Ier. Histoire abrégée de la civilisation des Indiens du Brésil. — L'aldea de S. Pedro dos Indios.— Manière de voyager............................ 1
CHAP. II. La ville du Cabo Frio et le promontoire du même nom.................................... 27
CHAP. III. Voyage du Cabo Frio à la ville de Macahé. — Le village de S. João da Barra.................. 63
CHAP. IV. La ville de Macahé. — Voyage de cette ville aux limites du district des Campos dos Goitacazes... 83
CHAP. V. Tableau général du district des Campos dos Goitacazes.................................... 104
CHAP. VI. Voyage dans le district des Campos Goitacazes.... 141
CHAP. VII. Tableau général de la province d'Espirito Santo... 169
CHAP. VIII. Les Indiens sauvages. — La ville d'Itapémirím.... 192
CHAP. IX. La ville de Benevente et les Indiens civilisés. — La ville de Guaráparí. — Arrivée sur les bord de la baie d'Espirito Santo........................ 211
CHAP. X. La baie d'Espirito Santo.— Villa da Victoria.—Détails sur l'agriculture...................... 236
CHAP. XI. La montagne de Mestre Alve. — La ville d'Almeida et les Indiens qui l'habitent.................. 268
CHAP. XII. Le pays situé entre la ville d'Almeida et le Rio Doce.................................... 299

TABLE DES CHAPITRES.

CHAP. XIII. Le Rio Doce. — La nouvelle colonie de Linhares. — Le lac Juparanán...................... 309
CHAP. XIV. Les domestiques de l'auteur tombent malade à l'embouchure du Rio Doce. — Le poste de Comboios. — Le village indien de Piriquiassú.......... 341
CHAP. XV. La nouvelle colonie de Vianna. — Le couvent de Nossa Senhora da Penha et Villa Velha. — L'auteur retourne à Rio de Janeiro............... 359
Précis historique des révolutions du Brésil depuis l'arrivée de Jean VI en Amérique jusqu'à l'abdication de l'empereur D. Pedro...... 37
Notes sur les plantes caractéristiques indiquées dans le volume.... 405

FIN DE LA TABLE DU TOME SECOND.

A. PIHAN DE LA FOREST,

IMPRIMEUR DE LA COUR DE CASSATION,

rue des Noyers, n° 37.

BIBLIOTHÈQUE NATIONALE

SAINT-HILAIRE

VOYAGES AU BRÉSIL

2ᴱ PARTIE

P. 1833

DISTRICT DES DIAMANS

II

8° Pœ
6

www.ingramcontent.com/pod-product-compliance
Lightning Source LLC
Chambersburg PA
CBHW050250230426
43664CB00012B/1897